Mjora Kitaplığı

Mjora Kitaplığı

Çingeneler

Jan Yoors

İngilizceden Çeviri
Hale Alpman

Chiviyazıları

Çingeneler

Jan Yoors

İngilizceden Çeviri
Hale Alpman

Chiviyazıları

Kitabın Özgün Adı
The Gypsies / Çingeneler

Yazar
Jan Yoors

İngilizceden Çeviri
Hale Alpman

Teknik Düzenleme
Grandis İletişim

Seri / Sıra No
Chiviyazıları: 194 / Mjora: 41

ISBN
975-8663-94-8

Adres
Mühürdar Caddesi 95 / A
Kadıköy - İstanbul
Faks: 0216 414 97 93
E-posta: bilgi@chiviyazilari.com
www.chiviyazilari.com

Kapak ve Tasarım
Özcan Sapan

Baskı/Tarih
Birinci Basım Ekim 2005

Baskı
Can Matbaacılık
Davutpaşa Cd. İpek İş Mrk. Kat: 3 No: 7/15 Topkapı/İstanbul
Tel: 0212 613 10 77

İçindekiler

Opré Roma!

Her dilde onlarca hatta yüzlerce atasözü vardır, tıpkı bizde olduğu gibi... Ama çingenelerde bir tek atasözü vardır: Evde oturan ölür... Bu küçük belirleme bile koca bir halkın kimliğini açık eden turnusol kağıdı gibidir.

Şu şiir onları en iyi tanımlayan resimdir aslında:

Yabancı ülkelerde gezinip duran,
Bu cepleri falla dolu baldırı çıplaklar
Gelecekten başka bir şey taşımazlar yanlarında...

Onlar çocukluklarında günlük tutmayan toplumlardandır, onlara ilişkin her şeyin bilindiği sanılır. Çingenelerin tarihi, dil, din ya da toprak gibi bir ulusun alışılagelen özellikleriyle kaynaşmaksızın sağlam kültürel bir yapı sunan bir halka aittir. Geri dönmüş ve bilindik doğal bir felâket gibi kovalanan, bir yandan da hoşgörülen bir halk...

Ortak bir dile ulaşma arayışı, uzun tarihleri boyunca halklarının arasında açılmış çatlakları kapatmak isteyen ve Avrupa'nın nüfusuyla uzun zamandır birlikte olmaktan dolayı kendi saflarında meydana gelmiş ayrılıkları aşmanın bir yolunu arayan bazı Çingenelerin yeni keşfettiği tutkulardan yalnızca biridir. Çingene olmak yalnızca Çingeneler arasında doğup büyümekten ibaret olmayıp, yerleşik insanlarla iletişim kurmakla da ilgilidir. Bu kitap dolaylı da olsa, küçük, incinebilir bir azınlığın farklı olmaya hakkı olup olmadığını irdelemek ve olanca masumiyetleriyle bir halkı tanıtmaya yönelik bir çabadır. Önyargıların yıkılması yalnızca bu küçük çabayla olanaklı değildir... Doğrudan reddetmenin sırrını bir kez aşmışken onları tam anlamıyla asimile etmenin yollarını arayan toplumun onları kabulünün özünde de her zaman bu yatmıştır. İçinde bulundukları ülkenin yasalarını hiç umursamasalar da ayakta kalmaları, düşmanlarını uzak tutmak için güç kullanmaktan ziyade sürekli hareket halinde olma ve beladan uzak durma gibi taktiklere dayanmaktadır. Özerkliklerini, baskın kültürlere alışarak ama gajo'nun (onlardan olmayanın) onlara karşı duyduğu kuşku dolayısıyla artan toplumsal mesafelerini koruyarak beslemişlerdir. Şimdi, fazla göze çarpmamak ve dikkatleri üzerlerine çekmemek için ellerinden geleni yapmak üzerine kurulu önceki stratejilerinden farklı olarak bazıları, beş asırdır çok az değişiklik geçirmiş önyargılara karşı dimdik durmak için kendi yollarını bulmaya, sorunları için kendi seslerini duyurma hakkını istemeye başlamıştır. Birlik, çaba olmadan gerçekleşecek bir şey değildir.

Farkında olmadığımız hayatlar toplumundayız... Duyarsızlığın kol gezdiği yorgun zamanların uykulu yolcularıyız... Kaybetmenin acısını tatmadan kazanmanın coşkusunu yaşamak adına sayısallara takılmış umutlu bir yolun koşucularıyız... Kazanmanın erdemli tarafında hayatımızı kaybetmeden onu kazanamayacağımızı öğrenmemiz gerekir. Yeni yüzler, yeni hayatlar bulmanın zorunlu olduğu bir dönemden geçiyoruz. Bir insan yüzüyle karşılaşmanın, bir gizemin, bir bulmacanın karşısında kalakalmak olduğunu artık anlamamız gerekiyor.

Her insanın ömrü ne de olsa aynı yükü tutmaz. Aynı hayatları yaşamadığımız gibi, aynı yerden de gelmiyoruz. Kimileri için bir görüntüdür hayat, yüzeyde yaşayıp izlenimlerle alınıp verilir. Ne alınırsa, o... İnsan ömründen kalan her iz bir ayrıntı. Ayrıntılarla anlam kazanır hayat... Yoksa bütünü yaşayıp toplumsallaştıkça ve ayrıntıların her yeni rüzgarda silinip gittiğine tanık olunursa, gördüğü izlerin anlamını kavramadan yaşayan insanın direnci de kırılganlaşır.

Nasıl bazı insanlar 'mekanı' evin bir odası, bazıları kentin bir binası, başka birileri ise ülkenin bir kenti, dünyanın bir ülkesi ya da evren içinde bir gezegen olan dünya olarak tanımlarsa, ONLAR için mekan o an için yaşadıkları yerdir. An'da yaşarlar... Zamanın sonsuzluğu içinde yitip gitmenin dayanılmazlığı altında kaybolmamak adına bir dikili ağaçları olmayan en bildik, en tanıdık sokak komşularımızdır ONLAR... Çoğumuzun görmezden geldiği, dudak büktüğü, yoksaydığı, varlıklarından bile ürktüğü en yakın sokak komşularımız olarak Romanlar, yalnızca bu topraklarda değil evrensel ölçekte ÖTEKİ olmanın gururlu temsilcileri gibidirler. Bilinçlerdeki çarpık görüntüleriyle hırsızdırlar, soyguncudurlar, çapulcu, fahişe ve utanmazdırlar... Böyle bile olsa avuç açtığımız, geleceğimizi teslim ettiğimiz ve umutvar konuşmalarıyla bize sevinçli haberler taşıyan falcımızdır birçoğu... Çoğu kez bunların hiçbiri bile değilken, hırsız kategorisine dahil edilmiş 'bizim dünyamızın' yavan kanunlarının hacker'ları olma nitelemesiyle çok daha fazla içli dışlıdırlar. Bu dünyanın zencileri olma sıfatını renklerinden dolayı değil, kimliklerinden dolayı edinmiş biricik nitelikleriyle bize nanik yapan yaramaz mahalle çocuklarına benzetilmeleri daha bir olasıdır...

Nazilerin onlara bitmez tükenmez öfke duymalarındaki temel ayrıntı olsa olsa bu sınırlandırılmamış kuralsızlıkları ve kendilerini bu dünyaya ait bulmamalarındaki ukalalıklarıdır. Bu nedenle olsa gerek Naziler, Nürnberg yasalarının ikinci bölümünde belirtildiği gibi, Çingenelerin tümünü "düzelmez suçlular" kategorisine koyarlar. Aslında Nazileşmiş zavallı beyincikleri içinde benzer yargılamalarda bulunup, onların uslanmazlıkları ve yabansılıkları hakkında çokça hüküm yürütenlerin etrafımızda ne kadar çok olduğunu görebilmek için fazla uzağa gitmemize bile gerek yoktur... Küçük Hitlerciklerin sızdığı bilinçaltımızda onlar 'öteki' olmayı en fazla hakedenler tarafındadırlar.

Her zaman dilimi –bizimki de buna dahil- kendini Çingeneler tarafından kutsanan (ve lanetlenen) son dönem olarak görür. İster iyiliksever, ister düşmanca tavırlar sergilesinler, isterlerse romantik, isterlerse hayasız olsunlar, yorumcuların kesin bir düşüncesi vardır: "Dünyanın başıboş gezginleri" sonunda 'evcilleştirildiler', onların yaşam biçimi en sonunda moda olmaktan çıktı, "Çingeneler zamanı" artık geçmişte kaldı. Gerçekte ise, bütün Avrupa'daki Çingeneler koşul değişimlerine uyum sağlayarak farklı bir yaşam biçimini korumayı çok iyi becerdiler. Yüzyıllar içindeki değişimler bile onlara ilişkin önyargıların yıkılmasına neden olmadı hiçbir zaman... Yeryüzünün lanetlileri olarak gezmeye yazgılı oluşlarıyla sanki evrensel bir yasaymışçasına dönüp duruyorlar durmadan... Basmadıkları toprak, gezmedikleri kıta kalmadı... Tarihleri kimlikleridir...

Büyük ve Yoksun Bir Halk....

O kutsal 1417 yılında, liman kentlerinde, Germen denizleri üstünde, koyu esmer, çirkin, güneşten yanmış, kirli giysili ve her bakımdan iğrenç davranan, özellikle hırsızlığa eğilimli insanlar ortaya çıktı... Kefaret ödemek için dünyayı gezdikleri ve Küçük Mısır'dan çıktıkları izlenimi yaratırlar...

Ortaçağ'ın sonlarında, Avrupa'ya tuhaf yabancılar gelmiştir. Bütün bilinenler eksik, bütün söylenenler yalandır... Haçlı seferlerinin yollarını tersine katetmişlerdir. Nereden gelmektedirler ve kimdir bu insanlar? Bunu kimse bilmez. Onlara 'Bohemyalılar' ya da 'Mısırlılar' denir. Gizemli kökenleri kısa sürede insanların ilgisini çeker. Hırsızlığı, bu halkın kadınları yapar, çünkü erkekler kadınların çaldıklarıyla beslenmektedir. Onlara bayağı biçimde İtalyanca 'Ciani' denir. Aralarından dük, kont ve asker seçmektedirler. Giysileri bakımından ötekilerden ayrılanlar soyluluk belirtisi olarak av köpekleri yetiştirseler de avlandıkları yerde hırsızlık yapmazlar. Sık sık at değiştiriyor olmalarına karşın çoğu yaya olarak yolculuk eder. Kadınlar, çocuklarıyla birlikte eyer üstünde, kısraklarla taşınır. Kentlerden, sağlık ve esenlik dolu, zarar görmemiş vilayetlerden geçebilmek için bazı prenslerden güven mektubu isterler. Sanki gezgin olarak dünyayı dolaşma cezasına çarptırılmışlar gibi.... gezmektedirler. XVI. yüzyılla XVIII. yüzyıl arasında, Doğu'da olduğu gibi Batı'da da Çingeneler soyluların hizmetinde çalışırlar, at yetiştirirler, saray müzisyenliği ve falcılık yaparlar. Ama XIX. yüzyılda her şey değişmeye başlar. Uyandırdıkları ilgi yerini kuşkuya bırakır, hayranlık ise aşağılamaya... Maddi çöküş, halkın nefreti ve tehditlerle birlikte, giderek hiçbir yerde barınamaz hale gelirler. Çocuk kaçırmakla, büyücülükle suçlanırlar. Naziler onları toplama kamplarına kapatıp biyolojik deneylerde kullanırlar. Soyarıtımcı deneylerle bu vesileyle tanışırlar... İkinci Dünya Savaşı sırasında Çingenelere ayrılan trajik yazgı, onların yüzyıllardır konusu oldukları, genel topluma aykırılık düşüncesinde temel bir değişiklik yaratmaz. Nazilere göre yalnızca Yahudiler ve Çingeneler yabancı kanı taşımaktadırlar...

Göçebe Arabalarının Tekerleri Yeniden Dönüyor...

XV. yüzyılın sonunda Çingeneler Avrupa'nın içlerine kadar varmışlardır... Kendilerini savaşçı ve gezgin olarak tanımlarlar!.. Yanılmazlar...

Bilinenin aksine bütün çingeneler aynı dili konuşur yeryüzünde... Küçük bir çingene kızın dediklerini dikkate alacak olursak Gajolar olarak bizim dünyamızın insanları, yani Çingene olmayanların onlara verdikleri adlandırmanın aksine onlar kendilerini Rom yani İnsan olarak adlandırır.... Dilleri Romani/Romanca'dır... Bütün dünyada Çingeneler bu dili konuşur.

Çingeneler Avrupa'nın güzel ırklarından biridir. Gerçek Çingene görmemiş kişiler, onların fiziksel görünümlerine ilişkin bir düşünceye sahip olmak için eski yazarların verdiği imgelere bakmalıdır. Çingenelerin fiziksel özellikleri, aksine, insanlık estetiği açısından çok önemli bir yer kazandırır onlara. Aralarında sıklıkla çok güzel erkeklere ve çok güzel kadınlara rastlanır. Hafifçe kavruk tenleri, kömür gibi siyah saçları, kalkık ve çok düzgün burunları, beyaz dişleri, oldukça çukur koyu kahverengi gözleri, canlı ya da süzgün bakışları, yürüyüşlerinin genel esnekliği, hareketlerindeki uyum, onları fiziksel güzellik açısından birçok Avrupa halkından çok daha öne taşır... Kesinlikle, kadınlar çabuk yaşlanırlar. Çoğunlukla sürdürdükleri zorlu yaşam onlara ilk baştaki güzelliklerini ve tazeliklerini koruma şansı vermez. Bu böyle olsa bile imgelemlerimiz içinde apayrı bir yeri olan bir roman kahramanının bizi sürüklediği duraklarda hiç de yabancımız olmayan biriyle karşı karşıya geliriz. O güzelliğin masalsı kahramanlığı içinde kaç dost sohbetinin değişmez unsuru, güzelliğin tanımsız tadı olarak belleklerimizde yer etmiştir. Gerçi o kahramanı yaratan kalemin tartışmasız gücünün de bunda payı vardır ama ne de olsa betimlenen güzelliğin bir Çingenenin şahsında vücut bulması bizim için yeterli bir ayrıntıdır. Victor Hugo'nun Notre-Dame'ın Kamburu adlı önemli yapıtında yardımsever güzelliğiyle dikkatimizi çeken ve Quasimodo'nun imdadına yetişen, onu giyotinden kurtaran, ona su veren çingene güzeli Esmeralda'yı burada anımsamak yararlıdır. Bir çingene dansının esrikliğinde savrulan belleğimizin güzellik anıtı olarak görkemli yükselişinde önemli bir masal kahramanıdır resmedilen Esmeralda, aslında çingene güzelliğinin düşsel zenginliğine açılan en kestirme kapıdır. Çingeneler, "Gölgede herkesin kendi yeri vardır..." der... Bu konumlanma açısından en değerli yeri kapan çingeneler bu durumdan bile rahatsızlık duyarak, yürümeye devam etmektedirler. Güzelliklerinin baştançıkarıcı şehveti yanında realist dönemde Fransız romanının o eşsiz kalemlerinden Emile Zola'ya neredeyse yeminini bozdurarak yürümeye zorlayabilecek güce bile ulaşmışlardır. O güzellik nedeniyle olsa gerek Zola, "Yabanıl kızlar... Bir gün, yüreğimde koca bir öğrenci acısı, yola çıkan arabalardan birine binmeyi, sonsuza dek yollarda gezinerek çok uzaklara, dünyanın ucuna gitmeyi düşlediğimi anımsıyorum..." demekten kendini alamamıştır...

Bu farklı dünyanın insanı en çok etkileyen, en çok çeken yanı, yoksulluklarıdır. Çoğu Çingene, yoksul sayılmayı bile kabul etmez üstelik. Kolye, bilezik, yüzük, değerli taş gibi birtakım eşyası varsa Çingene onları kasıla kasıla takar. Acınmaktansa kıskanılmak daha iyidir diyelim. Varlığının iğretiliği göz önünde bulundurulursa, bazen naif olan bir gösteriştir onlarınki... Kıskanalım diyedir yaptıkları...

Zenginliğini sergilerse, sakladığı başka hiçbir şey olmadığı düşünülebilir ve sonuçta sahip olduğu şeyler de çok bir şey değildir. Pırıl pırıl güzel bir Çingene karavanı bile, gösterişli madeni parçalarla süslenmiş de olsa, çok fazla bir şey ifade etmez. Büyük çoğunlukla borçla alınmıştır ve ücreti sonunda ödendiğinde de hiçbir şey etmeyecektir. Bütün bir ailenin yaşam alanıdır ve yüzölçümü ender olarak on metrekareyi geçer. Sonuç olarak, işgal ettiği yer onu kullananlara ait değildir ve bu onlara oldukça sık, pek ölçülü bir tutum sergilenmeden bildirilir. Eğer gerçekten zengin Çingeneler tanıyorsak, çok daha fazla yoksuluna ve epey sefiline de rastlarız.

Romanlar kendilerini dört ana kabileye ayırırlar: Lovaralar, Tşuraralar, Kalderaşlar ve Matchvayalar. Bu dört kabile de dünyanın dört bir yanına doğru sonu gelmeyen yolculuklar yaparlar. Her biri dış görünüş, mizaç, konuştukları dil, meslek ve genel yaşayış biçimi bakımından birbirlerinden farklıdırlar. Lovaralar ve Tşuraralar genelde at ticareti yapar ve meslekleri yüzünden karavanlarda yaşarlar. En kalabalık grup olan Kalderaşlar ise çoğunlukla bakır ustasıdır ve çadırlarda yaşarlar.

İster Rom olsunlar, ister Sinte, Manuş ya da Gitano; Çingenelerin çevredeki toplumdan bile isteye ayrılan bir dünya görüşü vardır. Bu görüş, iç ahlaka dayanan bir yasayı ve birçoğu uzun zamandır yerleşik düzende yaşadığı halde, göçebelikten miras kalan bir zaman kavramını temel alır.

Uzunca bir süre yerleşik bir hayat sürdürmüş Çingenelerden birçok bakımdan daha egzotik olan ve birçok ülkeye yayılmış Eflak Romanlarının, eski gelenekleri en fazla korunmuş Çingeneler olduğunu düşünmek baştan çıkarıcı bir fikirdir. Yine de her Çingene grubu kendilerinin 'gerçek' Çingeneler olduğunu düşünmektedir. Ne var ki Çingenelere özgü kültürel birikimlerin ne kadarının gerçekten onlara özgü olduğu sorusunu yanıtlamak kolay değildir.

Bütün Hayatları Alacakaranlık Kuşağı

Bir hayatın ortasında gezmeye yazgılı bir halktır Romanların yaşamı... Durmadan, yorulmadan, o diyardan bu diyara, soluksuz ve kesintisiz bir uzun yarıştır onlarınki... Bir şairin ince duyarlılığında kanayıp duran dünyayı sahiplenme telaşı, bir ressamın paletindeki en ince darbedir doğaya karşı... Yaşamın en naif yerinde kırılgan bedenleriyle hepimize meydan okuyan yaşam rehberi gibi, durmadan gezmeye çıkmış yazgılarıyla atbaşı koşturmaca içinde geçen koca bir hayat... Romanların yaşamı, sonu gelmeyen bir doğaçlamadır aslında; sonsuz bir beceriklilik ve kurnazlık gerektirir her nasılsa...

Onların hayatı, yeni yerler keşfetme dürtüsü, barınamama sorunları ya da yazgılı oldukları tarihsel varoluşlarının zorunlu bir koşulu olmaktan çok, bu dünyaya açıktan bir tür meydan okuma içerir... Kuralsız ve sınırsız... Bütün sınırların ötesindeler ve bütün kapalılıkların uzağındalar... Romanlar için hayat, bir biçimi veya amacı olmayan bir sel gibi, sonsuz bir akıştır. İyinin ve kötünün ötesindedirler ve insanoğlunun hayat içindeki yeri, bir çeşit kendini yeniden tanımlama sürecidir. Bu süreç, bıkkınlığın ve şüphenin fazlasıyla insani olan bütün namertliğini yasaklar üstelik. Hayatta sınırsız olanı arama isteğiyle dolu olan insan, hayatın karşısına çıkarttığı güçlüklere kendi arzu ettiği gibi tepki göstermekte özgürdür ve bu, kendisine atfettiği anlam olur. Bu kendi özgürlüğüdür. Bir Roman için aslolan varlık koşulu yaşamdan öte bir yol varmışçasına anlam peşinde koşmaya adanmıştır..

Romanlar bütün hayatlarını "alacakaranlık kuşağı"nda yaşamak, hayatta kalma taktiklerinin sonuna kadar farkında olmak durumunda olduklarından, karşı karşıya kaldıkları savaşlara gayet iyi hazırlanmayı da becermekte herkesten önde gidebilmeyi başarmışlardır. Savaşın istekli öğretmenleri olmuşlardır, örneğin 2. Dünya Savaşı döneminde... Suç dünyasının sınırlarında yaşamış ve yeraltı örgütleriyle belli bir temas kurmaktan da kaçınmamışlardır. Direniş hareketlerinde olmayan deneyimlere sahip olmuşlardır.

Gezmeye yazgılı bu büyük halk sınırlararası kuraldışılıklarıyla bütün alacakaranlık kuşaklarında kendilerine özgü deneyimler ve yaşam alanları yaratmakta oldukça becerikli bir tür olduklarını bugüne kadar sayısız kez kanıtlamışlardır. İspanya, Bulgaristan, Türkiye, Yunanistan veya Fransa'da yaşıyor olsalar da buralara özgü adlandırmalarla çingene değil, ortak bir adlandırma olarak yalnızca Romandılar... Uluslarötesi olmayı herkesten fazla haketmiş yaşam tarzlarıyla bütün yerleşik kuralların ötesinde ve ötekilerin kuralsızlığında bir dağdağalı halk olarak kendi tarihleriyle bütünleşmiş bir gelecek yaratma telaşındadırlar. Daralmanın, sıkılmanın, kovulmanın, istenmemenin veya cezalandırılarak sürülmenin ötesinde Romanlar, kullanabilecekleri yeni alanlar aramak üzere bütünüyle macera olsun diye de göç ederler. Veya eski topraklar "tükendiği" için veya yerel savaşlar, devrimler veya zulümler yüzünden de göç ettikleri sır değildir. Salgın hastalıklar patlak vermeden önce veya kılıçlar kınından çekilmeden bulundukları yerden kaçarlar.

Zor dönemlerde, hayat onlar için iki kat daha çekilmez bir durum alır... Kendi yoksullukları ve yoksunlukları içinde bir kuyruklu yıldız gibi ardıllar ve öncüller çevresinde dönerek dolanırlar. Onlara karşı sergilenen canavarlıklar, batıya doğru yaptıkları uzun yolculukların oranını zor dönemlerde alabildiğine azaltır. Ulusal bir politika olmasa da Batı'da zulüm ve taciz, izole edilmiş bireylere yönelik az çok bir tavır haline gelmiştir bu dönemlerde. Romanları esas koruyan şey hareket halinde olmaları ve fakir görünmeleridir; hareket özgürlükleri vardır ve biçim veya yerel âdetlere ilgisizdirler. Ancak hepsinden öte onları farklı kılan hareketli olmalarıdır. Hiçbir zaman dönüp mücadele etmediler; basitçe oradan gittiler. Kafalarındaki Roman ve Gajo arasındaki ayrım hiçbir zaman unutulmadı. Kendilerinin olmayan bir dünyadan hiçbir şey beklemiyorlardı ve bunun mantıksal bir sonucu olarak, umudun ayartmalarına teslim olmadılar. Göçmenler hayatın her zaman bir ufuk gibi görülmesi gerektiğini düşünürlerdi: "Bir hedefe götüren yol seni hedeften ayırmaz; aslında onun bir parçasıdır..."

Hayatın Kemanında Bir Usta Halk: Romanlar

Bir Roman için doğru yanıtın ne olduğu Gajo için bilinmezdir. Yanıtlar ve sorular bazen değişir, soruların yanıt, tüm yanıtların sorulara yol açtığı karmaşık bir labirentin içinde kaybolursunuz... Soruların sıradanlığı bile yanıltıcı olabilir: "Hangisi daha büyüktür, bir meşe mi, yoksa karahindiba mı?" Böylesi sorular bıktırıcıdır. Soruda bir tuzak olduğunu hissedersiniz.... Yanıtın "meşe" olduğu aşikârdır, çünkü meşe hem daha büyüktür hem de daha çok işe yarar. Bunun yerine yanıtın yanlış olanla ilgili olduğunu düşünüp sinsice "karahindiba" diyebilirsiniz. Çünkü, o bilge duruşlarıyla bir Roman için doğru yanıt "o sırada hangisi işe yarıyorsa"dır. Olgun bir karahindiba, hem ebat hem de kullanışlılık bakımından bodur bir meşeden daha büyük olacaktır. Değerlendirmede esas ölçüt, birisinin kendi potansiyellerini tam olarak kullanmasıdır: Birisinin kendi tohumuna ve doğasına dürüst olması.

Hayatın telinde keman yayının çıkardığı en ince sesi bulmaya adanmış bakış açılarıyla ölümsüzlük iksirini bulmuş Lokman Hekim örneği yanıt ararlar... Bütün değerlerin çürüdüğü, bütün kanıtların yokolduğu bir kervan yolcusu gibi suyun tadından önce kokusunu almaya çalışmanın erdemli yolcuları gibi görünürler. O sırrın içinde mülkiyetsizlikleri, aidiyetsizlikleri ve gezginlikleriyle durmadan, yorulmadan yürürler... Milyoner kavramının ne kadar komik bir duruma düşebileceğini görmek için bir Roman'ı tanımak yeterli bir nedendir... Bu tanımlama sanki mülkiyete, maddiyata, paraya vurulan ağır bir yumruğu andırır aslında. Öğreticidir... Romanlar, özellikle de Lovaralar, ne şeylerin biriktirilmesine inanırlar ne de sahiplikte bir güç görürler. Onlar için sahip olunan şeylerden zevk almanın tek yolu, onları harcamaktır. Tşurara kabilesinden bir Romanın hikâyesidir burada anlatılan. Adı Pitti la Kaliako'dur. Üzerinde berbat paçavralar ve suratında görebileceğiniz en kederli ifadeler vardır. Herkes ondan "milyoner" diye sözeder. Bu tanımlamanın bir şaka olduğunu sanmamanız için hiçbir neden yoktur. Ama bu tanımlamanın neden ve nasıl kaynaklandığını öğrendiğinizde bütün bildikleriniz yalan, bütün söylenenler masaldır: "O bir milyonerdir; çünkü bir milyon harcamıştır..." Harcadığı paranın cinsinin önemi yoktur, anımsamamak daha da yeğdir... Rakamın doğruluğunu da onaylamak gerekmez aslında. Konu şu ki, Pitti la Kaliako bir servete sahip olduğu için değil, bir serveti harcadığı için zengindir...

Bir Karavana Sıkışmış Hayatlar

Çingenelerin ayrılmaz bir ritüeli gibi görünen üstü kapalı karavan, gerçekte yalnızca Almanya'nın bazı bölümlerinde, güney Avrupa ülkelerinde, İskandinavya, İtalya'nın kuzeyi ve Fransa'da kullanılırdı. Bütün bu yerlerde Çingene olmayan sayısız gruplar benzer karavanlarda yaşar. İşin ilginç tarafı bu "tipik" Çingene karavanlarını Gajo üreticiler inşa ederler. Hem de karavanları süsledikleri oyma tahta dekorasyonlarından çiğ renk seçimine kadar her şeyi onlar yapar. Karpat Dağları'nın eteklerindeki Transilvanya düzlüklerinden Clignancourt Limanı'na ve Paris'in ticari bölgesine kadar çeşitli tente türleri kullanılır. Balkanların ve Türkiye'nin birçok bölgesinde Çingeneler, at arabalarında veya üzerinde sığınak olarak gerilmiş tente benzeri bir şey taşıyan karavanlarla yolculuk ederler. Bunlar yerel yol koşullarına daha çok uyum sağlamıştır veya dağlık bir ülkede daha pratiktir. Aynı zamanda bu at arabaları Romanlara pek de arkadaşça davranmayan bölgelerde daha az göze çarpar.

Oynadıkları mülteci rolü gereği karavanlarını kuralsız

terk eder veya satar ve çıkın haline getirdikleri tüy yatakları, tencere, tava ve bilimum eşyayı basitçe arkalarından sürüyerek biriktirdikleri altınları, kirli iç çamaşırlarına dikerler. Bugün için Batı Avrupa'nın pek çok yerinde veya Amerika'da geniş özel arabalarda yolculuk ederler. Genelde tercih ettikleri araba Mercedes Benz, Opel ve Amerika'da Cadillac'tır.

Hareketin Sonsuzluğu İçinde Romanlar

Romanlar sonsuza kadar harekete yazgılı olma niteliklerini korumakta kıskançtırlar. Öteki olmanın dezavantajıyla sınırötesi, yeraltı ve marjinal hayatların matadorları gibidirler... Gajoların kanunlarına açık şekilde meydan okuyarak dikkat çekmeden ve kurnazca sınırları geçerler. Çünkü çoğunlukla başka seçenekleri olmaz. Mümkün olduğunda kaçakçılık yapar; bunu gerçekleştirdikleri koşullarda tedbirli ama becerikli bir biçimde rüşvet dağıtırlar. Romanca buna "adamı tatlandırmak" denir; aynı zamanda "altın pas tutmaz" diye de bir lafları vardı. Bir kez sınır geçildiğinde, önlerindeki patikayı sessizce izler ve içinde eriyip kaybolacakları yerel bir Çingene grubuna katılırlar. Bu Çingeneler onlar için bir "kalkan" olur, onları yeni ülkenin tehlikeleri ve özelliklerine karşı uyarırlar. Bukalemun bir hayatın ortasında değişkenliklerinin albenili görüntüsüyle kimliksiz ve biçimsiz bir yapıda yeni metaforlar yaratmaktan geri kalmayan şiirsel bir hayat sürerler. Bazen girdap olur çemberlerde döner, bazen katar olur yeni sınırlarda başka bir yola koyulurlar. Yeni sınırın ötesinde halkın sonsuz dayanışması içinde şekilden şekile girerken bu yapboz'un büyüleyici girintilerinde kaybolmakta bir sakınca görmezler. Yerel grup, bölgenin yetkililerine ilişkin genel bir fikir geliştirmiş olur ve sıklıkla yeni gelenlerin doldurabileceği sözde "serbest" nüfus kâğıtlarıyla yeni gelenlere yardım ederler. Çocukları büyümüş yaşlı bir Roman, ailesinin geçici bir süreliğine gruptan ayrılmış veya kendisine başka, muhtemelen daha iyi belgeler edinmiş üyelerine ait nüfus kâğıtlarını saklama ayrıcalığına sahiptir. Bazı nadir örneklerde, etkili bir arabulucu, kuraldışı bir durumu geçici bir süreliğine "yasalaştırmak" üzere "iktidarda olanlardan" özel bir izin elde edebilir. En kritik dönem sınırı geçiş anı ve yerel polisle ilk karşılaşma arasında geçen süredir. Eğer bir sınır bölgesinde zamanından önce fark edilirlerse, hızla sınırdışı edilirler. Zorunluluklar sonucu ayrıldıkları ülkenin göçmen bürolarının belirlediği yasak bölgelere veya kamplara gitmek zorunda kalırlar. Öyle ki, komşu ülkeler arasında savunmasızdırlar. Bir suçlunun iadesindeki zorluk Romanlar işbirliğine yanaşmadığında anlaşılabilirdir. Acil durumlarda takındıkları yarı bilinçli tutarsızlıkla Çingeneler nereden geldiklerini bilmediklerini öne sürerler. Hâlâ son derece işbirliği içinde hareket etmelerine karşın, aniden tutarlı bir dil konuşma yeteneklerini kaybederler. Sonu gelmez gevezelikler eder, iyi niyet gösterileri ve aptal numaralarıyla en dayanıklı araştırmacıları bile yıldırmakta üstlerine kimse yoktur.

Romanların ve Gajoların Dünyası, Derin Bir Yarık

Çok kutuplu bir dünyanın farkında olmadığımız kesitlerinde büyüyen derin bir yarık gizlidir: Romanların ve Gajoların

Dünyası. Romanları ve Gajoları birbirinden ayıran bu derinliğin farkına varmak özellikle Romanlar açısından yüzyıllar, onyıllar ve yıllar içerisinde süzülüp gelmiş deneyimlerle şekillenmiş temel bir yargının sonucudur. Bu yarık, her iki dünyanın hiç değilse çok az ortak noktası olduğuna ve hiçbir zaman bir araya gelemeyeceklerine ilişkin temel ve her zaman var olan bir inançtır.

Solgun renklerinin ışıksızlığı altında makyajlı yüzleriyle kendilerinden olmayan her şeye ve herkese yukardan bakan bütün Gajoların medeniyeti onlara hiçbir şey ifade etmez. Bizim için belki kırılgan, belki yapay ve belki de çirkindir buralar... Oysa ötekilerin bilincinde bir şekillenme olarak nasıl göründüğümüzü merak ederken ister istemez Romanların da bakış açılarına toslamamız fazla zaman almaz. Onların kendi yaşamışlıkları içinden süzülüp önümüze dikilen dünyanın nasıl tanımlandığını merak edenlere işte küçük bir yanıt: Sanki kapitalizmin sonsuz bir betimlemesi gibidir... Tüm gördükleri başarısızlık, pislik, adaletsizlik, sapkınlık ve çöptür. Gajo dünyasıyla tüm temasları, fal bakmaları veya kara büyü yapmaları için kendilerine başvuran, onlara hüsranlarını anlatan ve kendi acımasız arzularını ve küçük nefretlerini sergileyen kişilerle; kendini üstün görerek kanunun ötesinde hareketlerde bulunan jandarmalarla, ucuz numaralar arayan sapkınlarla sınırlıdır. Batı dünyasının bu yönlerine maruz kalınca Çingenelerin bu dünyayla bir araya gelme arzusuna ve daha iyi maddi standartlara sahip olan Gajo yaşamının ayartmalarına direnmeleri kolaylaşır. Romanların dış dünyaya karşı sergilediği ruh hali son derece değişkendir; uzlaşırmış gibi görünürken birden tehditkâr bir tutum takınır, sonra nedensiz bir şekilde yine uzlaşmacı olurlar. Tutarsızlıklarının Gajolar üzerinde yarattığı etkiyle pek bir eğlenirler. Aslında onlar için Gajoları daha da aptal yerine koymanın olağan bir yolu vardır; birdenbire son derece alçakgönüllü kesiliverir ve bu alçakgönüllü tavırları safça kabul eden Gajoların bu kadar kolay kandırılmasına bıyık altından gülerler.

Şöyle bir Roman deyimi vardır: "Herhangi bir Gajo'yu cömert bir biçimde takdir et, yeterince uzun konuşmasını sağla, kesin kendisini kaybedecektir."

Çok nadir durumlarda Romanlar, Gajolarla gerçek bir diyalogdan kaçamadığında, cevapları en az diğeri kadar değişken ve şaşırtıcı olur. Eğer bir soru yirmi farklı Çingeneye sorulsa, tahmin edileceği gibi, tüm yanıtlar birbiriyle çelişir. Aynı soru bir kişiye yirmi kere sorulsa yine aynı şekilde farklı yanıtlar alınır. Çingenelere ne kadar tutarsız olduklarını göstermek onları en ufak bir şekilde utandırmaz. Roman dilinde şöyle bir ifade vardı: "Tşatşimo Romanano..." (Gerçek ancak Romanca anlatılır...) Romanı yabancı bir dilde konuşmaya zorlayıp yalan söylemesine yol açan Gajodur. Roman der ki: "Maşkar le Gajonde leski şib si le Romanenski zor..." (Etrafı Gajolarla sarılan bir Romanın tek savunması dilidir...) Çoğu kez basitçe cahilliği mazeret olarak gösterir veya cümlenin ortasında lafa girerek Gajonun konuşmayı sürdürmesini engellerler. Yaşlı bir kadın, adama yalvarırcasına ısrarlı ve talepkar bir şekilde saldırabilir; yaklaşımındaki ıssız, neredeyse vahşi basitlikle onu huzursuz edebilir. Adamın dikkati dinleyicileri arasında aniden patlak veren sert bir tartışmayla dağılabilir veya genç bir kadın kolaylıkla görmezden gelinemeyecek, tahrik edici bir cilveye başlayabilir. Hepsi de Roman davranışına uygun şekillenmelerdir, tıpkı yaşamları gibi değişken...

Kuralsızlığın İçselleştirildiği Bir Toplumsal Şekillenme İçinde Roman Kuralları

Tüm Çingene grupları aile ilişkileri üzerine kurulu karmaşık bir düzene sahiptir. Toplulukların birbirlerinden başlıca farklılığı, Kalderaş'ların genellikle natsia ('ulus') Lovaralar'ınsa rása ('soy') dediği ve öncelikle Kalderaş, Macvaya, Lovara ve Curara şeklinde topluluklar olarak değerlendirilmelerine yol açan şeydir. Bu toplulukların lehçeleri, gelenekleri ve görünüşlerinde farklılıklar varsa bile Roman sayılma hakkı herkese tanınmış ve aralarında evliliklere izin verilmiştir. Bu toplulukların her biri yine bölünerek vitsi (witsa kelimesinin çoğulu olup 'grup' şeklinde çevrilebilir) isminde alt kollar oluşturur. Witsa, genellikle bir atanın isminden, bazen de bir hayvan ya da belirli bir özellikten türemiş Roman bir ismi bulunan birimlerdir. Bu tür isimler iki Romanın ilk karşılaşmalarında birbirlerini nereye koyacaklarını anlamaları açısından çok önemlidir. Bir Witsa'nın üyeleri belki hiçbir şekilde bir araya gelip bir grup olarak hareket etmeyecektir ve işlevsel olarak başlıca alt birimleri evli oğullar ve eşlerinden, çocuklarından ve torunlarından meydana gelen familya ya da geniş ailedir. Familya'nın her mahallesi ya da evi (üç nesli içinde barındırabilir) tséra olarak bilinir. Tür olarak farklı bir grup olan Kumpanya ise akraba olmayanları da içerir, birden fazla topluluktan, birden fazla gruptan ve büyük ailelerden gelen üyelere sahip olabilmektedir. Bu, mesleki amaçlarla, belirli bir bölgeden faıydalanmak için ekonomik çıkarlarla bir arada bulunan bir gruptur ve gelir, üyelerinin arasında eşit olarak paylaştırılır. Birkaç ailenin bir araya gelmesiyle oluşan

Kumpanya, genellikle liderlik görevini üstlenen ve gajo'larla (çingene olmayan herkes) aradaki bağlantıyı sağlayan Ray Baro ('büyük adam') tarafından yönetilir. Kumpanya ayrıca en temel siyasi birim olup aileyle ilgili değil ama genel konularda ahlaki, sosyal, siyasi ve ekonomik sorunlarda başlıca karar mekanizmasıdır. Bunu yapmak için konuyu bir divan (tartışma/görüşme) ile çözmeyi tercih edebilir, yeterince ciddi bir sorun olduğundaysa, yargılama için bir kris isteyebilir. Kris birkaç farklı vitsi'den oluşur ve erkeklerin tekelindedir. Hepsi erkek olan soy şefleri ve bir ya da daha fazla hakimden meydana gelir. Kadınların kris'te konuştuğu çok ender görülür ama anlaşmazlıkta doğrudan bir rolleri varsa buna izin verilir. Çıkan hüküm, davalılar için nihai karar anlamına gelmekte ve kaderlerinin meclisin elinde olduğunu kabul etmeleri gerekmektedir. Karar verme aşaması, uzun ve güç olabilir; Lovaralar'da özellikle de Kalderaşlar, kris'ler konusunda aşırıya kaçma konusunda ünlüdürler.

Bir Witsa'nın tüm üyeleri "akrabadır" ve sıkıntılı dönemlerde birbirlerine destek olmaları beklenir. Ayinsel olarak da önemli bağları bulunmaktadır. Örneğin bir erkek, Witsa'sının üyelerinin cenaze törenine ve pomana'sına (ölüm ziyafeti) katılmak zorundadır. Akrabalık bu şekilde yardım ve işbirliği açısından güçlü bir bağ sağlar.

Bir Çingene Kral, söylediği göze batan bir yalandan ötürü tutuklanırsa –örneğin ülkenin daimi vatandaşı olduklarını öne sürdüğü Çingenelerin ülkeye yasadışı yollardan yeni geldikleri ortaya çıkarsa– Kral kullandığı taktiği değiştirir; adamların karşısına, kendisini bu utanç verici durumdan kurtarmalarını bekleyen bir diplomat gibi çıkar. Yetkililerin kişisel önem duygularını pohpohlar ve tahrik eder. Ray Baro aman vermezse, Kral kabilesindeki "isyancı" unsurlar tarafından alaşağı edilir. Böylece Çingene içine düştüğü açmazdan kurtarılır. Romanlar daha sonra arkalarına dayanıp nasıl olursa olsun gelmekte olan felaketi beklemeye koyulur ve "kirpiyi oynamaya" dönerler. Bütün hilelerini tüketen Romanlar, kendilerine yardım edecek tek yazgının başka bir kriz olduğunu bilirler.

Kadının Erkeği Lekeleme Gücü

Çingeneler arasında, bundan daha da yaygın olarak, kirlenmekten ve bu konuya ilişkin ortaya çıkmış tabulardan korkulmaktadır. Temizlikle ilgili kanunları ancak yakın zamanlarda çözülebilmiştir. Kirlilik tabuları, gajo ile Çingene arasındaki keskin ayrılığın şeklini çizen etnik sınırları güçlendirip dışa vuran kültürlerinin temelini oluşturan bir şey olarak ortaya çıkmıştır. Genel olarak marime (kirli, kirlenmiş) kullanılmaktadır. Terminolojik olarak çeşitlilik gösterse de kanunun kendisi oldukça tutarlı olarak karşımıza çıkmaktadır. Sözkonusu tabu sistemi, ona sadakat gösterilen her yerde, erkekle kadın, Çingene ile gajo arasındaki tüm ilişkileri düzenlemektedir. Kaldı ki, bir çingene için kirlenmiş sayılmak, ki evi ile ailesini de aynı duruma düşürmektedir, bir insanın duyabileceği en büyük utançtır. Bu sosyal ölümün ta kendisidir. Durum 'bulaşıcı' olmakla kalmaz, kirlenmiş bir insanın giydiği, dokunduğu ya da kullandığı herhangi bir şey başkaları için de kirlidir. Romanlar arasında, marime durumunun hükümsüz kılınabildiği tek yol kris'i toplamaktır. Bu tür tabular insanlar, bedenin parçaları, yiyecekler ve sohbet konuları ile ilintilidir. Ama asıl endişeleri, kadının kirliliği ve onun saflığa karşı oluşturduğu tehdittir. Bedenin aşağı kısmı, özellikle de kadının ki, marhime sayılmakta, onunla ilgili her şey de (cinsel organlar, bedensel işlevler, bedenin alt kısmına değen giysiler ve cinsellik ve hamilelik konulu anıştırmalar/imalar) potansiyel kirli görülmektedir. Bedenin üst ve alt kısımları için ayrı leğenler, ayrı havlular ve ayrı sabunlar gibi katı temizlik kurallarına uyulur. Tertemiz bir mutfak lavabosu yine de marime ilan edilir; giysilerin yıkanmış olduğu bir tas, yüz havlusu, masa örtüsü, tencere, çanak çömlek yıkamak için katiyen kullanılmamalı, kadın giysileri de diğerlerinden ayrı yıkanmalıdır. Kadın daha kirlidir ve bundan dolayı cinselliğinin en baskın olduğu dönemlerde daha çok kısıtlamaya ve izolasyona maruz kalır (ergenlikte, adet gördüğünde, hamilelikte ve çocuk doğurduktan hemen sonra). Bu dönemde nereye dokunduğuna özellikle dikkat etmelidir. Katı kuralların uygulandığı bir evde erkeklere yemek pişiremez, servis yapamaz. Ergenlikten önce ve menopozdan sonra rahattırlar. Genç kızlar kısa etek giyebilir, yaşlıca kadınlar da artık erkeklerle daha rahat ilişkilere girebilir. Kadınlarla erkekler toplumsal olaylara ayrı ayrı katılır ve kadınlar daima ikinci sırada gelir. Fakat her ne kadar kadınlar daha prestijli olmasa da, erkeklere boyun eğmeleri ve her zaman alçakgönüllü davranmaları beklense de bu adetin başka bir etkisi vardır: Kadınlara verdiği yaptırım gücü... Her kadın, eteği gibi, bedeninin alt kısmına ait bir giysiyle herkesin ortasında erkeğe dokunarak onu lekeleme gücüne sahiptir ve sadece kirletme tehdidi dahi çok güçlü bir silahtır.

Marime kuralları hayatın her kısmına hükmeder ve modern koşullarda bu kuralların harfi harfine hakkını vermek güçtür. Mulo'ya ve pis olana karşı duyulan korku, gittiği yerlerde ev kiralayan gezgin bir Roman için oldukça karışık durumlara yol açar. Örneğin kendisinden önce bir gajo'nun kaldığı, geçmişi belli olmayan bir evi tutmak, tam anlamıyla bir mayın tarlasında yaşamaya benzeyecektir. Gajo, kuralları bilmemesi ve gerektiği gibi bir 'utanma' duygusuna sahip olmamasıyla kendiliğinden kirli insandır. Onlar sosyal sınırlamaların dışında kalır ve oturdukları yerler, hazırladıkları yemekler, hepsi de tehlikeli biçimde pis olma potansiyeline sahiptir. Bu gelenek böylece Çingeneleri gajo'ya yakınlaşmaktan alıkoyar ve geleneğin varlığı, tarihlerinde de göze çarpacak kadar belirgin olduğu üzere, öyle bir yakınlığı gerektirecek işlere girme isteksizliklerini de anlaşılır hale getirir.

Romanların Kolektif İradesi: Kris

Kris, tekrarlanan ve her zaman tuhaf bir anlaşmazlığı konuşmak için düzenlenen bir uygulamalar bütünüdür. Eskiler tarafından oluşturulmuş gayri resmi mahkeme olarak Kris, yalnızca Çingeneler arasında çıkan her türden anlaşmazlığı uzlaşma yoluyla düzenler. Törenlerin dehşet verici boyutlara sahip bir olaylar dizisi olarak düşünülüyor olması bile yanıltıcıdır... Kris, hepsinde olmasa da bazı Çingene gruplarında görülen, genellikle bir hakem başkanlığında yapılan ve toplumlarında önüne geçilemeyen anlaşmazlıkları düzenlemeye yönelik biraz törensel, büyük bir tartışmadır. Doğal ailenin dışında, geleneksel kurum olarak kabul edilebilecek tek oluşumdur. Bir Roman bir diğeriyle ciddi bir anlaşmazlık yaşadığında, namus ya da para sorunları, kaçırma, aldatma ve kavgalardan doğan uyuşmazlıklar çözümlenir. Bütün Kris'lerde, sonuçta, parayla, büyük çoğunlukla da altınla, çözüm bulunur.

Kris yani Romanların kolektif iradesi, hiçbir şekilde kapalı bir sistem değildir. Aksine akışkan, bütünlüğü içinde bir sisteme hiçbir şekilde bağlanmamış bir yapıdır ve yalnızca sözlü toplumsal hafızanın doğru bir şekilde aktarılmasına dayanır. Yargıçların aldığı kararların ne kadar etkili olacağı, özellikle Romanların çoğu tarafından kabul edilmelerine bağlıdır. Aldıkları kararların uygulanmasını zorlayacak hiçbir unsur yoktur. Romanların bir polis kuvveti, hapishaneleri veya cellatları da yoktur. Kristoraların, yani yargıçların pozisyonu dahi göçebe yaşamın getirdiği kaçınılmaz koşullardan dolayı kalıcı veya "profesyonel" değildir. Romanlar sonsuza kadar yan yollarda molalar verdiğinden, yargıçların seçimi el altında bulunan nitelikli adamlara bağlıdır. Kristora, yani yargıçların, efsanevi bir itibarları vardır. Romanların Krise duydukları saygı sayesinde nesiller boyu varlıklarının nasıl sürdürdüklerini anlamak kolaylaşır. Kris, Çingeneler arasında daha güçlü olan grupların daha zayıf olanlara karşı kendilerini sınırlamaya zorlama yöntemlerinden biridir. Romanların bakış açılarına göre kanunun sınırları uygulamanın sınırları demektir ve uygulamanın getirdiği kısıtlamalar toplumsal örgütlenmenin gerçek sınırlarıdır. Krise duyulan saygı olmasa Romanlar çoktan yabanileşmiş ve sonrasında halk olarak zorbalığın, saf gücün kuralına göre bölünmüş olurlardı. Ahlaki çöküş kaçınılmaz olarak onları bulacak ve yaşamları adilik üretiyor olacaktı.

Kris huzurunda dile getirilen bir iddia yalnızca karar alınmasına yol açabilir; gerçek bir uygulama için Romanların kendi ve akrabalarının kuvvetine dayanmaları gerekir. Bununla birlikte alınan karara pervasızca karşı konulmasıyla başa çıkmak, adalet ve güç arasında bir denge kurmak ve herhangi keyfi bir yönetimin veya şantajın önüne geçmek için Kris doğaüstü cezalara, armaya'ya/lanetlere başvurur. Bu cezalandırmaya solakh derler; güya, son uygulamayı Mulo'nun daha çok korkulan hükümlerine bırakırlar.

Bir Kardeşlik Ülküsü Olarak Kösnül Çingene Müziği

Müzik, Çingeneler açısından dış dünyanın algısal değerlendirmeleri içinde önemli bir yer tutar. Balkan Çingene müziğinden, Manuş cazından, flamenkodan söz edilir. Çingenelerin kendilerine özgü sanatsal bir gelenekleri olup olmadığı da önemlidir... Öyle ya da böyle, müzik Çingene halkı için bir kardeşlik ülküsü oluşturur ve Avrupa'daki tüm müzikal bileşimlere karışır. Çingene şarkıları, neşeli, çılgın ve bütünüyle tutku ateşiyle, yabanıl bir coşkuyla titreşen havalar çalar. Kabilelerine özgü bu ezgilerin tuhaf bir ritmi, bize yabancı gelen bir özelliği vardır; bunlar disiplinsiz melodiler, tüm yasaların ve tüm bilinen müzikal değerlerin dışındadırlar. İnsanı içine düştüğü uyuşukluktan kurtaracak, silkeleyecek, içkinin sözlere egemen olduğu gibi insanın ruhuna egemen olacak bir kışkırtıcılık vardır onlarda... Şarkıları çalma biçimleri en az sözler kadar önemlidir. Her şarkının bir kişiye ait olduğu varsayılır. Bu kişi şarkının nasıl yorumlanacağına karar verir. Buna karşılık onun sesi de şarkıya katılan Çingenelerin, gizil bir melodinin içinde birbirine karışan sesleri arasında kısa sürede yitip gider. Böyle zamanlarda, Çingeneler toplu halde şarkı söylerken, bir konser söz konusu olduğunda, bir kardeşlik ülküsü tutumu benimserler; bu onları kardeşçe paylaşımdan ileri gelen eşitliğin gereklerini kabul etmeye iter; mulatsago bağlamı onların ilişkilerini yeniden düzenler. Şarkıları sayesinde, Çingene erkekleri birbirlerinin kardeşi 'oluverirler'; gajo'ların egemenliği altındaki dünyaya birlik ve beraberliklerini haykırırlar; bu birlik ve beraberlikler, genel olarak kendi içlerinde bölünmeleriyle ve mulatsago'nun dışında tutulan Çingene kadınlarının dünyasıyla da bir karşıtlık oluşturur. Dolayısıyla burada durum değişiktir: Erkekler kadınları törenden dışlayarak gönençli ve sürekli bir birlik oluşturur gözükürler. Ayrıca yarattıkları izlenimi daha da derinleştirmek, etkiyi ikiye katlamak için, en genç olanlar dans edip şarkı söylerler. Öylesine kalça hareketleri vardır ki, nasıl da şehvetli, nasıl da ateşlidir! Ya o gülümsemeler, o göz süzmelere ne demeli? Sonra kollarını başlarının üstünde kavuşturup, çırılçıplak yontuların verdikleri pozlara benzer biçimde göğüslerini öne çıkarır; ağızlar arzuyla yarı açık, öpücüklere davetiye çıkarır gibidir. Müzik bu kadar kösnül olabilir... Tam da bu sırada koro kısa ve keskin çığlıklar atar. Yabanıl sesler ve uğultular çıkarırlar... Dans eden kızların tümünün bedenleri elektrik akımına kapılmış gibi sarsılır, bükülüp bilinçli hareketlerle katlanır, sanki çılgın bir aşkın yarattığı ağrıyla kıvranırlar. Ateşli bir titreme dansözü baştan aşağıya sararken, kız olduğu yerde tepinir, sonunda baygın düşmüş gibi başı geriye düşer ve öfkeli bir panterin çığlıklarına benzeyen boğuk sesler çıkarırlar. Çingenelerin ataları olan rakkaselerin bugün hâlâ bir Hint Tanrısı'nın iç karartıcı resminin önünde göbek danslarını yaptıkları kösnül Asya tapınağında gibidirler sanki...

Çingeneler Avrupa'ya geldiklerinde müzikleri kendilerine özgü dokunaklı bir anlatımın etkilerini taşımaktadır. Şiddetli duygular uyandırırdı. Onların acılarını, sürgünde çektiklerini, dışlanmalarını, neşelerini, gururlarını, sıcaklıklarını ve doğaya duydukları derin inancı yansıtırdı... Çingene yaratısına ilişkin tüm söylencelerde anılan bu inanç onları, öteki insanların tersine, dışlanmış bir halk olma yazgıları içinde gittikleri hiçbir yerde yalnız bırakmaz. Ayrıca, ilk caz parçalarında olduğu gibi, bir ülkeye ya da belli bir anakaraya duyulan özlemin, ne yurdundan koparılmanın, ne kök salınan bir yerden sürülmenin, ne de geri dönme arzusunun izleri okunur bu müzikte... Bir gezgin yaşamın pınarından akan kösnüllüğün diğer adı gibidir çingene müziği... Dolaşmayı, soluklanmayı ve çağıldayarak akmayı sever... Yaşamın bütün ritmlerini yakalama telaşıyla kusursuz bir güzelliğin peşinde koşmak yerine sınırsız bir yaşamın peşinde koşmayı tercih eder... Bir düş yolcusu gibi ağırlıksız ve varlıksız olmanın ciddiliği içinde, kaybolmak yerine varolmayı hedefler...

Gerçekten Daha İnandırıcı Yalanlar Dünyasında Çingene Kadının Kutsal Kavgası: Falcılık

Çoğumuzun avuçlarına bakarak geleceğimizi okuyan, çalışkan işçi arılara benzeyen duruşlarıyla Romanlar, yetenekli gelecek avcılarına benzer. Pratik bir bakış açısından bakıldığında falcılığın elle tutulur özü, her insani deliliği sonsuz bir sabırla dinleme yeteneğidir. Buna belli ve kişisel anlamların okunabileceği bazı belirsiz genellemeler de eklenebilir.

Onların falcılıklarındaki ustalık, inandırıcılık ve güven unsuru katılmış bol soslu yalanlarla bezeli söylemleridir. Fal bakmaktaki gizemi bu anlamda çözmüş her Roman, Gajo'ların dünyasından nemalanmaya yemin etmiş bir savurganlıkla çalışmaya devam edebilir. Aslında fal ve inanç sorununu bir kabullenme, terapi ve rehabilite etme süreci olarak değerlendirmeyi işgüzarlık olarak saymasak o zaman ne kadar önemli işlevleri olduğunu daha kolay kabul edebiliriz. Ama umutsuz bir dünyanın umudunu yitirmiş izcileri olarak sorunlar ve sıkıntılarla iğdiş edilmiş beyinlerimizle kendi varlığımıza bile inanmayan gözlerle falcılara daha çok avuç açmakta herhangi bir sakınca görmediğimiz bir dünyada yaşıyoruz. Kendi inandırıcılıkları içinde gerçeklerden çokça bezmiş bir ulusun çocukları olarak, fala inanma falsız da kalmayı neredeyse düstur edinme yolunda önemli adımlar atarken, lanetin ve büyünün gizemli gücünden medet uman bir toplumsal histeriye tutulmuşluğumuza bakıp bakıp gülenlere bir şey demek için vaktidir demek yeridir belki de... Bir Roman için iş olmanın ötesinde içeriğe yönelik bir ağırlık merkezi olmayan boyutta hastanın sağaltımını amaç edinmiş bir hekim titizliğiyle yapılan falcılık, bu halkın kadınlarını tüm alçakgönüllükleriyle bu işi yapmaya teşvik eder.

Bunun ötesine nadiren geçerler ve gönüllü kurbanlarının üzerinde daha kişisel ve kalıcı bir güç elde etmeye çalışırlar. Tüm efsaneler gibi Çingenenin ilahi yetileri hakkındaki söylence, basit ve biraz abartılıdır. Genelde sansasyon arayan ve gerçekten bir Çingeneye fal baktırmayı deneyenlerden çok daha fazla konuşan yarım-inançlılar tarafından yayılıp büyütülen söylencelerin asli unsurlarıdırlar. Yaşanan tesadüfler, yapılan tahminlerin doğruluğunu sıklıkla kanıtlarmış gibi kabul edilir ve insanlar yalnızca gerçekleşen tahminleri anımsar. Hataları unutma eğilimindedir insan. Romanlar Moldavya'da çocuk doğmadan aylar önce bebeğin cinsiyetini hiç hatasız tahmin eden pratisyen bir doktordan bahseder. Doktorun sistemi, akıllı bir aletle tamamlanan saf bir tahmin işine dayanmaktadır. Eğer bebeğin erkek olduğunu söylemişse defterine kız olduğunu yazar. Eğer erkek olursa doğru tahmin etmiş olur ve sorun olmaz. Eğer bebek kızsa, doktorun yeteneğinden hayal kırıklığına uğramış ebeveynler karşısına çıktığında doktor basitçe hatırlamadığını söyler ve gerçekte doğru tahminde bulunduğunu yazılı olarak kanıtlayan defterine bakmayı önerir.

Gajoların Çingenelerin lanetinden ve yapacakları büyülerden duyduğu korku sayesinde, Romanlar kesinlikle bir nebze de olsa kendilerini korurlar. Bu sayede, kendini yeterince savunacak güce sahip olmayan bir azınlığa yöneltilebilecek vahşet ve baskı sınırlanabiliyordu. Çingeneler, yasa önünde, en iyi halde bile yalnızca müsamaha gösterilen bir azınlıktılar, en kötü durumda hükümet tarafından geldikleri ülkeye iade edilecek veya katledilecek insanlardı, tamamen yönetimin insafına kalmışlardı. Falcılık sayesinde her şeye inanan insanlarda belli bir korku ve saygı uyandırıyorlardı; zayıf bir savunma ancak hiç olmamasından çok daha iyi.

Falcılık hevesinin bir kişinin kendi kaygılarıyla başa çıkamamasından kaynaklandığına inanırdı Çingeneler... Falın bu kaygıları gidereceğine, kehanette bulunmak için kendini yenileyen bir hırs yaratacağına olan bir eğilim sahibiydiler. Bu kumarbazlığa benziyordu ama arada yine de bir fark vardı: Çünkü biri belki parasını kaybetmiyordu ama kesinlikle sağduyusunu yitiriyordu. Bir kişiyi sorunlarının nedenleri karşısında kör ediyordu ve bu "delilik"ti. Manevi dürüstlükle ilgili sorunlara elverişli bir çözüm üretmek söz konusu olduğunda, boş ve kendi kendini tuzağa düşüren bir arayıştı ve falda çözüm aramak hayatı olduğu gibi karşılama cesaretini gösterememekten kaynaklanıyordu. Çoğu insan, aslında, umutlarından ziyade korkularını onaylatmak için falcılara giderdi. Korku bir dileğin babası olabilirdi; çünkü çoğu, bilinçaltında en çok korktukları şeyin gerçekleşmesini isterdi. Kederin kabulü zenginleşirken korkunun güçten düştüğünü söylemek de olanaklıdır.

Çok önceleri Sırbistan'da korkunç ve amansız bir hastalığa yakalandığını sanan bir toprak ağasından sözedilir. Adam Sarajevo'da bir doktora başvurur ve doktor adamın şüphelerini giderir ve kesinlikle hasta olmadığını söyler. Ağa başka doktorlara da gider ve hepsi de ilk doktorla aynı görüştedir. Bulgaristan'da Niş, Belgrad ve Sofya'ya gider. Umutsuzluk içinde bir falcıyı ziyaret eder. Falcı korkularını hemen onaylar ve ağanın gözünde tıp doktorlarının yanıldığını kanıtlar. Uzatmalı ve oldukça masraflı bir tedaviden sonra ağayı –hayali bir hastalıktan– iyileştirir. Basit bir tanımlamayla anlatılan hikâyenin inandırıcılık boyutunda bir Çingene'nin sözlerindeki sırrı keşfetmekten öte anlamlar gerekir. Bir hastanın söylediklerine inanmayan bir doktor mu, buna inanan/inanmış görünen falcı mı daha inandırıcıdır? Çözüme yaklaşma yolunda elbette falcının, üstelik Çingene bir falcının söylediklerinin buradaki anlam zenginliğini çözmek için daha çok kitaplar eskitilir.

Bir Roman deyişinin anlattığı gibi, Si khohaimo may patşivalo sar o tşatşimo... (Gerçekten daha inandırıcı yalanlar vardır...)

Sonsöz

Doğu Avrupa etnik takımadasında beş milyon Çingene yaşamaktadır ve en önemli azınlığı oluştururlar. Günümüz Avrupasında aşağı yukarı 12 milyon Rom yaşar; bunların çoğu Doğu Avrupa'da, örneğin 2,5 milyonu Romanya'da, 1 milyonu eski Yugoslavya'da, aynı şekilde 800 binden fazlası da Rusya'da bulunuyor. Ayrıca azımsanmayacak bir Çingene nüfusu da Macaristan'da (600 binden fazla) ve Çekoslovakya'da (700 binden fazla) yaşar. Yunanistan ve Türkiye'de de kalabalıklar var ama sayıları resmi kayıtlarda belirtilmez. Fransa, İspanya ve Almanya'da da birçok Çingene var ama sayıları belirsizdir. Romlar tüm Avrupa ülkelerinde bulunurlar. Romların ortalama ömürleri öteki halklarınkinden daha kısa. Bazı araştırmalara göre 46-50 yaş arasında değişiyor.

1400'lerden bugüne yıllar, onyıllar, yüzyıllar geçmiştir... Köprünün altında akan sulara bakarak 'ötekileşme'nin diyalektiğine ilişkin daha çok söz edilebilir. Bu nedenle olsa gerek 1965'te Paris'te gerçekçi hedeflere sahip bir topluluk kurulur: Comité International Tsigane... (Uluslararası Çingene Komitesi) Yani kısaca CIT... Nisan 1971'de Londra'da ilk Dünya Çingene Kongresi'ni düzenler CIT... 14 ülkeden katılan delegeler ortak ünvan olarak Rom ifadesini benimser ve kendilerine bir flama ve Opré Roma! (Çingene Uyan!) şeklinde yalın bir slogan seçerler... O uzun hikâyenin bitiş noktasında işte bu gizemli, büyüleyici ve sürükleyici slogan yatar... Bu slogan bütün çingenelere yönelik bir çağrıdır... Bu çorbada tuzumuz olsun istedik...

Bütün çingeneler yaşıyor... Ölümsüzlüğün girdabına yapışıp kalmış hayatlarıyla dönenip duruyorlar... Yeni bir kumpanya kuruyor, yeni hayatlarda bir kez daha doğuyor, uzak ülkelere ayak basma refleksiyle sınırlar aşıp, mesafeleri hiçe sayıyorlar... Yoksayıldıkları bir dünyanın içinde varoluşlarıyla anlam üretirken, dağılıp yeniden bir araya gelerek akıp gidiyorlar... Kime inat bu uğraşa atıldıkları hâlâ bir sır... Belki bir gün bir kaya oyuğundan birileri fısıldayacak kulağımıza... Tıpkı su gibi, bütün koşullara uyum sağlıyor, durmadan kendilerine yeni şekiller veriyorlar. Ancak esas özlerine, ebedi ve ezeli Roman ruhuna sadık kalarak yürümeye devam ediyorlar... Yazgıları bu...

Çingeneler

Pulika ve Rupa'ya-
Özlemle

Birinci Bölüm

Çizdiğim şu resmi gözlerinizin önüne getirmenizi istiyorum: Gökyüzünün uçsuz bucaksız enginliğini ve gecenin sadece gündüzün devamı olduğu yerde anın zamansızlığını, çamuru ve sıkıntıyı ve hafif tuzlu içme suyunu, sürekli bir değişimin, girdap gibi dönen tozun, az sayıda ağacın ve inleyen rüzgârın meydan okumasını, geceleyin gökyüzüne yeniden güvenmeyi, horuldayan atları, kümelenmiş karavanları ve ortada yakılan ateşi, oyun oynayan çocukları ve havlayan köpekleri, baskına katılanları ve atlı polis müfrezelerini, Romanlığın basit asaletini, hayvani çekiciliğin coşkun gücünü, sazan balıklarının gün ışığında oynaştığı gölü, yaklaşan alacakaranlığı...

Hayatımda ilk kez bir çingene kampına yaklaşıyordum. Yaban görünümlü, sarı ve sık tüylü köpekler uluyup havlıyordu. Üstü kapalı on beş karavan, Çingeneleri yoldan gizlercesine, genişçe bir yarım daire şeklinde yayılmıştı. Kamp ateşinin çevresinde koyu renk elbiseli, süslü kadınlar oturuyordu. Pürüzsüz esmer tenlerinde büyük, manalı gözleri ve güçlü, beyaz dişleri göze çarpıyordu. Taktıkları altın küpe, kolye ve bilezikler, ten renklerini daha da keskinleştiriyordu. Kara-maviye çalan parlak saçları uzun ve örülüydü, elbiselerinin kat kat ve kabarık etekleri ayak bileklerine kadar iniyordu, giydikleri yelekler dökümlü ve kısaydı. Onları ilk gördüğümde sağlıklı ve hayat dolu olduklarını düşünmüştüm. Çıplak ayaklı küçük çocuk sürüleri bütün kamp bölgesinde ufak hayvanlar gibi şamata içinde koşuşturuyordu. Birkaçının üzerinde yırtık pırtık giysiler vardı, ama çoğu çıplaktı. Kampın bir ucunda uzun zincirlerle bağlanmış birkaç at otluyordu ve elbette ki her daim hırlamaya hazır, yarı vahşi köpekler vardı. Birkaç adam bir meşe ağacının gölgesine uzanmıştı. Kamptan ince mavimsi duman burguları gökyüzüne doğru yükseldi ve içe işleyen keskin bir yanık odun kokusu havaya karıştı. Bu çingenelerin yüksek ve çıplak sesleri çok uzaktan dahi rahatlıkla duyulabiliyordu. Buna hiç alışık değildim. Daha ötede, kampın yakın çevresinde dolaşan fısıltının aksine, Çingenelerin arasına karışmak bir baltanın kör sesiydi; atların hızla soluyup kişnemesi, bir kamçının ara sıra şaklaması ve bir bebeğin feryadıydı.

Sağlam bir şekilde yapılmış karavanlar, yüksek tekerlekler üzerine oturtulmuştu. Her bir tarafında üç pencere ve önünde, sundurma benzeri genişçe bir tahtaya açılan çift kanatlı ön kapı vardı. Duvarlar koyu renkli meşe ağacındandı ve aşırı derecede verniklenmişti. Çatısı beyazdı.

Rengârenk çiçeklerle kaplanmış ve nevresimler geçirilmiş kuştüyü yorganlar, güneşe serilmiş havalandırılıyordu.

Çingeneler benim olduğum kasabadan geçerken baharın son günleri yaşanıyordu. O zamanlar on iki yaşındaydım ve babamın bana sıklıkla anlattığı bu muhteşem insanları görmeye gelmiştim. Şehrin eteklerindeki boş, geniş araziye kamp kurduklarında çoktan gece yarısı olmuştu ve hiç şüphesiz, sabahın erken saatlerinde de –kamp ateşinin yakıldığı yerde birkaç siyah nokta ve çiğnenmiş otlar dışında-– orada olduklarına dair hiçbir iz bırakmadan ortadan kaybolacaklardı ve geriye sadece onlar hakkındaki söylentiler kalacaktı.

Kampa gitmek üzere, asfalt yoldan ayrılıp uzun otların arasına daldım. Yetişkin işgalcilerin hiçbiri bana dikkat etmedi. Yabancı topraklara girmiş gibiydim ama ortalıkta korkulacak bir şey yoktu. Benim yaşlarımdaki birkaç çingene çocuk, iki ayrı dünyanın sınır çizgisini işaretleyen çiğnenmiş otların üzerinde beni karşılamak üzere koştu.

Onlarla İspanyolca konuştum; yanlışlıkla iletişim kurmak için en uygun dilin İspanyolca olduğunu düşünmüştüm. O zamanlar Çingene deyince aklıma Endülüs, Flâmenko müziği ve dansı, güneş ve manzanilla (bir çeşit elma / ç.n.) şarabı gelirdi. Yıllar sonra pek çok insanın bu göçebeleri yanlış bir şekilde, özellikle İspanya, Rusya, Macaristan veya Romanya'yla ilişkilendirdiğini keşfedecektim.

Çingene çocuklar beni Tarzanca benzeri bir Almancayla karşıladılar. Genç insanlar arasında bazen, sanki daha önce karşılaşmışlar gibi güçlü bir rahatlık duygusu olur. İşte bizim aramızdaki de böyle bir şeydi. Bana atları gösterdiler. Atların üstünlüklerini ve kusurlarını başarılı bir şekilde tespit etmemi bekliyor gibiydiler. Bununla birlikte benim tepki vermekte gecikmem onları rahatsız etmiş gibi görünmüyordu. Bu ilk test hakkında endişeliydim, atlara olan yabancılığımdan ötürü beni yargılamalarından çok korktum.

Oğlanlardan birinin ismi Nanoş'tu. Çocuğun uzun, kömür karası saçları vardı ve boynunun etrafına rengi solmuş galibarda bir ipek mendil bağlamıştı. Kirli beyaz gömleğinin düğmesi yoktu ve tüysüz göğsünü açıkta bırakıyordu. Çorak arazide hep beraber koşuşturup durduk. Kampın ucundaki iki karavan arasına gerilmiş bir ipe ayaklarından asılmış birtakım ölü hayvanları bana sevinçle gösterdiler. Hayvanlar tavşandan daha küçüktü ama kesinlikle kemirgen familyasındandı. Daha ziyade sıçana benziyordu. Nanoş onların dikenleri tıraş edilmiş kirpiler olduğunu söyleyerek mahcubiyetimi giderdi. Oğlanlar kendi dillerinde kısa kısa konuşuyorlardı. Korkularımı bu kadar çabuk giderdiği için Nanoş'a sitem ettiklerini tahmin edebiliyordum. Nanoş bana kirpilerin kendi insanları arasında lezzetli bulunduğunu ve oğlanların çoğu zamanını bunları avlayarak geçirdiğini açıkladı; kış uykusu için yağ depoladıklarından kirpiler sonbaharda çok lezzetli olurlardı. "Bir dahaki sefer geldiğimde" bana kirpi avlamayı öğreteceğine söz verdi. Daha önce dikkat etmediğim bir döküntü yığınından küçük, ölü bir kirpi alarak ateşin yanına çömeldi ve beni de aynısını yapmaya çağırdı. Rastgele ince bir dal aldı, bir ucunu sivriltti, kirpinin arka ayaklarından bir tanesine geçirdi. Sopayla becerikli bir şekilde deriyi sıska kemikten ayırdı, sonra bu yarığı ağzına götürdü, yanaklarını şişirdi ve hayvanın derisi iyice gerilinceye kadar yavaşça üflemeye başladı. Minik ayakta açtığı yarığı iple bağladıktan sonra usta elleriyle kirpinin derisini sıyırdı. Gözlerimin önündeki ufak şişmiş hayvancık, sıradan bir sıçanın sevimsiz bir nüshasına dönüştü. Nanoş günün ilerleyen saatlerinde yenmek üzere hayvanı diğerlerinin yanına astı. Bu Roman lezzetinden bir parça da bana ikram edilmediği için biraz hayal kırıklığına uğramış, ama bunun yanında biraz da rahatlamıştım. Aslında bu deneyim sadece ertelenmişti ve bu yemeği pek çok kez gıkımı çıkarmadan yemem Çingenelerin takdirini kazanmama yardımcı oldu: Hayvanın eti yumuşak ama ağır ve çok yağlıydı. Genelde yabani sarımsak ve karabiberle çeşnilendiriliyordu.

Metalik sert bir tonda bana edilen okkalı bir küfür, işin bütün büyüsünü bozuverdi. Çok yaşlı bir kadın, karavanın girişinde dimdik ayakta durmuş, eve gitmem için çığlıklar atıyordu. Elmacık kemikleri çıkmış suratı, derin çizgilerle kaplanmıştı. Göz kapakları kirpikten yoksundu ve büyük gözlerinde, o kadar mesafeli ve soğuk olmasa da, bir sürüngenin bakışı vardı. Sarı bir başörtüsünün altındaki saçları donuk bir griye çalıyordu. Nanoş beni de yanında sürükleyerek kampın diğer tarafına koştu. Çocuklar, nefes nefese yaşlı Lyuba'nın bana herhangi bir zarar verme niyetinde olmadığını anlattılar; bu onun bir alışkanlığıydı, sadece –hepsi gibi– yabancıları sevmemekle kalmaz, aynı zamanda fazlasıyla açık bir şekilde bunu ifade ederdi.

Nanoş çingenelerin kendilerine Roman, yani "Adam" dediklerini söyledi. Diğer bütün çingene olmayanlara ve grubun dışında kalanlara "köylüler" anlamına gelen "Gaje" (tekili Gajo) denirmiş. Bunları söylerken gözlerimin içine baktı ama sesinde ufak bir tereddüt vardı ve bu Gajo kelimesinde küçümseyici bir yananlam hissettim. Bu belirsizlik anının beni mahcup etmesine izin vermeyi istemiyordum. Bununla birlikte bizim onlar hakkında sahip olduğumuz gibi Romanların da bizler, yani Gajolar hakkında bir sürü önyargıya sahip olabileceklerinin farkına vardım.

Birbirine seslenen Çingene çocuklarını dikkatle dinleyerek başka iki çocuğun daha ismini ezberledim: Laetşi ve Putzina. Bazen ikincisine sevgiyle Pupus veya hatta Putzi dedikleri oluyordu. Putzina nehir gemisi kaptanlarına ait lacivert bir kep takıyordu ve takımın bütün üyeleri gibi hem Putzina hem de Laetşi boyunlarına parlak renkte ipek eşarplar bağlamışlardı.

O gün herhangi bir pişmanlık duymadan okulu astım. Daha yakın bir ilişki kurabilmeyi umarak ayakkabılarımı çıkarıp, Nanoş, Laetşi ve Putzina gibi yalınayak dolaştım. Bana göre ayakkabılar uygun bir Avrupa terbiyesinin ve disiplininin sembolüydü. Birisinin mecburen boynunu ve kulaklarını yıkamasını ve saçlarını taramasını da aynı kategoriye koymuştum. Yeni oyun arkadaşlarımı bu zorunlu ve zahmetli işlerin hiçbirini üstlenmemiş görünce hasedimden çatlayacak gibi oldum. Bununla birlikte, çıkarıp attığım ayakkabıları kısmen gıpta ettikleri bir lüks olarak gördüklerini fark ettim. Keyifli bir gürültü içinde ve naif bir yaramazlıkla her biri tek tek ayakkabıları denedi. Daha büyük çocuklar da eğlenceye katıldı ama ayaklarını sığdıramayınca, fikrimi hiç sormadan ayakkabılarımın burunlarını kestiler. Bu tutum gece yarısına kadar orada kalmak için karar vermeme neden oldu. Çünkü komşularımızın veya okul arkadaşlarımın beni çıplak ayakla görmelerini istemiyordum.

Nanoş ve kuzenleriyle beraber, oyunlar oynayıp güreşerek uzun otlar arasına uzandık. Aynı gün bana sormadan kendi dillerine dair ilk dersi verdiler. Öğretmek için seçtikleri kelimeler ve bu kelimelerin sırası, onlar için neyin önemli olduğuna dair bana bir ipucu verdi: mas, et; lowe, para; tşorav, çalmak; grast, at; şanglo, polis memuru. Tabiatıyla doğaya dair diğer birkaç temel kelimeyi de eklediler.

Laetşi ailesinin yanına yemek yemeğe giderken Putzina ve Nanoş, yiyeceklerini benimle paylaştılar. Yemekten sonra Çingeneler kamp ateşlerinin etrafında toplandılar. Erkekler büyük bir fıçıdan bira içti ve kendi dillerinde şarkı söylediler.

İşte o zaman yarı-bilinçli büyük bir hata yaptım: Beş dakika daha kaldım...

Saatler su gibi akıp geçti. Topraktan yükselen nemi hissedebiliyordum ama tek fark eden benmişim gibi duruyordu. Çingeneler yorulup açık alana yaydıkları büyük kuştüyü yataklarında uyumaya gittiklerinde, saat eve dönmek için çok geç olmuştu. Nanoş iki büyük kuştüyü yorgan altında diğer ufak kardeşleriyle beraber uyumayı teklif etti, minnetle kabul ettim.

Gerçekten tedirgin bir şekilde elbiselerimle yatağın içine süzüldüm. Sırt sırta verip gökyüzündeki yıldızlara baktık. Kendimi âciz ve aynı zamanda biraz ağırbaşlı hissediyordum. Bir yıldızın kaydığını gördüm ve bunu hemen Nanoş'la paylaşmayı isteyerek parmağımla yıldızın çok uzaktan geçtiği yeri ona gösterdim. Nanoş kısık bir sesle bunu bir daha hiç yapmamamı söyledi... Çünkü her insanın gökyüzünde bir yıldızı vardır. Bir yıldız kaydığında, bu bir hırsızın malı götürmeye başladığı anlamına gelir ve kayan bir yıldızı parmağınla işaret etmek, bu adamın çok büyük bir olasılıkla yakalanmasına neden olur. "Kuzenim Kore, bu gece Kalia'nın oğluyla işe çıktı ve hâlâ geri dönmedi..." diye Nanoş devam etti. Sonra sırtını bana döndü. Dakikalar sonra sakin ve düzenli bir şekilde nefes alıp verdiğini duymaya başladım. Vicdanı rahat olanların yaşayabildiği dingin bir uykuya dalmıştı. Çok uzaktaki bir çiftlikte bir köpek havlıyordu ve kendimi kayan yıldızı ve simgelediği adamı düşünmekten alamıyordum. Hayatımda ilk defa geceyi yıldızlı gökyüzünün altında geçiriyordum ve uykuya teslim olamayacak kadar çok yeni deneyimlerle doluydum. Gece sessizdi ve bir süre sonra etrafımı çevirmiş yabancı nesneleri fark ettim. Etrafımızdaki her şey, yeni arkadaşlarımın altında uyuduğu kuş tüyü yataklarla biçimlenmiş fantastik yığınlardı. Ayın güçlü ışığı, yorganların soluk nevresimlerini daha da gerçekdışı kılıyordu. Yarı uyanık hayal görüyordum.

Beş-altı yaşlarında bir çocuk olan Küçük Balo bana iyice sokuldu. Diğer tarafta dağınık saçlı ufak bir yaratık, sıcaklık arayan küçük bir hayvan gibi, yatak arkadaşım Nanoş ve benim arama girmişti. Hiç rahat değildim. Dunhanın (kuştüyü yorganın) diğer ucunda yatan ufak bir Çingene çocuk, kendi etrafında bir sazan balığı gibi aniden döndü. Bu dönme, yatış pozisyonunu az da olsa yeniden düzeltmek zorunda kalan komşusunu rahatsız etmişti. Yeni yatış pozisyonuna canı sıkılan bir üçüncüsü inledi. Sonra soldan sağa doğru birbirini tekmelemeye başladılar. Kendi kendime Nanoş'un dunhasını kaç kişi paylaşıyor acaba diye sordum. Olan biteni duyabilecek kadar yakında uyuyan diğer Çingeneler sert bir sesle sessiz olmamızı söylediler. Ve aniden her şey yine sessizliğe gömüldü. Sonra mücadele tekrar başladı: Bebekler tüm sinsi ve sevimlilikleriyle yaramazlık yapıyorlardı. Ben –bir yabancı olarak– kimin tarafındaydım? Küçük çocuklardan biri, Hanzi, aniden dehşet verici bir çığlık attı. Bunu beni endişeye gark eden bir sessizlik izledi. Sonra çocuk, dolgun küçük vücudu sarsıla sarsıla hıçkırmaya başladı. Hanzi'nin sesi giderek yükseldi. Gecenin sessizliğinde ağlaması, kulağa çok trajik geliyordu. Beklentilerimin aksine, hiç kimse bunu duymuş veya müdahale etmeyi gerekli görmüş gibi değildi. Kısa bir süre sonra çocuk, ayaklarımdan birine oyuncak bebekmiş gibi kollarıyla sıkıca sarılarak mutlu uykusuna yine daldı. Uykusuzluktan başım çatlayacak gibi ağrıyordu. Seherin serinliği şakaklarımı acıttı. Kampın kenarında atlar pozisyonlarını değiştirip iyice birbirlerine sokuldular. İşine gitmek üzere bisikletiyle yola koyulmuş bir işçi, kamptaki bütün köpekleri harekete geçirdi. Uzakta, ağılından ayrılan koyunlar kederli bir şekilde meliyordu. Bizim kampta herkesin kalkmak için bir işaret beklediği izlenimine kapıldım. Ancak şimdiye kadar kimse kımıldamamıştı. Diğer oğlanların arasında sıkışmış bir şekilde kaldım ve hareket etmeye cesaret edemedim.

Uzun bir bekleyişten sonra birilerinin kalktığını duydum. Tedbirli bir şekilde kafamı o yöne çevirdiğimde, yaşlı Lyuba'nın geniş siyah eteğiyle bir mum gibi ayakta dikildiğini gördüm. Yükselen güneş ışıkları kadının çileci özelliklerini görünür kılmıştı. Hareketleri yavaş ve görkemliydi. Yaşına rağmen güçlü bir iradeye sahip ve enerjik görünüyordu. Uyuyanlardan birkaç adım uzakta yere çömeldi, tahtaları parçaladı ve bir ateş yaktı. Gözlerimi kapadım. Yarı uyur yarı uyanık bir halde, yanan tahtanın, kavrulan kahvenin, bitki ve çalıların ve sağlıklı genç yaratıkların, şavoraların, yani arkadaşlarımın bunlara karışmış kokusunu alıyordum. Güneşin yumuşak ışınları yüzümü ısıttı ve derin bir uykuya daldım.

Sabahleyin geç saatlerde uyandım. Büyük yorganın altında tek başımaydım. Herhangi bir iradeden yoksundum, terliyor ve kendimi güçsüz hissediyordum. Çoğu dunha toplanıp karavanlara istif edilmişti. Kestane renkli ve gri benekli atlar, mavi gökyüzünün altında, yeşil fundalık ve otlakların gölge yerlerinde duruyorlardı. Tembel hayaller içinde yüzerken, babamın bir ressam olduğunu ve renklerin farkına varıp, onlardan zevk almayı babamdan öğrendiğimi hatırladım. Aynı zamanda şu kısa ömrümde ilk defa evden uzakta bir yerde, yabancıların arasında ve gökyüzünün altında uyuduğumu nahoş bir şokla fark ettim. Gece eve dönmemiştim. Anam-babam çok merak etmiş ve beni bekliyor olmalıydılar. Gözüm karardı ve kendimi hasta gibi hissettim ama içinde bulunduğum genel uyuşukluk ve kuştüyü yatağın rahat sıcaklığı huzursuzluğumun yatışmasını sağladı. Roman dilinin hiç de aşina olmayan seslerini dinleyerek kendimi tembelliğin kucağına bıraktım; on iki yaşın vermiş olduğu cüretkârlıkla kendimi, hayatım boyunca bu şekilde yaşadığıma ve etrafımdaki bütün yabancıların aslında benim insanlarım olduğuna ikna etmeye çalıştım. Ana babamı tekrar düşünmeye cesaret edemedim. Onları seviyordum ve otoritelerine isyan etmek veya onlardan kaçmak için hiçbir nedenim yoktu.

Acıkmıştım. Çoktan öğlen olmuş olmalıydı. Gecenin uzun sessizliğinden ve sohbetimizin kesilmesinden sonra Nanoş ve diğerleriyle yeniden ve nasıl ilişki kuracağımı düşünüyordum. Aramızdaki farklılıklar benzer olduğumuz noktalara kıyasla artmış gibi görünüyordu. Uyur gibi yaparken alttan alta Nanoş'un veya ana babasının dunhayı çekip alarak beni kalkmaya zorlamasını umuyordum.

Anayol istikametinden bozuk tekerleklerin ve ağır adımlarla yürüyen atların sesi kulağıma çalındı. Kampa bir karavan dizisi yaklaşıyordu. Köpekler onları karşılamak üzere zıplayıp, kesik kesik havlayarak koşturdu. Genç kızların tiz çığlıklarını ve oğlanların neşe dolu gürlemelerini duyabiliyordum. On veya on iki karavan vardı. Karavanlar patikanın kenarından geçerken o kadar yana yatıyordu ki, tepetakla dönmelerinden korktum. Aralarında üzeri brandayla kaplanmış, süssüz köylü arabaları vardı. Atlar terliyordu. İki tekerlekli at arabaları zincir, küçük balta, odun ve yıkanmış ancak muhtemelen alelacele ayrılmak zorunda kaldıklarından kurumaya fırsat bulamamış çamaşırlarla yüklüydü. Sanki her yerden genç kızlar çıkıyordu ve bir festival havası vardı. Oğlanlar ve genç erkekler atları –şimdiye kadar anladığım kadarıyla mera sahibinin iznini almadan–, en yakın meraya götürürken, bu kızlar ufak ev işleriyle meşgul oldular. Dört-beş kişilik kadın grupları geniş eteklerine yapışmış küçük çocukları arkalarından çekiştirerek aceleyle köye gidiyorlardı. Kadınların birkaçı kucağında, muhtemelen birkaç aylık, ufak bebeklerini taşıyordu. Erkekler bir araya gelişlerini kutlamak üzere en yakındaki handa toplanmışlardı.

Hâlâ kımıldamamıştım. Allak bullak olmuş bir şekilde dunhamın altında gizlenmiştim. Yeni grubun gelişi daha da utanmama neden olmuştu ama aynı zamanda eve gitmek istemediğimi de biliyordum. Utangaçlığım dalga dalga arttı. Yine de geçmişimle olan bağlarımı bilerek kopardım.

Uzunca bir bekleyişten sonra Nanoş'un annesi geldi ve dunhanın altında dikkatle beni aradı. Öylesine anlayışlı bir şekilde bana gülümsedi ki, o anda onu sevebileceğimi anladım. Lala, yumuşak bir şekilde omzuma dokundu ve ben, alabildiğine uzanmak için sırtının sıvazlanmasını bekleyen bir encikten farksız, yeni uyanmış gibi davrandım. Lala beni kendi karavanlarının dibinde yaktığı ateşin başına çağırdı. Kırmızı emayeden büyük bir çaydanlık getirdi, ateşi canlandırdı ve benim için ayrılmış kahveyi ısıttı. Önüme kara demirden kocaman bir kazan koydu. İçinde biraz kızarmış soğan, domates, kırmızıbiber ve et kalmıştı. Mala, benden biraz daha ufak genç bir kız, kolumdan çekti ve "Kirli olmaktan utanmıyor musun?" diyerek Çingeneler arasında birinin kahvaltıya oturmadan önce ellerini mutlaka yıkadığını anlattı. Benim ellerimi yıkamam için Mala yanımda durdu ve bir sürahiden elime su döktü. Yemeği açgözlü bir şekilde yedim. Açlığım dinmiş, hem Nanoş'un annesinin hem de küçük Mala'nın sevgi dolu tavırları endişelerimi gidermişti. Eve ve okula dair bütün düşünceler, yine aklımdan uçup gitti. Geride kalan tek mutsuzluk damlası, sahip olduğum mavi göz, sarı saç ve kumral tendi. Bunların benim bir Gajo olarak ayrı bir yere konmama neden olduğunu biliyordum.

Öğleden sonra çocuklar anayolu izlemeye koyuldular; cepleri hazineyle dolu olarak avdan gelecek olan kız kardeşlerinin ve annelerinin dönüşünü gözlüyorlardı. Çingene kadınların kampa dönüşlerini ilk defa görüyordum. Ayrılırken çevik adımlarla uçarcasına gitmişlerdi. Şimdi hantal bohçaları boş olduğundan kollarını neşeyle sallayarak, hızla yürüyorlardı. Gajoların acemi gözlerinden saklamak amacıyla ganimetlerini, katlayıp kemerlerine tıktıkları büyük ceplerde veya önlüklerde taşırlardı. Çocuklar onları karşılamak için hoplayıp zıplayarak ve neşeyle bağrışarak koştular. Neşeli gürültü bana Breughel tarafından resmedilmiş Flaman bir şehir fuarını hatırlatıyordu. Köpekler serbestçe çocukların meydan kavgasına katıldı. Ateş körüklendi ve kısa sürede alevler, ilkel sacayakları üzerine oturtulmuş demirden ağır kazanları yalayıp parlamaya başladı. Çöken alacakaranlık karavanların hatlarını yavaşça bozmaya başladı. Kamp daha da geniş görünmeye başlamıştı ve etrafta yakılmış çok sayıda ateş, kampa inanılmaz bir ışık verdi. Kara kazanların dibinde yağ cızırdadı ve sarımsak kokusu havayı dölledi. İnce bir brandayla örtülmüş bir karavanın gölgesinde birkaç kadın sessizce tavukları yoluyordu. Kamp ateşinin çevresinde öbeklenmiş aç çocuklar neşeyle dileniyorlardı. Kadınlar tencerelerin kapaklarını açarak kaynar sıcaklıktaki yarı pişmiş yemeği dağıttılar. Nanoş bana seslendi; çocuk sürüsüne karıştığım için çok mutluydum. Kadınlar dizleri açıkta kalacak şekilde bacaklarını kavuşturarak ateşin yanına rahatça yerleşmişlerdi. Yanlarında oturmaya ikna ettikleri çocuklarının kafalarında sevgi dolu bir şekilde bit arayarak yemeğin pişmesini bekliyorlardı. Yüksek sesler ve tatlı bir şekilde söylenen şarkılar, erkeklerin geri döndüğüne işaret ediyordu. Küçük gruplar halinde geldiler. Genç oğlanlar ateşin çevresinde, büyüklerinin yanında bir yere oturmak için acele ediyorlardı. Konuşmalarındaki canlılıktan anlaşıldığı kadarıyla Romanlar heyecan verici haberlerle dönmüşlerdi. Günü yakındaki köyde, ya at takas ederek ya da sadece handa içerek geçirmişlerdi.

İzleyicileri için yerel köylülerin taklitlerini yaptılar.

Nanoş'un babasının adı Bidşika'ydı. O'nun bir işaretiyle, karısı ve genç kızı yerel halk tarafından bulaşık leğeni olarak kullanılan kırmızı ve mavi emayeden geniş tabaklarda yiyecek getirdiler. Sofrada bolca ekmek, acı biber ve salatalık turşusu vardı.

Bidşika oldukça resmi bir şekilde ağabeyi Luluvo'yu ve kampın önde gelenlerini akşam yemeği için sofraya davet etti. Bunların arasında hem Putzina hem de Laetşi'nin babaları da vardı. Bazıları bir dirseğinin üzerine yaslanıp boylu boyunca uzandı. Bidşika sınırlı sayıdaki çatalları dağıttı ve erkekler yemeğe başladı. Diğer kamp ateşlerinde toplanmış olan kadınlar da, bir arada toplanmış olan erkeklere yenmek üzere büyük tabaklar içinde değişik yemekler gönderdiler. Kadın ve çocuklar, kendi yaktıkları ateşin çevresinde oturmaya devam ettiler. Bir süre sonra daha genç ve daha önemsiz erkekler de davet edildi. Başka çatal olmadığından sonradan gelenler parmaklarıyla yedi ve kalan bıçakları paylaştılar. Sofrada bol bol bira ve şarap içildi. Yemekten sonra Türk kahvesi sunuldu. Genç Mala jezbeh denilen uzun saplı, pirinçten, dar ve yüksek bir kabı ateşe tuttu. Kabın içindeki su kaynarken şekeri ekledi ve bir süre daha kaynattı, sonra toz kahveden kaşık kaşık koydu. Bu karışımı da kaynattıktan sonra tam taşmak üzereyken ateşin üzerinden çekti, kahveyi fincanlara boşalttı. Bu işlemi üç dört kez tekrarladı. Bu, Romanlar arasında oldukça değer verilen bir kahve yapma yöntemiydi. Yemeğimizi yedikten sonra Nanoş, Laetşi ve Putzina teklifsizce beni sürüklediler ve beraber kendi kamp ateşlerinin çevresine oturmuş aile gruplarını ziyaret ettik. Her durduğumuz yerde oğlanların beni gururla gösterdiğini hissettim. Muhtemelen benim hakkımda uzun uzun Romanca konuşmalar yapıyorlardı. Kendimi huzursuz ve utangaç hissetmeme yol açan gürültülü kahkahalar sık sık patlak veriyordu. Bazen Alman aksanıyla bazen Tarzanca bir Fransızcayla aynı soru pek çok kez tekrarlandı: Gerçekten Çingeneleri ve onların yaşam tarzlarını sevmiş miydim? Olumlu cevabım şenlikli bir şekilde karşılanıyordu. Sonunda Putzina, Romanların herhangi bir Gajonun yaşamını kendi yaşamlarıyla isteyerek değiştireceğine inanmadığını söyledi. Sonra aynı şekilde Romanların da Gajoların hayatını tercih etmeyeceklerini ekledi.

Çingene köpekleri bana geceleri daha vahşi görünürdü. Uzaktan geçenlere dahi gözü dönmüş bir şekilde hırlarlardı. Karanlıkta kampa dönen Çingenelere bile saldırdıkları oldu. Bu durumda Romanlar korkmadan yere eğilir, bir taş veya atılabilecek herhangi bir şey alır ve köpeklere fırlatırlardı. Bunun yaptığı etki sihirli bir parola gibiydi. Putzina bu can yakıcı hareketi, boş elle aynı derecede başarıyla yapmıştı. Bir kenarda Putzina benimle eğlenirken bu yeni keşfettiğim şeyi ürkek ürkek ben de uyguladım.

Yakın çevremizdeki bir sonraki kamp ateşine yaklaşırken ateşin başında oturan yaşlı Lyuba'yı hemen tanıdım. Kadın, şimdiye kadar bana karşı açık bir düşmanlık gösteren tek kişi olmuştu. Oynaşan alevlerin çok ötesine, uzaklara bakıyor ve kısa saplı pirinçten bir pipo içiyordu. Varlığımı hissetmişçesine, kafasını yavaşça benim olduğum yöne çevirdi. İfadesiz yüzünde tek bir çizgi bile değişmemişti. Bana eve dönmem ve onları rahatsız etmemem için bağırmadan önce, bir süreliğine şüphelerimi gideren kısacık bir an yaşandı. Sonra Romanca daha sert küfürler savurdu. Nanoş kararsız bir şekilde baktı ve beni yalnız ve tüm etkilere açık bir şekilde bırakarak çömeldi. Lyuba bu sefer her iki yumruğunu sallayarak ona bağırmaya başladı. Ateşin çevresinde, şu ana kadar yaramazlık yaparcasına gülümsemeye devam eden yüzler, düşmanca olmasa da gerildi. Lyuba'nın ateşli taşkınlığının bir sonu yok gibiydi. Uzaklaşmaya cesaret edemedim. Lyuba'nın sesi yoğunluğunu kaybedip perdesini azıcık düşürür düşürmez, arkamda dikilen Putzina beni kamp ateşinin parlak ışığından çıkarıp yarı karanlığın güvenliğine doğru çekti. Nanoş hâlâ oturuyordu. Putzina yavaşça benimle birlikte atların otladığı meraya doğru yürüdü. Çimenlerin üzerine uzandık ve uzunca bir süre sessiz kaldık. Etrafımızdaki bütün atlar huzurlu bir şekilde otluyordu; kampın sesleri çok uzaktan geliyordu sanki. Tepemizdeki gökyüzü yıldızlarla aydınlanmıştı ve çok uzakta görünüyordu. Oğlanlar alçak bir sesle kendi dillerinde konuşuyorlardı. Bir komplo havası içinde bana bu gece Putzina'yla uyuyacağımı bildirdiler. Nanoş'un büyükannesi olan Phuri (yaşlı) Lyuba sert beddualarla tehdit ederek Nanoş'un küçük Gajoyla daha fazla birlikte gezmesini yasaklamıştı.

Uzaktaki ateşler azalmaya başlayınca Putzina'nın ailesinin yaşadığı karavana gittik. Kampın ortasından geçmeyip genişçe bir daire çizdik. Çoğu ateş kendiliğinden sönmeye bırakılmıştı. Karavana varınca Laetşi ve diğer iki çocuk yanımızdan ayrıldılar. Romanca bana ve Putzina'ya iyi geceler dilediler. Bir an için onlardan biri olmadığımı ve onların dilini konuşmadığımı unuttum. Putzina'nın çıkardığı sesleri yineledim. Ay ışığı altında karavanın içinde birkaç dunhanın serili olduğu genişçe bir gölge oluşmuştu. Putzina'nın annesi Rupa, sönmeye yüz tutmuş ateşin yanında bağdaş kurmuş onu bekliyordu. Yatağa gitmeden önce her ikimize de bir bardak soğuk su verdi. Suyu doğrudan, beyaz emayeden bir kovaya daldırdığı kepçeden içtik. Bundan başka herhangi bir kaptan su içmemem için beni uyardı. Diğer kaplardaki su "kirliydi". Biri sadece bulaşık için kullanılıyordu. Diğeri "kadınlar içindi"; başka bir tanesi de atlara ayrılmıştı. Bunlar marhime yani kirliydi. Ne demek istediğini anlamadım ama üzerinde de durmadım.

Kamp sessizliğe gömülmüştü. Putzina eliyle onu takip etmemi işaret etti. İki büyük yorganın arasından kaydı ve alışık olduğu birkaç hareketle çıplak kaldı. Sessiz bir şekilde onu taklit etmeye çalıştım ama kısa sürede yatağın içinde elim ayağım dolaşmıştı. Sonra gökyüzüne bakarak arkaya yaslandık. Sayısız küçük çocukla yatağını paylaşan Nanoş'un aksine Putzina yatağını sadece benimle paylaşıyordu. Çingeneler arasında geçirdiğim ilk gecenin haleti ruhiyesini ve özellikle heyecanını özlemiştim ancak burası çok daha rahattı. Tükenmiştim ve aniden delice giriştiğim macera hakkında yine evhamlanmaya başladım. Derin, rüyasız bir uykuya dalmadan önce en son düşündüğüm şey, Putzina'nın yatağa bile lacivert şapkasıyla girmesi oldu.

Ertesi sabah, Çingeneler arasında geçirdiğim ikinci sabahtı. Uyandığımda bütün kamp curcuna içindeydi. Şiddetli bir tartışma içindeymişçesine birileri yüksek sesle bağırıyor, başkaları da bu sese kızgınlıkla cevap veriyordu. Çingeneleri kovalamak için polis gelmişti. Bunun Romanların yaşamında sıklıkla olduğunu sonradan öğrenecektim.

Rupa ve Putzina'nın kardeşi olan birkaç genç kız havaleli yatakları toplayıp karavana yerleştirirken, kuş tüyü yorganların altında aceleyle giyindik. Demirden ağır kazanı taşıması için ateşin üzerine yerleştirilen sacayağı hâlâ çok sıcak olduğundan, sağlam bir dal parçasıyla kaldırılıp karavanın altına sabitlenmişti. Erkekler koşum takımlarını takıp, karavanın yan taraflarına bağlamak üzere atları meradan topladılar. Nanoş saçları dağınık bir şekilde, beni uyarmak ve Putzina'nın beni karavandaki yatak yığını arasına saklamasına yardım etmek için koşup geldi. Çocuklar bağırıyor, köpekler uluyordu. Karavan aniden silkindi ve sarsılarak ilerlemeye başladı: Karavan yine yollardaydı. Tek bir çizgi olmayı bekleyen diğer karavanları geçtik. Asfalt yola eriştiğimizde polis her sürücünün hangi yöne gitmesi gerektiğini belirtecekti. Hiç istememelerine rağmen Çingeneler, polislerin küçümseyen tavırları altında, dört farklı yöne yolculuk etmeye zorlandılar. Polis ağza alınmayacak laflar ediyordu. Romanların hiç kimseyi geride bırakmadan oradan ayrılmaları beni çok etkilemişti. Çok daha sonraları, bir süre dolaşıp akabinde yönlerini değiştireceklerini ve yine belli bir noktaya yönelip yerel polis güçlerinin başa çıkamayacakları sayılara ulaşarak bir araya geleceklerini öğrendim. Sürekli olarak birleşen ve bölünen bir değişken gibiydiler.

Altına yerleştiğim kuştüyü yorganın nevresimi koyu kırmızı ipektendi, üzerinde etrafı siyahla çerçevelenmiş büyük kadife çiçekler vardı. Biçimsiz gündüz düşleriyle dolu saatler geçirdim. Karavanın hareketiyle ritmik bir biçimde sallanıyordum ve asfalt yolda atların toynaklarının çıkardığı uyuşturucu sesle yatışmıştım. Zaman ve mekâna dair bütün duygularımı kaybetmiştim. Gerçeklik karşısında hissizleşmiş ve ana babamın evinden çok uzaklara taşınmama izin vermiştim. Altı ay boyunca ailemle herhangi bir iletişim kurmadım ve Romanlarla beraber yaşadım. Grubun daha yaşlı üyeleri birkaç kez beni kovmaya kalkıştı ama yaşıtım olan oğlan çocukları, tehlike geçinceye kadar beni saklayıp beslemenin yolunu bir şekilde buldular.

Gün boyunca karavan hareket halindeydi. Bir köy veya mezradan geçerken bazıları ayak işlerini yapmak için karavandan atladı, sonra yine bizi yakaladı ve yavaşlamayan veya durmayan vurdona (karavana) tırmandı. Atlar için taze yonca, ateş için odun ve bazı diğer ihtiyaçlar, hareket halindeyken yoldan toplandı. Bütün bu süre içinde bir yetişkin veya bir çocuk, bir dikiz aynası yardımıyla arkada kalan yolu gözledi.

Putzina'nın kardeşi olan üç kız, sessiz, çabuk ve uyanıktılar. En büyüğünün adı Keja idi. Aydınlık bir yüzü ve kara gözleri vardı. Altın renkli cildi pürüzsüzdü; sağlam, enerjik bir kızdı. Keskin hatlara sahip uzun bir boynu ve sarı-beyaz renkte dekolte bluzundan gösterdiği büyük ve dik göğüsleri vardı. Ağır altın küpeler takan diğer Çingene kadınlarının tersine kulak memesine küçük halkalar takmıştı. Benden sadece birkaç yaş büyük olmalıydı ama çoktan saygı duyulan ve asaletli, yetişkin bir kadın olmuştu. En küçük kız Mala, neredeyse hâlâ çocuktu ama aralarındaki en ciddi ve aklı başında olan da oydu. Balıketli ve yumuşak huyluydu. Ortancaları olan Tşaya, benim yaşlarımdaydı. Kardeşlerinden daha koyu bir tene sahipti ve kasvetli renklerde giyinirdi. İradesi çok kuvvetliydi ve ele avuca sığmaz bir kızdı. Keja ile kolaylıkla iletişim kurabilmeme rağmen, Tşaya ile kurduğum ilişki beceriksiz ve sıkıcı olarak kaldı.

İkindi vakti karavan ıssız bir yerde durdu ve Putzina saklandığım yerden beni çıkarmaya geldi. Bizimkisinin yanında sadece bir karavan daha durmuştu. Bu Putzina'nın ağabeyi Yojo'ya aitti. Yojo evliydi ve çok sayıda küçük çocuğu vardı. Uzun boyluydu ve iyi bir espri anlayışına sahipti. Tüten bir ateşin etrafında saatlerce oturduk. Sohbet Romancaydı ve bana kaba bir şekilde davranılmamasına rağmen, varlığıma çok az dikkat ediliyordu. Cömert porsiyonlarda yiyecek sunuldu. Putzina ve ben, benden iki yaş daha küçük olan başka bir erkek kardeşi Kore'yle yemeği paylaştık. Yere yatıp mavi emayeden derin bir kaptan ellerimizle yedik. Daha önceki iki günü ve geceyi büyük bir kampta geçirdiğimden bu aile yaşamını biraz sıkıcı bulmuştum, yine de bu yaşam beni Romanlara daha bir yakınlaştırdı. Kamp yerine varmamızdan kısa bir süre sonra Putzina'nın babası Pulika, büyük Yojo'yu yanına alıp en yakındaki hana gitti. Adamın dönüşünü biraz endişeyle bekledim; çünkü onlarla kalmamı onaylamamasından çok korkuyordum. Rupa, Putzina ve ailenin geri kalan üyeleri, varlığıma karşı çıkıyor gibi durmuyorlardı. Pulika'nın mevcut büyüyü ve giderek büyümekte olan açıklanması zor aidiyet hissini bozmasından çekiniyordum. Hem kilometre hem de zaman olarak beni yakın geçmişimden ayıran ve geri dönmemi imkânsız kılan mesafenin tamamen farkındaydım. Hâlâ çıplak ayak oluşumun ve kıyafetlerimin buruşuk ve kirli olmasının yaratacağı problemleri de es geçmiyordum. Bu, benim Romanlarla geçirdiğim üçüncü gündü.

Döndüğünde Pulika korkularımdan ötürü bana şaka yollu takıldı ama gözleri gülümsüyordu ve kalmama izin verdi. Avucunun içiyle enseme hafifçe vurdu. Bana ne bir soru sordu ne de nasihat etme ihtiyacı duydu. Benden istediği tek şey, polis kampı ziyaret ettiği sıralarda gözden uzak bir yerde durmam oldu. Polis memurlarının karavanları sık sık aradığını söyledi; bu yüzden kampın dışına çıkıp etrafında dolaşıyormuş gibi yapmalıydım, böylece oraya ait olmadığımı belirtmiş olacaktım.

Pulika'nın haşin ve aristokrat bir görünümü vardı; güçlü bir yüzü, meydan okuyan gözleri olan ve bıyıkları etkileyici bir şekilde sarkan, heybetli bir adamdı. Küçük güçlü ellerine büyük altın yüzükler takmıştı. Koyu kahverengi binici çizmeleri, fitilli kadifeden gri renkli, bol pantolonun altında kendini gösterirdi. Göğsünde, yeleğinin bir cebinden diğerine altından bir saat kordonu uzanırdı. Boynunun etrafına bağladığı eşarp mordu ve üzerinde rengi atmış bir Keşmir motifi vardı. Zamanla dıştan görünen erkeksi otoritesinin altında, ince bir espri anlayışına sahip, nazik, cömert ve akıllı bir adamın olduğunu öğrenecektim.

Nanoş ve ailesinin şimdi nerede olduğunu merak ediyordum. Laetşi ve diğerleri için endişeliydim. Jandarmaların Çingenelere karşı gösterdikleri tutuma ve o sırada resmi bir eziyetin kurbanları olarak gördüğüm bu insanlara karşı kullandıkları küfürlü ve açık saçık dile, çok kızmış ve öfkelenmiştim. Aynı zamanda tazecik kesilmiş yoncaların ve günün sonunda ateşi yanık tutan odunların kaynağı hakkında zihnimde soru işaretleri oluşmaya başlamıştı.

Grubumuz Pulika ve eşi Rupa; Putzina'dan birkaç yaş büyük ve hâlâ bekâr olan Kore; Putzina; üç kız; genç iki çocuk; Boti, tarak görmemiş örgüsüz saçları olan, inanılmaz paçavralar içinde gezen kara, vahşi gözlerle etrafa bakan yedi yaşlarındaki küçük kız ve ufak bir oğlan olan Tina'dan oluşuyordu. Diğer karavanda büyük Yojo, karısı ve en büyüğü beş yaşında olan dört küçük çocuk vardı. Yojo'nun karısı ayak bileklerine kadar inen bir etek giymişti ve bu küçük kadın, yaşının çok üstünde bir beceriyle ev işleri ve çocuk bakımıyla cesur bir şekilde başa çıkıyordu. Benim dışımda grubumuzda on beş kişi vardı.

Putzina'nın ailesi, başka Çingenelerle karşılaşmadan ve acele etmeden, bir süre seyahat etti. Çingenelerle yaptığım kaygısız yolculuk o zamana kadar geçirdiğim en güzel yaz tatili olmuştu. İlginç maceramın verdiği ilk heyecan yavaş yavaş azaldı. Artık etrafımdaki kokulara, ses ve renklere giderek daha bir aşina oluyordum. Zaman mefhumunu yitirmiştim. Gün, saati belli olmayan bir kahvaltıyla başlıyor ve yine aynı şekilde tahmin edilemeyen saatlerde yenilen geç bir akşam yemeğiyle de bitiyordu. Günün belli bölümleri yoktu. Ya kahvaltıdan önce ya da kahvaltıdan sonraydı veya ya akşam yemeğinden önce ya da sonra.

Ne pazar günü ne de dinlenmeye ayrılmış başka herhangi bir gün olmadığından, günler ve haftalar herhangi bir işaret olmadan akıp gidiyordu. Beraber oynadığım çocukların hiçbiri, peş peşe geçen aylar arasında bir ayrım yapmıyordu. Onlar için hangi ayda olduğumuz da önemli değildi; ya kıştı ya da yaz. Yaz kıştan daha uzun sürüyordu. Bu iki mevsim arasındaki tek fark yine yola dairdi; Romanlar birinde rahatça yolculuk ederken diğerinde hava koşulları nedeniyle hareketsiz kalırlardı. Hıristiyan takviminden büsbütün habersizdiler, geçen zamanı "Pipiş'in öldüğü yaz", "soğuk ve açlıktan perişan olduğumuz ve kurtların saldırdığı kış" veya "Zurka'nın doğduğu ve üç aygır sattığımız yıl" gibi ifadelerle anıyorlardı.

Kamp bölgesinde geçirilen gecenin sonrasında polis memurları, Çingenelerin nüfuz cüzdanlarına bakmak ve onlara gönülsüz bir şekilde verilen yirmi dört saatlik kamp yapma izni bitince burayı terk etmeleri gerektiğini hatırlatmak için yine geldiler. Her zamanki gibi çiftlik ambarından uzak durmaları konusunda müsamahasız bir uyarı da konuşmalarına eklenmişti.

Kırlık alan oldukça güzeldi ve mecbur kalındığı için sürekli hareket etmek bana çekici gelmişti. Atların sulanması ve bakılması veya ateş için odun kesilmesi gibi işlere çok az zaman harcanıyordu. Putzina, Kore ve ben, ağaçların arasında dolaşıyor, derelerde balık tutuyor, yıkanıyor ve eyersiz ata biniyorduk. Ailenin genç kızlarının uğraştığı işler ve oynadıkları oyunlarla, bizimkiler arasında üstü kapalı bir fark vardı. Çoğu zaman küçük çocukların bakımıyla ilgilenen onlar oluyordu. Onların herhangi bir oyuncağı veya özellikle oynadıkları bir oyunun olmadığını fark ettiğimde çok şaşırmıştım. Kızlar bulaşığa, yemek pişirmeye ve ortalığı toplamaya yardım ediyorlardı ve hepsi bu kadardı. Keja ve Mala, etrafı süpürürken saplı süpürge yerine, bir kez süpürdükten sonra attıkları kısa sürgün demetleri kullanırlardı. Bir dahaki sefere temizlik yapmaya gerek gördüklerinde yeni bir demet toplamaları gerekiyordu. Yere kadar eğilmek zorundaydılar ve hızlı, kısa darbelerle çalışıyorlardı.

Kalçalarının üzerine oturup tabak ve tencereleri bir parça toprakla ovuyorlardı. Sadece demirden ağır kazanı bir parça ekmekle silerek temizliyorlardı. Herhangi bir kişiyi o kazanı yıkarken gördüğümü hatırlamıyorum.

O yaşta sahip olduğum geleneksel mülkiyete ve temel temizliğe dair birkaç fikir, ciddi bir teste tabi tutuldu. Çingeneler karınlarının doyduğunu anlatmak için yüksek sesle ve gururla geğirirlerdi. Günün birinde yedikten sonra geğirmediğim için Keja ve Rupa'nın benim sofradan aç kalktığımı düşündüklerini fark ettim. İkisi de sofrada beni yemek yağmuruna tutuyorlardı. Roman geğirir ve geleneksel olarak Tşailo sim (boğazıma kadar doldum) derdi. O an Çingene toplumunda daha nazik olmayı öğrenmeye karar verdim.

Çocuklar parmaklarıyla yerler ve yemekten sonra yağlı ellerini "daha fazla parlamalarını sağlamak için" kendi saçlarına veya el altındaysalar, annelerinin veya küçük kız kardeşlerinin önlüğüne sürerlerdi. Bununla birlikte Romanlar belli bazı konularda çok titizdiler.

Onlarla kalmaya başladığım ilk günlerdi. Bir gece muhtemelen düşüncesiz ve fazlasıyla rahat bir şekilde bir ağacın altına işerken, epey uzaktan geçen bir kadın hiç beklemediğim bir anda bana sövüp saymaya başladı. Putzina ve Nanoş, görgü kurallarından ve saygıdan bihaber tavrımdan ötürü beni fikir birliği etmişçesine azarladılar. Sonradan kadın-erkek arasındaki ayrımın her yerde ve her zaman katı bir biçimde korunduğunu öğrendim. O günden sonra, ihtiyaç gidermeye gittiğimi düşünmesinler diye karma bir grubu asla tek başıma terk etmedim. Ya diğer oğlanları "atlara bakmaya gitmeye" çağırıyor ya da bir mazeret uydurup kamptan ayrılan herhangi bir grubu takip ediyordum. Benim yaşımdaki çocuklar Gajoların alışkanlıkları hakkında sorular sordular ve bizim evde sadece bu iş için ayrılmış bir oda olduğunu ve buna göre belli bir tesisatın döşendiğini duyduklarında şoka girdiler. "Ama", diye karşı çıktılar, "senin oraya gidişindeki amacı orada bulunan herkes bilirken, nasıl hâlâ saygılı ve nazik olman mümkün olabilir ve bu yere nasıl gidebilirsin?"

Nanoş, Gajoların diğer ilginç uygulamaları hakkında daha fazla şey öğrenmek istedi. İçine oturup, sabunlandıkları geniş kapları kaynar suyla doldurduklarını duymuştu. Bu "öz"de daha sonra ellerini ve yüzlerini yıkıyorlarmış. Romanlar sadece akan suyu kullanırlar, vücudunun alt kısımlarını ve el ve yüzlerini aynı durgun ve pis suyla hiçbir şekilde yıkamazlardı. Mendil kullanma fikri onları dehşete düşürdü: "Bu tatlı dünyada aptal Gajo niye burun bokunu saklamak isterdi ki?" Fakat ne de olsa Gajolar acayipti ve ne yapacağı hiçbir şekilde öngörülemezdi...

Her gün, genelde öğle civarında, birileri gelip onlara gitmelerini söylemeden önce Çingeneler, karavanlarını hareket ettirir ve kamplarını biraz öteye taşırlardı. Bunun bir zorunluluktan kaynaklandığını uzun süre anlamadım. Tamamen efsanevi bir çocukluk hülyası içinde yaşıyor ve kendime dahi belli, basit soruları sorarak bunu bozmaktan kaçınıyordum. Bunun yanında her gün yolda karşılaştığımız çiftçilerin düşmanca veya güvensiz ve nefret dolu bakışlarını fark etmekten kendimi alamıyordum.

Büyüyen başaklar huzur içinde salınıyor ve zengin bir hasat sözü veriyordu. Nereden geçersek geçelim, çamaşır iplerine kurusun diye astıkları çamaşırları büyük bir aceleyle toplayan çirkin köylü kadınlarının aksine, doğa sakin ve cömertti. Gözümüzün içine baka baka tavuk ve kazlarını azarlayıp küfrederek, tozlu patikalardan ambarlara kovalamalarına içerliyordum. Sürekli yapılan bu hakaretler karşısında, içimde bir kızgınlık dalgası yükseliyordu.

Çingenelerin hiçbiri bunları önemsermiş gibi görünmüyordu. Somurtmak yerine kıvılcım saçan gözleriyle etraflarına meydan okuyorlardı.

Çingene kadınlar yol kenarında fal bakar ve muska satarlardı. Oldukça inandırıcı bir biçimde gizemli güçlere sahipmiş gibi yaparak, soylarının çevresinde korku dolu batıl itikatlardan müteşekkil bir hale oluşturmuşlardı. Bazen erkekler fazlasıyla yabani davranır ve şiddet dolu konuşmalar yaparlardı. Çingeneler ürettikleri imajın farkındaydı ve Gajolarda uyandırdıkları korku hakkında aralarında şakalaşırlardı.

Bir zaman sonra yolculuk eden diğer küçük Çingene gruplarına yine yetiştik. Bidşika ve Luluvo ve kardeşleri Kaila da bize katılmıştı. Birçok kez, daha önce bize katılmış üç veya dört karavanlık küçük aile grupları, yolun çatallandığı yerde diğer yola saparak bizden ayrıldı ve kendi yollarına devam ettiler. Hiç anlamadığım bir şekilde, bu gruplarla birkaç gün sonra yine karşılaştık.

Sıcak bir yaz günü karanlık çöktüğünde, hiç de normal olmayan bir gürültü dikkatimi çekti. Bir polis müfrezesi, peşlerine takılmış gürültücü bir köylü kalabalığıyla birlikte kampa geliyordu. En yakındaki çalılığa çekilip beklemeye başladım. Grup karavanlara yaklaşırken kenarda havlayan köpeklere tekme savuruyor ve bütün bölgeye yayılıyorlardı. Köylüler harman döveni ve saban taşıyordu. Birkaçının silahı vardı. Kendini beğenmiş polis memurları, intikam peşindeki kalabalığı cesaretlendiriyor, korkmuş küçük Çingene çocuklar vahşi çığlıklar atıyorlardı. Çingene erkekler usanmış, kendini zor tutan bir sabırla atlarının yanında bir araya geldiler. Yaşlı kadınlar çatışma için hazırlandılar. Durduğum yerden Rupa'nın bir eliyle kaynayan kazanın kulpunu tutmuş ve diğer elini yumruk yapmış ayakta dikildiğini görebiliyordum. Kazanı, yanına yaklaşan birinin tepesinden aşağı boşaltmaya kararlı görünüyordu. Ateşin yanına çömelmiş yaşlı kadınlar Romanca beddualar mırıldanıyor, kendi kendine iş çıkarmış uyanıkların olduğu yere doğru sert bir şekilde bakıyorlardı. Polis memurlarının küçümseyen bakışlarından yardım alan köylüler çocukların üzerinde uyuduğu kuş tüyü yatakları parçaladı, tencereleri ve içme suyu kovalarını ters çevirip üst üste konmuş elbiseleri ve koşum takımı yığınlarını dürtüklediler.

Üzerleri şehvet düşkünü bir vahşilikle aranan genç kızlar, acıyla haykırıp arayan kişilerin ellerini ısırdılar. Amansız arama, gecenin ilerleyen saatlerinde de devam etti. Kampın bir ucunda çevreden yalıtılmış bir itiş kakış vardı. Gürültüyü duyabiliyor ama neler olup bittiğini artık net bir şekilde göremiyordum. Ateşlerin feri azalmıştı... Ya ihmal edilmişler ya da Çingeneler yiyecek tencerelerini üzerlerine dökerek sönmeye bırakmışlardı.

El fenerleri karanlığı azalttı. Karmaşa, genel bir durum haline gelmişti. Köylülerin savurduğu küfürlerin giderek çoğalması, artan hüsranlarını gösteriyordu.

Köpekler işgalcilerin menzilinin dışında durdular. Sert bir şekilde uluyor ve yeni bir saldırıya hazır olduklarını gösteriyorlardı. Atlar gürültüden dolayı ürkmeye başladılar. Hâlâ sığındığım çalılıkta çömelmiş, bekliyordum. Kendimce, gösterdiğim korkaklıktan ötürü çok üzgündüm ve aynı zamanda hiçbir şey yapamayacağımı da acı bir şekilde hissediyordum. Çingene erkeklerinin de aynı güçsüzlüğü hissettiğini belli belirsiz duyabiliyor ama gösterdikleri sabrı anlayamıyordum. Yine de yapacakları herhangi bir saldırgan hareketin kesin bir felakete yol açacağı belliydi.

Saklandığım yerden çıktım ve bilinçsizce karanlığın beni koruyacağını düşündüm. Kampın çevresinde dolaştım ve yakındaki köye giden çamurlu patikanın yanında ayakta durdum. Düşüncesizce, evine dönen kalabalığı yakından görmek istemiştim. Jandarmalar Çingene bir kadını tutukladı ve kelepçeleyerek götürdü. Kadını daha önce görmüştüm ama ismini hatırlayamıyordum. Kadın çok sessizdi ve bakışları donuktu. Kızgınlıkları geçmiş olan köylüler sevinç içindeydi ve kahramanca davranışları hakkında heyecanla konuşmaya başladılar. Polis memurları gereksiz yere tutukladıkları kadını itekleyip duruyorlardı. Kendimi bu çirkin görüntüden alamadan onları yakından takip ettim. Sonra yavaşladım. Ben geride kalınca gecenin karanlığında kayboldular. Arkamda kalan kamptan şimdi feryatlar yükseliyordu. Bu son olayın beklenmezliği karşısında paramparça olmuş, yapılan haksızlık karşısında duyduğum öfkenin altında eziliyordum. Hayatımda ilk defa, yol arkadaşlarımın Gajolar için söylediği kızgınlık dolu deyişleri gecenin karanlığına doğru haykırdım: Bunlar Gajo erkeğinin iktidarını ve kadınının erdemini açık bir şekilde eleştiren ve benim –tekrar edebilmek ne kelime– yalnızca kısmen anlayabildiğim deyişlerdi. Kederimi ifade etmek için Romanlardan duyduğum hiddetli lanetleri hatırlamaya çalıştım.

Gece ve geçen zaman duyduğum acıyı yatıştırdı. Kızgınlığın yerini şaşkın bir öfke aldı.

O gece küçük ateşler yakıldı. Bunların çevresinde bir araya gelen Romanların canı sıkkındı ama aynı zamanda kendilerini, olan şeylerin kaçınılmazlığına teslim etmiş gibi görünüyorlardı. Götürülen kadının küçük çocukları karanlık karavanlarında hıçkıra hıçkıra ağlıyorlardı. Kocası bir sonraki sabah atılacak adımlar hakkında, Pulika ve Tşukurka ile konuşuyordu. Polis, kadını köyde kilitli tutamazdı, mahkemeye çıkarmak üzere bölgedeki şehirde bulunan hapishaneye transfer edecekti. Bir an önce çocukları, karavanı ve atlarıyla beraber oraya gitmeliydi. Pulika büyük şehirden tanıdığı, "Çingene meseleleri"ne bakmaya istekli bir avukat çağıracağına söz verdi. Avukat, Gajo dünyasının karmaşık yasal uydurmacalarını yorumlamada onlara rehberlik edecekti. Gün doğana kadar konuştular.

Olası bir acil durumda hemen hazır olmak için elbiselerimle uyudum. Gajoların –ki doğumuma ve geçmişime göre ben de onlardan biriydim– sergilediği vahşet ve zalimlik aklıma takılmıştı. Ama aynı zamanda kendilerini yeterince koruyamayan ve kendilerine zarar verenlere gününü gösteremeyen kurbanlara karşı da tarifi zor bir acı hissediyordum. Daha on üç yaşında bile değildim.

Olaydan iki veya üç gün sonra Kore, "tavuk çaldığı" için tutuklanan Peşa'nın, Şandor'un karısının, şehir hapishanesine götürüldüğünü ve babasının (Pulika'nın) tuttuğu avukatın davaya bakacağını anlattı. İlk kar düşmeden önce yine bizimle beraber olabilirdi. Kore şüphelerimi gidermek için çabalıyordu. Anlamsızca surat asıp oturmayı bırakmamı istedi: "Yakalanan senin anan değildi ama di'mi?"

Madalyonun diğer yüzüne dair yaşadığım ilk vahşi deneyimden ötürü oldukça üzgündüm ve Peşa'nın niye tutuklandığını kesinlikle anlayabilmiş değildim. Yaşanan olayı, gayet basitçe, sevdiğim insanlara karşı yapılmış bir haksızlık olarak görüyordum. Arkadaşlarımın gerçekten tavuk çaldığı hiç aklıma gelmemişti. Konukları olarak cömert misafirperverliklerinin kaynağını hiçbir zaman sormamıştım. Saldırganları baştan çıkaran şeyin Çingenelerin savunmasızlığı olduğunu varsayarak onlara duyduğum doğrudan bağlılığı tazelemiştim. Bir gün Kore'nin yaptığı kaygısız bir itirafla, hırsızlık yaptıklarını öğrendim. Gülünç bir biçimde öğrendiğim bu gerçek bana, çevresini değerlendirmekten çok uzak bu sadakatin kocaman bir safsata olduğunu gösterdi ve yanılsamalarımı yerle bir etti. Kore'ye ailemizden herhangi birinin bu "yolla" tavuk "yakalayıp yakalamadığını" sorduğumda, Kore hiç tereddüt etmeden Pulika'nın buna izin vermeyeceğini çünkü tavuk etini sevmediğini ve sonuçlarına katlanmaya değmeyeceğini düşündüğünü söyledi. Bir de övünerek ekledi: "Keja bu işte çok iyidir, neredeyse Liza el Tşurkinaski kadar iyi."

Putzina bana temel ihtiyaçları karşılamakla sınırlı olduğu ve o anda ihtiyaç duyulandan daha fazlası alınmadığı sürece Gajolardan çalmanın aslında günah olmadığını anlattı. Çalmayı yanlış kılan şey içinde barındırdığı hırstır, çünkü bu, insanları gereksiz bir şehvetin veya servet arzusunun kölesi yapar.

Akşam yakılacak ateş için ormandan azıcık odun toplamak günah falan değildi. Orada bir sürü odun vardı, biz almazsak bile her nasılsa orada çürüyüp gideceklerdi. Başka birisinin merasına otlasın diye birkaç at bırakmak da o kadar kötü değildi. Çünkü toprak sahibinin aktif bir katkısı veya çabası olmadan otlar kendiliğinden büyürdü.

Bir Gajo olduğumdan Romanlar benim olmayan bir şeyi almama hiçbir zaman izin vermeyeceklerdi. Bu bir kuraldı.

İkinci Bölüm

Pulika'nın grubu her daim değişen sınırsız ufka doğru her gün ilerliyordu. Yersiz yurtsuz yaşamımızın çevresi ve koşulları, birbirini takip eden iki günde bile aynı olmuyordu. Sürekli olarak hareket ediyor olmanın getirdiği monotonluk, kesinlikle, hayatımızda bir rutinin olmamasıyla ve bu rutinsizliğin sağladığı bir çeşit güvenlikle çelişiyordu. Her günü bir beklenti ve korkuyla karşılıyordum. Bazı durumlarda, özellikle iyi ve uygun bir kamp alanını terk ettiğimizde çok endişeleniyordum. Romanlara göre bu üzüntüler, temelde çok daha yerleşik bir doğanın muhafazakâr yönlerinden kaynaklanıyordu. Rupa kendi sert tarzıyla bundan ötürü beni azarlardı; bu huylarımı bırakırsam yarı tatmin olmuş özlemlere ayırdığım duygu selini kaldığımız yerin zevkini çıkarmakta kullanabilecektim. Zamanla, geçen tek bir ana, daha bir tutkuyla, dolu dolu, pişmanlık duymadan sahip çıkmayı öğreneceğimi söyledi. Romanların aralıksız bir şimdiki zamanda yaşadıklarını söylemeye çalıştı:

Hatıralar, hayaller, arzular, açlıklar, bir yarına duyulan tutku, hepsi şimdiye kök salmıştı. Şimdi olmadan sonrası olamayacağı gibi öncesi de olmazdı.

"Lovara için bir mum balmumundan değil, alevden yapılmıştır!" dedi. Romanlar anlattıkları hikâyelerde abartılı bir savurganlığı överler ve çoğu bunu her şeyi tüketen bir cömertlikle uygulardı. Tutumluluk veya dikkati belirten diğer herhangi bir kelime, dillerinde cimrilik olarak çevrilirdi. Tasarrufu hiçbir şekilde onaylamıyorlardı. Bu da efsane haline dönmüş ve anlatmaya değer bulunan günler arasında tahmin edilenden çok daha fazla boş günün olmasına neden oluyordu.

Aç, üşümüş ve yorgunken, sessiz ve içine kapanık olmaya meylediyordum. Bütün bir gün boyunca sadece iki kez yemek yendiğinden genelde aç oluyordum; detaylı bir kahvaltı ve oldukça geç saatlerde bolca yenen akşam yemeği arasında kalan zamanı açık havada hareket ederek geçiriyordum. Keja benim için gizlice tavuk yağına batırılmış ve üzerine tuz ve biber serpilmiş ekmek parçaları ayırırdı. Gururumu korumak için, üzerinde bir kez bile konuşmadan, bunu ailenin diğer üyelerinden saklamıştık. Çingenelerin fiziksel dayanıklılığının, yorgunluğa, soğuk ve açlığa ne kadar dirençli olduklarının farkındaydım. İftiharla taklit etmeye çalıştığım becerilerine ve yeni koşullara zorlanmadan uyum sağlayabilmelerine gıpta ediyordum.

Pulika'nın grubuyla hayat, akrabalarla sayısız ara yolda sonsuza kadar yinelenen bir karşılaşma dizisiydi. Daha genç olanlar, yani biz, atları zahmetten kurtarmak için sıklıkla karavanların yanı sıra koşardık. Kısa bir süre dinlenmek için uzun karavan sırasındaki sürücülerden birini çekiştirirdik; sonra sıcak asfalt yolda saatler boyunca koşmaya yeniden başlardık, yarı çıplak ayaklarımız tozdan kavrulurdu. Ayaklarım çok duyarlıydı ve başlangıçta berbat bir biçimde su topladılar. Kabaran yerleri hiç önemsemeden diğerleri gibi koşmakta ısrar ettim. Şimdi suratım, diğerleri gibi, güneş ve rüzgârdan yanmıştı. Saçlarım uzamış ve ev sahiplerimle aramdaki farkı vurgularcasına daha öncekinden çok daha fazla sararmıştı. Boynumun çevresine Rupa'nın bana verdiği diklo'yu, eşarbı bağladım. Bir bluzdan yırtılmış ve kenarları bastırılmamış, üzerinde beyaz çiçekler olan sarı bir kumaştı.

Bazı zamanlar kadın ve diğer genç kızlar bir çeşit mahremiyet güderek karavanların birine çekilirlerdi. Onlardan farklı olarak biz, yani oğlan çocukları ve erkekler, haftalar boyunca sürekli açık havada yaşardık. Özellikle, Çingenelerle geçirdiğim zamanın ilk başlarında, fiziksel bir sığınak, kapalı bir yer, Batılı anlamda gerçek bir gölgelik ve mahremiyet, evet, bir kapıyı kapamak ve hatta anahtarı çevirip kapıyı kilitlemek için aniden çok kuvvetli bir istek duyacaktım. Böyle dönemlerde olağanüstü duyarlılığı ve alçakgönüllü sevgisiyle Keja, sanki açık mavi gökyüzünden gelen bir monolog başlatırdı. Sesi insanın kulağına tatlı tatlı çalınırdı. Oldukça alçak sesle, uyutucu bir tonda konuşurdu. Mahremiyetin ilk önce akılda olduğunu söylerdi; akıllı Gajolar muhtemelen tecrit edici bir mahremiyet yaratmak için duvarlar dikmişler, birinin gizli saklısını daha iyi araştırmak için duvarlara kapılar, kapılara da anahtar delikleri yapmışlardı. Romanlar için mahremiyet, her şeyden önce herkesin herkese gösterdiği incelikti ve diğer insanların hayatlarını araştırma veya hayatlarına karışma arzusundan imtina etmekti. Bununla birlikte mahremiyet diğerleriyle aynı olmanı kesinlikle gerektirmezdi, daha ziyade onlara duyduğun saygının veya gerçek bir şefkatin işaretiydi.

Çoğu zaman Çingeneler adil bir şekilde sınırlandırılmış meskenlerde beraber yaşarlardı. Yazın ve iyi havalarda hepsi açık havada uyur ama o zaman bile aralarına herhangi bir bölme koymadan on ila on beş adım mesafeyle yatarlardı. Böylelikle mahremiyet iki yoldan işleyen bir kavramdı. Sadece başka birinin işini araştırmaktan kaçınmak değil, aynı zamanda senin ne yaptığını görmekten muhtemelen kaçınamayacak yakındaki birini de gücendirmemekti. Aynı incelik ve çekinme niyetiyle, bir kişi sabahları yıkanmadan ve toplumsal ilişkiye hazırlanmadan başka birine selam vermezdi. Aynı duyarlılık ve incelik, doğal ihtiyacını gideren birine de gösterilirdi; bu konuyla ilgili espri bile yapılmazdı. Çingeneler hakkında yaptığım bu gözlemlerle onların herhangi bir açıdan Viktoryen olduklarını ima etmek istemiyorum; ancak sürekli olarak, etrafındakiler Çingene bile olsa, her daim değişen yabancılara yakın yerlerde yaşıyor olmaları belli bazı kısıtlamalara uymayı zorunlu kılıyordu. Bu çeşit kısıtlamalar genelde yalnızca ergenlik çağından sonra uygulanırdı; oğlan çocukları herhangi bir yaştaki kız çocuğundan kesinlikle çok daha rahat hareket etmelerine rağmen, küçük çocukların davranışlarıyla ilgili belli bir gevşeklik sergilenirdi. Ortalıkta Çingene bir yetişkin olduğunda çocukların belli bir saygı ve edep çerçevesinde davranmaları beklenirken, söz konusu olan bir Gajo olduğunda neredeyse her şeyi yapmalarına izin verilirdi. Gajolar sık sık küçük çocukların saldırgan davranışlarının ödü patlamış hedefleri haline gelirdi. Bu davranışlar açıkça aşağılayıcı olur ve alttan alta Çingene yetişkinler tarafından kışkırtılırdı. Bunun yanında herhangi bir Çingeneye karşı sergilenecek böyle bir tavra hiçbir tolerans gösterilmezdi.

Kamp ateşinin yanına oturduğum sırada rüzgâr yön değiştirdi ve keskin odun dumanı gözlerimi yaktı. Gözlerim yaşla dolmuştu. Pulika, benim dumandan niye bu kadar hoşlanmadığımı hiç anlamaz ve bunu hep Gajo doğasına has bir duyarlılık olarak değerlendirirdi. Her daim buram buram kokan amonyaklı at sidiğine ve at terinin keskinliğine alışmakta da zorluk çekmiştim.

Pulika'yı atlarından birinin kanını akıtırken veya çok miktarda müshili boğazından aşağı boşaltırken ilk gördüğümde, yetiştirilme tarzım yüzünden bu yapılanlardan midem bulandı ve uzun süre kendime gelemedim. Pulika, atın boyun derisini işaret ve başparmağı arasında sıkı sıkı tuttu, diğer elinde tuttuğu, ucu kızdırılmış uzunca bir çuvaldızla deriyi deldi. Kore atın başını tutuyordu. Atın kaburgalarını örten parlak derisini kaplayan bütün tüyleri dalgalanmıştı ve arka ayakları sinirli sinirli dans ediyordu. Pulika'nın çuvaldızı bir yerden girip diğer uçtan çıkacak şekilde atın derisini deldi. Açılan yaradan toprağa doğru koyu kırmızı bir kan fışkırdı. Kan ritmik fışkırmalarla toprağa akarken dişlerini gösteren at, bir süre sonra sakinleşti. Pulika akabinde bir parça ipi, tuttuğu derinin çevresine sıkıca doladı. Çuvaldız hâlâ deriyi yarmış bir şekilde duruyor ve kanın akması durmadan ve yara kapanmadan ipin kayıp çıkmasını engelliyordu.

Romanlar arasında geçirdiğim ilk zamanlara ait hatıralarımın çoğu görme veya dokunma duygusuyla ilgiliydi. Çünkü o zamanlar dillerine tam olarak hâkim değildim. Ateş çevresinde geçirilen akşamlarda, etrafı gözlemleyerek, bana bir şey ifade etmeyen söz ve sesleri içime çekerek yanlarında sessizce otururdum. Yaşıtlarım arasında geçirdiğim zamanlarda onlardan pek çok kez duyduğum veya hatırlayabildiğim cümleleri veya kelimeleri bana tercüme etmelerini isterdim. Her zaman doğru bir cevap alamasam da en azından bir açıklama istemek gibi bir özgürlüğüm vardı. Gece olduğunda diğer bütün Romanlarla birlikte ateşin yanında otururduk ve aramızdaki sözsüz anlaşma gereği hiçbir soru sorulamazdı. Yetişkinler bana zorlukla müsamaha gösteriyorlardı ve zoraki varlığımı unutmalarını sağlayacak şekilde mümkün olduğu kadar sessiz bir şekilde orada oturmasını öğrenmem gerekiyordu.

Romanlar geceler boyu hayat dolu konuşmalar yaparlardı. Konuşacak konu sıkıntısı çektiklerini hiç görmedim. Belli aile gruplarıyla karşılaşıldığında, cömert ve neşeli bir içki sofrasıyla yeniden bir araya gelişlerini kutlarlar, beraber nostaljik şarkılar söylerlerdi. Sonra ailenin önde gelen şefleri birbirine Romanca yabani ve kederli şarkılar okurdu; şarkıyı söylerken derin duygular içinde gözlerini kapatırlar, bu arada dinleyiciler onaylarcasına başlarını sallar, düşünceler içinde kaybolurlardı.

Putzina'ya şarkının ne hakkında olduğunu sorduğumda durumu ifade edecek sözcükleri zorlukla bulur veya "bizim hakkımızda şarkı söylüyorlar" derdi.

Bazen genç kızlardan önemli bir misafirin "şerefine" dans etmeleri istenirdi. Doğan güneşin solgun ışığı ortalığı aydınlatıncaya kadar herkes söylenen şarkılara ellerini çırparak gürültüyle katılırdı. Uzakta bir yerdeki sığırların kederli böğürtülerini duyardık. Kuş tüyü yataklar kamp boyunca karavanların çevresindeki açık alana serilirdi. Geceden kalanlar yatmaya çekilmeden önce bizden bir grup, son kez "gidip atlara bakardı".

Gece boyu derin bir uyku çektikten sonra uyanıp sonsuz gökyüzüne baktım. Doğru düzgün odaklanamıyordum ve bir an için yüksekliğe veya derinliğe ilişkin bir algı oluşturmayı başaramamıştım. Bu nedenle korkunç bir şekilde başım dönmeye başladı. Kendime hâkim olabilmek ve tepemde parıldayan mavi gökyüzünün içine düşmemek için uyuduğum yerin yanında bitmiş otları avuçladım. Bu hiçbir anlamı olmayan belirsiz ıstırap anını bastırmaya çalışarak gözlerimi hemen kapadım ve toprağın insanı kendine getiren kokusunu içime çektim. Romanlar arasında bir çocuk olarak, gökyüzüyle fazlasıyla içli dışlı olmaktan kaynaklanan ve insanın her yerini kaplayan bu dehşet duygusuna birkaç defa kapılmıştım. Etraflarını kapatan duvarlara ihtiyaç duymayan, her zaman sessiz korkulara ve ani zorbalıklara açık yaşayan yol arkadaşlarıma çok şaşırıyordum.

Tşaya, Putzina'nın büyük kardeşi, bana sataşmak için Romanca tekrar tekrar "bir Gajo bir de balık üç gün sonra kokmaya başlar" derdi. Her ne kadar ben hayatı onlarla paylaşmak için kendimi çoktan hazır hissetsem de Tşaya bunu söyleyerek bana oraya ait olmadığımı hatırlatırdı. Çingene olmayan bir çocuk olarak gerçek statümü basitçe tarif etmek için bana Raklo derlerdi. Bu kelime, herhangi bekâr bir Çingene gencini belirten Şav'dan farklıydı. Bu terim çocukluk döneminin başından evleninceye kadar geçen süre için kullanılırdı. Evlenince bir oğlan Romaro, yani küçük adam olurdu.

Bütün bir ailenin karavan içindeki sınırlı alanı paylaşmak zorunda olduğu yağmurlu günlerde dehşete düşerdim. Giyeceklerimiz nemlenir, içerdeki ısı dayanılmaz olur ve nefes almak olanaksızlaşırdı. Göbekli soba şiddetle horuldar, kor gibi olur ve rüzgârın esiş yönüne bağlı olarak kontrol etmesi imkânsız hale gelirdi. O zaman Rupa kapağı kaldırır ve kömür gazı içerdeki havayı iyice ağırlaştırırken, karavan yalnızca alevlerle aydınlanırdı. Kamp yeri ayak bileğine kadar çamur içinde olurdu. Kore ve Putzina iyice çamura gömülmesini engellemek için tekerleklerin altına dal, taş veya dişbudak ağacı koyardı. Atları ordu battaniyeleri ve muşamba parçalarıyla örterdik. Köpekler karavanların altına sığınır ve hafifçe inlerlerdi. Herkes, ancak oyunbaz çocukların yapabileceği gibi, insanı sudan çıkmış balığa çeviren yağmura tepki gösterir, hakkında espriler yapıp gülerdi. Geceleri fırtına yüksek tekerlekler üzerine oturmuş karavanı sallarken ve yağmur yüksek sesle karavanın ince tahta kabuğunu döverken uykuya dalardım. Bazen bana hiç bitmeyecekmiş gibi gelen bu yağmurlu günler, yağmur kokusunu sevmeme rağmen, yaklaşmakta olan korkunç kış aylarını hatırlatırdı. Yalnızca bu havada, hava iyiyken kendini beğenmiş bir şekilde hor kullandığım ayağımdaki eski avcı çizmelerine minnettar olurdum. Bir gün bana Keja'nın bu çizmeler için Gajolara yalvardığı anlatıldı; onlara çizmeleri kendisi için istediğini söylemişti. Bununla birlikte olayı takip eden ilk yağmurlu günde ayaklarını acıttığını iddia ederek çizmeleri bana doğru fırlattı. Aslında onları hiç denememişti bile.

Bir gün Pulika aniden, bana birkaç mil sonra doğduğum, ana babamın yaşadığı ve aylar önce Çingenelere katılmak için kaçtığım yerden geçeceğimizi söyledi. Evden kaçışım gayet hesapsız olmuştu. Hareketli gruplar halindeki polisler, etrafa yayılıp beni aradığı sırada geleceği hiç düşünmeden Pulika'nın karavanında saklanmıştım ve karavana saklanmak gerçekte evden kaçışımın amacı olmasa bile işimi kolaylaştırmıştı.

Pulika alçak sesle, kış aylarından sonra kesinlikle yine buluşacağımızı söyleyerek beni bir kez sıkıca kucaklayarak gönderdi. Otobüse binmem için cebime bozuk para koymuştu. Bu kadar ehlikeyif bir şekilde gönderilmeye karşı çıkmaya, bunu reddetmeye çalıştım, ama yapamadım; yaklaşan kış hakkındaki bütün bastırılmış kaygılarım, bu kadar kolay bir çözüm karşısında neredeyse minnettar kalmıştı, özellikle de ben eve bu kadar yakınken.

Neredeyse koca bir hayat gibi görünen altı aylık bir yokluktan sonra ailemin evine geri gelmiştim. Akşam yemeği saatinde oraya vardım, her zamanki ğibi evde birtakım misafirler, ressam ve yazarlar vardı. Onların önünde ne uzun yokluğum ne de darmadağın kıyafetim hakkında bir şey dendi. Hemen yatmaya gönderildim. Gergin bir şekilde, hak ettiğimi gayet iyi bildiğim azarı ve cezayı beklemeye başladım. Misafirler gittikten sonra daha fazla beklemeye dayanamadım ve bir an için tereddüt ettikten sonra onların bana gelmesini beklemektense ben ebeveynlerimin yanına gittim. Odalarına girdiğimde onları uyurken buldum –veya muhtemelen uyuyormuş gibi yapıyorlardı ve bunun nedenini hiç öğrenemedim. Bugün bile bu konu, bilmediğim birtakım nedenlerden ötürü, gizemli bir sisle örtülür. Sabahleyin onlara uzun süreli yokluğumda neler yaptığımı anlattım ve galiba onları iyice kışkırtmak için Çingenelerle beraber gittiğimi vurguladım. Nadir görülebilecek bir anlayış ve bilgelikle, elbette ki gidişimin onlara çok acı verdiğini, ancak beni sevdiklerinden kişisel tercihlerime saygı duyduklarını anlattılar. On iki yaşında olsam bile benim aklı başında biri olduğuma inandıklarını ve bana güvendiklerini söylediler. Şok olmuştum. Olaylar hiç de tahmin etmediğim gibi gelişiyordu. Babam kendisi gibi bir sanatçı olmamı umduğunu ekledi ama bir göçer grubunun gerçek bir üyesi olmayı tercih edersem, bu seçimin tamamen bana ait olmasını istiyordu. Gözyaşları içinde annemi ve babamı öptüm, içten bir şekilde, uzun uzun kucaklaştık. Takip eden kış ayları boyunca kendimi derslerime verdim ve yaşadığım altı aylık ara dönem çok uzakta bir geçmişe çekildi.

Hatırlayabildiğim kadarıyla Çingenelerin varlıklarından yalnızca haberdar gibiydim, düşüncelerim net değil de çocukluğa dair bir hayalin parçası gibiydi. Ressam olduğu kadar vitray tasarımcısı olan babam İspanya'nın güneyinde doğmuştu ve damarlarında Flaman kanı akıyordu. Eden Bahçesi'ne çıkan Endülüs yolundan bahsederdi ve Çingeneler her zaman anlattığı hikâyelerin bir parçası olmuştu. Çingenelerden Gitanolar diye bahsederdi ve onların müziğiyle, cante hondo ile büyümüştüm. Antwerp'teki evimiz mutlu ve neşeli bir yerdi ve çocukluğumu hep bir mutluluk ve memnuniyetle hatırlarım. Kilise pencereleri için yapılan devasa büyüklükteki tasarımlarında babam, canlı bir kırmızı, güneş gibi yanan bir kavuniçi, deniz mavisi, krallara yakışır bir eflatun, altın gibi ışık saçan bir sarı kullanırdı. Bütün bu renkleri son derece ahenkli bir biçimde bir araya getirirdi.

Küçük bir çocukken babamın çatı katındaki iki katlı stüdyosunda resim yapıp hayaller kurarak büyümüştüm. Saatler süren yoğun bir çalışmadan sonra babam, Yunan mitolojisi, Fin Kalevala'sı, Ramayana, Mahabharata, Bhagavad Gita veya İsa'nın Kutsal Kâsesi'ni koruyan şövalyeler hakkında anlattığı hikâyelerle sessizliğimi ödüllendirirdi. Anlattığı öyküler, bende çok uzak diyarlara gitmek için büyük bir arzu uyandırırdı. Yaşam anlayışı Homerci'ydi. Öykülerinde gün hep seher vaktiydi. Bütün erkekler kahramandı ve adalet için yeminler edilirdi. Bana güneş ve özgürlük sevdasını paylaşmayı öğretmişti.

Annem yarı Alman yarı Kübalıydı. Toplumsal devrimlerle ilgilenirdi ve o sıralar esas odaklandığı nokta Rusya, ziyaret ettiği Hindistan ve Çin'di.

Evde annemle Fransızca, babamla İspanyolca, ev işlerine yardım eden değişim öğrencileriyle Almanca konuşurdum ve Belçika'nın kuzey bölgesinde yaşadığımızdan Flamanca öğrenmiş ve sonunda Flaman bir okula gitmiştim. Bu dört dili gayet akıcı bir şekilde ancak belli bir aksanla konuşabiliyordum. Ne bu dört dilden birini ana dilim gibi düşünmüş ne de kendimi bilinçli bir şekilde bu dillerin herhangi birinin yansıttığı kültürle tanımlamıştım.

Bir gün öğle yemeği sırasında babam, tesadüfen, bir Çingene grubunun şehrin varoşlarında kamp kurduğundan bahsetti. Gizliden gizliye en çok korktuğum şey, bir kez daha karşıma çıkmıştı, kendimi hiç de hazır hissetmediğim bir kararı vermek durumunda kalmıştım. Çingeneler beni bir mıknatıs gibi çekiyordu; aynı zamanda silkinip bu büyüyü üzerimden atmak zorunda olduğumun da tamamen farkındaydım; ancak tuhaf bir şekilde yapamıyordum. Babam içinde bulunduğum ikircikli durumun farkına vardı ve eğer istediğim buysa mutlaka Çingenelere katılmam gerektiğini söyleyerek durumu çözdü. Ancak tek bir şart koştu: Eğer başım herhangi bir şekilde derde girerse ailemi hatırlayacak ve hangi koşulda olursa olsun yardım istemek üzere onların yanına gelecektim.

Yine Çingenelere katıldım. Bu grubun şefinin ismi Butsulo'ydu. Şef Pulika'nın grubunu yakalayıncaya kadar onlarla kalmama izin verdi. Karavanın arkasındaki yemlikte, samanların üstünde at battaniyelerine sarınarak uyuyordum. Bana çok iyi baktılar ve iyi davrandılar. Bunun karşılığında, geçen yazdan aklımda kalmış ve göstermeye pek hevesli olduğum Romanca kırıntılarıyla onları eğlendiriyordum. Beni duyduklarını ve Pulika'nın beni görünce kesinlikle çok sevineceğini anlattılar. Pulika'nın grubunu yakalayıncaya kadar haftalar boyu yolculuk ettik. Bu grubun insanları arasında kendimi evimde gibi hissedemediğimden kalkıştığım maceradan ötürü giderek pişman olmaya başlamıştım. Pulika'ya, Rupa, Yojo, Kore, Putzina, Keja, Mala, Boti ve Nanoş'a derin bir sevgi duyuyordum. Sonunda buluştuk. Geçen sonbahardan hatırladığım atlar çoktan satılmıştı. Hatırladığımı düşündüğüm daha pek çok şey şimdi çok daha farklıydı. Arkamda bıraktığım şeyleri oldukları gibi bulamayacağımı biliyordum; ben de değişmiştim. Bilmediğim diğer birkaç aile daha gruba katılmıştı. Kısa bir süreliğine ilgi odağı oldum, ama sonra üzüntü ve rahatlama arası bir duyguyla, yine yalnızca genç olanlardan biri haline geldim.

Günler sonra kıyafetlerim paçavra haline geldi ve genel görünüşüm diğer Çingene afacanlarına giderek daha fazla benzemeye başladı. Geride bir tek mavi gözlerim ve sarı saçım kalmıştı ve bunları değiştirememek canımı çok sıkıyordu. Tipik bir Lovara deyişini kullanan Putzina bana "gölgemin üzerinden atlamaya çalışma" (te na khutşos perdal tşo uşalin) dedi. Kendimi güneşte yanmış, sağlıklı ve genelde aç hissediyordum. Odun ateşinden çıkan duman bir kez daha gözümü yaktı ve yaşla doldurdu.

Bir gün, atların çektiği karavanları uzunca bir süre izledikten sonra, aniden, Gajoların dünyasına dönmek için dayanılmaz bir istek duydum. Bu büyü gibi bir şeydi. Romanların yanında kalmaya gelişim kadar düşünmeden ve kestirilemez bir şekilde yanlarından ayrıldım.

Şimdi dönmeyi arzuladığım hayattan son derece farklı olan Çingene dünyasında, bitmek tükenmek bilmeyen aylar boyunca, büyülenmiş gibi son derece mutlu yaşamıştım. Bu hayata şimdi arkamı dönebileceğim ve bu kadar uzun süre uzak durduğum dünyaya geri dönebileceğim olanaksız görünüyordu. Tuhaf, harika bir rüyadan uyanmak gibiydi ve şimdi bunu paylaşıp hakkında konuşmayı çok istiyordum. Karavanlar uzun bir sıra halinde tepelerin üzerinden geçip gidiyorlardı. Görebildiğim her yerde, at toynaklarının insana huzur veren sesi arasında sakince hareket eden Çingene karavanları vardı. Kendimi bu görüntüden çok ayrı hissettim ve bu acayip, yersiz yurtsuz, ilkel yaşamı paylaşmak için duyduğum isteği neyin ateşlemiş olabileceğini anlamasam dahi merak ettim. Ayaklarım çıplaktı, kıyafetlerim rengarenk paçavralara dönmüştü, saçlarım uzun ve dağınıktı; kendimi sağlıklı, güneşten yanmış ve aç hissediyordum; düşünmek, düşünmek ve düşünmek için yalnız olmak istediğimi biliyordum... ve bu sefer, değişiklik olsun diye, Çingenelerden kaçmak için...

Pulika, Rupa, Bidşika, Yojo, Kore ve Pulika'nın kardeşi Tşukurka her zamanki gibiydiler. Değişen bendim. Hakkımdaki her şey ansızın yabancı bir görüntüye büründü ve anlamsızlaştı. Bunun nedeninin güneş çarpması veya bataklık humması olmadığını gayet iyi biliyordum. Normal, arzu edilir veya vazgeçilmez saymak üzere yetiştirildiğim, kabul edilmiş konfor ve kolaylıklar olmadan aylarca nasıl yaşadığımı anlayamıyordum. İstenmeyen, yanlış anlaşılmış insanların oluşturduğu bir grubun bir parçası olarak pek çok ülkeden geçen uzun ve zorlu bir yolculuğa nasıl çıktığımı hiç kavrayamadım. Bu insanların sade bir yaşamın ve kendi hayatlarını devam ettirmenin dışında hiçbir hedefi yoktu. Mülkiyetin rutin birikiminden kaynaklanan güvenlik ihtiyacından ve çoğunluğun bir parçası olmanın yarattığı aldanmadan yoksundular.

Aylarca açık havada uyudum; düzensiz bir şekilde yemek yedim. Yemekler ya yetersizdi ya da aşırı boldu. Güneş cildimi kavurmuş, yağmur sırılsıklam etmişti. Ancak aynı zamanda hayatta olduğum için minnettardım. Benim yaşımda olup kurulu bir düzende yaşayan her normal, sağlıklı oğlanın kurabileceği bir hayalin parçasıydım: Kaçıp maceralı zor bir hayata katılmak... Ancak bu yolun bir sonu yoktu... Ufkun öte tarafında olması umut edilecek daha yeşil bir manzara veya daha huzurlu bir yer yoktu. Bu insanlar, başıboş dolaşan ölümsüzler gibi tuhaf bir kaderi yaşamaya mahkûmdular.

Yollarına devam eden karavanlardan ayrıldım. Rupa'ya hoşça kal dedim ve onun ve Pulika'nın bana gösterdiği anlayışa şaşırdım. Hiç soru sormadılar; sadece benim Roman efsanesindeki yaban kazı vadni ratsa olduğumu söylediler. Gitmek zorunda olduğumu bildiklerini anlattılar. Ve yine geri döneceğimi eklediler.

Yol kenarında durup sonuncusu gözden kayboluncaya ve tanıdık sesler artık duyulmaz oluncaya kadar önümden geçen karavanları tek tek izledim. Kırlık alan bir kez daha susmuştu, takırdayan tekerleklerin sesi, at kişnemeleri, köpek havlamaları, bebek ağlamaları ve şarkı söyleyen oğlanlar yoktu. Havayı büyük bir sessizlik doldurdu.

Onlar yollarına devam ederken ben bir süre olduğum yerde durdum. Tarlalar arasındaki kestirmelerden en yakındaki köye kadar yürüdüm. Çingene olmayan dünyaya bir kez daha yaklaşırken bağcıklarından bağlayıp omzuma astığım ayakkabıları giymeye karar verdim. Çingeneler gibi boynuma bağladığım güneşten rengi atmış mor mendili çıkarıp cebime tıkıştırdım. Saçlarımı elimle tarayıp arkaya yatırdım ve akıp giden bir derede yüzümü, boynumu ve ellerimi yıkadım.

Yüzümdeki ifadenin değiştiğini hissedebiliyordum. Güneş ve rüzgârdan kavrulmuş tenim, hızla yaşlanıyormuşum gibi bir yerde esnerken başka bir yerde tef gibi geriliyordu. Kırmızı çatılı evler, gözüme bir kez daha hoş göründü; artık Romanların beni bir süreliğine inandırdıkları gibi kasvetli hapishanelere benzemiyorlardı. Evleri hapishane yapan şey yalnızca içinde yaşayanların taşıdığı ruhtu. Yakında sığırlar böğürüp sızlanıyorlardı. Gajolar arasında yaşamın bana bayat geleceğini ummuştum ancak şimdi, bile bile Romanların çekiciliğine sırtımı dönüyordum. Ailemin beni nasıl misafir edeceğini, geleceğimi, okula geri dönmeyi, koleje gitmeyi ve sonunda bir iş tutturmayı düşünmeye başladım. Artık kendimi vahşi, arkaik "Romanlar" arasında ifade etmeyecektim. Artık Romanların güçlü, şiirsel ve bir hamur gibi yoğrulabilen tanımlarını ve hünerli hikâyelerini kullanmayacak veya dillerinin zapt edilemez yoğunluğundan ve doğurganlığından uzak duracaktım. Yaşlı Bidşika bir seferinde bize Roman dilinin ince yoğunluğu, ağırlığı ve büyüsüyle dünyaya sürüklenen dolunay hakkında bir öykü anlatmıştı. Ve bu, neredeyse gerçek gibi duruyordu.

Eve dönüşüm beni her zaman neşelendirmiştir. Çatı katındaki geniş stüdyosuyla Antwerp'teki ev keyifli, rahat ve mutluydu; balmumunun ve taze pişmiş ekmeğin ve kekin aşina kokuları evin her köşesine işlemişti. Her yerde kitap, resim, oryantal halı ve klasik müzik vardı.

Eve dönüşümü sıcak banyonun, temiz kıyafetlerin ve esaslı bir tıraşın lüksünü yeniden keşfederek kutladım. Bütün bunları yaparken genç Kore veya Nanoş'un, Bidşika'nın oğlunun, mevcut hayatımın bütün bu fiziksel rahatlıklarına nasıl tepki vereceğini düşünüyordum. Aynı zamanda üstü örtülü karavan ve çadırların, hayat dolu, neşeli ve yalın ayak yoldaşlarımın dünyası o kadar uzaktaydı ki, onları düşünmek beni güldürdü. Hemen hepsi, gerçek dışı, ancak uzaktan uzağa arzu edilen ve yarı yarıya unutulmuş tuhaf bir rüya gibi geliyordu.

Anne ve babam Çingeneler hakkında nadiren konuştu; kesinlikle onlara karşı değildiler. Romanlar bir şekilde bana ait gizli bir bilgi alanı olarak kaldı. Çingenelerin toplum içindeki şüpheli statüleri ve mecburi eğitimin çekindiğim kuralları dolayısıyla, okul dışında neler yaptığımdan, çok az kişinin haberi vardı. Çingenelerle geçirdiğim zamanı kimseye doğru dürüst anlatmıyordum. Bu yüzden kızılderililerle beraber yaşadığıma dair sözüm ona masallar anlatma ihtiyacı hissettim. Okul arkadaşlarım ve öğretmenlerim için bütün bu hikâyeler yaratıcı, müzmin bir yalancının fantezileriydi. Hiç kimse anlattığım bütün öykülerin gerçekten başımdan geçtiğini ve saydığım isimlerin kızılderililerle olmasa bile gerçekten yaşayan insanlara ait olduğunu anlamadı*.

Yıllar geçtikçe daha bir Çingene oluyordum. Her yıl önce Antwerp'te sonra da Londra'da yaşayan ailemi sadık bir şekilde ziyaret etsem bile Gajo dünyasından giderek uzaklaşıyordum. İki dünya arasında bölünmüştüm. Romanlar böyle durumlarda yekka bulisa naşti beşes pe done grastende (birisi arkandayken iki ata birden binemezsin) derlerdi. Ancak ben bu iki farklı hayat arasında bir seçim yapamıyordum.

(*) Hikâyenin gerçek yüzünü bilen birkaç insandan biri de o sırada Antropoloji Departmanı başkanı olan merhum Profesör Olbrechts idi. Profesör Olbrechts merakıma bir yol ve amaç göstermenin yanısıra, beni teşvik etti. Biricik durumumun, Çingenelerle beraber onlardan biriymişim gibi yaşamanın bütün avantajlarını kullanmayı öğretti.

Üçüncü Bölüm

Romanları ve Gajoları birbirinden ayıran yarığın farkına varmam bir şekilde sağlanırdı: Bu yarık, her ikisinin hiç değilse çok az ortak noktası olduğuna ve hiçbir zaman bir araya gelemeyeceklerine dair temel, her daim var olan bir inançtı. Ancak bu düşüncelerini kabul ettikten sonra Romanları keşfetmeye başladım. Benim için küçük düşürücü Gajo kelimesini kullandıkları her seferde –ki bu çok sık oluyordu– kendimi suçlu hissetmeyi bir kenara bırakmalıydım. Gajoların medeniyeti onlara hiçbir şey ifade etmiyordu. Tüm gördükleri başarısızlık, pislik, adaletsizlik, sapkınlık ve çöptü. Gajo dünyasıyla tüm temasları, fal bakmaları veya kara büyü yapmaları için kendilerine başvuran, onlara hüsranlarını anlatan ve kendi acımasız arzularını ve küçük nefretlerini sergileyen kişilerle; kendini üstün görerek kanunun ötesinde hareketlerde bulunan jandarmalarla, ucuz numaralar arayan sapkınlarla sınırlıydı. Batı dünyasının bu yönlerine maruz kalınca Çingenelerin bu dünyayla bir araya gelme arzusuna ve daha iyi maddi standartlara sahip olan Gajo yaşamının ayartmalarına direnmeleri kolaylaşıyordu. Romanların dış dünyaya karşı sergilediği ruh hali son derece değişkendi; uzlaşırmış gibi görünürken birden tehditkâr bir tutum takınıyor, sonra nedensiz bir şekilde yine uzlaşmacı oluyordu. Tutarsızlıklarının Gajolar üzerinde yarattığı etkiyle pek bir eğlenirlerdi. Aslında onlar için Gajoları daha da aptal yerine koymanın olağan bir yolu vardı; birdenbire son derece alçakgönüllü kesiliverir ve bu alçakgönüllü tavırları safça kabul eden Gajoların bu kadar kolay kandırılmasına bıyık altından gülerlerdi.

Herhangi bir Çingene kampında en saldırgan Gajo karşıtları, yaşlı kadınlar ve küçük çocuklardı. Ne zaman çok sayıda Roman bir araya gelse ve ortalığa şenlikli bir ruh hali hâkim olmaya başlasa –ki biri olunca mutlaka diğeri de olurdu– çocuklar zıvanadan çıkar ve kampın yakınına sokulmaya cesaret eden Gajoları terörize ederlerdi. Birbirleriyle yarış halinde dilenen, bir şey alamayınca gözü yaşlı, neşeli veya küstah bir şekilde meydan okuyan çok sayıda çocuk, adamların üzerine hücum ederdi. En tatlı, en masum gülümsemelerini bir an için gösterip, karşısındakileri büyülemeye çabalar veya üzüntü içinde, açlık çeken birinin ıssız görüntüsünü kullanırlardı. Sıklıkla, hızlı bir sonuç almak istercesine hepsini bir arada uyguladıklarından, bütün bunların kendiyle çelişen neşesi, hepsinin etkisini ister istemez bozardı. Bu gösteriler bir kazanç elde etmekten ziyade, gerçekte, bütünüyle şamatalı bir eğlence için sahnelenirdi. Çocuklar birbirini dürterek, çekiştirerek, tutmaya çalışarak ve iteleyerek, hiçbir şeyin farkında olmayan adamın etrafını çevirirlerdi. Gajonun kızmasının hiçbir anlamı yoktu; çünkü kızgınlıkları çocukların küstah alaylarıyla cevaplanırdı. Ruh hallerine bağlı olarak çocuklar, isabet ettiremeseler bile gayet ikna edici taşlar atabilirlerdi. Kısa bir süre sonra, meraklı izleyicileri kamp bölgesine hücum etmekten vazgeçirmek için şavoraların, ufaklıkların böyle dilendiklerini keşfettim. Bunlar sadece eğlenmek için değildi, tüm Çingene cemaatinin mahremiyetini koruyan etkili ve görülmez bir perde de sağlıyordu. Çingene çocuklarının her yerde istekli, bitmek bilmez dilenmeleri, seyirciye Çingenelerin içinde yaşadıkları koşulların tamamen farklı bir resmini çiziyordu. Elbette, dikkatli biri bu çocukların canlılığını, sağlıklı görünüşlerini, neşelerini ve tiyatral becerilerini fark etmediği ve üzerlerindeki elbiselerin yırtık pırtıklığını dikkate aldığı sürece...

Bir gün Rupa'yı, kendisinin sumadji yani aile mirası dediği altın külçelerini incelerken gördüğümde hissettiğim huşu ve heyecanı hatırlıyorum. Karavanımızın yanında değişik büyüklükteki altın parçaları, çiğnenmiş çimenler üzerine yayılmış, buruşuk ve kirli bir basmanın üzerine yığılmışlardı. Farkında olmaksızın, kadının altınları benden saklamak için herhangi bir girişimde bulunmamasına şaşırmıştım. Benim varlığıma tamamen kayıtsız kalarak, toplamadan önce altınları bir kez daha saydı. Aileye mensup kadınların kolye, küpe veya bilezik gibi altından ziynet eşyası takmalarına alışmıştım. Ama daha önce taktıkları altınların maddi değerine hiç dikkat etmemiştim. Büyük bir sırrı, gerçekte Pulika'nın ne kadar zengin olduğu bilgisini, benimle paylaştıklarını düşündükçe neşelendim –ve nedenini hiç bilmeden minnettarlık hissettim. Bundan kısa bir süre sonra, aynı gün, aynı şekilde kendimi kaptırarak kampımıza çıkan çamurlu yoldan geçen Gajoya hızla yanaşan Keja'yı izledim.

Bir şeyi tutkuyla ve şiddetli bir şekilde istediğinde aynı anda hem alçakgönüllü hem de kibirli olabilen Keja, adamla konuştu. Adam durup, yavaşça ve utangaç bir şekilde ceplerini yoklayıp kıza para verinceye kadar adamın yanından yürüdü.

Aylak aylak kampa dönerken yarı yolda kıkırdayan bazı Çingene kızlarla karşılaştı. Anlaşıldı ki, Keja'nın Gajoda acıma duygusu uyandırıp uyandıramayacağı ve heriften bir bağış koparıp koparamayacağı üzerine kızlar aralarında bahse girmişlerdi. Bahis adamdan alınan paranın on katıydı. Para gerçekte kesinlikle bir amaç değil, daha ziyade bir çeşit profesyonel bir gurur kaynağıydı. Bazı kızların bu oyunu ispat edecek bir şey kalmayıncaya ve o gün için yeteri kadar dilendiklerine karar verinceye kadar oynadıklarını gördüm.

Romanlar küçük gruplar halinde yolculuk ederken Gajolara karşı daha toleranslı oluyorlardı. Ara sıra böylesi temaslarda bulunmak için çaba bile sarf ediyor ve bir şeyden kuşkulanmayan Gajolarla eğlenmekten büyük zevk alıyorlardı. Parlak kamp ateşi çevresinde oturan Çingeneler, içine düştüğü aptal durumun hiçbir şekilde farkında olmayan Gajoyu bir kenara bırakarak daha ince bir şaşırtmaca oyunu oynarlardı. Suratlarında yaptıklarını ele verecek ufacık bir gülümsemeyi dahi göremezdiniz. Hiçbir şeyden şüphelenmeyen Gajoya, çingeneler hakkında, büyük bir ihtimalle yeniden anlatacağı, hatta yazıya döküp kitaplaştıracağı bir sürü vahşi hikâye anlatılırdı. Bir Çingene kampını ziyarete gelen iki kararlı antropolog gibi daha uyanık ve meraklı Gajolara ise farklı bir teknik kullanılırdı. Romanlar bu adamlardan ve sahip oldukları her şeyden –ayakkabılardan, elbiselerden, saatlerden, gözlüklerden, yüzüklerden vb– çocuklar gibi etkilenmiş görünürlerdi. Bunu, bitmek bilmeyen ve alanında uzman olmayı gerektiren çok detaylı sorular takip ederdi. Bazı Çingeneler, aynı soruları tekrar tekrar sorarak, bu istekli sorgulamayı nöbetleşe devam ettirirlerdi. Gajo, bu kadar hızlı ve kolayca bir çalışma sahası temin ettiği için oldukça mesut ve istekli bir şekilde soruları cevaplardı. Böylece ilk baştaki olası kuşkular hafiflerdi. Şöyle bir Roman deyimi vardır: "Herhangi bir Gajoyu cömert bir biçimde takdir et, yeterince uzun konuşmasını sağla, kesin kendisini kaybedecektir." Birkaç saat süren bu ısrarlı sorgu, meraklı Gajoları tükenmiş ancak –taa ki, kendilerinin herhangi bir soru soramadığını fark edinceye kadar– mutlu kılardı. Yakaladıkları ilk teması takip etmeye kalktıklarında Çingeneler çoktan gitmiş olurdu.

Çok nadir durumlarda, Romanlar Gajolarla gerçek bir diyalogdan kaçmadığında, cevapları en az diğeri kadar değişken ve şaşırtıcı olurdu. Eğer bir soru yirmi farklı Çingeneye sorulsa, tahmin edileceği gibi, tüm cevaplar birbiriyle çelişirdi. Aynı soru bir kişiye yirmi kere sorulsa yine aynı şekilde farklı cevaplar alınırdı. Çingenelere ne kadar tutarsız olduklarını göstermek onları en ufak bir şekilde utandırmazdı. Roman dilinde şöyle bir ifade vardı: "Tşatşimo Romanano" (Gerçek ancak Romanca anlatılır). Romanı yabancı bir dilde konuşmaya zorlayıp yalan söylemesine yol açan Gajoydu. Roman derdi ki: "Maşkar le Gajonde leski şib si le Romanenski zor" (Etrafı Gajolarla sarılan bir Romanın tek savunması dilidir). Çoğu kez basitçe cahilliği mazeret olarak gösterirler veya cümlenin ortasında lafa girerek Gajonun konuşmayı sürdürmesini engellerlerdi. Yaşlı bir kadın, adama yalvarırcasına ısrarlı ve talepkar bir şekilde saldırabilir; yaklaşımındaki ıssız, neredeyse vahşi basitlikle onu huzursuz edebilirdi. Adamın dikkati dinleyicileri arasında aniden patlak veren sert bir tartışmayla dağılabilir veya genç bir kadın kolaylıkla görmezden gelinemeyecek, tahrik edici bir cilveye başlayabilirdi.

Aralarında istemedikleri bir Gajo olduğunda Çingeneler bazen sürekli olarak kaşınırlardı. Yabancıların gitmesiyle birlikte tüm kaşınmalar kesilirdi. Birkaç kez dışarıdan gelenlerin aşırı meraklarından hoşnut olmayan yaşlı kişilerin sert bir şekilde öksürmeye başladığını gördüm. Bu sahne Gajoların bulaşıcı, korkunç bir ciğer hastalığının ortalıkta kol gezdiğini düşünüp oradan apar topar ayrılmalarını sağlıyordu.

Gajo kanunlarına göre Romanların ad ve soyadları olmalıydı. Bu isimler sadece nüfus cüzdanlarında yazıyordu. Uzun göçleri sırasında rastgele edinilmişti ve Çingenelere hiçbir şey ifade etmiyordu. Kendilerine yasal veya ikamet durumlarını iyileştirmek üzere imkânlar sunuldukça, tercihen bulundukları ülkedeki isimleri uyarlayarak soyadlarını değiştirmeye çalışacaklardı. Verili bir ismin yazılışı ve –er geç– okunuşu değişirdi; çünkü gümrük memurlarınca Kiril alfabesinden Romen karakterlerine çevrilir veya Yunancadan Türkçeye başka alfabeyle yazılırdı. İsimler sıklıkla basitleştirilir veya özellikle Amerika'da yaşamış Çingeneler arasında adlar kısaca lakaplarla yer değiştirirdi. Bu resmi veya Gajo isimlerinin yanında, Romanların çağrıldıklarında cevap verecekleri Romanca isimleri olurdu. Kore, Pulika'nın oğlu, Yojo'nun oğlu, Lovaralı Barfko'nun oğlu bu şekilde Yojeşti olarak bilinirdi. Önemli bir Romanın üç dört nesil torunu, atalarının ismini nesil geliştikçe ve aileden başka önemli adamlar çıktıkça değişen bir soy isim olarak kullanırdı. Grup daha küçük ama giderek büyüyen alt kollara bölündükçe bu isimlerin yerini yenileri alırdı. Lovaralar arasında bir Roman, Romence kökene sahip Gajo soyadı kullanırdı. Pulika'nın en çok kullandığı soyadı (birçok takma ad kullanırdı) Petalo veya Horseşoe idi. Bununla birlikte Karbaro, Mijloli, Porado gibi çoğu Lovara soyadları, daha ağzı bozuk veya müstehcen bir doğaya sahipti. Ne zaman bir polis memuru, mübaşir veya idari memur bir Çingeneyi soyadıyla çağırsa –ki pek çok soyadının telaffuzu oldukça zordu– Roman, Gajolara ufak da olsa yaşamına renk verecek bir oyun oynadığını hissederdi.

Elbette, Romanların Gajolarla uzun soluklu ilişki kurduğu zamanlar da olmuştu. Rupa'nın yinelemeyi pek sevdiği deyişe uygun olarak, bu ihtiyari temasların pratik bir yapısı olurdu: Na may kharunde kai tşi khal tut (Kaşınmayanı kaşıma). Hiç de seyrek olmayan bir şekilde bu arkadaşlıklar, acil bir anda Romanlara yapılan ve kendilerinin minnettar kaldıkları cömert yardımlardan kaynaklanırdı. Romanlar, "kendi" Gajolarının hiçbir zaman canının sıkılmadığına veya diğer Çingeneler tarafından istismar edilmediğine emin olmak isterlerdi. Bu durum, kendi akıl almaz vefalarına dair tamamen hayali hikâyeler anlatmalarına yol açardı. Aslında bunun nedeni, kendi paylarına düşen ahlaki bir sorumluluk falan değildi; ne de olsa bir Gajo her zaman Gajoydu. Yalnızca olası bir acil durum için herhangi bir koruyucunun hakkı verilmeliydi –Romanların dediği gibi "May mistho les o thud katar i gurumni kai tordjol" (Ortalıkta duran bir ineği sağmak daha kolaydır). Bu Gajonun toplum dışına itilmiş veya kendi toplumuna uyum sağlayamamış biri olmaması ve genel olarak Çingeneler hakkında aşırı bir merak sergilememesi zaruriydi. Romanlar için bu insanlar mesajın iletilebileceği "temas noktaları" haline gelirdi. Uzun mesafeli telefon konuşmasında röle hizmeti görürlerdi veya sıklıkla çok sayıda ülkeyi kapsayan iyi örgütlenmiş bir iletişim ağının bir parçası haline gelirlerdi. Her önemli Romanın kendi kişisel ilişkileri ve ailesinin diğer bireyleri tarafından temin edilen temasları vardı; bu bağlantılar kıskançlıkla korunurdu.

Üzerinde telefon numarası yazılı bir kâğıt parçası çoğu kez dikkatlice katlanır ve cüzdanın ayrı bir bölmesinde saklanırdı. Kâğıt parçasının renginden, kâğıdın cinsinden veya kâğıdın katlanışından ilişkiye geçtikleri kişilerin kimliğini ve nerede oturduklarını hatırlarlardı, bu yolla ellerindeki numaranın gizliliğini arttırıyorlardı. Kâğıt parçasının solma veya yırtılma derecesi, bazen numaranın neredeyse okunaksızlığı da bir rehberdi. Bir keresinde incelemem için uzattığı değerli kâğıt parçasının üzerinde, okunacak herhangi bir şifre kalmadığını belirttiğimde Tşukurka'nın okumayı bilmediğimi söyleyerek beni azarladığını hatırlıyorum.

Bazen cemaat işleri için temasa geçilen papazlar veya sıradan insanlar "Roman Gajo" haline gelirdi. Romanların raya dedikleri zengin toprak sahipleri belli bir Çingene çocuktan hoşlanmaya ve bütün aileye bir hami gibi davranmaya başladığında da aynı şey olurdu. Çingeneler çocuklarının vaftiz babası olmasını isteyerek seçilmiş Gajoyu onurlandırırlardı; böylece Çingeneler için asılsız bile olsa daha resmi bir bağ kuruluyordu. Pulika 1. Dünya Savaşı'nın efsanevi karakteri son Belçika Kardinali'nin kendisine, kardeşi Tşukurka'ya ve evli çocuklarının bazılarına ve birtakım kuzenlerine nasıl yardımcı olduğunu ve onu mutlu etmek için, sözde katıldıkları Katolik Kilisesi'nin ayinlerine göre evlenmeleri teklifini nasıl kabul ettiklerini anlattı. Bu evlilik töreni, sonunda, Koekelbergh Kilisesi'nde büyük bir debdebeyle gerçekleştirilmişti. Pulika, keyfinin yerinde olduğunu belli eden bir kıkırdamayla bana "Düğün bittiğinde Piskopos'u çok mutlu etmiştik!" dedi.

Tavukları çalmak, halkın haklı bir şekilde Çingenelere sitem etmelerine neden olan önemli bir günahtı. Bazen Çingeneler Hıristiyan çocuklarına çocuk hırsızı olarak anlatılırdı. Ancak tam da bu sırada ülke halkı ve şehir sakinleri de Çingene kadınlara en samimi aile sorunlarından, korkularından, başarısızlıklarından ve şırlarından bahseder olurdu. Bütün dünyada genelde fal bakanlar Çingene kadınlar olurdu. Bu uğraşı, Çingenelere uygun bir istihbarat kaynağı sağlar ve belli bir bölgenin ruh halinin sağlam bir tablosunu da çizerdi. Rupa ve kızlar yol kenarında oldukça inandırıcı, ağır başlı ve gizemli bir şekilde el falı bakarlardı. Falla ilk kez ilgilendiğimde Rupa, ilk ve son kez, giderek sertleşen bir ses tonuyla falın Romanlar için çift yönlü bir tabu olduğunu anlattı: Bu Gajolar içindi ve kesinlikle kadınlar tarafından bakılırdı, "Romanlar değil". Rupa karşımda dimdik ayakta dikildi; ölçülü hareketleri ve esmer bir teni vardı, Lovara standartlarına göre oldukça zayıftı. Gajolarla konuşurken gözlerinde vahşi bir ifade olurdu, ani ve nezaketsiz bir tavır takınır ve alçak, neredeyse fısıldayan bir sesle konuşurdu. Yojo, Keja, Putzina ve Mala daha çok Pulika'ya benzerken, Kore, Tşaya, Boti ve küçük Tina, Rupa'yı andırıyordu. Teninin esmerliğinden bahsederken Rupa "May kali i muri may gugli avela!" (Meyve ne kadar kararmışsa o kadar lezzetlidir!) derdi.

Çingene kadınlar yoldan geçenleri durdurur ve bileklerinden tutup avuçlarındaki çizgilerden Gajonun geleceğini okumakta ısrar ederlerdi. Yaklaşımlarındaki anilik ve esrarlı yoğunluk reddedilmelerini imkânsız kılardı. Bazı Gajolar eğlenir, diğerleri şaşırırdı, ama çoğu endişelenir ve bundan rahatsız olurdu.

O zamanlar ben kehanetlere kanmayacak veya kehanette teselli aramayacak kadar gençtim ve hayal gücüyle doluydum. Her gün grubumuzdaki kadınları fal bakarken görüyordum ve bundan dolayı, Rupa'nın kızgınlığına, fal hakkında sorduğum soruları cevaplamayı ısrarla reddetmesine şaşakalmıştım. Bu konu hakkında konuşmak üzere Keja'ya sokulduğumda, o da beni tersledi; omuzlarını silkti ve beni küçük gördüğünü belli eden bir ifadeyle gülümsedi. Bununla birlikte, Rupa kadar keskin olmadan "Bu Romanlar için değil. Falı aptal Gajoya bırak..." dedi. Rupa'yı ne zaman fal bakarken görsem, bana o kadar ikna edici geliyordu ki, kendi kendime kadının üçüncü bir gözü olduğunu düşünüyordum.

Birkaç gün sonra, bir çam ormanının kenarında, çalılarla kaplı geniş ve kumlu bir düzlük üzerinde yolculuk ediyorduk. Kırlangıçlar tembel tembel adımladığımız çamurlu patikayı bölerek yere yakın pikeler yapıyorlardı. Pulika ve Rupa ileride bulunan karavandaki Yojo'ya katıldılar. Alçak tavanlı bir çiftlik evinin yanından geçerken Tşaya, Mala ve Yojo'nun genç karısı karavandan indiler. Tarlalar arasından kestirmeden gidip bazı ayak işlerini yapacaklar ve ileride bizi bekliyor olacaklardı. Kore, karavanın önündeki geniş tahta üzerine oturdu; elinde gevşekçe tuttuğu yular vardı. Atlar öndeki karavanı takip ettiğinden sürücünün pek dikkatli olmasına gerek kalmıyordu. Putzina elde sardığı kara tütünden sigarasını içip gökyüzüne bakarak Yojo'nun karavanının arkasındaki yemlik üzerine yayılmış oturuyordu. Keja Çingeneye yarışır şekilde kalçalarının üzerine oturmuş, kardèşi Yojo'nun en küçük çocuğunu kucağına almış sallıyor, annesinin memesini emmek için devamlı ağlayan çocuğu susturmaya çalışıyordu. Göğüsleri iri ve yuvarlaktı, ancak kendisi hâlâ genç ve bekâr bir kızdı ve memelerinde süt yoktu. Kafasını çevirmeden, yumuşak ancak yeknesak bir sesle falcılıkla ilgili bir monologa başladı. Falcılığa duyduğum meraka dikkat etmiş olmasına çok şaşırmıştım. Hiç susmadan konuştu. Esasen falcılık hevesinin bir kişinin kendi kaygılarıyla başa çıkamamasından kaynaklandığını, falın bu kaygıları gidereceğine, kehanette bulunmak için kendini yenileyen bir hırs yarattığını anlattı; bu kumarbazlığa benzerdi, sadece çok daha zararlıydı çünkü biri belki parasını kaybetmiyordu ama kesinlikle sağduyusunu yitiriyordu. Bir kişiyi sorunlarının nedenleri karşısında kör ediyordu ve bu "delilik"ti. Manevi dürüstlükle ilgili sorunlara elverişli bir çözüm üretmek söz konusu olduğunda, boş ve kendi kendini tuzağa düşüren bir arayıştı ve falda çözüm aramak hayatı olduğu gibi karşılama cesaretini gösterememekten kaynaklanıyordu. Çoğu insan, aslında, umutlarından ziyade korkularını onaylatmak için falcılara giderdi. Korku bir dileğin babası olabilirdi; çünkü çoğu, bilinçaltında en çok korktukları şeyin gerçekleşmesini isterdi. Keja, kederin kabulü zenginleşirken korkunun güçten düştüğünü söyledi. Suçu kabul etmeyen Lovaralar şöyle derdi: Bi kaştesko merel i yag! (Odun olmadan ateş söner!) Pratik bir bakış açısından bakıldığında falcılığın elle tutulur özü, her insani deliliği sonsuz bir sabırla dinleme yeteneğiydi. Buna belli ve kişisel anlamların okunabileceği bazı belirsiz genellemeler eklerlerdi. Keja uzun süre ve büyük bir açıklıkla konuştu.

Keja bana, bundan çok önce Sırbistan'da korkunç ve amansız bir hastalığa yakalandığını sanan bir toprak ağasından bahsetti. Adam Sarajevo'da bir doktora başvurur ve doktor adamın şüphelerini giderir ve kesinlikle hasta olmadığını söyler. Ağa başka doktorlara da gider ve hepsi de ilk doktorla aynı fikirdedir. Bulgaristan'da Niş, Belgrat ve Sofya'ya gider. Umutsuzluk içinde bir falcıyı ziyaret eder. Falcı korkularını hemen onaylar ve ağanın gözünde tıp doktorlarının yanıldığını ispat eder. Uzatmalı ve oldukça masraflı bir tedaviden sonra ağayı –hayali bir hastalıktan– iyileştirir.

Keja falcıya gitmenin insana bir dert ortağı sağlayacağı, yalnızlığı veya kaygı veya düşmanlığı giderebilecek açılımlar sunabileceğini kabul etti. Yaşamın sıkıcılığını giderebilir, hayata biraz tat ve egzotiklik katabilirdi. Mistik olanla amatörce uğraşmaya dair geçici bir ihtiyacı tatmin edebilirdi. Farazi daha iyi bir yarın sözü, eğer çok ciddiye alınmazsa, mutsuzluk ve maddi sefalet alışkanlığının kırılmasına yardımcı olabilirdi; aksi takdirde sakat bir koltuk değneği haline gelirdi.

Gözlerindeki cadılıkla Çingene kadınları, bu sanatı alçakgönüllü bir fiyata ifşa ederlerdi. Bunun ötesine nadiren geçerler ve gönüllü kurbanlarının üzerinde daha kişisel ve kalıcı bir güç elde etmeye çalışırlardı. Tüm efsaneler gibi Çingenenin ilahi yetileri hakkındaki söylence, basitçe, bir abartıydı. Genelde sansasyon arayan ve gerçekten bir Çingeneye fal baktırmayı deneyenlerden çok daha fazla konuşan yarım-inançlılar tarafından yayılıp büyütülüyordu. Yaşanan tesadüfler, yapılan tahminlerin doğruluğunu sıklıkla ispat edermiş gibi kabul edilirdi ve insanlar sadece gerçekleşen tahminleri hatırlarlardı. Hataları unutma eğilimindeydiler. Romanlar Moldavya'da çocuk doğmadan aylar önce bebeğin cinsiyetini hiç hatasız tahmin eden pratisyen bir doktordan bahsederdi. Doktorun sistemi, akıllı bir aletle tamamlanan saf bir tahmin işine dayanıyordu. Eğer bebeğin erkek olduğunu söylemişse defterine kız olduğunu yazıyordu. Eğer erkek olursa doğru tahmin etmiş oluyor ve sorun olmuyordu. Eğer bebek kızsa, doktorun yeteneğinden hayal kırıklığına uğramış ebeveynler karşısına çıktığında doktor basitçe hatırlamadığını söylüyor ve gerçekte doğru tahminde bulunduğunu yazılı olarak ispat eden defterine bakmayı öneriyordu.

Gajoların Çingenelerin lanetinden ve yapacakları büyülerden duyduğu korku sayesinde, Romanlar kesinlikle bir nebze de olsa kendilerini koruyorlardı. Bu sayede, kendini yeterince savunacak güce sahip olmayan bir azınlığa yöneltilebilecek vahşet ve baskı sınırlanabiliyordu. Çingeneler, yasa önünde, en iyi halde bile sadece müsamaha gösterilen bir azınlıktılar, en kötü durumda hükümet tarafından geldikleri ülkeye iade edilecek veya katledilecek insanlardı, tamamen yönetimin insafına kalmışlardı. Falcılık sayesinde her şeye inanan insanlarda belli bir korku ve saygı uyandırıyorlardı; zayıf bir savunma ancak hiç olmamasından çok daha iyi.

Dördüncü Bölüm

Beyaz tenim, mavi gözlerim ve sarı saçlarım bazen Gajoların ilgisini çekerdi. Aralarından iyi niyetli birileri, arada bir, benim çingenelerin elinde mutsuz bir tutsak olduğumu düşünürdü. Ve bu durumdan kurtulmam, kaçmam için yardım teklif ederlerdi. Yolda nereli olduğumu sormak üzere beni durduran insanlar, benim efsanelerde anlatılan çalıntı çocuk olduğuma emindiler.

Kore, Putzina ve hatta Keja bu durumla çok eğlenirlerdi ve bazen, hiçbir fesatlık gütmeden, Gajolara benim nasıl "kaçırıldığımı" anlatırlardı. Onlar için Gajo çocuklarını çalma fikrinin herhangi bir gerçeklik payı yoktu ve bu düşünce çok anlamsızdı. Romanların zaten çok sayıda çocuğu yok muydu? Oynadığımız oyunlardan birinde, Gajoların yerel dilini bilmiyormuş gibi yapıyor ve Çingenelerden benim tercümanım olmalarını istiyordum. Bu oyunun değişik varyasyonlarını geliştirdikten kısa bir süre sonra çevirdiğimiz dolap Pulika'nın dikkatini çekti. Köy baytarı, onu bir çocuğu kaçırıp zorla alıkoymakla körlemesine suçladığı sırada, Pulika, kamp yaptığımız yere pek de uzak olmayan bir meyhanede bira içiyordu. Herhangi bir suç işlemediğini veya yanlış bir şey yapmadığını bilen, bunun yanında Gajoları aptal durumuna düşürmek için iyi bir fırsat yakaladığının gayet farkında olan Çingene, adama kendi işine bakmasını söyledi. Ardından, sonradan aklına gelmiş gibi, adama dönüp benden uzak durmasını ekledi. Rolüne iyice ısınmıştı; oldukça ikna edici bir şekilde, hiç olmamış bir beşikten beni nasıl aldığını detaylıca anlattı. Gajolar şaşırmış ve akıllarına gelen en kötü şüphenin bu kadar basitçe onaylanması karşısında silahsız kalmışlardı. Pulika herkese göz kırptı, birasının parasını ödedi ve adamlar kendilerine gelmeden oradan ayrıldı. Roman böylesi uzun boylu yalanlar söylemekten oldukça zevk alırdı. Eline geçen her fırsatta hikâyesini yineledi, başka detaylarla süsledi, hikâyenin geçtiği ülkeyi, çalıntı çocuğun ailesinin sosyal durumunu, çocuğun Çingeneler tarafından çalındığı sıradaki yaşını değiştirerek anlattı. Efsanede anlattığı karakteri doğrulayacak tavırlar sergilemek için elinden gelen her şeyi yaptı. Sonra bir gün, işe karışan herkesin korku dolu bakışları arasında, kamp polislerce çevrildi ve basıldı. Bazı kızgın tanıklar da polise eşlik ediyordu: Bunlar, Pulika'nın masal anlattığı adamlardı. Kısa sürede anlatılan hikâyenin fazlasıyla ciddiye alındığı anlaşıldı. Saklandığım yerde beni buldular. Bununla birlikte kimliğim kontrol edilince, Pulika'nın beni çaldığını iddia ettiği Avusturya-Macar soylularından hali vakti yerinde bir ailenin çocuğu olmadığım anlaşıldı ve böylelikle tüm kaygılar giderildi. Polis memurlarını ve Gajoları Çingenelerin çaldığı başka bir küçük çocuktan bahsederken duydum ve birden bire bütün bu çocukların Pulika'nın bereketli hayal gücü tarafından masumca uydurulmuş sayısız türevim olduğunu kavradım. Cesaretle öne çıkıp Çingenelerle tamamen kendi isteğim dâhilinde yaşadığımı ifade ettim. Beni Romanlardan ayırdılar. O öğleden sonra gökyüzü başıma yıkıldı ve hiçbir zaman yeniden gülemeyeceğime emindim.

Kamp yerinden ayrılırken Keja, beni uğurlamak için yanıma geldi; polisler görmeden bağrı açık gömleğimden aşağı bir tomar buruşuk para attı.

Jandarma karakoluna doğru ilerlerken yoldan gelip geçenler, bize dikkatlice bakıyorlardı. Pulika'yı arkada, kaçınılmaz bir ihbarın hedefi olarak cadı avcılarının insafına bırakmıştım. Hayatımda ilk defa geceyi kilit altında geçirdim. Keja'nın verdiği para da dahil olmak üzere sahip olduğum değersiz birkaç parça eşya alındı ve kayda geçirildi. Dilim damağım kurumuştu; kalbim şiddetle çarpıyordu, çok üzgündüm. Geçici olarak konulduğum hücre bayat tütün, pespaye bir yoksulluk ve taze insan dışkısı kokuyordu. İnsanı deli eden bir ivedilikle ne kadar savunmasız ve güçsüz olduğumu fark ettim. Yine bir müfettiş tarafından uzun uzadıya sorguya çekilmek üzere beni hücreden çıkardılar. Bense sadece sessizce uzanmak ve yüzümü duvara dönmek istiyordum. Müfettiş Çingenelere karşı körleme bir önyargıya sahipti. Çiğ ve konuyla ilgisi olmayan pek çok laf etti; gözü hiçbir şey görmüyordu. O zaman Romanların uzun deneyimlerle edindikleri yargının –senin üzerinde bir güce sahip bir adamla konuşmanın imkânsız olduğunun– doğru olduğunu fark ettim ve adamla aramızdaki müthiş fark daha da arttı. Durmadan küfrediyordu ve bana Çingenelerin suça yatkınlığı ve ahlaksızlığı hakkındaki müstehcen varsayımlarını sonu gelmek bilmezcesine anlattı durdu. Beni imzalamaya zorladığı bir ifade yazdı. İfadeyi hiç okumadım ama okumamın herhangi bir fark yaratmayacağını biliyordum. Tüm bu olan biten karşısında kendimi bir yabancı gibi hissettim.

Daha başka bir gelişme olmadı. Yaşımdan ötürü geceyi şehir hapishanesinde değil de rahipler tarafından yönetilen bir reform okulundaki kirli, saman dolu bir palette geçirdim. Orada, Pulika ve insanlarının mübalâğalı sevecenliğini düşündüm ve ancak ağaran günün alacakaranlığında uykuya dalabildim; şimdi onların yaşamlarını kendi yaşamımmış gibi kabul etmeye istekli ve hazır olduğumu biliyordum. Pulika'nın dediği gibi, feri ando payi sişolpe te nayuas... (Bir kişi yüzmeyi ancak suda öğrenebilir...)

Konsolosluk aracılığıyla Antwerp'te oturan ailemle temas kuruluncaya kadar orada, terk edilmiş bir yetim gibi, birkaç gün kaldım. Sonunda serbest bırakılıp eve gönderildim. Daha önce giydiğimden çok daha iyi elbiseler verilmişti. İşini haletmiş geri dönen Belçikalı bir avukatın eşliğinde –daha ziyade gözetiminde– yolculuk ettim. Avukat hatalarımı affetme tenezzülünde bulunan ama tavsiye vermekte de oldukça istekli "babacan" bir adamdı. Tüm bunların nedeninin Çingene kızlarına duyduğum erken gelişmiş bir ilgi olduğunu düşünüyor, bunu anladığını hatta gizlice onayladığını ima ediyordu. Nazikçe bana, "gerekli tüm meziyetlere sahip ve hiçbir sakınca taşımayan" profesyonellere yönelmemi önerdi. Hiç ilgilenmediğimi gördüğünde gözünü beni bir komploya ortak edercesine kırptı ve belki de küçük oğlanlarla daha çok ilgilendiğimi ileri sürdü. Adamın konuşmalarına daha fazla dayanamayıp gözlerimi kapadım ve uyuyormuş gibi yaptım.

Ebeveynlerim bana karşı çok anlayışlıydılar ve benden hemen bir açıklama talep etmediler. Okul kaçağı göründüğümden okulda beni birkaç küçük karışıklık bekliyordu. Okula döndüğümde, sınıf arkadaşlarım gözüme çok küçük göründüler, gerçeklerle –"resmi eğitimden" uzakta olduğum dönemlerde öğrendiğim şeylerin gerçekliğiyle– hiçbir alakaları yoktu.

Ebeveynlerim, bana göz kulak olmak ve gelecekte Belçika polisiyle daha fazla sorun yaşamamak konusunda onlarla hemfikir olan Belçika Güvenlik Merkezi Yabancılar Departmanı'nda görevli yüksek rütbeli bir kişiden benim için bir çeşit geçiş izni temin ettiler. Bu izin sayesinde polis her gelişinde kampı terk etmeme gerek kalmadı. İzin açıkça niye Çingeneler arasında olduğumu açıklamıyordu. Sadece bir sorun yaşanırsa derhal müfettiş D.S.'nin bilgilendirilmesini emrediyordu; bu talimat, müfettişin hesabına çalışan bir çeşit muhbir olarak orada bulunduğum izlenimi veriyordu. Ancak polis teşkilatının ne düşündüğü kimin umurundaydı ki zaten? Ve Romanlar, yalnızca, yetkili adamları kurnazlıkla alt ettiğim için beni kutladılar.

Kısa bir süre sonra Pulika'nın kumpanyasına yeniden katıldım. Nazilerin yabancı nefretinin giderek artan gelgitlerinden huzursuz olduklarından Renanya eyaletinden kaçmışlardı. Şimdi Belçika üzerinden Fransa'ya geçiyorlardı. Yeni kamp alanı, seyrek ağaçlı bir çam ormanının kenarındaki kumlu bir açıklıktı. Her yanımızı çevreleyen çalıların bittiği yerde, morumsu toprağı ince bir pus tabakası kaplamıştı. Kızgın bir şekilde vızıldayan mavi-siyah sinek bulutları artan yiyeceklere ve henüz temizlenmemiş tabak çanağa konuyordu. Nemli bir yer arayan sinekler benim ve diğer Çingenelerin yüzlerine sürünüyordu. İçin için yanan çam kozalakları ve turbalar yerde duruyordu. İşte bu an, etraftaki peyzajın sakinliğini mükemmel bir uyumla paylaşan, tarifi zor, huzurlu anlardan biriydi. Kuzey Belçika ve Güney Holanda'da yaşayan Flamanların dediği gibi tipik Kempen. Etrafta alçak tavanlı, beyaza boyanmış küçük çiftlik evleri vardı. Evlerin kapı penceresi küçücüktü; küçük ahırlar ve koyun ağılları manzarayla tam bir ahenk içindeydi; uzaktan çatılar, yosun kaplı devasa kurbağalar gibi görünüyordu. Her yerde, armut ağaçları ve özenle bakılmış sebze bahçeleri vardı. Etrafta çok sayıda siyah, beyaz ve turuncu renkli kedi dolaşıyordu. Karşımızdaki manzara, ilk bakışta, oranın oldukça yumuşak ve arkadaş canlısı bir yer olduğu izlenimi veriyordu.

Kampın bitiminde, sarı meşeden yapılma büyük karavanın arkasında, Pulika ve Yojo tembel tembel tıraş oluyorlardı. Yojo bir çam fidesinin kırık ve soluk dalları arasına yarı paslı, kırık bir ayna sokuşturmuştu. Pulika çocukların getirdiği bir makasla sert ve gür bıyığını ve uzun favorilerini kesip düzeltiyordu. Günün erken saatlerinde Kore ve başka bir çocuk, bıçakları bileme ve makasları keskinleştirip ayarlama işi yapmak üzere yakındaki mezraya gitmişlerdi. Yanlarında hiçbir gereç yoktu ve çiftçinin kırmızı yanaklı kızı onlara güvenmediğinden bıçak veya aletleri almalarına izin vermek istemedi. Bunun karşısında Çingene oğlanlar, tüm sevimliliklerini ve ikna kabiliyetlerini konuşturdular. Kızcağız yumuşadı ve onlara ayarlamaları için eski bir makas verdi. Bu açık-hava helâsına yol açan işte bu eski makas oldu. Makası Pulika'ya veren Kore, ondan usturayı aldı. Romanların açık usturasını kullanacağı zamanı uzun süredir bekliyordu; üst dudağını es geçerek yanaklarındaki kara tüyleri dikkatlice tıraş etti. Putzina ve ben Kore'ye ustura için yalvardık ancak Kore kullanmamıza izin vermedi. Pulika ve Yojo'nun makasla işi bittiğinde Yojo, saçlarımızı kesmeye gönüllü oldu. Hiçbir köy berberinin bize böyle hizmet etmeyeceğini söyleyerek bize şaka yollu takıldı. Doğru söylüyordu. Hem biz hem de daha büyük olanlar saçlarını nadiren kestirme ihtiyacı duyduğundan, gerçekten her berber tarak yüzü görmemiş saçlarımızla uğraşmak istemezdi.

Yüksek mavi gökyüzünde, neşeli küçük beyaz bulut demetleri tepemizde yavaşça sürükleniyorlardı.

Benim teşvikimle Kore yumuşadı ve böyle yapmak için herhangi bir neden görmese de makası gerçek sahiplerine geri vermeye razı oldu. Uzunca bir süre saçlarımızı kestirmeye gerek olmadığından ve sonra başka bir makas da aynı şekilde kolayca temin edilebileceğinden, makası alıkoymak gibi bir niyeti yoktu. Basitçe, makasın kendi başının çaresine bakabileceğini düşündü; ya "kaybolacaktı" veya ona ihtiyaç duyan başka bir çingene tarafından ödünç alınacaktı. Kore'yi makası geri götürmekte tereddüde düşüren şey kesinlikle onun mal canlısı biri olması değildi. Sadece bunun doğuracağı sonuçları görmekten âcizdi. Romanlar, "önemsiz nesnelerin" somut mülkiyetine karşı gösterdikleri bu tipik ilgisizlikle beni sık sık şaşırtırlardı.

Mezraya dönüş yolunda Kore'nin kendisi için kullanmak dışında makası keskinleştirmek için hiçbir şey yapmadığını fark ettim ve bunun makası geri götürmekteki isteksizliğinin esas nedeni olabileceğini düşündüm. Sanki düşündüklerimi okuyormuş gibi Kore, tesadüfen, paslı bir dikenli telin yanında durdu ve onu kesmeye başladı. Esas noktayı kaçırmıştım. Ne basit bir dikiş makasıyla koca teli kesmek mümkündü, ne de kesilen paslı bir tel parçası kimsenin işine yarardı. Biraz uğraştıktan sonra Kore gözle görülür bir memnuniyetle makasın ağzına baktı, işini tam yaptığını göstermek için gömleğinin kolunu makasla kırptı. Bu işlemden sonra çamurlu yolun kenarında yere çömeldi, makası genişçe bir çakıl taşının üzerine koydu ve başka bir tanesini rastgele kaldırdı, vidayı sabitlemek için sanki perçinlermişçesine tepesine birkaç kere vurdu. Flaman köylü kızı bizi karşılamak üzere kapıya geldi.

Bu bölgede çiftçiler yukarı ve aşağı ayrı ayrı açılan iki kısımdan oluşan kapılar yaparlardı. Özellikle sıcak havalarda yukarı açılan kapıyı açık bırakırlardı. Bu, dışarıyı görmelerini de sağlardı. Evde keskin bir ekşi süt kokusu vardı. Herhangi birimiz bir şey söylemeden önce Kore, bölgeden ayrılmak zorunda olduğumuzdan başka bir iş alamayacağımızı söyledi. Makası keskinleştirmek için herhangi bir ücret almayacağını da ekledi. Peki köylü kadın, kızın annesi, bize biraz yemek satabilir miydi acaba? Yanında para olmadığını biliyordum. Benim yanımda da yoktu. Kadın yemek karşılığı para ödeme önerisi karşısında yumuşadı ve bunun üzerine bizi temizce fırçalanmış, geniş bir mutfak masasının bir köşesine oturmaya davet etti. Tazecik ekmekten kalın dilimler kesti, ocağın üzerinde kaynayan kırmızı emayeden kahve demliğinden geniş fincanlarla kahve sundu. Sonradan bize et ve yumurta pişirdi. Flamancayı iyi konuşmama ve Kore'nin dil bilgisi de fena olmamasına rağmen, lehçesinden dolayı kadının konuşmasını takip etmek çok zordu. Kore denemedi bile. Kadın kısa bir süre sonra yerel bir fuar kurulacağından bahsetti. Biz atlıkarınca işleten gruba ait olmalıydık -yoksa geleneksel olarak bayramların bir parçası olan güreşçilere mi bağlıydık? Kadının bize verdiği yiyecekleri yutuverdik. Kore'nin sadece eti yediğini ve yumurtaya hiç dokunmadan bıraktığını fark ettim. Romanlar arasında yumurtanın, süt gibi diğer kaygan ve zayıf maddelerin kuvvet düşürücü etkisi olduğuna inanıldığını anlattı ve sıkı sıkı bunları yemememi tembih etti. Kadın, Kore'nin koklayıp yemeyi reddettiği içi pirinç dolu turta parçaları ikram etti. Kore yemeği hor görürcesine "Pirinç ve şekerden kimin haberi var ki?" diye sordu. Oradan ayrılırken, kafası karışmış kadının bize özgü yeme alışkanlıkları hakkında yüksek sesle söylendiğini duydum.

Fakir aç çocukların önüne ne konursa yemesi gerektiğini düşünüyor ve bunu yüksek sesle dile getiriyordu. Bunun yanında, bu Çingeneler, barakkenvolk, içeri girdiklerinde şapkalarını bile çıkarmamışlardı ve yerken hiç şükretmemişlerdi. Flamancada barakkenvolk harfi harfine "üstü kapalı karavanlarda yaşayan insanlar" demekti, ancak "toprak pisliği" anlamında da kullanılırdı. Kore mutfakta bir tabaktan süt içen sayısız kedinin iştahını kaçırdığını anlattı. Kediler gittikten sonra kadının aynı tabağı bana verdiğinde ısrar ediyordu. Mutfağın bir köşesinde –ki Kore öfkeli bir şekilde kınıyordu– bir klozet üzerine oturtulmuş lüle lüle sarı saçlı, neşeli, küçük bir bebek vardı. Çingeneler kesinlikle böyle bir şey yapmazdı; bu Gajoların nesi vardı? Çiftçilerin masaları üzerine koydukları, üzerine yapışmış sineklerden kapkara olmuş, berbat, yapış yapış sinek kâğıdına ne demeliydi peki?

Ayrılırken, Kore kadına Romanca aşağılayıcı birkaç söz etti. Tüm kalbimle kadının bu sözleri "Teşekkür ederim" olarak yorumlamasını diledim.

Kampa dönüş yolunda bazı küçük Çingene gruplarıyla karşılaştık, ya mezraya doğru gidiyorlar, ya da bizim gibi oradan dönüyorlardı. Bazı kızlar ateş için çam kozalakları ve kurumuş dallar toplamıştı. Yarı çıplak çocuklar, kamptan çok uzakta, çamurlu bir patika boyunca koşup oynuyordu. Etrafta otlayan sayısız atın yerinde duramadığını fark ettik. Başlarını kaldırıyor, kulaklarını oynatıyor ve kuvvetle burunlarından soluyorlardı. Ne olup bittiğini öğrenmek için hiç tereddüt etmeden yanlarına koştuk. Kore ikisini yelelerinden yakaladı, başka birini yakalamak üzere gitmeden önce atları yularlarından tutayım diye bana getirdi. Bu arada diğer bazı oğlanlar ve adamlar niye korktuklarına bakmadan ancak bir sorun olduğunu hissederek kendi atlarını yakalamak üzere koşup geldiler.

Atlar şiddetle soluyordu ve atlarla benden çok daha fazla zaman geçiren Kore, etrafında yarım çember olmuş yarı çıplak çocuklar arasında dans eden aygırı tuttu. Atın ayakları heyecanla titriyordu ve kalçasındaki şişmiş damarlar açıkça göze çarpıyordu. Rüzgâr yavaşça kımıldanırken, atlar kendileriyle beraber bizi de sürükleyerek korkmuş bir sürü gibi bir tarafa doğru yöneldi, arkalarına bakmak üzere durdular. Biz atları durdurmaya çalışarak yelelerinden veya yularlarından asılırken atlar düzensizce dolanıp duruyordu. Güneşe karşı ellerimizle siper ederek, atların kaçtığı yöne dikkatle baktık. Atlar kafalarını tehlikenin olduğu yere çevirdiler. Sonra çatırdayıp tıslayan bir ses dikkatimizi çekti. Sesi, yaklaşmakta olan bir fırtınayı işaret eden ancak gökyüzünden değil de yer seviyesinden gelen uğursuz bir gürleme takip etti. Hızla bize doğru gelen yangını gördük. Atların sırtına atladık ve vahşi naralarla onları kaçmaya teşvik ettik; dağılmalarına izin vermek yerine mümkün olduğunca kampa doğru sürüyorduk. Çoğu Çingenenin de tehlike işaretini gördüğü kampta uzaktan gelen bağırışlarımız yankılanmıştı. Etraftaki bütün küçük çocukları çabucak bir araya topladık ve birkaç kadına emanet ettik. Bebekler kadınların kucağındaydı veya hâlâ meme emiyorlardı. Her yerde, kadınlar aceleyle eşyalarını topluyor ve hareket halindeki karavanların içine atıyorlardı. Pulika ve Keja arkada kalmıştı. Yola vardığımızda ata binen Kore ve Putzina geri dönmeye kalktı, ancak ödü patlamış hayvanları ateşe doğru süremediler. Etrafta çok az duman vardı ama sıcaklık durduğumuz yerden hissediliyordu. Korkmuş hayvan sürüleri çalılardan dışarı fırladı ve gürültüyle çığlık atan sülün ve keklikler, abartılı uçuşlarıyla yıldırım hızıyla önümüzden geçtiler.

Birkaç mil daha gittik ve diğerlerini beklemek üzere durduk. Geride kalanlara yardım etmek üzere yaya olarak dönmek için zaman yoktu. Bekledik, bu arada hemen kaçmaya hazır bir şekilde, elle sardığımız sigaraları içiyorduk. Alevler büyük bir hızla etrafımızı sarıyordu. Ateş beklenmedik bir şekilde ve büyük bir hızla kimsenin beklemediği bir yöne doğru geçti. Geride kalan karavanlar, acelelerinin kanıtı olarak tozu dumana katıp toprak yola çarpa çarpa geldiler. Şans eseri hiçbir talihsizlik yaşanmamıştı. Kısa sürede bütün karavanlar bir araya toplandı ve hep beraber devam ettik. İleride yol, önlerine sığırlarını katmış kaçan köylülerle kaplıydı. Bu insanların bir kısmı tekerlekli sandıklara benzeyen ve köpekler tarafından çekilen küçük el arabalarında yolculuk ediyordu. Onları geçmek imkânsız olduğundan yavaşlamak zorunda kaldık. Koyun ve inekleri zapt etmek çok güçtü, hayvanlar sağa sola kaçışıyordu. Kilise çanları tehlikeyi bildirmek için çaldı; ateşin her yeri kaplayan gürlemesini ve aralıklarla düşen ağaçların gümbürtüsünü duyabiliyorduk. Çok geride, arkada zincirli bırakılmış bir bekçi köpeği tiz bir şekilde, histerik bir ıstırap hissettiren feryatla havlıyordu.

Yerinden yurdundan olmuş insan kalabalıkları ileri doğru kaçarken, çocuklar hiç de doğal olmayan bir şekilde sessizdiler. Bir süre sonra oldukça büyük bir kara yolunu, Route Nationale, karşıdan karşıya geçtik. Bir şekilde bu ağaçsız alanın ateşi yavaşlatabileceğini ve hatta muhtemelen vahşi yangının yayılışını durduracağını düşünerek rahatladık. Kaçış telaşı azaldıkça önümüzde ve arkamızda yolculuk eden köylüler bizim yabancılığımızın farkına vardılar. Etrafta nefret dolu bakışlar vardı. Felaket karşısındaki güçsüzlüklerinin verdiği acı ve kızgınlık, bize duydukları bir nefrete dönüşmüştü. Aralarında hemen fısıldaşmaya başladılar. Bazıları manalı manalı bize doğru bakıyordu. Her şey normal olsa ve hakkımızda kötü düşünmeseler, hareket eden karavanlarda oturmak üzere Çingeneler tarafından davet edilen bazı kadın ve yaşlılar, gösterilen düşünceli tavırdan ötürü minnettar olacaklardı. Az önce korkup çekilen köylü çocukları şimdi bize dil çıkarıyorlardı. Sonradan çiftçilerin, yangını bizim çıkardığımızı düşündüklerini anladık. Mümkün olduğu kadar çabuk başka bir yola sapmamız gerektiği artık iyice açıktı. Kafilenin hızı insanı deli edecek kadar yavaştı ve köylüler onları geçmemizi bilerek engelliyordu. Sonunda oldukça geniş bir çiftlik alanında durdular. Bazıları yoldan çıktı. Tulumbadan taze su çekip çocuklarına verdiler. Durumu iyice anlamak için geldikleri yöne baktılar. Vardıkları çiftlikteki insanlarla görüştüler. Varlığımızı bir an için unutan adamlar küfretmeye, kadınlar için için ağlamaya başladı. Kabarık saçlı çiftçi çocuklarının grubun sonundaki karavana taş atmasının –ki kafile, taşların menzilinden çıkmıştı– dışında herhangi tatsız bir olay yaşamadan sessizce uzaklaşarak yola devam ettik. Yorgun ve terli atlar izin verdiği ölçüde, mevcut bölgeden mümkün olduğu kadar uzağa gitmek akıllıca görünüyordu. Adamlar ve oğlan çocukları atları daha fazla yormamak için karavanların yanında yürüyorlardı. Romanlar heyecandan ve maruz kaldıkları sıcaktan dolayı kavrulmuşlardı; çok susamıştık, boğazımız yanmış, dudağımız kuruyup çatlamıştı. Küçük çocuklar ağlıyordu ama etrafta su yoktu.

O gece yol kenarında kamp kurduk ve gerekli olursa diye atları karavanların arkasına bağladık. Dikkat çekmek istemediğimizden ateş yakmadık. Gece boyunca koruyla gökyüzünü aydınlatan ateşin parlaklığı yüzünden çok uzaklardan görülebilirdik. Gece boğucuydu, sıcaktı ve is kokuyordu. Aralıklarla bir alev gayzeri yıldızlara rakip çıkıp parlıyordu.

Ertesi gün ilerlemeye devam ettik. Yol üzerindeki köy meyhanelerinde duran Romanlar yangın hakkında sorular soruyorlardı. Bununla birlikte muhtemel bir kundakçılık suçlamasından çekindiklerinden yangın yeri civarında olduklarını itiraf etme konusunda çok dikkatliydiler. Böylesi durumlarda ne kadar kolay günah keçisi haline getirildiklerini geçmiş deneyimlerinden çok iyi biliyorlardı. Sonunda yangın dindi ama felaketin karşısına çıkan bazı çiftlik yerleri kısmen veya tamamen yok olmuştu. Köylüler yavaş yavaş geri dönüyorlardı.

Yojo bir işte ona eşlik etmem için beni çağırdı. Pulika'nın aygırı iki tekerlekli bir el arabasına bağlanmıştı. Arabanın üzerine boş çuval bezinden çantalar ve birkaç kısa ama sağlam sopa yığılmıştı. İşin niteliğini anlayamamıştım ancak Romanların tahmin edilemez metotlarına alışmıştım artık. Yojo, Keja gibi açık tenliydi ve genelde yerli köylüler gibi giyinirdi. Tahtadan ağır ve çirkin nalınlar giyerdi. Bir gün önce kat ettiğimiz patika boyunca arabayla gittik. Kamp yerinden birkaç mil ötede, Yojo boynuna bağladığı mendili çıkardı ve benimkini de çözmemi söyledi. Aynı hızla yolumuza devam ederken ne yapacağımıza dair hâlâ hiçbir şey açıklamamıştı. Ben de herhangi bir şey sormadım ve kendimi ona bıraktım. Yerlilerin Çingenelere karşı gösterdiği düşmanlığı hatırladığımdan geri döndüğümüz için huzursuzdum. Belayı önceden sezebiliyordum ve Yojo'nun beni kendisine eşlik etmeye niye çağırdığını anladım: Bir Çingene değildim, hatta ne o ne de ben Çingeneye benziyorduk. Uzunca bir süre sustuktan sonra yabancı birinin yanında Romanca konuşmamam için beni uyardı, eğer Çingene olup olmadığımız sorulursa inkâr etmeliydik. Bu anlamsız yolculuk hakkında tahminlerde bulunmaya çalıştım ve boş çantaların altına saklanmış ağır sopaları hatırlayınca ne kadar savunmasız olduğumuzu anlayıp iyice telaşa düştüm.

Yanmış ormanların etrafı saran kasvetli sessizliği boyunca devam ettik. Etrafta ne şakıyan bir kuş, ne vızıldayan bir sinek ne de artık olmayan çalıların altında aceleyle koşuşturan minik hayvanlar vardı... Sadece yanan şeylerin boğucu kokusuyla karışmış ezici bir kara-gri sessizlik. Orada burada kötürüm kalmış ağaçlar, amansız bir fatihin suratındaki anlamsız ifade karşısında yalvaran, yanıp toz haline gelmiş iskeletler gibi, körelmiş vücutlarını sessiz bir protesto içinde gökyüzüne doğru uzatmışlardı. Tepemizde coşkun bir tarlakuşu, baş döndüren bir hızla gökyüzüne tırmandı, sonra semanın sonsuzluğunu bitirmiş gibi toprağa düştü. Her seferinde daha da yükseğe uçmak üzere tekrar tekrar baştan başladı.

Yojo gırtlağından çıkardığı bir sesle atları yavaşlattı. İnatçı aygırı yangınla kısmen harap olmuş çöle benzeyen bir çiftlik evine doğru giden dar bir patikaya doğru sürdü. Bizi gözleri öfke dolu fakat sessiz, sert ifadeli birkaç ırgat karşıladı. Sert bir sesle daha fazla yaklaşmamamızı söylediler. Yabancılar başka yabancı istemiyordu. Yojo ısrar etmedi. Yol çok dar olduğundan, el arabasına ve ata kendi çevrelerinde hiç de kolay olmayan bir manevra yaptırdı, ancak bunu yaparken hiç de aceleci davranmadı. Irgatlar bu işi biraz daha hızlı yapmamız için yolun genişlediği çiftlik alanına biraz daha girmemize dahi izin vermiyordu. Yojo yuları gevşetti ve bir süre aygırın kendi bildiği gibi hareket etmesine izin verdi. Etrafımızı çevreleyen ıssızlık insanı dehşete düşürüyordu. Arabanın ve tekerleklerin gıcırtısı giderek artıyor ve tüm boşluğu dolduruyor gibiydi; Pulika'nın aygırının çıkardığı ufak inatçı kişnemeler bu seslerle iç içe geçmişti. Baraka veya diğer binaların yanıp kül olduğu birtakım yerlerden geçtik. Sanki yasak bir bölgede gidiyormuşuz gibi her şey karartılmış ve ürkütücüydü. Çok uzakta, açık bir alanda durduğu için yangından kısmen kurtulabilmiş bir çiftlik gördüğümüzde güneş çoktan yükselmişti. Muhtemelen inek ağılı olan binanın çatısı yıkılmıştı; tuğla bölmeleri ve metal yemlikleri görebiliyorduk. Sera kalıntıları vardı; camları patlamış ve erimişti. Tavuk kümesleri yanıp kül olmuştu ve etraflarında muhtemelen eskiden tavuk olan kül olmuş noktalar vardı. Binaların kurtulan bölümleri kötü bir şekilde kavrulmuş ve azıcık yanmıştı. Birkaç ırgat bir hangarın yarı çökmüş çatısı altından çiftlik gereçlerini çekip çıkarıyordu. Çarpık çurpuk olmuş araçları tasnif ediyor ve hâlâ kullanılır olan her şeyi elden geçirmeye çalışıyorlardı. Sütçü kadın beton avluda tulumbayla su çekiyordu. Atlar için ondan biraz su istedik. Seve seve verdi ve kovayı huzursuz atlara vermeden önce Yojo ve ben, kovadan kana kana su içtik. Yojo kara şapkasını geriye itti, Gajoların kendisini izlediğini hissederek etrafa bakındı, dehşet içinde olduğunu gösterircesine yavaş hareketlerle kafasını salladı. Kısa, tıknaz bir adam diğerlerinden ayrılıp bize doğru rahat rahat yürüdü. Gözlerinde herhangi bir nefret veya kim olduğu bilinmeyen yabancılara gösterilenden daha fazla bir suskunluk yoktu. Yojo sınırın diğer tarafından gelen bir at tüccarı olduğunu ve buradan da iş için geçtiğini söyledi. Yangını duyduğumuzu ekledi ve çiftlik hayvanlarının ve atların başına ne geldiğini sordu. Çiftçi değerbilir bir bakışla aygırımıza baktı ve bir temas yakaladığımızı anladık. Bazı sığırları ve bir atı o hengâmede yaralanmıştı, ama daha önemsiz olmakla birlikte domuz ağılı, tavuk kümesi gibi yanıp kül olmuştu. Yojo çok az şey söyledi ancak sesindeki tonlama ve gözlerindeki ifade gerçekti. Aynı seviyedeki iki adam gibi erkek erkeğe konuştular. Anlayışla başını salladıktan sonra Yojo, konuşmayı sözde bir köpek kulübesi olan uydurma bir enişteye getirdi. Konuşmasında nereden geldiğimizi belli belirsiz vurguluyor, tazı ve av köpekleri hakkında bilmiş bilmiş konuşuyordu. Genelde olduğu gibi, ilk başta hayrete düştüm; arkasından, bir saat veya çok daha sonra, ben şaşkınlık içinde onları izlerken Yojo aniden sadede geldi; "eniştesinin tazılarını beslemek için" el arabamıza kısmen yanmış ancak yine de yenilebilir durumda olan domuz leşlerini yüklüyorduk. Elbette adama bir ödeme yapmayı teklif etti, ancak adamın gösterdiği cömertliğe çoktan teşekkür etmeye de başlamıştı, en azından bu etin basitçe israf edilmeyecek olmasının ne kadar doğru olduğunu da eklemeyi unutmadı. At koşusundan, güvercin yarışından ve futboldan konuşurken Yojo, rastgele bir bıçak istedi ve konuşmayı kesmeden, domuzlardan birinin bağırsaklarını çıkarmaya başladı. Bıçağı leşe daldırdı ve ustaca karnını yardı. Kendimi tutamayıp öğürdüm ve iradem veya aklımın dışında, vücudumun verdiği bu duygusal tepkiye şaşırdım. Bir an için nefesim boğazımda tıkandı. Çiftçi acıdığını belli eden hakir bir gülümsemeyle bana baktı. Yojo, iç organları çabucak kanlı çirkin bir yığın yaparak işini bitirdi. Sonra akıllı bir hareketle beni oradan uzaklaştırdı ve benim anlayacağım şekilde koşum takımlarının karın kayışlarını bağlayıp sıkmam ve atları yola koymam gerektiğini işaret etti. Kısa sürede çöken alacakaranlıkta gözden kaybolduk ve tam gaz kamp yerine yöneldik. Ancak gece kısa sürede bizi esir aldı ve hava açık ve görüş alanı net olmasına karşın bizi yavaşlamaya zorladı. Soluk manzara oldukça monoton ve düzdü ve hiç de doğal olmayan sessizlik havaya ele gelmeyen bir tehdit ekliyordu. Sanki ölüm vücuda gelmiş gibi etrafta dolaşıyordu. Aniden gündüz kamptan ne kadar uzaklaştığımızı fark edip daha bir aceleyle arabayı sürmeye başladık. Aydınlık ve güneş ışığı, aldığımız yol konusunda bizi yanıltmıştı. Yojo sessizce sigara içiyordu. Tuhaf bir şekilde uzaklara dalmıştı ve benim huzursuzluğumun hiçbir şekilde farkında değildi. Bu süre içinde ne bir insana ne de bir hayvana rastladık. At yorulmuştu ve ısrarla yolun solundaki kumluk alana doğru çekiştiriyordu. Bir seferinde toptan durdu. Yojo hiç hareket etmeden yakın çevreyi kolaçan etti. Bana hareket etmememi fısıldadı. Gözlerimizi fal taşı gibi açtık ve etrafı dinledik. Atı neyin huzursuz ettiğini keşfetmeye çalışarak hayvanın kendi yoluna gitmesine izin verdi. Atın kulakları düştü, boyun ve omuzlarındaki tüyler diken diken oldu. Bunu, sanki bir tehdidi karşılayan küstah, küçümser, meydan okuyucu kısa bir gürleme takip etti. At başını geriye attı ve arka ayaklarıyla bir tekme savurdu. Son sürat oradan uzaklaştık ve Yojo atı sakinleştirmek için onunla derinden gelen sakin bir sesle konuştu. Yangının neden olduğu berbat yıkımı geride bırakarak ölü olanla yaşayan arasındaki sınıra ulaştık. Yoldan sapmadan önce birkaç mil daha gittik. Domuz leşleri yaşama geri dönmüş gibi görünüyorlardı; pozisyon değiştirdiler, yuvarlanıp el arabasının bir tarafına doğru yalpaladılar.

Boş çantaların bir kısmını çekip çıkardık ve kendimizi bu çantalarla sarıp yere uzandık. Torbalar yanmış et kokuyordu ancak bütün bunlara rağmen derin bir uykuya daldım. Başta ara sıra uyandığımda Yojo'nun yakın bir yerde diğer domuzları temizlediğini görebiliyordum. Toprağa yakın çömelmişti; sigarasının ateşi olmasa topraktan çok zor ayırt edilebilirdi. Huzursuz ve rahatsız uykumda, yangınla tesadüfen ölmüş domuzların yarım kalmış düşüncelerini avlıyor ve domuz ahırını çökertiyordum. Yakın bir yerde cansız yatan et parçalarının olduğunun farkındaydım ve insan ve hayvan arasındaki temel fark kaybolmuştu.

Gün doğarken yine yola çıktık. İçten içe üşütmüştüm. Dün sabahtan beri hiçbir şey yememiş, sadece biraz su içmiştik. Bununla birlikte sanki bunu telafi etmek istercesine acayip sigara tüttürmüştük. Ortalıkta uçuşan sineklerin sesleri havayı titretiyor ve ırak çiftliklerdeki horozlar yeni günün haberini veriyorlardı. Güneşin ilk ışıkları önümüzde uzanan sürüleri, yeşil çalıları ve ağaçları açığa çıkardı. Yiyecek arayan serseri tavuklar çalışkan bir şekilde toprağı didikliyordu. Arkamızda karbon haline gelmiş, küle ve donuk bir sessizliğe dönüşmüş bir doğa yatıyordu.

Bir gün önce kampı bıraktığımız yere geldiğimizde kampın başka bir yere taşınmış olduğunu gördük. Yeni yeri kolayca bulduk ancak kampa vardığımızda, yaşlı Lyuba dışında, Romanlar hâlâ uyuyorlardı. Yaşlı kadın küçük bir ateş yakmıştı... Kamp yerinde kimse uyanmadan bunu yapmak onun için bir gelenekti. Buruş buruş olmuş çıplak ve kara elleriyle ateş üzerinde tenekeden bir kapak tutar, yeşil kahve çekirdeklerini yavaşça kavururdu. Davetkâr bir koku etrafa yayılıyor, aynı zamanda insanın tatlı tatlı midesini bulandırıyordu. Çekirdekler kadının damak tadına uygun hale geldiğinde onları uzunca bir kahve değirmenine boşalttı. Ben atı meraya götürürken Yojo elini yüzünü yıkayıp ateşin yanına gitti ve kadının sabah kahvesini onunla paylaştı. Ben hâlâ Lyuba'nın yanına oturmaya cesaret edemiyordum. Kendi insanları arasındaki varlığımı her zaman güçlü bir şekilde kınamıştı. Bir Gajo çocuğun Romanlara sadece bela getireceğini söylüyordu. Varlığı gözümü yıldırmıştı ve insanda saygı uyandıran yaşının –ki yaşını gayet iyi, tam bir otoriteyle taşırdı– gayet farkındaydım. Yaşıtlarından çok daha uzun yaşamıştı ve genç olanlarla pek nadir doğrudan konuşurdu. Hâlâ güçlüydü, keçi gibi inatçıydı, hava ne olursa olsun her zaman açık havada uyurdu. Kışın karavanın altında uyur ve sayısız torunu hemen el altında bulunan herhangi bir malzemeyle –tahta, at battaniyeleri, kartonla– yattığı yerin çevresine geçici bir koruyucu duvar inşa ederlerdi. Kendisi için kopan bu "telaşa" zorlukla dayanır, nefesi buhara dönüşürken bağırıp çağırırdı. Yüksek sesle, yaşamak için rüzgâra, balvala, ihtiyacı olduğunu iddia ederdi: Havanın tutsak edildiği bir duvara değil, hayat veren "akan" rüzgâra... Maddenin kendisinin sembolik bir yenilenmesi olarak gördüklerinden Romanlar, aynı hislerle suyun akışına da büyük bir değer atfederlerdi.

Ölüm üzerine derin derin düşünmek üzere otlayan atlara sırtımı dayayıp uzandım. Ölüme hiç bu kadar yakın olmamıştım daha önce. Şimdi bu kadar farkında olmak bütün hücrelerimi kaplamıştı. Kendimizi sarmaladığımız çuval bezi çantalar bir çeşit kefen gibiydi ve ölüm kokuyordu; tanımlanamayan, hastalıklı derecede tatlı kokan bir koku. Bir cenaze arabasına binmiştik ve Yojo artakalanlar için bir otopsi sergiledi; şimdi etler ağırlaşmazsa Romanlar günlerce kutlama yapacaklardı. Geldiğimizi öğrenir öğrenmez Kore ve Putzina, bana katılmak için otlağa geldiler. Dinlenmiş görünüyorlardı ve böylesi bir et bolluğundan çıkacak kutlamaları önceden tahmin ederek sabırsızlanıyorlardı. Perişan durumumun farkında değildiler; yine de bu seferlik bunun için onlara minnettardım. Kampta Romanlar kahvaltıyı es geçip yapışkan siyah kahveden bardak bardak içtiler. Bu arada herkes daha bol ve kıymetli öğünün hazırlanmasına yardım ediyordu. Akşam yemeği öğlen saatlerinde yenildi. Çok uzun beklenildiğinden yemek bol bol yetecek şekilde yapılmıştı. Günün büyük bir kısmında somurtup oturdum ve eğlenceye katılmayı veya yemek yemeyi reddettim. Bir gün önceki kâbuslarımdan kendimi kurtaramıyordum.

Romanlar, tüketimin cesaret isteyen bir gösterisini yapar gibi, kendilerini kaybedercesine yediler. Hepsinin de keyfi pek yerindeydi. Alacakaranlıkta birtakım Çingene oğlanların ve bazı kızların kamptan ayrılmak üzere hazırlandıklarını fark ettim. Yıkanıyor, saçlarını tarayıp topluyorlardı. Keja, Tşaya ve kuzenlerinden bazısı, süt gibi yapışkan hale getirdikleri sabun ve suyla saçlarını ıslatıyor ve bir veya daha fazla tutam saçı kıvırıp alınlarına yapıştırıyorlardı. Bunun İspanyol Gitano'lar arasında moda olduğunu söylediler.

Gençler taşrada düzenlenen bir fuarda dansa gidiyorlardı. Köy alanına iki geniş çadır kurulmuştu. Oğlanlar ilk önce daha küçük olan çadırın önünde durdular. Çingene kızlar etrafa dağılırken biz çadırın önünde bir karnaval çığırtkanının şovu övmesini dinledik. Üzerinde minicik kıyafetler olan etli butlu, açık tenli, kızıl saçlı bir kadın, çevresini kışkırtırcasına kasılarak yürürken, üzerinde belli belirsiz bir üniforma olan bir erkek devamlı davul çalıyordu. Çığırtkan, bir megafonla bağırıyor ve herkesi tek tek çadırın "yenilmez" güreşçileriyle "adil ve eşit bir dövüş"e davet ediyordu. Güreşçiler çiğ renkli mayolar ve siyah deriden bağcıklı botlar giyiyorlardı. Bazıları yedikleri yumruklarla sarhoş olmuştu. İçki içen sert suratlı bazı ırgatlar meydan okumayı kabul ettiler. Gösterişli bir kabadayılıkla her biri kendine bir rakip seçti. Davula daha sert vurulmaya başlandı ve kızıl saçlı kadın kasılarak yürümeye devam etti. Çığırtkanın sözleri gürültü içinde kayboluyordu. Dönen bahse katılanlar bilet paralarını ödüyor ve birbirini itekleyerek çadırın içine giriyorlardı. Irgatlardan biri beline kadar soyundu, tahta takunyalarını çıkardı ve ağırlığı karşısında bel veren iplerle kendini yukarı çekerek hantalca ringe tırmandı. Tıslayarak çalışan asetilen gaz reflektörünün sert beyaz ışığı altında serseme döndü. Hareketleri titrek ve biraz yavaştı; hala içki içiyordu. Kalabalık, rakibini, yani yabancıyı "öldürmesini" söyleyerek onu destekliyordu. Irgattan daha ufak tefek ve daha hafif olan profesyonel güreşçi, adamı bir güzel patakladı, sonunda adamın yüzü acıyla buruşmuştu. Bir sonraki güreşçi küçük düşürülmüş yoldaşının intikamını almak için kalabalık arasından ringe atladı. Ama daha iyisini çıkaramadı. Köylü oğlanların vahşi bir gücü vardı, ancak rakibinin sahip olduğu teknik, dayanıklılık, kıvraklık ve kurnazlıktan yoksundu. Her dövüşle birlikte gerilim arttı. Irgat kalabalığı hışım içinde sözlü olarak düşmanlıklarını gösterdi. Birkaç kadın izleyici, kaba ve şehvetli tacizlere maruz kaldı. Bunun üzerine küfretmeye başladılar. Şiddet şiddeti doğurdu. Ben de içimde çılgınlığın aynı tiksindirici dalgasını hissettim, ama Putzina, Kore ve Zurka, Tşukurka'nın oğullarından biri, gülüyordu. Onlar için bu muhteşem bir manzaraydı: Birbirinin boğazına sarılmış Gajolar... Şov kısa sürdü ve kalabalık, dışarıdan gelenlere küfrederek, kızgınlık ve hüsranla oradan ayrıldı... Onları küçük düşürürcesine barakkenvolk demekten geri kalmadılar. Bu, yakın bir zamanda, Kore ve bana koydukları isimdi. Kısa bir süre sonra kalabalık, dansın olduğu büyük çadıra yöneldi. Çoğu orada ne yapıldığını bile unutmuştu. Köylü kalabalığı kendi bastırılmış kızgınlık ve hüsranlarından arınarak daha fazla hareketlilik için hazırlandı. Bir laternadan popüler ancak mekanik bir müzik yükseliyordu; eğri büğrü tahta zemine dökülmüş testere talaşı yerde şekiller oluşturmuştu ve içerisi karanlıktı. Girişte plastik bir mühürle her adamın bileğine giriş ücretini ödediğini gösteren bir işaret damgalanıyordu. Kadınlar farkında olmadan mekânı çekici kıldıklarından kibarca karşılanıyor ve onlardan giriş parası alınmıyordu. Eğlence arayan Gajoların dikkatini çekmeden birbirimize sokulup kalabalıkta kaybolduk. Gürültülü bir kalabalıkla çevrilmişken ve ortada hiçbir neden yokken, aniden yine kederle doldum. Birkaç kez Çingene kızlara rastladık. Çoğunlukla beraber dans ediyor ve kendileriyle ilgilenen erkeklerin davetlerini reddediyorlardı. Yerel kızların çoğu beraber dans ediyordu. Erkekler onları izlemekten gayet hoşnuttular; yüksek sesle kızlarla ilgili esprili veya beğeni dolu yorumlar yapıyorlardı. Bir yabancıyla dans etmeyi kabul etmenin belli bir anlamı vardı; bu yüzden kızların çoğu birbiriyle, kuzenleri veya nişanlılarıyla dans ediyordu.

İçimizden bazıları tombul köylü kızlarına centilmen girişimlerde bulundu. Kızlar kıkırdadı, sarı saçları birbirine karışırcasına kafa kafaya verip nazlı nazlı biraz daha gülüştüler. Yerli oğlanlar ters ters bize baktılar. Çingene çocukların bazısı genç Gajolardan gelen tenkitlere kızdı. Tüm bunlar eğlence içinde olup bitiyordu, ama her iki taraf da alttan alta birbirine içerlemişti. Bu gerilimin bir noktasında, çadırın diğer ucunda bir karışıklık koptu; olduğumuz yerden aşağılayıcı barakkenvolk sözünü duyuyorduk. Kore ve ben iç içe geçmiş ter kokan kalabalığa doğru seyirdik. Biz daha oraya varmadan bir itişme başladı. Etrafta duran adamlar, akşam daha erken saatlerde güreşçilere dedikleri gibi, "Öldür onları!" diye bağırıyorlardı. Ancak o zamandan bu yana çok fazla miktarda bira tüketilmişti ve kadınların varlığı, genç erkekleri daha saldırgan ve erkekliklerini gösterme konusunda daha istekli kılmıştı. Bulunduğumuz yer daha da karanlık olmuştu... Çingenelerin sayısı daha azdı ve dövüş hiç de adil değildi. Biri dışarı çıkıp kavgaya tutuşmak için Romanca bağırarak Çingeneleri dışarı çağırdı. Çevremizdekileri itekleyip durduk. Ancak etrafımızı saran köylüler ya bu çabamızı engelliyor ya da sıkışıp kaldığımız yerde bize sinsi tekmeler savuruyorlardı. Bir kez hasımlar dışarı çıkınca dövüş gerçekten başladı. Genç çiftçilerin oluşturduğu küçük kümeler, neredeyse tek başına kalmış Çingene oğlanlara yapışmıştı.... Ellerine geçen her fırsatta onları yumruklayıp tekmeliyorlardı. Çingene kızlar sessizce oradan sıvışmayı başardılar ve bu durum, artık onların güvenliğini düşünmek durumunda kalmadığımızdan, kendi başımızın çaresine bakabilmemiz noktasında daha rahat olmamızı sağladı.

Dövüş daha da adileşti; bazı köylü çocukları adı kötüye çıkmış eğri bıçaklarını, lierenaarı çıkardı. Ancak bundan sonra Kore, dağılalım diye bağırdı. Çingene oğlanlar ileri atıldı, kalabalığı yarıp kendilerini takip etmek üzere arkalarına takılmış çiftçilerle beraber dört bir yana koştular. Arkamızdan "kundakçılar" diye bağırdıklarından gözlerini kan bürümüş olduğunu anlamıştım. Sonunda bize yöneltilen suçlama su yüzüne çıkmış ve bulanık, nedensiz düşmanlığa bir amaç vermişti. İki veya üç küçük Çingene çocuğunu yakalayıp yerde dövdüler.

Laetşi ve Kore, Putzina ve benim önümde koşuyorlardı, hemen arkamızdan Miloş geliyordu. Diğer gençlerin bazısı gerimizde kalmıştı. Putzina ve ben neredeyse aynı anda asfalt yolu ok gibi geçiyorduk. Tam bu sırada patlak veren bir gürültü beni ondan ayırdı. Yüz üstü yolun bir kenarına fırlatılmıştım, ancak bir kamyonun farından gelen ışıkla Putzina'nın yolun ortasında yatmakta olduğunu gördüm. Bir an sonra çoktan kafamdan atmaya çalışıyor olacağım bir önsezi tüm benliğimi sardı. Putzina'nın öldüğünü hissetmiştim. Korkunç bir fren sesi duydum. Sürücü kabininden bir adam atladı, koştu, Çingene çocuğun yanında diz çöktü.

Kamyonun arkasından yorgun üniformalı birkaç asker atladı. Orman yangınının çıktığı felaket bölgesine gidiyorlardı. Sayısı giderek artan köylüler, izlemek üzere askerlerin başına toplandı. Aralarında bizi kovalayan pek çok kişi vardı. Delinmek bilmeyen tuhaf bir alakasızlık duvarı ördüler. Bazıları öfke dolu ama sessizdi; diğerleri gözle görülür bir şekilde macera arıyordu ve bu beklenmedik sonla karşılaşan genç çocuk, kendilerinin kovaladıklarından biri olmadığından gönülleri rahattı. Kadınlar acı dolu gözlerle dindar bir şekilde baktı ve istavroz çıkardılar. Bu grubun arkasından dolanıp askerlerin ve Putzina'nın vücudu üzerine eğilmiş birkaç köylünün yanına gittim. Putzina öldüğünde bile benim için bir sığınak olmuştu: Tutunacak biri, bir şey... Kamyonu kullanan asker bir yanda ayakta dikildi, endişeli bir şekilde terliyor ve fısıldayarak küfrediyordu. Olaya seyirci kalan Gajoların ifadelerini aldı. Onlara doğru adım attıkça insanlardan oluşan düğüm çözüldü. Görünüşümden ve ruh halimden dolayı bir şekilde benim ölü yatan bedenle ilgili olduğumu anlamışlardı. Tüm akla ve sağduyuya karşı, mavi gözlü genç asker vücudu kucakladı, sadece bundan sonra kısa bir tereddüt yaşadı ve arkamdan Putzina'yı taşımaya başladı. Kore ve Zurka arkamda sıra oldular. Meraklı seyircilerden oluşan bir alay, yolun bir kısmını bizimle beraber yürüdü ve sonra geride kaldı. Çingene kızlar ve karanlıkta saklanmayı başarmış ancak olup bitenleri görmüş oğlanlarımızdan bazısı önümüzden koştular. Kampa eriştiklerinde çığlık atıp feryat ettiler. Ateşin çevresinde oturan veya aceleyle yataklarından fırlayan kadın ve erkekler bizi karşılamak üzere koşarak geldiler. Askerler durup irkildi ve muhtemelen aniden korktular. Köylülerden farklı olarak neredeyse kardeşçe bir saygıyla hareket etmişler ve bize insan muamelesi yapmışlardı. Keja aklını kaybetmiş gibi çığlık attı. Dişlerini gıcırdatıyordu, gözlerinde çılgın bir ifade vardı. Duydukları acının şiddeti kendi donuk uyuşukluğumdan beni çıkardı; onlardan ve kuşku duyulmaz hiddetlerinden korkmuştum. Çılgın ağlamaların toplu sesi giderek arttı ve kızgın bir denize dönüştü. Giderek daha fazla Çingene bir araya geliyordu. Kendi kendilerine yüksek sesle, bazen acı dolu ve sevecen bir şekilde bazen de görülmedik bir hiddetle konuşuyorlardı. Romanların böyle, kederlerini taşarcasına göstermelerine ilk defa şahit oluyordum. Onlarla aramdaki gerçek bağın aniden yok olduğunu fark ettim, bu yüzden kendimi ilginç bir şekilde izole edilmiş hissediyordum.

Üşüyor, dehşetle terleyip titriyordum ve dişlerim birbirine çarpıyordu. Putzina'nın ölümünden beni sorumlu tutmalarından çok korkuyordum. Lyuba'nın sık sık söylediği gibi ben onlara kötü şans getirmeyecek miydim? Ancak oradan ayrılamazdım. Onlardan bu kadar korkmama rağmen gidecek bir yerim yoktu.

Kalabalık arasından birinin bana doğru yaklaştığını fark ettim. Kaçınılmaz olanın yaklaştığını hissedip dondum kaldım. Bu Lyuba idi, Romanlar arasındaki varlığımı sürekli eleştiren kişi. Aklımın ermediği bir nedenle gelen kişinin ancak o olabileceğini hissettim. Yüzündeki gizemli bir ifade vardı ve yaşlı gözleri kuruydu. Kavrulmuş parmaklarının enseme dokunduğunu fark ettim. Tüylerim diken diken oldu. Yaşlı kadın beni yavaşça çekip ayırdı ve kesilmeye giden bir koyun gibi beni sürüklemesine izin verdim. Beklenmedik bir şekilde beni de yanına çekerek kendilerini ileri geri sallayarak ağıt yakan bir grup insanın arasına, toprağın üzerine oturdu. Başımı dizine koydu ve ondan çıkacağını hiç tahmin etmediğim şefkat dolu bir sesle beni teselli etti. Sert parmakları uzun saçlarımın arasında dolaşıyordu. Bu ana kadar Romanların duyduğu kederin yoğunluğu beni ayıltmış ve neredeyse tarafsız bir gözlemci kılmıştı, ancak o an, duyduğum acıyı daha fazla engelleyemedim ve tüm kontrolü kaybettim. Teslim olmayı başardığımdan artık kendimi yaşam tarafından lanetlenmiş ve Putzina'nın insanları tarafından reddedilmiş gibi hissetmiyordum. Tamamen onlardan biriydim ve kısa bir süre önce bana toplu bir çılgınlık gibi görünen ruh halini onlarla paylaşarak hararetle matem tuttum. Gece sonsuzdu ama kimse uyumadı. Matem ve feryatların uyuşturucu bir etkisi vardı. Bardaklar dolusu brandi elden ele dolaştırıldı ve yaşlı Lyuba boş mideyle bana içki içirdi. İçtiğim brandi duygularımı iyice köreltmişti. Lyuba'nın yanı başında gece boyunca içip ağladım. Bu arada yaşlı kadın kendi kendine alçak sesle durmadan şarkı söylüyordu. Ne dediğine dikkat etmeye çalıştığım aralarda ölen çocukla beni bir şekilde karıştırdığı izlenimine kapıldım. Brandiyi dudaklarıma dayadığında beni onun ismiyle çağırmıştı. Hiçbir şeyini hiç kimseyle paylaşmayan saygıdeğer Lyuba benimle içkisini paylaştı. O gece kendisine sadece kısa saplı pirinç piposunu ayırdı, sadece onu.

Gün doğumundan kısa bir süre sonra kampa resmi soruşturmayı sürdürmek üzere bisikletleri üzerinde iki polis memuru geldi. Öğleden sonra bunlara, ölüm sertifikasını çıkartıp imzalamak için resmi bir emirle yakın şehirden çağrılan –defin işlemleri için gerekli bir formaliteydi– bir doktor katıldı. Yan köyden kırmızı yanaklı Katolik papaz, birkaç yaşlıyla ve cenazeye yardım etmek üzere yarı zamanlı cenaze levazımatçılığı yapan bir adamla beraber geldi. Ne o gün ne de ertesi gün yiyecek yendi: Sadece brandi ve sıcak koyu kahve. Sürekli gözyaşı dökülüyordu ve bunu bastıran tek şey, korkmuş aç bebeklerin durumu protesto eden çığlıklarıydı. Sonraki üç gün boyunca kimse saçını ne yıkadı ne de taradı. Pulika birkaç sefer Lyuba'ya brandi getirdi. Oğlan bitkin ve tuhaf görünüyordu ancak çoğuna göre üzüntüsünü daha iyi dizginlemeyi becermişti. Rupa ölen oğlunun ayakucunda yakılan ateşin başında duruyordu. Keja ve Tşaya onunla beraberdi. Kore geldi ve benimle kaldı ve o da bana Putzina diye seslendi. Hıçkıra hıçkıra ağlamalar ve iniltiler, giderek azalacağına artıyordu. Sanki Romanlar uyumayarak, oruç tutup sadece içki içerek kendilerini acılarından arındırıyorlardı. Bu birkaç günü tamamen paralize olmuş bir şekilde, etrafımdaki dünyanın gerçekliğini kaybederek hissizce yaşadım. Kendime kardeş gördüğüm Romanlar gibi, Putzina için duyduğum üzüntüye kendimi aşırı bir şekilde bıraktım. Oruç tuttum, içtim ve ağladım. Bu arada çevremizde Gajolar gelip gidiyor, kendilerini ölümün ve cenazenin sayısız işiyle meşgul ediyorlardı. Kazayla ilgili resmi bir soruşturma yapıyorlardı. Askerler gitmişti ve Romanlardan hiçbiri onların ismini, askeri numaralarını, bağlı oldukları birliği veya kullandıkları askeri kamyonun seri numarasını almadı. Gajolar arasından hiçbir tanık çıkmadı. Putzina ölmüştü. Bu Romanlar için tek gerçekti. Hazırlanan raporun neler değiştirebileceğini hiçbiri göremedi. Bu yazılı kelimelerin ilginç ve kafa karıştırıcı kültürü hakkında sorular sorarak görevlileri dinliyormuş gibi yaptılar. Kanun temsilcileri oradan geçmekte olan genç bir yabancının kazara ölümü hakkında nasıl bir rapor hazırlayacaklarını bilemiyorlardı. Sorgu boyunca ağlayıp inleyen ve feryat eden, o bölgedeki otoritelere karşı saygı duymaktan çok uzak oldukları her hallerinden belli olan ve görevlilerin alışık olduğu ilgiyi göstermekte başarısız Çingenelerin tutarsızlığı karşısında yetkililer giderek sabırsızlandılar. Sonuçta Çingenelerin tuhaf davranışlarından şüphelendiler ve çocuğu aramızdan birinin öldürmüş olabileceğini düşünmeye başladılar. Böylelikle dedikodu başladı, giderek büyüdü ve istekli bir şekilde yayıldı. Polis dosyalarındaki boşluğu dolduracak bir cevap bulunmuştu. Şüpheli hiçbir zaman bulunamadı, vaka mahkemeye yansımadı; ancak suçlunun bir Çingene olduğu hatırlanacaktı.

Cenaze sabahı önde köy papazı, bazı meraklı polisler ve sivil kodamanlar olmak üzere yerel bando Çingene kampına geldi. Açık tabut alıp götürüldü ve bando yersiz bir şekilde dönemin popüler parçalarını çaldı. Onlar kampı terk ederken ağlamalar devam ediyordu. Çingenelerin bazısı "haç şeklinde" denilen görülmedik ve özel bir biçimde yürüdü. Önde yürüyen bir adamı hemen arkasında yürüyen başka biri takip ediyordu. Bunları yan yana yürüyen dört beş kişinin oluşturduğu bir veya iki sıralık bir güruh izledi. Onların arkasında yine arka arkaya yürüyen iki kişi vardı. Arkadan gelenler yürüyen grubun gerçekten haç şeklini almasını sağlıyordu. Kah yanındakini destekleyerek kah onlardan destek alarak birbirine sıkı sıkıya yapıştılar. Tökezliyor, yarı şuursuz yürüyorlardı. Yol boyunca bütün çiftçi aileleri durmuş, bu kederin –onlar için– yabancı gösterisini izliyorlardı. Kalabalık beni taşıyordu, bense Çingenelerin daha önce şahit olduğum davranışlarından tamamen farklı olan bu ağıtın doruk noktasını teşkil eden tüm bu süreç karşısında çok şaşkındım. Çingeneler tuttukları yasa kendilerini bütünüyle vermişlerdi. Başkalarının bir haber olduğu bu anı, Batılı aklı rahatsız eden bir bütünlük ve yoğunluk içinde yaşıyorlardı.

Papaz ölü için Latince dua edip Flamanca birkaç söz ettikten sonra Çingeneler, kapanmadan önce mezara bir tomar para fırlattı, üzerine brandi ve şarap döktüler. Oradaki Çingene olmayan insanlar, kutsal Flaman Katolik topraklarda gerçekleştirilen bu pagan uygulamasını görünce şoka girdiler.

Romanlar düzensiz bir şekilde dağıldılar. Ayrılırken "Putzina, akana mukav tut le Devlesa!" (Putzina, şimdi seni Tanrı'ya veriyorum!) dediler ve benim de dememi istediler. Sonra arkalarına bile bakmadan yürüyüp gittiler.

Çok sonra Pulika, Romanların mezarları üzerine şarap ve brandi dökme alışkanlığını ayrıntılı bir şekilde açıkladı. Gajoların bu pagan geleneğiyle açıkça alay ettiklerinin farkında olduğunu söyledi. Çingeneler bu yöntemle yolculukları boyunca ölülerinin yanlarında olmasını sağladıklarına inanırlardı ve Gajolar bu inanca dudak bükerlerdi. Ölüyü "onurlandırmak" için dökülen içkinin, ki bu aynı zamanda bir çeşit sevgi ifadesiydi, toprak tarafından emildiğini ve geride hiçbir iz bırakmadığını anlattı. İçki, Gajoların son noktada mezara konulana hiçbir şey ifade etmeyen gösterişli çiçeklerinden çok daha farklıydı.

Alkolün yatıştırıcı etkisi azaldı ve bununla birlikte Romanlarla eş tutulma oranım da azalmış gibiydi. Kampa geri döndüğümüzde Putzina için ağıt yakmayan yakın akrabalar tarafından hazırlanmış akşam yemeği bizi bekliyordu. Ölünün yakınları olarak biz sadece ekmek yiyip su içtik. Ertesi gün erken saatlerde kamp dağıldı ve yine bir kez daha bütün yönlere doğru yolculuğa çıktık. Pulika bir süreliğine sadece Yojo'nun ailesiyle yolculuk etmeye karar verdi. Romanların çok katı yas tutma kuralları vardı ve varlığımızın diğer Çingenelere bu yası dayatmasını istemiyordu. Haftalar boyunca ne Rupa, Keja ve Tşaya saçını taradı, ne de Pulika ve Yojo tıraş oldu. Bizim ailemizden kadınların yapmasına izin verilmediği için başka bir aileden genç bir kız, bize yemek yapıp çamaşırlarımızı yıkamak ve temizlik yapmak üzere yanımıza taşındı. Hiçbir şekilde şarkı söylenmiyor, içki içilmiyor, herhangi bir sevinç gösterisinde bulunulmuyor veya süslenilmiyordu. Pulika'nın sahip olmakla övündüğü altın saati, ki her Çingene kampında nadide bir şey olarak görülürdü, çocuğun öldüğü saatte durduruldu ve uzunca bir süre öyle tutuldu. Aynı zamanda su kapları boşaltıldı ve bütün aynaların üstü bir bezle örtüldü.

İçimizden biri Putzina'yı düşündüğünde veya onun özellikle sevdiği bir şey yüzünden onu hatırladığımızda "Te avel angle tute!" (Keşke bu senden önce olsaydı!) benzeri sessiz bir dua ediyor ve bu arada, sanki ona sunuyormuşçasına yere içtiğimiz sıvıdan biraz döküyor veya yediğimiz yiyeceğin bir kısmını yere atıyorduk. Birkaç parça eşyası yakılmıştı. Çingeneler çürümekte olan bir kişiyle herhangi bir şekilde alakası olan şeylerin saklanmasına karşıydı. Tabut köy marangozundan sipariş edilirken Çingeneler tabutun ölçüsünü "Roman sicimiyle" aldılar. Bu dar bir bez parçasıydı; eni yaklaşık yarım inç kadardı, çiçekli bir kumaştan uzunlamasına kesilmişti. Kendi mezurasını getiren marangozun bütün itirazlarına rağmen, Romanlar ölçüyü kendi geleneksel yöntemleriyle almakta ısrar ettiler. Bundan sonra evde dokunmuş uzun bir kurdele üçe altı santim uzunluğunda parçalara ayrıldı. Her birine tek tek basit bir düğüm atıldı. Bunların büyük ve büyülü bir kuvveti vardı; ölen kişinin yakın akrabalarına bu düğüm atılmış kurdeleler verildi. Bu büyülü kurdele parçalarına mulengi dori, yani ölünün sicimi denirdi. Bu kurdelenin biricik varlığı dikkatlice bana anlatıldı ve her zaman üzerimde taşımam salık verildi; sadece bir kez kullanılabileceğinden son ana kadar onu saklamalıydım. Kullandıktan sonra ilk fırsatta akan bir suya bırakılarak yok edilmeliydi. Sadece Gajolara karşı kullanılabilirdi. Polis tarafından yakalanma tehlikesi varsa veya herhangi bir tehdit altındayken, Romanlar kendi mulengi dorilerinin düğümünü çözerler, ait olduğu ölmüşün adını söyleyerek "Sevgili merhum, boğazıma geçirilmek üzere olan ilmiğin çözülmesini sağla!" derlerdi. Sözü geçen merhumun paçayı zor kurtardığı belli bir olay hatırlayabilirseniz, olayı ona hatırlatmanızın yararlı olacağı düşünülürdü.

Laetşi'den dorinin Gajoları alt etmekte kullanılabileceği başka teknikler de olduğunu öğrendim, ama bu yöntemler Putzina'nın insanları arasında pek tutulmazdı. Kritik bir anda, bir düğüm atıp, tersinden "Sevgili mulo, onların koca ağızları da attığım bu düğüm gibi bağlansın!" demeden ibaretti. Bunun insanı ihanetten veya polisin şüphelileri dizdiği sırada suçlu olarak tanımlanmaktan koruduğuna inanılırdı.

Bütün bu olanlardan kısa bir süre sonra Putzina ve benim hikâyem tüm Romanlar arasında yayıldı. Ona Putzina o mulo, yani "ölen" denirken, bana Putzina o juvindo yani "yaşayan" diyorlardı. Bundan benim evlat edinildiğim anlaşılıyordu. Sonunda Romanlar yeni kazandığım isme, duruş ve görünüşe ve Pulika'nın oğlu olarak yeni statüme alıştıklarından bundan sonra başka herhangi bir formalite gerekli olmadı.

Romanların dünyasında, daha başka belli bir kabul töreni hiçbir zaman gerçekleşmedi ve Çingenelerin özüne uygun olarak resmi bir evlat edinme de zaten gerekli değildi. Pulika tüm insanlarının bundan sonra bana karşı tam bir sorumluluk göstermelerini talep ettiğini bilmelerini sağladı.

Elverişli koşullar altında, bir yerini kesip akan kanı karıştırarak gerçekleştirilen kan kardeşliği, boş sansasyonlara aç hayal güçlerine bırakılmıştı ve gerçek hayattan çok uzaktı; bir Roman deyişinin anlattığı gibi Si khohaimo may patşivalo sar o tşatşimo (gerçekten daha inandırıcı yalanlar vardır).

Beşinci Bölüm

Romanlarla birlikte geçirdiğim ilk iki dönem, şaşkınlık ve keşif zamanlarına dair belirgin anılar olarak hatırımda apaçık duruyor. Eve ilk dönüşümü, endişelerimi, önceden sezinlediğim günahkârlığı ve rahatlamanın yarattığı şoku da aynı şekilde belirgin bir biçimde hatırlıyorum. Daha sonra, Romanlar ve ebeveynlerimin evi arasında salınan zamanlar birbirinin içinde eriyor. İki farklı ama birbirine dolanmış yaşamım vardı; her biri başlı başına gerçek ve bir o kadar yoğundu, ancak bir şekilde aralarında hiçbir temas yoktu. Kışları onlardan ayrılıyordum. Baharları Çingene ailemin izini bulmak her seferinde pek de kolay olmuyordu. Bir keresinde onlara katılmak için sabırsız davranmış ve mevsimin çok başında onları aramaya koyulmuştum. Günler boyu boş yere onları aramıştım. Bazı sirklere ve panayır yerlerine gidip oradakilerden yardım istedim, fakat karşılaştığım insanlar Çingeneleri aramaktan beni ellerinden geldiğince vazgeçirmeye ve onlara katılmamı engellemeye çalıştılar. Muhtemelen ucuz –veya, daha iyisi, bedava çalışacak– bir işçi kazanmayı umut ediyorlardı.

Yaşım büyüdükçe ve Romanlar arasında deneyimim arttıkça, Pulika'nın at panayırlarında, hanlarda vb çeşitli temas noktalarıyla, uzun erimli telefon görüşmeleri yapmayı öğrendim. Bu numaraları yazları sabırlı bir şekilde casusluk yaparak ondan öğreniyor ve uzun kış ayrılıkları sırasında değerlendirmek üzere sinsice kayda geçiriyordum. Bazen Pulika ve kumpanyası ülkeyi terk ediyor, pek çok sınır geçiyordu. Bu yasadışı sınır ihlaline girdiğinden kendilerini bir casus avında buluyorlardı. Geriye dönüp şöyle bir baktığımda aslında ne kadar şanslı olduğumu görüyorum. Romanlarla geçen hayatımın özellikle bu yönü, bugün bile bana bir imkânsızlıklar zinciri gibi gelir. O sıralar savaş yılları başlamak üzereydi ve bildiğim çoğu Çingene bu savaşta, hem kahraman hem de kurban olarak adı sanı duyulmamış ama aktif roller alacaktı. Onların da Maidanck'te, Sobibor, Chelmno'da, Treblinka Belzec'te, Bergen-Belsen'de, Dachau, Buchenwald, Moravska Ostrava'da mezarları olacaktı.

Bir sene, ilk defa, Romanlarla kış boyunca kaldım. Pulika'nın koskoca karavanında, buz gibi gecelerin soğuk sükûnetinde yarı uykulu uzanmıştım, ayazın etkisiyle gıcırdayan tahta çivilerinin çatırtısını duyuyordum. Pencereler tahta, eski palto, ordu battaniyeleri ve karton parçalarıyla kaplanmıştı, ancak çatlaklardan esen rüzgâr karavanı doldurmaya yetiyordu. Kovalardaki içme suyu donmuştu ve sabahları bulaşık yıkamak çetin bir sınava dönüşmüştü. İnsanın elleri çatlıyor, dudakları yarılıp kanıyordu. Erkekler tıraş olmayı bırakmıştı. Küçük çocuklar dışarı çıkarıldıklarında acı acı ağlıyordu. İhtiyaçlarını karavanın uzağında gidermelerini sağlamak için çıkıp onları kovalamak gerekiyordu. Kıyafetler hiçbir şekilde yıkanamıyordu. Karavanların içindeki hava ağırlaşmış ve neredeyse nefes alınamaz hale gelmişti. Ufaklıkların uzak durması gereken kızgın sobadan çıkan kömür dumanı, içerdeki havaya karışmıştı. Romanlar kış boyunca sobayı uyuduğumuz saatler dışında yanık tutacak miktarda kuru odun bulamaz, bu yüzden odunu ya satın almak, ya dilenmek veya çalmak zorunda kalırdı.

Romanlar çatıdan çıkan kısacık soba borusunun yeterli olmadığı zamanlarda sobanın kapağını çıkarırlardı. Bunu mum kalmadığı, zamanlarda karavanı aydınlatmak için de yaparlardı. Aydınlatmak için kullanılan, prensipte petrol lambasından farklı geçici bir alet hatırlıyorum; bir etek veya bluzdan yırtılmış ince bir parça pamuklu kumaş domuz yağıyla ıslatılır, sonra bu içi yarı oyulmuş bir patatesin veya şeker pancarının içinde yakılırdı. Romanların gaz yağı lambaları da vardı, fakat bu lambaları tehlikeli bulduklarından sadece dışarıda kullanırlardı.

Sonra bir gün bahar geldi. Havanın esrarengiz etkisi bütün Çingene kampında hissedilebiliyordu. Otuz beş karavan bu tiksindirici yerde gereğinden uzun hareketsiz kalmıştı. Tekerlekler kaygan çamura batmıştı, yan pencerelerden dışarı fırlatılıvermiş ve yakılmadan bırakılmış çöp, kış soğuğunda donup katılaşmıştı, şimdi gelen kokudan çürümeye başladığı anlaşılıyordu. Erkekler sırtlarını karavana dayayıp bütün güçleriyle asılarak karavanları çamurdan çıkarmaya çalıştılar. Yeniden batmalarını önlemek için tekerleklerin altına dişbudak ağacı, taş ve moloz kondu. Kadınlar kamp yerinin bir ucundaki tahta çitlerin üzerine sererek yatakları havalandırdılar. Karavanları taşıyan iskeletler kontrol edildi, akslar yağlandı, sürtünmekten aşınan yerlere lastik parçaları çivilendi. Geniş muşambalar yamanıp tamir edilmek üzere yere serildi. Bu muşambalar yazın yağmur yağdığında altında uyuduğumuz veya yemek yiyip içerken bize gölge eden çardağı yaparken de kullanılırdı. Bazı muşambalar henüz bir Roman karavanı edinememiş ve geçici olarak tahta bir iskelete geçirilmiş muşambalarla kaplı at arabalarında yaşayan yeni evlilere veya daha fakir Çingenelere aitti. Bunların içinde ancak iki büyük ve birkaç küçük çocuğun uyuyabileceği kadar yatak ve bir de dökme demirden soba için yer olurdu. Pencere falan olmazdı ve çok renkli bir bez parçasından yapılmış bir perde kapı olarak kullanılırdı.

Soğuklar bittikten sonra Romanlar pencereleri örten şeyleri kaldırır, bunlar yeni mevsimde yakılan ilk açık hava ateşini tutuşturmakta kullanılırdı. Daha önce böylesi bir sahneye şahit olmamış küçük çocuklar, ateşe eğlence ve korku dolu gözlerle bakarlardı.

Pulika ve Tşukurka sabahın erken saatlerinden beri yerel meyhanedeydi; bahar gezintilerine başlamak üzere olan diğer gruplarla uzun mesafeli telefon görüşmeleri yapıyorlardı. Bugünkü durumu yansıtan dedikodular paylaşıldı, bilgiler kontrol edildi ve iletildi, uyarılar yinelendi ve en içten duygularla iyi yolculuklar dilendi. Bahar kokusu bütün havayı sarmıştı. Çok heyecanlıydık. Romanlar çöp dolu bu yeri geride bırakmak üzereydiler. Kısa bir süre sonra ufkun gün be gün, hatta her saat başı değiştiği yollarda olacaklardı yine. Yüksek sesle, 'Nasıl oldu da bu yerleşik yaşamın sıkıcı monotonluğuna katlandık?' diye söyleniyorlardı.

Aylar boyunca Romanlar büyük bir şehrin kenarında yaşamış; kadınlar kapı kapı dolaşıp fal bakmış ve oğlanlar meyhanelerde Gajoların arasına karışmışlardı. Çoğunlukla kampın dışında karınlarını doyurmuşlar ve daha yaşlı olanlar oğlanların o şartlar altında yiyecek kaidelerini ve tabularını nasıl yerine getirdiklerini sıklıkla merak etmişlerdi. Gajo dünyasından kampa ilginç hikâyeler, deyişler ve anekdotlar getirirlerdi. Çoğu genç, tatsız tavırlar ve Gajolara ait yüzeysellikler benimsemiş olurdu.

Romanlarla geçirdiğim başka bir kış, Pulika şehrin varoşlarında bir çöp toplayıcısının evinin avlusunun bir kısmını kiralamayı başarmıştı. Pulika, Tşukurka, Yojo, yaşlı Bidşika ve diğer birkaç Çingenenin yanında, bizimle arkadaş olmaya istekli bir panayır grubuna ait muşamba örtülü birkaç karavan daha vardı. Kumpanyamızın diğer Romanları kışı geçirmek üzere kapalı kamp yerleri kiralamışlardı. Avluyu caddeden ayıran koskoca, iki kanatlı bir kapı vardı. Avluda genelde donan bir tulumba ve fiyatı ucuz olmasına rağmen hiçbir Romanın yararlanmadığı bir elektrik tesisatı bulunuyordu. Sokağın aşağısında Romanların dostça davrandığı bir adam tarafından işletilen bir han vardı. Burada Pulika ve diğer erkekler günlerinin belli bir kısmını geçiriyorlardı. Handaki telefonla herhangi bir yerde mahsur kalmış Romanlarla temas sağlanabiliyordu.

Yaşlı Romanlar gibi ben de meyhanede yıkanıyor ve genelde yaşama şartlarımıza uygun bir ek olarak mekânın getirdiği kolaylıklardan yararlanıyordum. Çingenelere kontrolü kolay, durağan bir yaşam dayatıldığından polis, belli şikâyetler almadıkları sürece, nadiren gelirdi. Yetkililerin bize yaptıkları ayrıcalıklı muamelede Pulika'nın bakşeeş sanatındaki ustalığının bir rol oynamış olabileceğinden şüpheleniyordum. Açık tenim ve sarı saçlarım şimdiki komşularımızın dikkatinden kaçmamıştı, ancak Pulika oğlu olduğumu iddia ederek ilk meraklarını tatmin etti. Annemin karşılaştığı en güzel İsveçli kız olduğunu da sözlerine eklemeyi unutmadı.

Romanların çoğu kışın atlarını satardı. Ancak Pulika olurda aniden ayrılması gerekirse, mahsur kalmak veya Gajolara muhtaç kalmak istemediğinden atını elinde tutmakta ısrar etti. Cana yakınlığına, üzerindeki güven verici havaya ve temkinli dikkatsizliğine rağmen, tetikte olmak Pulika için nefes almak kadar olağan bir şeydi.

Her çeşit ticari alışveriş kesilmişti ve Romanlar kendi çok sınırlı kaynaklarıyla oldukça fakir bir biçimde yaşamak veya diğerlerinin yardımseverliğine bağımlı olmak zorunda bırakılmışlardı. Pirinç ve tuzlanmış domuz etinden yapılan sauerkraut, domuz eti ve kızarmış patates veya elma ve domuz etli kırmızı lâhana yiyorlardı. Rupa içinde kuşbaşı et olan kalın gözlemelerden, bokoli'den, pişirecekti. Çok daha fakir bazı Çingeneler işi yumurta yemeye kadar vardırdılar. İşte bu dönem, Romanların biriktirdikleri altın parçalarını, havanın yine iyi olacağı ve yolculuk yapıp at satmaya yeniden başlayacakları gün geri almayı umut ederek rehine verdikleri bir dönemdi.

Yine üfüren, sağlık veren ve arındıran rüzgârı hissetmek iyi olacaktı. Yanımızdan geçip giden birbirinden farklı manzaraları, ağaçları, dağları ve tarlaları görmek, yan yollarda veya yol boyunca mola verilen yerlerde akraba ve arkadaş gruplarıyla rastlaşmak güzel olacaktı. Romanlar buluşacak, sevinecek ve dostluk kaynaklarını tüketmeden, meraklarını tatmin etmeden önce, tıpkı rastlaştıkları gün kadar neşe ve canlılık dolu olarak yine ayrılacaklardı. Ve ayrılırken yine buluşacaklarını bileceklerdi. Romanca şöyle denirdi: "Dağ dağa kavuşmaz, insan insana kavuşur."

Güneş ısırıyordu ve çamurla kaplı toprak, donuk gri bir renge bürünüyordu; yerin kumlu yüzeyinde türlü türlü çatlaklar vardı. Bir zamanlar kışlığımız olan yer şimdi terkedilmiş bir çöplüğe dönmüştü; tekerlek izleri, çirkin süprüntü yığınları ve kışın yakılan ateşlerden kalan küller toprak üzerinde bir yara izi gibi kalmıştı. Burada Romanların kaldığını gösteren tek şey bunlardı. Önümüzde engin bir yol vardı. Romanlar yine canlı yeşil otlakların, atları için yonca dolu tarlaların, arpa ve yulafın hayaline dalmışlardı. Dağdaki pınardan taşan temiz soğuk suyu, kızaran ete aromasını veren yanık odun kokusunu ve şarabın verdiği zevki özlemişlerdi. Fiziksel idman, atların toynak sesleri, karavan tekerleklerinin tıkırtısı, dizgin zincirlerinin şıngırtısı ve güneş ve hava, kışın verdiği sıkıcılığı ve hareketsizliği silip götürecekti. Sırf geçip gidiyor olmanın ve karavan sallantısını hissetmenin verdiği hazzı duyumsamak için birkaç gün hiç durmadan gitmekten zevk alırlardı. Yolculuk, rüzgâr ve havayla sarhoş olurlardı.

Böylesi günlerde erkekler çok az konuşurdu. Yeni çıkan sayısız kamp işinden bitap düşen kadın ve bekâr kızlar da sessizleşirlerdi. Boş geçen kış aylarında tembelleşmiş ve şişmanlamış olurlardı ve sıkı çalışmaya alışık değildiler.

Çok yaşlı olanların yaşama gücü yenilenirdi. Karavanlarının köşelerinde dimdik oturur, ciddi bakışlarla akıp giden yolu izlerlerdi. Çocuklar heyecanla bağrışırlardı.

Üçüncü gün, öğleye doğru, takip ettiğimiz çamurlu patikadaki bir kavşakta büyük bir karavan grubuyla karşılaştık. Bağıra çağıra şakalar yapıyorduk, önümüzdeki grubun karavanlarını geçmek için atları tırıs gitmeye zorlayarak hemen tek sıra dizildik. Akşam çöktüğünde, geceyi geçireceğimiz kamp yerinde elliden fazla kamp ateşi yakılmıştı. Dumana kızaran etin kokusu karışmıştı. Yeni gelenlerin misafirperverliğini test ederek kampı dolaştık. Yaktığı ateşin başına oturup yemeğini yediğimiz ve içkisini içtiğimiz ve bakmakla yükümlü olduğu insanlarıyla konuştuğumuz Romanların isimlerini öğrenip hatırlamayı bir şeref konusu yapmıştık. Düğün bayram edilen, cömert bir neşenin yaşandığı bir geceydi.

Bol miktarda yiyecek ve içkinin tüketildiği, özel misafirleri "şereflendirmek" için şarkı söylenip dans edildiği bu törensel kutlamalara patşiva derdik; dünyadaki çoğu Çingeneler patşivden patşive yaşarlardı. Bu kutlamalar düzensiz aralıklarla yapılırdı ve bütünüyle devamlı yolculuk edilen ancak kimin nereye sapacağı tamamen şansa kalmış ara yollarda meydana gelen tesadüfî karşılaşmaların yaratacağı fırsatlara bağlı olduğundan, ne zaman yapılacağını tahmin etmek imkânsızdı; bu bakımdan patşiv gerçek bir Roman kutlamasıydı. Bütün bunların yanında belli tarihlerde kutlanılan sınırlı sayıda bayramlar vardı; Noel, Paskalya veya Cadılar Bayramı. Bunların gerçek anlamı Roman yaşamından bütünüyle çıkmıştı. Bu bayramları kısmen yerel geleneklere uymak için kısmen de bu kutlamalar kış ortası ve bahar ortasına –ki biri yolculuk mevsiminin başlangıcı, diğeriyse kabilenin ölümüne adanacak en iyi gündü– denk geldiğinden kutlarlardı. Gajo dininin Rus Ortodoks olduğu yerlerde Çingeneler sıklıkla Aziz George gününü, yani slavayı, kutlarlardı.

Hazır uygun bir fırsat yakalamışken Tşukurka, aynı kamp bölgesini paylaştığımız ve görünüşe göre bir süre beraber yolculuk edeceğimiz üç kardeşinin, yaşlı Troka'nın oğullarının şerefine bir patşiv veriyordu. Trokeşti, çok "önemli" bir kadın olan Tşukurka'nın eşinin, beyaz saçlı Mimi'nin uzaktan akrabasıydı. "Önemli" sözcüğü Romancada sevilen bir kişinin şişmanlığını tarif etmekte kullanılan bir edebikelamdı.

Ateşin çevresinde erkekler sohbet ederdi ve gerçek bir Çingene eğlencesinde içki içmek, gece ilerledikçe keyifli, hoş ve sınırsız bir hal alırdı.

Aniden –veya bana o sırada öyle gelmişti– Tşukurka'nın oğullarından Zurka Trokeşti, erkeklerinin şerefine bir şarkı söylemeye başladı. Sesi güçlü ve dolgundu ve şarkıyı içten duygularla söylüyordu. Tşukurka dinledi; yarı kapalı gözlerinden yaşlar boşanıyor, kafasını sessiz bir onayla sallıyordu. Sonra o da başta sessizce, şarkıya katıldı. Şarkı yıllar önce Troka'nın, Tşukurka'nın şerefine besteleyip söylediği bir şarkıydı. Şimdi, ayrılık ve yolculuk yılları sırasında Tuşkurka'nın hatıralarında Troka'nın ne kadar canlı saklandığını göstermek için oğulları ve torunları tarafından söyleniyordu. Şarkı vasıtasıyla Troka, torunlarının ve onların çocuklarının da hafızalarında yer edecekti. Şarkı aynı zamanda aralarında ne kadar yakın bağlar olduğunu da vurguluyordu.

Tşukurka etrafını çevreleyen kalabalık arasında kızlarından birini seçip yanına gelmesini işaret edecek kadar bir zamanda gözlerini açtı. Kız, esmer tenliydi ve çok gençti. Tiz olmasına rağmen anlaşılmaz derecede dokunaklı metalik bir sesle şarkıya eşlik etmeye başladı. Şarkı söyledikçe kız, oradan uzaklaşıyor gibiydi; gözleri kapandı ve sanki transa geçmiş gibi hareket etmeye başladı. Şarkı bittiğinde, Tşukurka ağırlığını oğullarına vererek arkasına yaslandı. Şarkının çağrışım yaptığı duygular yüzünden yorgun düşmüş gibiydi. Suratını anlam yüklü ancak tarif edilmesi imkânsız bir ifade kaplamış, kafasını yavaşça sallıyordu. Trokeşti erkekleri adamın çevresinde toplandı; seneler önce ölmüş saygıdeğer babalarının hatırasını yaşama döndürdüğü için neredeyse abartılı bir tevazuyla ona teşekkür ettiler. Herkes susmuştu; sanki zaman durmuş gibiydi ve patşivaki djili yani patşiv şarkısının etkisinden kimse kolaylıkla çıkamadı. Sonra Romanlar normal ritimlerini kazanmakta acele ettiler. Zurka'nın ağabeyi açılan bir dairenin ortasına geldi, yaşlılar kümesinin ortasında ayakta dikilen babasının az uzağındaydı; orada bir Çingene dansı melodisi mırıldanmaya başladı. Neşe dolu melodi yavaş yavaş kuvvet kazandı ve müzik kulağa daha bir kendine güvenen tonla gelmeye başladığında diğer genç erkekler de ellerini çırpıp mırıldanarak şarkıya katıldılar. Diğerlerinden daha kıpırdak olan biri, küçük açık alana atlayıp dans edinceye kadar, ayaklarıyla yere vurarak ritim tuttular. Dans eden Çingene sert bir şekilde ayaklarını yere vuruyordu, yüzünde tuhaf şekilde çelişkili ve kayıtsız bir ifade, gözlerinde alaylı bir bakış vardı. Kolları ve gövdesi yavaşça dalgalanan jestlerle hareket ediyordu. Şarkının doğaçlama uydurulan sözleri neşe ve mizah doluydu. Ayağını hızla yere vurduğunda çıkardığı ses, giderek arttı ve yavaşça daha bir enerjik oldu. İkinci bir dansçı çılgın hareketlerle ilkine katıldı. İzleyenlerin keyfi pek bir yerindeydi. Ritmik bir şekilde ellerini çırparak, bağırarak ve ıslık çalarak dansçıları teşvik ediyorlardı. Trokeşti grubundan genç bir adam dans grubuna katıldı. Diğer Trokeşti erkekleri hâlâ Tşukurka'nın, yaşlı Mimi ve Zurka'nın çevresinde dikiliyorlardı. Burada eski zamanlardan kalma şarkıyı anımsatan bir ruh hali, halen korunuyordu. Dans şarkısının ritmi değişti ve dansçıların yerini başka genç erkekler aldı. Kadın ve çocuklar kalabalığın yakınında durmuş cümbüşü izliyorlardı. Evlenmemiş genç erkekler şarkıyı ve dansı yönlendiriyor, ciddi bir kişisel davet olarak gördükleri dansa can atarak katılıyorlardı. Daha yaşlı Romanlar sonunda kalabalık arasında nazikçe kendilerine yol açıp, etrafa neşe ve eğlence saçarak gruba katıldılar. Yüzlerindeki mutlu parlaklık keskin, güçlü kişilik ifadelerini yumuşatmıştı.

Şimdi şarkı sözleri eski zamanları anlatmaya başlamıştı. Genç erkekler dans pistini terk etti ve suratlarında neşeli ifadeler olan yaşlı Romanların yanına gittiler. Vurgulu bir nezaketle, alçakgönüllü ancak şaka yollu taleplerde bulundular. Yaşlı erkekler, bazı karmaşık, ancak dinçlik ve lezzet dolu eski zaman figürlerini göstermeleri için yapılan bu uzatmalı daveti kafalarını sallayarak reddettiler ama oğlanlar yine de ısrar ettiler.

Kalia, sahte bir gönülsüzlükle, öne çıkan ilk Roman oldu. Çılgın alkışlarla, gülme ve alaycı naralarla karşılanan isteksiz bir performans sergiledi. Ağabeyi Luluvo, ki büyükbaba olmuştu, bir sonraki birkaç dans şarkısını söylemeyi üstlendi. Kalia ağabeyine başka bir solo dansla karşılık verdi. Sergilediği enerji bütün genç erkekleri utandırmıştı. Dizlerini hafifçe yere vuruyor, binici çizmelerinin topuk ve burnunu yere çarparak büyük bir başarıyla tıkırdatıyordu. Başka bir şarkıcı söylenen şarkıyı devraldı, alkışlar arttı ve Kalia dansı bitirdiğini işaret edercesine, kollarını geniş bir çarpı biçiminde kavuşturup duruncaya kadar vahşi bir tempo tutturdu. Birkaç adam Kalia'yı tebrik edip teşekkür etmek için adamın çevresini sardı. Bu arada birkaç adım ötede dans devam ediyordu. Şimdi genç kızlar dans ediyordu, yorgun düştüklerinde yerlerini taze gelinler aldı. Dansın başladığı daire, şeklini kaybedinceye kadar büyüdü, sonra dikdörtgen biçimini aldı ve bir kısmı koptu ve başka bağımsız bir birim oluşturdu. Böylece dans saatlerce sürdü.

Yaşlı kadınlar torunlarına gülüşme, şaka ve eğlence arasında, hâlâ nasıl dans edebildiklerini gösteriyorlardı. Romanlar Mimi'nin ateşi çevresinde oturmuşlardı, burada herkese kızarmış biftek, tavuk ve domuz yavrusu sunuluyordu. Yakında koca bir varil dolusu köpüklü bira vardı. Basıncı dengelemek için varile bir bisiklet pompası iliştirilmişti. Kamp boyunca her ocak başından kadınlar Mimi ve yaşlı Tşukurka'nın, şimdi bütün evli erkeklerin bir araya geldiği çadırına özgün yemekler gönderiyorlardı. Mimi'nin sayısız gelini yemek pişirmekle, hizmet etmekle ve kendi ocağının başında, karavanında veya çadırında kalmış kadın ve çocuklara yemek göndermekle meşguldüler. Hiç kimse kendisini böyle bir günde unutulmuş, ihmal edilmiş veya atlanmış hissetmemeliydi. Bir patşiv hiçbir ayrım yapmadan herkese iyi dilek dağıtmalıydı; bu kutlamalarda en mütevazı davranan, krallar gibi karşılanırdı.

Her dakika yiyecek, içki ve eğlence doluydu. Her bir adam, kadın ve çocuk, yiyeceğe doyup bu çılgın eğlenceden ve günün sefahatinden sıkılıncaya kadar saatler geçti. Küçük çocuklar uyuklamaya başladı, o kadar yemeği pişirip kızartma yaptıktan sonra dinlenmeye çekilen annelerine sokulup sarıldılar... Erkekler Roman yaşamı, eğlenceli ve talihsiz tarafları, serüvenleri ve ödülleri hakkında hikâyeler anlattılar. Karşılaştıkları, beraber yiyip içtikleri, inanılmaz derecede zengin olmuş, erdemli ve yiğit Romanlardan bahsettiler; bir gün yolda karşılarına çıkan bir çatalda nasıl ayrıldıklarını anlattılar. Harikulade zamanlardan, patşivlerden, eski destanlarda geçen şarkıcılardan söz ettiler ve yeni destanları da hikâye ettiler.

Trokeşti'nin en büyük ağabeyi ve sözcüsü, genç erkeklerden birinin bize yeni bir şarkı söylemesi için izin istedi. Pulika ve Tşukurka ve diğer Romanlar yüksek sesle "Tanrı onu kutsasın, akıl fikir, dayanma gücü ve cesaret versin!" diyerek genç adama duydukları minnettarlığı gösterdiler. Genç adamın ismi Betşi'ydi, Yoska'nın oğlu, Yiswan'ın torunu ve Troka'nın torununun oğlu. Onu maçlardan tanıyordum. Günün erken saatlerinde her iki gruptan oğlanlar ve genç erkekler arasında güç gösterisine dönen maçlar yapılmıştı. Bize göre bu, eğlenceli bir festivalin önemli bir parçasıydı.

Betşi, "Bana ve benim olana dilediğiniz akıl fikir, dayanma gücü ve cesaret, hepimizin üzerinde olsun ve Tanrı bizimle olsun!" diyerek Yojeşti grubu yaşlılarının ifade ettiği iyi dilekleri tevazuyla kabul ettikten sonra yeni şarkıyı, yani djili neviyi, söyledi. Yeni şarkı inanılmaz derecede güzeldi. Trokeştilerin yolculuk ettiği yedi ülkede başardığı işlerden övünçle bahsediyordu. Bütün bolluğu, keskinliği ve vakarıyla yaşam tarzlarını anlatıyordu. Genç Betşi ciddi ve ağır bir sesle "Patşiv tumenge Romale..." (Bu şarkı saygıdeğer erkeklere bir hediye olarak sunulmuştur...) diyerek şarkıyı bitirdi. Şarkının bu can alıcı sonunu iyi dilekler ve kutsamalar takip etti. Pulika çocuğu kucakladı ve ona brandi dolu gümüş bir çanak sundu. Genç ve bekar bir oğlanın yaşlı adamlarla yemek yemeğe veya içki içmeye çağrılması bir saygı göstergesi olarak değerlendirilirdi. Yarı şaka yarı ciddi yapılmış birkaç latifeden sonra Tşukurka, gerçeği bilmesine rağmen, oradaki Trokeştilere bu genç adamın eşi veya çocuklarının olup olmadığını sordu. Aldığı olumsuz yanıt ona istediği fırsatı verdi; kısmen şaka yollu kısmen de azarlarcasına kendi insanları arasında onun için uygun bir gelin aramaya başlamanın bir gelenek olacağını söyledi. Trokeşti diplomatik bir şekilde ama bir taraftan da Romanların sergilemeyi sevdiği terbiyeli ve saygılı nüktedanlığı koruyarak oğlanın hâlâ çok ufak olduğunu dile getirdi. Pulika oğlanın kendisine bir erkek, kıymetli bir Trokeşti gibi göründüğünü anlattı. Ve bu böylece sürdü, gitti; bir tarafta alay ve ciddiyet dolu övgüler, diğer tarafta bu genç adamın hak ettiği saygı ve dikkatin gerçek değerini güç bela saklayan abartılı bir tevazu gösterisi. Pulika ona münasip bir gelin bulmayı teklif etti ve bununla birlikte gecenin "resmi" bölümü bitmiş oldu. Yakılan bazı ateşlerin çevresindeki kutlamalar sabahın erken saatlerine kadar sürdü. Bütün misafir gruplar dağıldı ve yakınları veya misafir olduğu iş arkadaşıyla görüşmek üzere kendi başına dolaşmaya başladılar. Gece şarkı ve müzikle doluydu. Gecenin ilerleyen saatlerinde Çingenelerin ruh halleri daha bir ciddiyet kazanmış, şarkı sözleri daha derin ve önemli olmuştu.

Ertesi sabah çok erken saatte kalktım. Ay hâlâ tepede yusyuvarlak duruyordu. Uzakta birkaç ateş hâlâ yanıyor ve soğuk gece havası, yanan odunların kokusunu taşıyordu. Kamp yerinin en ücra köşesinde muazzam bir küme oluşturmuş atlar, ayakta uyuyordu. Çevremizde birkaç yüz erkek, kadın ve çocuk uykudaydı. Yaydığı esrarengiz ışıkla gün doğumu, daha önce hiç görmediğim bir büyüydü benim için. Güneş tamamen yüzünü gösterdiğinde köpekler havlayıp ulumaya başladılar. Atlar yer değiştirdi, huzursuzlaşıp paniğe kapıldılar. Havlayan köpeklere sert sesli küfürler yağdı. Bir köpek kesik ve acı bir sesle havlarken diğerleri daha da vahşi bir şekilde uludu. Havaya bir el ateş açılmıştı, kampın çevresinde bir düzine atlı polis duruyordu. Saat henüz çok erkendi ve bir süre için hiç kimse tepki veriyor gibi görünmedi. Sonra çok yaşlı bir kadın öne seğirtti, taş atıp sopa göstererek polislere havlayan köpekleri oradan uzaklaştırdı. Yüksek bir perdeden konuşuyor, melun şangleleri yatıştırmaya çalışıyordu. Ancak tehlikeli görünen köpekler çılgınlar gibi havlayarak nöbet tuttular ve bu, en azından bir süreliğine polislerin kampa girmesini ve gayet doğal bir şekilde hiçbir şey duymamış gibi yapıp hareketsiz kalan, boylu boyunca uzanmış Çingenelerin yanına gitmesini engelledi. Uzunca bir süre bağrışmalar devam etti. Yaşlı kadın, yerel dili çok az anlıyor ve bazı durumlarda da hiç anlamıyormuş gibi yapıyordu. Kadının, arasına Romanca küfürler serpiştirdiği Rusça, bozuk bir Almanca, Macarca, Yunanca bağrışlarını duyabiliyordum. Köpekler havlamaya devam etti. Kampa giremeyen polisler sonunda oradan ayrıldılar. Saatler sonra, erkekler kalktığında geri geldiler. Bu sefer onları Pulika ve Tşukurka'nın başı çektiği bir grup iriyarı Roman karşıladı. Çingeneleri hırlayan kurt köpekleri izliyordu. Pulika polisleri karşıladı. Kendini "Çingeneler Kralı" olarak tanıttıktan sonra bu bölgede geçici bir süre kamp yapabilmek üzere izin almak için en yakın polis karakolundaki komiserden bir görüşme talep etti. Hiç kimsenin sözünü kesmesine müsaade etmedi. Tipik ancak etkili Roman şaşırtmacasına başvurarak "İnsanlarım arasında kutlanan büyük bir dini festivalin arifesindeyiz..." dedi, "Bütün Çingenelerin koruyucu azizi için yapılan bir festival!" Elini cebine attı, bir avuç dolusu altın para çıkardı. Akıllı bir şovmenlikle insanlarının zengin, barışçıl ve dürüst olduklarını söyledi... Bütün istedikleri kendi dini gereklerini barış içinde yerine getirmelerine izin vermeleriydi. "Biz o kirli, çalıp çırpan, kavga etmeye yer arayan, baş belası Çingene gruplarından değiliz. Biz iyi ve terbiyeli insanlarız ve iyi niyetimizin bir göstergesi olarak saygıdeğer komiserin belirteceği miktarda altını vermeye hazırız." dedi. Diğer Romanlar da polislere avuç dolusu altın para gösterdiler. Trokeştilerden orta yaşlı bir adam, kalın bir demet banknot salladı. Atlı polisler neredeyse ikna olmuşlardı. Biraz rahatladılar, havadan sudan bahsettiler, yakın zamanda ziyaret ettiğimiz uzak ülkeler hakkında, oralardaki ekonomik koşullar ve savaş dedikoduları hakkında gıptayla sorular sordular. Atlarımıza hayran oldular; attan anladıklarını göstermek için harcadıkları çaba sayesinde aramızda beklenmedik ve ani bir bağ oluştu. Atlı polisler ayrıldığında, bütün kamp birdenbire hareketlendi. Hiç vakit kaybetmeden birkaç düzine ateş yakıldı ve şeffaf mavimsi bir duman açık sabah havasına doğru kıvrıla kıvrıla yükseldi.

Kahvaltıdan hemen sonra Pulika aygırını bizim taligaya, iki tekerlekli hafif at arabasına, koştu ve birkaç Romanı yakındaki "kendi" kahvesine götürdü. Pulika ve Tşukurka nereye giderse gitsin arkalarında, sahipleriyle dost oldukları ve ne zaman giderlerse hoş karşılandıkları meyhane, kahvehane ve han dizisi bırakırlardı. Savurgan bir biçimde para harcarlar ve her zaman beraberlerinde yekpare bir takipçi ordusu getirirlerdi. Pulika bir yere böyle takılmaya başladığında, orası artık "onun koruması" altında olurdu ve hiçbir Çingene kadın veya kız, oradaki müşterileri falcılıkla, dilencilik veya hileyle rahatsız etmeye cesaret edemezdi. Kırılan veya zarar gören ne olursa olsun itiraz edilmeden veya bir soru sorulmadan Pulika tarafından ödenirdi.

O gün daha sonraki bir saatte Trokeşti bize katıldı. Bizimki gibi hafif taligaları yoktu ve bu yüzden adamları ağır, üstü kaplı tek bir karavana doluşup gelmişlerdi. Karavan, sahibi tarafından grubun emrine verilmiş, bunun karşılığında genç bir Çingene olan karavan sahibinin arka planda kalmaları şartıyla, eşi ve çocuklarıyla beraber gelmesine müsaade edilmişti. Pulika birayı varille satın aldı ve kendi insanlarının servis yapmasını istedi. Mekânın sahibini masasına oturttu ve Romanlar ona da sanki misafirmiş gibi hizmet ettiler. Sonradan Rupa, Keja ve diğer bazı kızlar da bize katıldılar. Kamptan en yakın telefon kulübesine kadar yürümüşler ve oradan kendilerini hana getirmesi için bir taksi kiralamışlardı. Romanlardan biri oldukça centilmen bir şekilde Rupa'ya ana masadan bir bardak brandi ikram etti, ancak genç kız dışarıda durmayı tercih etti. Pulika'yla birkaç saniye konuşan Rupa taksiyle ayrıldı. Handa düzenlenecek bir Roman kutlamasında gerekli yiyecekleri hazırlamak için malzeme satın almaya gitti. Hanın Gajo sahibi Pulika'nın yiyecek hakkındaki huyunu bilirdi, bu yüzden mutfağın idaresini ona bıraktı. Kendisine krallara layık bir şekilde davranılacağından da emindi.

Bizim hafif taligamız kamp ve han arasında gitti geldi; hana misafir getirdi, işi olmayanları götürdü, evde kalanlara yiyecek ve içki taşıdı. Yaşlılar için kamptan uzakta, hele hele bir Gajonun yerinde yemek yemek –yemeklerin bizim kadınlarımız tarafından Roman geleneklerine bağlı kalınarak hazırlanmış olmasına rağmen– yeni çıkmış bir adetti ve kesinlikle Ortodoksluğa tersti.

Bu arada Çingeneler kralını görmek üzere iki polis müfettişi kampa geldi. Orada sadece kadın ve çocukları buldular. Birkaç ufaklık onları Pulika ve diğer erkeklerin yanına götürmeye gönüllü oldu. Kampın üzerine sinmiş keyifli halden cesaret almışlardı ve eğlenen erkeklere katılacakları için çok mutluydular. Mükemmel bir ev sahibi olan Pulika, gelen polis müfettişlerini kendi sağlığına içmeye ikna etti. Sokakta bir kalabalık toplanmış, ilk defa bu kadar cana yakın bir ruh hali içinde gördükleri Çingeneleri izliyordu. Polis burada, kasaba sakinlerinden herhangi bir şikâyet gelmediği sürece, sadece on gün kalmamıza izin verildiğini bildirdi. Polisle birlikte gelen "On günlük ateşkes" haberi hızla kampa kadar yayıldı ve kısa bir süre sonra geniş kalçaları üzerine oturttukları yarı çıplak çocuklarını taşıyan ikili üçlü gruplar halindeki kadınlar, barışçıl bir alışveriş düşkünlüğüne kendilerini kaptırmış, yakındaki köy ve kasaba bakkallarını işgal etmişlerdi. Gajoların şüphesi birazdan yatıştı ve onlar da işlerindeki bu beklenmedik ancak memnunluk verici artışla neşelendiler. Kadın ve kızlar bir seferde metrelerce elbiselik kumaş aldılar. Karavanları tencere, donyağı mumları, halıyla doldurdular. Bazıları baharat ve hazır gıda maddelerinin yanında sandalye bile satın aldı. Romanlar topraklarında atlarını otlatmak için civardaki çiftçilerle anlaşmaya gittiler. Ateşkes koşulları altında Romanlar, başka herhangi bir seferde "yolların izniyle" elde edecekleri şeylerin parasını büyük bir memnuniyetle nakit olarak ödediler.

Günler, sonu gelmeyen patşiva ve cümbüşle, polis de dâhil olmak üzere Gajolarla kurulan arkadaş ilişkileriyle dolu geçti. Çingeneler "beyefendiler" gibi davranmışlardı. Uzun, rengârenk etekli, çıplak ayaklı, kömür karası saçları altın paralarla kaplanmış Çingene kadınları oranın günlük yaşamının bir parçası haline gelmişti ve bazı insanlar –hancılar, kasap ve bakkal sahipleri– cömertçe para harcayan bu göçebe misafirlerinin bir gün kamplarını toplayıp gideceklerini düşündükçe üzülüyorlardı. Her gece oğlan ve kız çocukları gruplar halinde bisiklete binip büyük kamp yerine geliyorlar, belli bir mesafeden ateşin etrafında neler olup bittiğini izliyorlardı. Biz Çingenelerin ne biçim insanlar olduğumuzu merak ediyorlardı. Hiç şüphesiz bizim özgür ve pahalı yaşantımız hakkında hayaller kuruyorlardı; bu hayaller bazısının sıklıkla özlem duyduğu iğrenç bir serbestliğe benzerdi.

Sonunda on günlük ateşkesin sonu geldi. Komiser, Pulika ve Tşukurka'yı görmek üzere kampa geldi. Şimdi birbirlerine neredeyse arkadaşça hitap ediyorlardı. Komiserin daha önce Çingene gruplarıyla hoş olmayan deneyimleri olmuştu ve daha önce anlaşma yaptığı bir Çingene liderinin sözünü tuttuğunu veya insanlarının davranışlarını kontrol edebildiğini hiç görmemişti. Komiser bir ya da iki kez geceleyin de geldi ve ateşin başında ya Pulika'nın ya da Tşukurka'nın yanına oturup, tam bir merakla ve kısmen açığa vurduğu bir sempatiyle, dans edenleri, şarkı söyleyip eğlenenleri izledi.

Pulika, komiserin kabilesinin disiplinli tavırlarını, temizliğini ve dürüstlüklerini övmesini gururla dinledi. Adam kabilenin biniciliğini ve fiziksel cesaretini takdir etti. Keşke kendisi de en az onlar kadar farklı sayıda dil konuşabilseydi ve her daim değişen çevre koşullarına onlar gibi uyum sağlayabilseydi. Macera dolu sonu gelmez yolculuklarına ve hayatın tadını doyasıya çıkarma yeteneklerine gıpta ettiğini söyledi. Şakacı bir nezaket gösterisi sergileyen Pulika, komiserin resmi statüsüne ve bu statünün getirdiği ayrıcalıklara imrendiğini söyleyerek cevap verdi; eğer bütün dilekleri gerçek olsaydı o, yani Pulika, bütün Çingenelere özgürlük, barış ve dünyanın bütün meyvelerini bahşederdi.

Saatler sonra Pulika, hâlâ yaktığı ateşin yanında sessizce, tek başına oturuyordu; henüz kimseye söylemediği iyi haberin tadını çıkarmaktaydı. Yarın büyük şehre doğru on-on iki mil yol gidecek, derenin yanında birkaç günlüğüne kamp kuracak, sonra başka bir on günlük ateşkes için buraya geri dönecektik. Pulika gülümsedi; mevcut durumdan hoşnuttu, bilinmeyene bir güveni vardı ve gelecek için hiçbir endişesi yoktu.

Sabahleyin erken saatlerde kamp temizlendi. Ağır karavanlarımızdan biri çoktan, iyi dinlenmiş atlarımızla çekilip götürülmüştü. Son karavan eski kamp yerini henüz terk etmeden, ilk hareket eden karavanlar derenin kıyısındaki yeni kamp yerine yerleşmişti bile. Rüzgârlı yolun on iki miline yayılmış ağır ağır hareket eden karavanlar tek sıra olmuş yolculuk ediyorlardı. Bizim karavanlarımız ve Trokeştininkiler birbirine karışmıştı. Herhangi bir düşmanlık veya gerilim taşımayan, özdeş ve mutlu tek bir grup olmuştuk.

Gecenin ortasına doğru hava kötülemeye başladı. Yataklarımızdan fırlayıp bütün ateşlerin söndürüldüğüne emin olduk. Gevşek bırakılmış bütün brandalar sağlamlaştırıldı ve yere sağlam bir şekilde sabitlendi. Kamp yerinin yakınında otlayan atları tutup getirdik, sahipleri onları iple karavanlarının arkasına bağladılar. Rüzgârın ani ve keskin bir esintisi gri renkli yaşlı bir kısrağı korkuttu. Onu sakinleştirinceye kadar hayvan başımıza bir sürü dert açtı. Gelen fırtınaya karşı sallanan karavanları uzun kazıklarla destekledik. Kadınlar tencere, kova ve leğen gibi genelde açık havada bırakılan ve rüzgârın taşıyabileceği bütün ufak tefek malzemeyi aceleyle karavanlara yığdılar. Sonra emekleyerek, kadınların karavan içine taşıdıkları yatağa gidip ipekten, büyük ve yumuşak kuştüyü yorganların altına süzüldük. Karavanımız pek bir kalabalıktı, bütün kapı ve pencereler sıkı sıkı örtülmüştü ama rüzgâr çatıdan çıkan kısa soba borusu boyunca ağıt yakıyordu. Atlar karavanların arkasına bağlanmıştı; yularlarını vahşice çektikçe karavanlar oldukları yerde sallanıyordu. Vurdonunun ince tahta duvarı arkasından bir adam korkmuş hayvanını sakinleştirmek için kısa ritmik cümlelerle bağırıyor ve küfrediyordu. Aniden uzaktan gelen bir feryat duyuldu, ancak rüzgâr çok geçmeden bütün sesleri boğdu. Pencereler, kapılar, soba boruları devamlı takırdıyor, yırtılıp sökülen bir muşamba, hızlı ve istikrarsız bir ritimle çırpınıyordu. Dışarıda bırakılmış veya unutulmuş eski gazete ve giyecek parçaları rüzgârla gürültü içinde uzaklara taşınıyor ve bazen bir tenteye veya karavan tekerleğine yapışıp kalıyordu. Köpekler inliyor ve saklanacak daha iyi bir yer arayarak oradan oraya hızla koşuyorlardı. Sonunda fırtına durdu ve aniden rüzgâr gürültüsünün yerini boş bir sessizlik aldı. Sessiz durgunluk, patlak veren fırtınadan çok daha rahatsız ediciydi. Birkaç saniye için heyecanlı gevezelikleri, derenin çağlamasını ve gece yarısı olduğunu haber veren kilise çanlarının uzaktan gelen sesini duyabildim. Yakınlarda bir bebek ağlıyordu. Tam bu sırada merakla etrafı dinleyerek uzandığımız yatağın ancak birkaç adım üzerindeki çatıda, sağır edici bir sağanak davul çalmaya başladı ve her şey bir kez daha birbirine girdi. Arkama yaslandım ve sonunda dışarıda yağan yağmurun uyuşturucu ritmine kendimi bıraktım. Vücudumun her hücresindeki gerilimin yavaş yavaş azaldığını hissediyordum. Ertesi sabah ateşi dışarıda değil de karavandaki sobada yaktık; bütün kamp bölgesi çamurla kaplanmış ve kayganlaşmıştı. Çoğu Roman geç saatlere dek uyudu ve yeni gelen gün hiç de coşkuyla karşılanmadı.

Rüzgâr ısıyı iyice düşürmüştü. Aşağıya bile inmeden hemen karavanın merdivenlerinde yıkandık ve gerisin geriye, koyu ve tatlı kahveden içmek üzere kendimizi karavana attık. Başka bir aileden birkaç oğlan çamurların içinde koşarak karavana geldi, içeri tırmandı ve oturan yaşlıları saygı dolu bir şekilde selamladıktan sonra kendilerine ikram edilen kahveyi kabul ettiler. Kamptaki diğer insanlar ve gece boyunca esen rüzgârın verdiği zarar hakkında haber getirmişlerdi. Onlarla beraber atlara bakmaya gittik. Atları büyük bir gayretle tımarladık ve soğuk geceden sonra ısınmalarını sağlamak için bir süre koşturduk. Toprak ıpıslaktı ve keskin kokuyordu. Çok geçmeden güneş çıktı, yere çöken sis kalktı ve gökyüzü açıldı. Kadınların bazısı nehrin aşağısında çamaşır yıkamak için kamptan ayrıldı, kampın bir köşesinde ufak çocuklar dansa davet oynuyorlardı.

Yakın bir tarihte bölgedeki büyük bir şehirde her yıl düzenlenen at fuarı olacaktı, birkaç günümüz bu fuara hazırlık yapmakla geçti. Herkes kötü olabilecek herhangi bir şey yapmamaya özen gösterdi, diğer türlü kumpanya hızla oradan ayrılmak durumunda kalırdı. Oysa atların bol bol dinlenmesi gerekiyordu. Daha çok acıkıp susamalarını sağlamak için atlara tuz yedirildi. Olduğumuz yerdeki otlar çok iyiydi, atlar daha önce hiç olmadığı kadar sık kaşağılandı ve tımar edildi. Toynakları cilalandı ve birkaçı fuar için süslendi. Genç oğlanlara atların iyi taraflarının nasıl vurgulanacağı ve kusurlarının nasıl örtüleceği anlatıldı. Eğer bir at bir Gajodan satın alınacaksa atın aslında iyi olan özelliklerini hasıraltı etmek için ata nasıl binileceği, başının nasıl rahatsız edici bir şekilde tutulacağı ve diğer birçok binici hilesi gösterildi. Fuara sadece iyi durumda olan atlar götürüldü. Romanlar fuara her yıl geldiklerinden tacirler arasında iyi bir izlenime sahip olmak istiyorlardı.

Pulika'nın bir çift, sözde "Belçikalı" güçlü pulluk atı vardı; bu atlar karavanlara koşulmuştu. Bir de karavanın arkasına bağladığımız ve bize durmadan sorun çıkaran, yerinde duramayan safkan gri bir aygıra sahipti. Kırlarda gezinirken, Pulika iyi atlarımızı daha kötü atlarla değiştirmişti. Satın alan kişi aradaki fark için para ödemişti. Pulika hayvanlarımızı başkalarıyla değiştirmekten her zaman, bir çeşit kumar oynar gibi, zevk alırdı. Böylelikle atların sahip olabileceği noksanlıkların neredeyse ansiklopedisini taşıyan bir at koleksiyonumuz olmuştu. Bazı atlar inatçıydı ve onlardan kurtulduklarına pek sevinen bir önceki sahipleri adam olacaklarına hiç inanmamıştı. Diğerlerine kötü davranılmış ve neredeyse işkence yapılmıştı.... Bazısı kötü eğitilmişti ve çok ürkekti... Bazısında berbat ayarlanmış koşum takımları yüzünden ağrılı ve irin dolu yaralar çıkmıştı... Bazısı tıknefesti, ancak Pulika satın aldığı sırada hepsi de ağır çiftlik işleriyle baş edebilecek güçteydi. Çoğunun sadece uzatmalı bir dinlenceye, yeterli beslenmeye ve durumlarını anlayan bir muameleye ihtiyacı vardı. Oldukça sık bir şekilde Pulika'nın böylesi atların dört veya beşine birden yatırım yaptığı olurdu. Bütün bir gününü çayırlarda bu atlarla, üzerlerinde uyuşturucu etkisi yapan ağırkanlı bir sesle konuşarak geçirirdi. Onları korkutmamak için yavaş hareket eder ve atlar onu meraklı gözlerle izlerdi. Atların kanını akıtır, solucan düşürmelerini sağlamak için boğazlarında aşağıya müshil hapları boşaltırdı. Onları yeniden gençleştirmekte hiç başarısız olmadı.

Vakti gelince atlar, tarihleri bilinmesin diye satın alındıkları yerden çok uzakta bir yerde yeniden satılırdı. Pulika atlardan en az insanlardan anladığı kadar iyi anlıyordu.

Fuar günü, biz genç olanlar gün doğmadan yataktan fırladık. Atların parlak yelelerini ve kuyruklarını ördük, ateş kırmızısı kurdeleler taktık ve sürüyü şehre götürmek üzere kahvaltıdan önce yola çıktık. Kore, Nanoş ve Tşukurka'nın oğlu Zurka ve Yayal ve diğer birkaç oğlanla beraber gidiyordum. Atlara eyersiz binmiştik... Etrafımızı hızla koşan, şaha kalkan, tekmeler atan, sinirli atlar çevirmişti... Bir toz bulutuyla kuşatılmıştık. Güneş gökyüzünde yükselirken şehre doğru saatlerce at sürdük... Başıboş toynak sesinde, kısa kamçı şaklamaları, atların hafifçe kişnemeleri ve onlara bağıran oğlanların naraları arasında boğulmuştuk. Atların ter kokusu buram buram burnuma geliyor ve güneş giderek kızışıyordu. Vahşi bir şekilde at sürüşümüz, sürekli bir gürültü ve diz ve ökçelerimden yükselen basıncın göğüs kaslarımda oluşturduğu duygu, bana sarhoş edici bir kuvvet vermişti. Ardımızdan fuara gitmek üzere taksiyle yola çıkan yaşlı erkekler ve birkaç kadın bizi yolda yakaladı. Uzunca bir yol almıştık ama iplerle metal direklere bağlanmış atların hafifçe hareket ettiği sakin bir denize benzeyen fuar yerine vardığımızda saat hâlâ çok erkendi. Beyaz kıyafetleri içindeki resmi devlet veterinerleri dezenfektan kokuyorlardı. Gelen bütün atları denetleyerek, onay verdiklerine beyaz bir pul yapıştırdılar.

Romanlar, âdet olarak –ilginç bir şekilde– emekli bir polis memuru tarafından işletilen belli bir handa buluşurdu. Han, Çingenelerin Avrupa'nın her yerinden mektuplarını gönderdiği bir buluşma yeri haline gelmişti. Han sahibi, müsait olduğu zamanlarda bu mektupları onlara seve seve okurdu. Çoğu göçer Çingenenin okuma yazması olmadığından birkaç bira parasına onlar için cevap mektupları yazardı. At fuarı zamanında Romanlar bu handan pek çok uzun mesafe telefon görüşmesi yaparlardı. İlk içki turunu ısmarlayan Bidşika oldu. Saat daha on bile değildi, ama çoktan yirmi beş-otuz Roman etrafta birikmişti. Bir ellerinde uzun kırbaçlar vardı. Sol kollarına ucu kıvrık, ağır bastonlarını takmışlardı. Koyu siyah biradan otuz şişe açıldı. Güne iyi başlamak isteyen Kalia daha ilk şişeler bitmeden başka bir otuz bira ısmarladı. At fuarında üç kardeşler –Luluvo, Bidşika ve Kalia– önemli insanlar haline gelirlerdi; onlar Merhum Putzi'nin oğullarıydılar.

İşler iyi gidiyordu... Her tarafta fiyat ve kalite hakkında dönen ateşli tartışmalar, akıllı pazarlıklar ve yüksek sesle yapılan açık arttırmalar bulunuyordu. Açık arttırma şöyle yapılıyordu; arttırmayı yöneten kişi avucunu havaya kaldırıyor, arttırmaya katılanlar önerdikleri ücreti bu ele vurarak belirtiyorlardı. Oğlanlar ve genç erkekler söz konusu atı alıp getiriyor, gösteriş yapmak için atı bir aşağı bir yukarı yürütüyordu. Açık arttırma ya handa ya da han kapısında yapılırdı. Bir anlaşma sonuçlandığında, atı getirip gezdiren oğlana komisyonu verilirdi. Çok yaşlı bir Gajo satmaya çalıştığı bir kırbaç demetini taşıyarak içerde dolaştı. Bir adam ve saçlarına ak düşmüş sert bakışlı bir kadın, bir at arabasında oturmuş, kaşağı ve özel at battaniyelerinin yanı sıra ikinci el koşum takımları, at başlıkları ve eyerler satıyordu.

Handan müteşekkil kumanda merkezine geri döndüğümde yüzden fazla Romanın orada toplandığını gördüm. Bugün için özel olarak ülkenin dört bir yanından gelmişlerdi. Akrabalarını aramak üzere İtalya'dan gelmiş çok sayıda Çingene vardı. Yerel dili zorlukla konuşuyor ve bu durum iş yapmalarına engel oluyordu. Atları yorgun ve bakımsız görünüyordu.

Bizim kumpanyamızdan adamlar, atların durduğu taş döşeli meydana bakan büyük pencerenin yanındaki uzun masalar çevresinde misafirleri olan Gajo at tacirleriyle birlikte oturdular. Her yeni içki turu, çoktan boşalmış çok sayıdaki yeşil içki şişelerine yenilerini ekliyordu. Geleneğe göre bu şişeler toplanmaz ve her misafirin yanına konan küçük masa üzerinde biriktirilirdi. Bu, han sahibinin Pulika ve Tşukurka'nın gruplarının oradaki varlığına karşı gösterdiği takdir edilesi bir nezaket davranışıydı. Çünkü kopacak bir arbede sırasında bu boş şişeler tehlikeli silahlar haline gelebilirdi. Romanların tavırlarına dair bu güven işareti, hiçbir zaman zarar görmedi.

Öğleden sonra ikiye doğru ticaret yavaşladı. Kumpanyamızın kadınları iyice temizlenmiş tahta masalar üzerine yığdıkları yiyecekler getirdiler. Masada ızgarada kızartılmış soğuk tavuk, domuz pirzolaları, çeşitli peynirler, çiğ soğan dilimleri, acı biber, taze küçük salatalıklar ve ekmek yığını vardı. Tuz, biber, sirke ve peçeteler handan alındı. Oradan ayrılmadan önce Pulika bütün faturaların ödendiğine veya borçlar üzerine han sahibiyle mutabık kalındığına emin oldu. Yeni alınan ve satılamayan atlar kampa geri götürüldü, başka bir oğlan at sırtında benim yerimi alırken Pulika, Rupa ve Keja ile kalmayı başardım.

At fuarında Romanlar kendilerini rahat hissederdi... Çoğu tanınır ve diğer tacirler tarafından saygı görürlerdi. Bununla birlikte şehirde yoğun, gürültülü gruplara dönüşürlerdi. Henüz öğleden sonra erken bir saat olmasına rağmen, hepsi de çok içmiş ve samimi ve eğlenceli bir ruh haline bürünmüşlerdi. Çoğu için at ticareti karlı bir iş olmuştu, ancak ne olursa olsun fuar, ancak patırtılı kutlamalarla bitebilecek önemli bir olaydı.

Kendine güvenen ve canlı bir şekilde hareket eden, uzun saçlı, vahşi bakışlı Romanlar şehir sakinleri arasında acayip görünüyorlardı. Gajolar yüzlerinde allak bullak olmuş ifadelerle onlara bakakaldılar. Bunlar, tam da Pulika'nın "yaşamları bir tarafta akıp giden" dediği Gajolardandı. Kısa bir süreliğine Çingenelere Gajoların durduğu yerden baktım: Altın takılarla donanmış, rengârenk elbiseler içindeki kadınlar; kocaman gözler ve esmer tenlerinde göze çarpan güçlü beyaz dişler, örülü kara siyah saçlar, bileklerine kadar inen etekler ve çıplak ayaklar. Erkekler gürbüz ve hafifçe tıknazdı, gözlerinde istekli ve uyanık bir ifade vardı. Bazısı binici çizmesi, bazısı ayakkabı giymişti, kiminin ayağında çorap yoktu, birkaçı ayakkabılarını eline almış yalınayak dolaşıyordu. Çok yüksek sesle konuşuyor, dışarıdan bakan biri için kızgın ve gergin görünüyorlardı. Herhangi bir işaret vermeden bütün bir grup ağaçlı, geniş caddenin bir tarafına yöneldi ve yol kenarındaki bir kafenin dışarıdaki masalarına doluştu. Ne garsonların ne de kafe sahibinin olaya müdahale etme şansı olmuştu. Bir kez oturunca, büyük bir kargaşa çıkarmadan onları oradan dışarı atmak imkânsızdı. Kısa süreli bir heyecan dalgasından sonra her şey yine yatıştı. Eğer onlara düzgün davranılırsa ortada herhangi bir sorun olmazdı; eğer davranılmazsa kıyamet kopar ve kesinlikle olup bitenden dolayı en çok üzülecek olanlar Çingeneler olmazdı.

Pulika, Rupa, Tşukurka, Luluvo ve diğer birkaçı kafede kaldı ve sonu gelmeyen cafe-filtelerini içtiler. Bu arada biz büyük, zarif dükkânları ziyaret ediyor, dükkânların arasında az çok amaçsız bir şekilde geziniyorduk. Erkekler dışarıda felsefeyle meşgul olurken, Keja ve diğer genç kadınlar kuştüyü yorganları kaplamak için ipek kumaş ve tezgâhtar kızları hayrete düşürecek kadar çok elbise malzemesi satın aldılar.

Yayal, Kore, Zurka ve ben, diğer Romanlardan duyduğumuz yaşlı Yahudi bir terziyi aramak üzere yavaş yavaş oradan uzaklaştık. Sonunda yaşlı terzinin dar ve karanlık dükkânını kırmızı ışık mahallesiyle tren istasyonu arasında bir yerde bulduk. Dükkâna girdiğimiz sırada, terzi bir köşede bağdaş kurmuş oturuyordu. Sakalı daha önce hiç görmediğim sarı-kızıl bir renkteydi. Pörsük gözlerinde sabırlı, ıstırap dolu bir ifade vardı, suratı solgundu. Çökük, dar omuzlarından dua eden birinin omuz atkısını andıran, sarı renkte bir mezura sarkıyordu. Siyah bir sinagog şapkası takıyordu, birkaç tutam kıvırcık saçı zülüflerini tutturduğu kulaklarının arkasından sarkıyordu. Kırkı, iğnedenlik, çeşitli kumaş parçaları ve teyelli giysiler arasında buharı tüten bir bardak çay duruyordu. Yer, ağızda naftalin tadı bırakan yeni kıyafet malzemesi kokuyordu. Gözlerini bile kaldırmadan işine bakan terzi, işini bilen bir balıkçının sicimle oynaması gibi, örnek yığınlarına bakmamıza izin verdi. Sonra gözlerini yukarı kaldırdı; verdiği tavsiyelerle bize moda ve beğeninin arabulucusu gibi göründü. Kabul etmeliyim ki, o zaman bizim için yaptığı tercihler vahşi görünüşümüzle pek bir uyumluydu.

Zurka sözcümüz gibi hareket etti ve paçaları iyice etek gibi olan ekstra geniş pantolonlarda ısrar etti. Abartılı hareketler yapmayı mümkün kılan arkası geniş yırtmaçlı ceketlerden istedi. Bu ceketler son Balkan modasından bu yana, omuzlarda biten bir çeşit süslü dikişle sona eriyordu. Ciddi ama alttan alta otoriter bir tavır sergileyen terzimizin melankolik gözlerinde bir alay pırıltısı sezdim. O kadar yüklü miktarda bir depozit bırakmamızı istedi ki, neredeyse toplam fiyatın o kadar olduğuna emindim. Fuarda kazanılan para cebimizde rahat durmuyordu ve adam takımları almak üzere geri geldiğimizde hiç paramız olmayacağına adı gibi emindi. Gerçekten pek müstesna takımlarımızı kolayca imha edemeyeceğini ve paranın geri kalanını ödemeyi reddetsek bile eninde sonunda onları bize vereceğini biliyordu. Onca deneyimden kaynaklanan bütün bu düşünceler mantıklıydı. Hiç söylenmeden parayı ödedik ve sevinçle oradan ayrıldık. Romanlar şehir civarında kalırsa birkaç gün içinde terzimizin yanına dönerdik. Şansımıza önümüzdeki birkaç gün kumpanyamız çok az yol aldı; şehirden uzaklaşmak yerine neredeyse yarıçapı koruyarak çevresinde dolaştı. Bu durum, şehirde kısa bir gezinti daha yapmamıza olanak sağladı.

Dördümüz kamp yerine huzursuz, saldırgan ve çalımlı genç dövüş horozları gibi kasılarak geri döndük. Gerçekte kendimizi rahat hissetmiyor ve nasıl bir tepki beklememiz gerektiğini dahi kestiremiyorduk. Kore ve benim hırpani ayakkabılarımız vardı, diğerleri yalınayaktı. Yeni takımlarımızı giyerken, sadece o zaman, biraz dehşete düşerek, gömleklerimizin ne kadar eski, yırtık ve kirli olduğunu fark ettik. Kabul edilmiş Çingene adetlerinin aksine başım her zamanki gibi açıktı. Diğerlerinin arasında bir tek Nanoş en soğuk kış günlerinde bile herhangi bir şapka veya bere giymezdi. Ortodoks Yahudiler veya Müslümanlar gibi Romanlar her zaman –bir çadırın, karavan veya evin içinde dahi– şapka takarlardı. Sadece çok hasta oldukları şapkalarını çıkarırlar, o zaman bile kimse gerçekten niye çıkardıklarını bilmezdi. Hiçbir zaman Nanoş'u veya beni, alışkanlığımızı değiştirmemiz için zorlamadılar.

İlk başta, ergen olmamış ve ilgi isteyen muhtemel birkaç genç kızın dışında, hiç kimse yeni kıyafetlerimize dikkat etmedi. Hâlâ gergin bir şekilde dönenip dururken, bütün umutlarımız bir yana Pulika'dan herhangi bir onay almak için oturduğu ateşin yanına gittik. Pulika ve Tşukurka sıçradılar; Romanları ziyarete gelmiş birkaç misafir, üzerimizdeki takımları şöyle bir süzdü. Aniden çok utandık, kibirli duruşumuz beklenmedik bir şekilde uçtu gitti. Herkes görünüşümüzü, seçtiğimiz renkleri ve malzemenin kalitesini takdir etti; ödediğimiz parayı sordu, kıyafetlerin zarafetini ve kesimini methetti. Alttan alta sürdürülen alayı görmezden gelerek yavaşça kibirimizi ve övüncümüzü yeniden kazandık. Pulika sağ eliyle benim ceketimin geniş klapasını, sol eliyle de Zurka'nınkini tutarak yakınımızda durdu. Aniden, herhangi belli bir sebebi olmadan klapamı ve Zurka'nın yakasının bir kısmını yırttı. Hareketi kızgınlıkla yapmamıştı. Donakaldım. Çok çok uzaklardan gelen konuşmasından şunu dediğini duydum: Te khalioń ta ite şingerdjon tşe gada, hai tu te trias sastimasa tai voyasa... (Kıyafetleriniz yırtılıp eskisin ama siz sağlıklı ve mutlu yaşayın...) Hararetli takdir gösterileri, en az başlamaları kadar beklenmedik bir şekilde, aniden dindi. Erkekler yuh çekmeyi, alay edip sataşmayı bırakarak ateşin başına döndüler. Olaydan bir daha asla bahsedilmedi ve Romanlığımın bir nişanı olarak gururla taşıdığım yırtık klapamın dışında hiçbir şey olmadı. Hiç söylemeye gerek yok, elbette klapa bir daha hiç dikilmedi.

Bir Roman yeni birtakım elbise aldığında, onu her gün, bütün hava şartlarında, her koşulda, evin çevresinde çalışırken, dinlenirken ve en eğlenceli olaylarda, lime lime olup yerine yenisini alıncaya dek giyerdi. Eski elbise daha küçük birine uydurulur veya atılırdı. Aklıselim hiçbir Roman ek birtakım elbise almayı düşünmezdi. Romanların özel olaylar için farklı kıyafetler gibi bir mefhumu yoktu.

Altıncı Bölüm

Tşukurka'nın oğlu ve kumpanyamızın bir ferdi olan Yokka'dan hayatta olduğuna dair bir işaret alamadan haftalar geçti. Ne yolda ne de çorak kamp alanlarda O'nun karavanıyla karşılaştık. Ondan hiçbir haber alamadık. Hiç kimse adını anmıyordu. Görüldüğü kadarıyla onun için tek endişelenen de bendim. Genç karısı Vadoma'nın karnı burnunda olduğu ve doğum zamanının gelmiş olabileceği kafama dank edinceye kadar bu endişelerim devam etti. Bu durumda ana gruptan uzakta yolculuk ediyor olmalıydılar; çünkü Çingene adetlerine göre bu süre zarfında Vadoma marhime, yani kirli olacaktı. Sonra karavanımızı çok yakından takip ettiklerini, ama gözden ırak durduklarını fark ettim. Bu arada grubumuzun kadınları onlarla yakın temas halindeydiler... Günlük işlerinde Vadoma'ya yardım ediyor, O ve kocası için yemek pişiriyorlardı ve doğum zamanı geldiğinde küçük kadının yanında olacaklardı.

Nemli bir alacakaranlıkta vardığımız kamp yerinde Yokka'nın karavanı çoktan orada bizi bekliyordu. Bunu görünceye kadar kampımızda bununla ilgili tek bir laf bile edilmedi. Kamp yeri ormanın kenarında, kesilmiş ağaçlardan arta kalan kütüklerle dolu bir yerdi, etrafta sayısız cırcırböceği ötüyordu. Bizi bekleyen karavana verilen selamlar alay dolu ve gürültülüydü ama yine de bir ciddiyet taşıyordu. Genç kızlar karavana koştu ve sessizce içinde kayboldular. Yokka açıkça yine katıldığı kumpanyamızın erkekleri için içki doldurdu. Sanki ortalıkta tek bir kadeh varmış gibi herkes ayakta sırasını bekledi. Yokka içkilerin O Rom O Nevo, "Yeni Adam" yani oğlu tarafından ikram edildiğini açıkladı. İlk defa bebekten bahsediliyordu ve herkes onun sağlığına içti. Kadehler, şenlik içinde, oraya yeni varmış bir yetişkinin gelişini kutluyorlarmışçasına bebeğin gruba girişi şerefine kaldırıldı. Lovaralar gece boyunca ateşin çevresinde oturup içki içtiler. Her Roman "yeni akrabamızla daha iyi tanışalım" dileğinde bulunup sırayla bardağını şerefe kaldırdı. Tasasız şakaların törensel bir saygıyla karıştığı bir geceydi.

Polis canımızı sıkmadı ve meydanda bir süre kaldık. Birkaç gün sonra yakınlardaki bir köyden geçerken uzun karavan katarı tereddüt içindeymiş gibi yavaşlayıp bir mola verdi. Pulika'yı nüfus kayıt bürosuna kadar takip ettim. Yerleşim yerinin büyüklüğü düşünüldüğünde nüfus memurluğu açıkça yarı zamanlı bir iş olduğundan, görevliyi bulmak biraz zaman aldı. Pulika ve bana, Luluvo'nun eşi Büyük Sidi, Keja ve Putşa denilen başka bir kadın katıldı. Her zaman olduğu gibi, aslında orada olması gereksiz bir grup genç Çingene de uçurtmanın kuyruğu gibi peşimize takılmıştı. Yeni doğmuş bebeğin doğum günü olarak bir gün önceki tarih atıldı. Kaç günlük olduğu Romanlar için şimdi önemsiz görünüyordu. Pulika bebeğin annesinin orada hâlihazırda bekleyen Putşa olduğunu iddia etti, memur inanmadığını ima eden bakışlar fırlattı: Putşa çocuk yapacak yaşını çoktan geçmiş görünüyordu. Bildiğim kadarıyla bebekle uzaktan yakından bir ilişkisi yoktu. Pulika şaşkınlığımı hissetti ve Romanca "Tabii ki, sadece Gajoları aptal yerine koyuyoruz..." diye bana doğru homurdandı. Kendince bu mükemmel ve yeterli bir açıklamaydı. Memurun doğumu –iddia edildiği şekliyle– kaydetmekten başka yapabileceği hiçbir şey yoktu. Bunun başka türlü olduğunu iddia edebilecek şahitler olmadığı sürece ona olanaksız gelen şeyi kâğıt üstünde kabul etmeliydi. Şüphe duygum iyice gelişip kültürel farklılıkların daha iyi farkına vardıkça Gajoların standartlarına göre Vadoma'nın anneliğinin onu bir çocuk suçlu yapacağını anlamıştım –yaşı ya on iki ya on üçtü. Bu olay bir skandala, muhtemelen inatçı kızlar için ıslahevinde yıllarca "düzeltici" bir tedavi öngören bir duruşmaya yol açacaktı. Romanlar küçük yaşta ve yalnızca Çingene adetlerine göre evlendiğinden resmi nikâh falan kıyılmıyordu; doğan bebek, yetkililer nazarında gayri meşru olacak ve bebeğin Çingenelerden alınıp devlet tarafından yetiştirilmek üzere bir yetimhaneye konma riski doğacaktı.

Bir yıl veya daha sonra Vadoma, muhtemelen yine anne olacaktı. Yaşından ötürü çocuk hâlâ onun adına kaydedilemeyecekti. Lovaralar arasında genç bir evli çiftin ilk iki, üç hatta dört çocuğunun resmi olarak başka ebeveynlerin üzerine kayıtlı olması görülmedik bir şey değildi. Yolun getirdiği koşullardan dolayı genç çift, ilk çocuklarını "evlat edinen" aileyle beraber yolculuk etmiyorsa, meşru yaşta başka bir çift aynı şeyi yapar ve çocukları kendilerininmiş gibi kayıtlarına geçirirdi. Sonuçta çoğu "normal" Lovara evliliklerinin ilk birkaç çocuğu resmi olarak onlarınmış gibi görünmüyordu. Aynı zamanda ailenin her bireyi farklı bir aileye mensupmuş gibi görünüyor ve resmen farklı bir soyadı taşıyordu. Sadece kendileri, kendi kız ve erkek kardeşinin kim olduğunu bilirdi. Bu yolla ve tamamen farkında olmadan Romanlar, Gajo toplumunun bütün yazılı kayıtlarını altüst ederlerdi.

Bir seferinde fena sonuçlar meydana getiren bir olay hatırlıyorum. Bir Çingene kadın tavuk çalmaktan tutuklanmıştı ve kayıtları incelendiğinde beraber yaşadığı erkeğin aslında kardeşi olduğu ispatlanabilirmiş gibi duruyordu. Çiftin çok sayıda çocuğu olması, olayı çok daha ciddi kılmış ve Avrupa basınında Çingenelere yöneltilen yakın akrabayla cinsel ilişki kurma suçlaması ortalığı karıştırmıştı. Aslında bunun gerçekle hiçbir alakası yoktu. Kendi aileleri farklı zamanlarda, çocuklarını aynı ailenin çocuğu olarak –ki bu aileyle her ikisinin de bir bağlantısı yoktu– Gajo kayıtlarına geçirmişlerdi. Yakın akrabayla ilişki kurma Gajo kanunlarında olduğu kadar Romanların ahlaki ve dini kurallarında da yasaktı. Bazen genç bir gelinin kocasının grubuna katılması için gerekli olan göçmenlik işlemleri o kadar can sıkıcı olurdu ki kızın, damadın kız kardeşi gibi görünmesini sağlamak daha kolay bulunurdu.

Bildiğim çoğu Çingene devletsizdi ve geçici nüfus kayıtlarına sahipti. Teorik olarak ellerindeki kâğıt, sadece yandaki ülke sınırlarına giden yolda bir transit geçiş izniydi. Geçtikleri her ülkede göçmen durumlarına bağlı olarak farklı düzenlemeler yapmak gerekirdi. Fransa'da en nefret edilen ve baskıcı Carnet Anthropometrique kurumu vardı. Bu kurum dünyanın en ayrımcı ikamet tezkeresinden birini veriyordu. Verdiği tezkereye göre izni alan kişi her yirmi dört saatte bir yerel karakola gidip varlığını tescil ettirmeliydi. Kalderaş kabilesinden bazı Çingeneler, Birinci Dünya Savaşı'ndan sonra Beyaz Rus göçmenlerine verilen sözde Nansen pasaportlarıyla yolculuk ederlerdi. Bildiğim bazı Çingeneler nüfus mübadelesi sırasında Türkiye'den "geri gönderilmiş" bir Yunanlının pasaportuna sahipti. Diğerleri Fransa'ya firar etmiş İspanyol Cumhuriyetçileri olduklarını söylerdi ve birtakım gecikmelerden sonra bu yalan resmi durumlarını bu şekilde ayarlamalarına yardımcı olurdu. Müttefik kuvvetleri kuzey Afrika'yı işgal ettikten sonra bazı Çingeneler tahminen savaşta ölenlerin yerini almak için geçici Fransız vatandaşlığına başvurdu. O dönemde Fransa'nın Cezayir, Tunus ve Fas ile bütün bağlantısı kesildiğinden oradaki doğum kayıtlarına ulaşması mümkün değildi. Aynı şekilde Çingenelerin ibraz ettikleri bilgileri yetkililerin araştırması da olanaksızdı.

İkinci Dünya Savaşı sırasında Hollanda'da yaşayan ve Baba Tşurkeşti olarak bilinen bir grup Çingene, bir şekilde Guatemala pasaportu elde etmiş, sonra bu pasaportlar Doğu Avrupa'dan gelen Yahudi mültecilere verilmişti. Bu dönem aynı zamanda Brezilya, Nikaragua ve Dominik Cumhuriyeti'nden alınabilen "İyi Samiriyeli" pasaportu ve vizesi dönemiydi. 1943-44 yıllarında İspanya'da Polonyalı mülteciler olarak İngiltere'ye gitmeye çalışan veya konsolos çalışanlarının yardımıyla Yugoslav vatandaşı olarak Mısır'a giden Çingenelerle karşılaşmıştım. Uzun süre önce yasal veya yasadışı yollardan Amerika'ya göç etmiş Çingene aileleri de var. Oldukça uzun bir süre orada kalıp yeni topraklarda gezindikten sonra Türkiye ve Ortadoğu'ya döndüler. Bütün bir yeni nesil, sadece eski memleketine dönebilmek için Amerika doğumlu ABD vatandaşı oldu. Çingeneler arasında onlardan hâlâ "Türk" diye bahsedilir.

İkinci Dünya Savaşı sırasında ve sonrasında, göçe zorlanan insanların ve siyasi mültecilerin saflarına sevinçle katıldıklarından, Romanların hareket özgürlükleri artmıştı. Bu durum onların önünde yeni ufuklar açtı. 1950'lerin sonunda birkaç büyük grup Polonya'dan Doğu Almanya'ya gitti. Doğu Almanya rahatça ve istekli bir şekilde Batı Almanya'ya "kaçmalarına" izin veriyordu. Benzer şekilde Yugoslavya üzerinden İtalya'ya kaçmak da mümkündü. Diğerleri Asyalı olmayan siyasi mülteciler olarak yakınlarda Uzakdoğu'dan gelmişlerdi. Bu konuda sonsuz sayıda varyasyonlar yapılabilir, ancak bunu Gajoların hayal gücüne bırakıyorum.

Çevreleri ve yaşam koşulları değiştikçe onlar da aynı hızda yüzeyde değişen koşullara uyum sağlarlardı. Bunu kendiliğinden gerçekleştirirler, ancak bu hızlı değişim aslında özlerini korumaya yardımcı olurdu. Lovaralar, Gajolara istediklerini düşündürtemedikleri zamanlarda bile, her zaman kendileri gibi, neredeyse el değmemiş kaldılar.

Dünyanın Çingenelerin bir parçası gibi gördüğü üstü kapalı karavan, gerçekte sadece Almanya'nın bazı bölümlerinde, güney Avrupa ülkelerinde, İskandinavya, İtalya'nın kuzeyi ve Fransa'da kullanılırdı. Bütün bu yerlerde Çingene olmayan sayısız grup da benzer karavanlarda yaşardı. İşin ilginç tarafı bu "tipik" Çingene karavanlarını Gajo üreticiler inşa ederlerdi. Hem de karavanları süsledikleri oyma tahta dekorasyonlarından çiğ renk seçimine kadar her şeyini onlar yapardı. Karpat Dağları'nın eteklerindeki Transilvanya düzlüklerinden Clignancourt Limanı'na ve Paris'in ticari bölgesine kadar çeşitli tente türleri kullanılırdı. Balkanların ve Türkiye'nin birçok bölgesinde Çingeneler, at arabalarında veya üzerinde sığınak olarak gerilmiş tente benzeri bir şey taşıyan karavanlarla yolculuk ederlerdi. Bunlar yerel yol koşullarına daha çok uyum sağlamıştı veya dağlık ülkede daha pratikti. Aynı zamanda bu at arabaları Romanlara pek de arkadaşça davranmayan bölgelerde daha az göze çarpıyordu.

Oynadıkları mülteci rolü gereği karavanlarını terk ediyor

veya satıyor ve çıkın haline getirdikleri tüy yatakları, tencere tavayı basitçe arkalarından sürüyüp biriktirdikleri altınları, kirli iç çamaşırlarına dikiyorlardı. Bugün Batı Avrupa'nın pek çok yerinde ve Amerika'da geniş özel arabalarda yolculuk ediyorlardı. Genelde tercih ettikleri araba Mercedes Benz, Opel ve Amerika'da Cadillac'tır.

Romanlar sonsuza kadar hareket halindeydiler. Gajoların kanunlarına açık şekilde meydan okuyarak dikkat çekmeden ve kurnazca sınırları geçerlerdi, çünkü çoğunlukla başka seçenekleri olmazdı. Mümkün olduğunda kaçakçılık yaparlar; olmadığında tedbirli ama becerikli bir biçimde rüşvet dağıtırlardı. Romancada buna "adamı tatlandırmak" denirdi; aynı zamanda "altın pas tutmaz" diye de bir lafları vardı. Bir kez sınır geçildiğinde, önlerindeki patikayı sessizce izler ve içinde eriyip kaybolacakları yerel bir Çingene grubuna katılırlardı. Bu Çingeneler onlar için bir "kalkan" olur, onları yeni ülkenin tehlikeleri ve özelliklerine karşı uyarırlardı. Yerel grup, bölgenin yetkililerine dair genel bir fikir geliştirmiş olur ve sıklıkla yeni gelenlerin doldurabileceği sözde "serbest" nüfus kâğıtlarıyla yeni gelenlere yardım edebilirdi. Çocukları büyümüş yaşlı bir Roman, ailesinin geçici bir süreliğine gruptan ayrılmış veya kendisine başka, muhtemelen daha iyi belgeler edinmiş üyelerine ait nüfus kâğıtlarını saklama ayrıcalığına sahipti. Bazı nadir örneklerde, etkili bir arabulucu, kuraldışı bir durumu geçici bir süreliğine "yasalaştırmak" üzere "iktidarda olanlardan" belli bir özel izin elde edebilirdi. En kritik dönem sınırı geçiş anı ve yerel polisle ilk karşılaşma arasında geçen süreydi. Eğer bir sınır bölgesinde zamanından önce fark edilirlerse, hızla sınırdışı ediliyorlardı. Mecburen ayrıldıkları ülkenin göçmen bürolarının belirlediği yasak bölgelere veya kamplara gitmek zorunda kalıyorlardı. Öyle ki, komşu ülkeler arasında savunmasızdılar. Bu olay, 1938'de Norveç'ten gelen büyük Tşurara grubunun başına geldi; grup Fransa ve İspanya arasında yakalandı. Haftalarca insanlık dışı koşullarda, iki cephe arasındaki sahipsiz topraklarda kalmaya zorlandılar. Bunun sonuçta nasıl çözüldüğünü hiçbir zaman öğrenemedim. Yalnızca kendi bilgisizliğimden dolayı çok üzüldüm. Bir suçlunun iadesindeki zorluk Romanlar işbirliğine yanaşmadığında anlaşılabilirdi. Acil durumlarda takındıkları yarı bilinçli tutarsızlıkla Çingeneler nereden geldiklerini bilmediklerini iddia ederlerdi. Hala son derece işbirliği içinde hareket etmelerine rağmen, aniden tutarlı bir dil konuşma yeteneklerini kaybederlerdi. Sonu gelmez gevezelikler eder, iyi niyet gösterileri ve aptal numaralarıyla en dayanıklı araştırmacıları bile yıldırırlardı.

Bazen bir Roman aracılık yapmaya gönüllü olurdu. O "Kral"dı. Karşısındakine merhamet gösterir gibi yapıp ifadesinde herhangi bir açık vermemeye dikkat ederek her şeyi "açıklardı". Kendilerine zarar verecek herhangi bir bilgiyi bile bile yanlış verir veya soruyu anlamazlıktan gelirdi. Böylesi durumlarda "Kral" her zaman statüsü tartışılmayan, oyunu doğaçlama oynamaya ve her türlü riski almaya hevesli ve ülkeyi tanıyan biri olurdu. Kendisine zarar görmüş bir masum havası veren Kral, vatandaşı olduğu toprakların kanunlarının uygulanmasına yardımcı olmak üzere hizmet etmeyi önerirdi. Tamamen yetkililer yanındaymış gibi davranırdı. Oldukça sık bir şekilde yetkililer biraz tereddütte kalsalar da bu kendine iş edinen adamın söylediklerine inanırlardı. Romanca'da şöyle bir deyiş vardır: "Pazaryeri kızmayı bilmez..."

Gajo iktidar yapısının temsilcilerine (yargıçlar için kullanılan) Ray Baro, yani Büyük Efendiler denirdi. Ülkesine bağlı olarak bu yetkililer, ya İçişleri veya Adalet Bakanlığı, Securite Publique, Deuxieme Bureau des Nomades, Azınlıklar

Bürosu ya da diğer başka bir büro tarafından görevlendirilirdi. Bir Çingene Kral, söylediği göze batan bir yalandan ötürü tutuklanırsa –örneğin ülkenin daimi vatandaşı olduklarını iddia ettiği Çingenelerin ülkeye yasadışı yollardan yeni geldikleri ortaya çıkarsa– Kral kullandığı taktiği değiştirir; adamların karşısına, kendisini bu utanç verici durumdan kurtarmalarını bekleyen bir diplomat gibi çıkardı. Yetkililerin kişisel önem duygularını pohpohlar ve tahrik ederdi. Ray Baro aman vermezse, Kral kabilesindeki "isyancı" unsurlar tarafından alaşağı edilirdi. Böylece Çingene içine düştüğü açmazdan kurtarılırdı. Romanlar daha sonra arkalarına dayanıp nasıl olursa olsun gelmekte olan felaketi beklemeye koyulur ve "kirpiyi oynamaya" dönerlerdi. Bütün hilelerini tüketen Romanlar, kendilerine yardım edecek tek yazgının başka bir kriz olduğunu bilirlerdi. Romanlar "Biraz gölgelik herkes için iyidir..." diye boşu boşuna dememişler.

Çingenelerde üçüncü bir liderlik, nam-ı diğer dedikodu kralları vardı. Burada bilerek krallar diyorum çünkü Romanlar arasında pek çok kral olurdu. Bir kral ancak herhangi bir otoriteye sahip olmadığı zaman etkili bir gemi aslanı sayılırdı. Fonksiyonu, varsa bile, yerel Jandarma ve gerçek lider ve topluluğun teknik danışmanı olan Kapo arasında bir irtibat sağlamaktı. Pozisyonu isteğe bağlı değil, daha ziyade kendiliğindendi. Davranışlarına, Roman ruhunun aksine, kişisel kibirin ve gururun küçük motifleri esin verirdi. Ne demek istediğini daha iyi anlatmak için Pulika, Avrupa'nın büyük şehirlerinde omuzlarında altın rengi apoletler olan kırmızı, mavi veya parlak yeşil üniformalar içindeki uzun boylu, iri yarı ve heybetli adamları görüp görmediğimi sordu. Bu adamlar ordu generalleri gibi görünür ve öyle davranırlardı, ancak gerçekte yalnızca pahalı otel ve eğlence salonlarında kapıcıydılar. Kendi kumpanyamızda, Yojo la Mimako Jamutro denilen bir adam vardı. Romanca isminden de anlaşılacağı gibi, ilginç bir şekilde Mimi'nin damadı olarak çağrılıyordu. Kendisine ait belli bir işaret yaratamamış genç erkekleri şunun oğlu diye belirtmek adettendi; o da yoksa eşinin ismi tanımlama için kendi ismine eklenirdi. Bu bakımdan bu adamın, önemli biri olan kayınbabasının yani Pulika'nın kardeşi Tşukurka'nın ismiyle yaftalanması gerekirdi. Bunun yerine alaycı bir şekilde kayınbabasının eşinin, Mimi'nin damadı olarak çağrılıyordu. Bu Yojo, Putzina'nın ağabeyinin adaşıydı; ince, temiz ve iyi görünüşlüydü. Her zaman ayakkabı giyer ve büyük bir dikkatle, özene bezene kuşanırdı. Adam diğer Romanlar tarafından güzel bir hiç olarak değerlendirilirdi. Gajolarla konuşan Çingenelerin sıklıkla ondan "Çingeneler Kralı" diye bahsettiklerini duymuştum. İlk başta bu tanımlamayı sadece bir lakap sanmış, sonra en azından dış dünyaya göre kral olduğunu (veya en azından krallardan biriydi, sonra başka krallarla da karşılaşacaktım) keşfetmiştim.

Gajoların dünyasında şöhret sağlayacak bir yeteneğe sahip, yoksa diğer türlü pek az sayıda yandaşı olan, kendine özgü başka bir kral daha vardı. Nicolas de Vaugirard, Roi de Paris olarak bilinmeyi severdi. Bizim içinse düz Stevo la Gulumbako'ydu. Luluvo la Sidako başka bir kraldı. Nazik, düşünceli bir hayalperestti. Gençlik yıllarını esaret altında geçirmişti, yazamıyordu ama hapishanede basılı harfleri okumayı öğrenmişti. Er geç, oldukça değişmiş bir adam olarak insanlarının yanına döndü. Sonuçta kimse ona Gajoların gözündeki değeri vermedi; daha da kötüsü hapsin ve kendi insanlarından izole bir şekilde geçirdiği zamanın adam üzerinde bıraktığı etkiden dolayı ona acıdılar. Hangi suçtan dolayı veya hangi ülkede hapse atıldığını hiçbir zaman öğrenemedim. Luluvo, XI-

II. Josef olarak bilinmeyi tercih ederdi. Ondan önceki on iki Josef'e ne olduğunu hiçbir zaman anlamadım. Luluvo, Bergen-Belsen'de bir toplama kampında öldü.

Polonya'da dolaşan Kalderaşların da bir seferinde kendilerine ait ünlü bir kralları, I. Janus Kwieck'leri oldu. Benim hiç bilmediğim nedenler yüzünden ancak cüretkâr bir anda, protokol dâhisi danışmanı 1937 yılında onun "resmen" Marshal Pilsudski olarak taç giymesini sağladı. Adamın taşıdığı Kral unvanı sadece sembolikti... Hiçbir iktidarı yoktu ve daha da kötüsü, hiç vergi toplayamadı ve sözde hükümdarlığının hiçbir yararını göremedi. Aslında kendi halkı, kısa ömürlü asaletini ispat edebilmesi için kendilerini cömertçe eğlendirmesini ister, mümkün olduğu kadar sık krala baskın çıkardı. Şanssız adam ve ailesi, kibrine gösterilen bu alaylı takdiri karşılamak için çok çalışmak zorunda kalırdı. Bıyık altından bir gülümsemeyle Pulika, eski günlerde Rusya'da ve Balkanlar'da, iktidar temsilcilerinin Çingenelerin işlerine karışmaya kalktığı zamanlarda ilk yaptıkları şeyin krallarını kaçırıp hapsetmek olduğunu anlattı. Böylece Çingenelerin toplumsal organizasyonunun dağılacağını düşünüyor, inandırıldıkları gibi kralın sert bir otokrat olduğunu sanıyorlardı. Aslında budala ve aldatılmış kral dışında yaşam akıp gidiyordu.

Yedinci Bölüm

Bilinmeyen ülkelerde gizlice yaptığımız uzun gece yürüyüşlerini net olarak hatırlıyorum. İşte yine böyle bir yürüyüşte, renkli elbise parçalarına saman dolduruldu ve atların toynaklarına patik gibi giydirildi. Sürekli yağmur yağıyordu. Kitleler halindeki Çingene karavanları günlerdir, hudut sınırında hareket ediyorlardı. Genelde alacakaranlıkta yolculuk ettiler ve geceleri Gajolarla herhangi bir temasa girmekten mümkün olduğu kadar kaçındılar ve onların dünyasından çok uzakta, iyice gizlenmiş yerlerde kamp kurdular. Bir gece bütün küçük gruplar bir noktaya doğru yöneldi ve sınırdan kitlesel olarak geçmek amacıyla hareket eden uzun karavan dizisine katıldı. Yoldan ayrıldık ve yalnızca Çingene karavanlarının aptal görünüşlü büyük tekerleklerinin yol alabileceği engebeli arazilerden geçtik. Karavan, sağanak yağmur altında neredeyse sürünerek ilerliyordu. İyice yavaşladığı zamanlarda, karavandan inip ayak bileğimize kadar gelen kaygan çamurda yürüyor; bazen alçak sesle atları kışkırtıp bütün gücümüzle iterek karavanı hızlandırmaya çalışıyorduk. Kimileyin karavanlar aniden aşağı doğru meyledip sallanarak ileri doğru fırlıyorlardı. Genç erkekler, arkada kalmış veya çamura saplanmış hayvanlara yardım etmek için sağanak altında hiç soluklanmadan geri koşuyorlardı. Romanlar, sayısız atın püre haline getirdiği çamurda derin izler bırakan karavan tekerleklerini ve artık yürümekte zorlanan insanları hiç merhamet göstermeksizin ileri doğru ittiriyorlardı. En baştaki karavanın olduğu yönden alçak bir düdük sesi geldi ve rüzgârla birlikte yavaşça salınan karavan dizisi boyunca geriye doğru gitti. Rüzgârın amansız inlemelerinin, atların ve çamurda yürüyen erkeklerin sıçrattığı su sesinin ve bir bebeğin ara sıra feryadının (ki hemen susturuluyordu) aksine düdük sesi derinden geliyordu ve ilginç bir şekilde güven vericiydi. Ansızın toynakların yeri döven sesi, asfalt yola çıktığımızı haber verdi. Samandan dolgu maddesi çoktan yok olmuş ve geride bıraktığımız çamurun içinde kaybolup gitmişti. Yüzümüze çarpan rüzgâr, odun ateşinden çıkan duman gibi kokuyordu. Sonunda, yakın bir yerde kamp kurmuş diğer Çingenelerin yanına vardık. Burada muhtemelen bizi bekliyorlardı. Coşkumuzu bastırmak zorunda kaldığımız ama yine de sevincimizi belli eden bir selamlamayla kucaklaştık. Yağmurdan ötürü kamp ateşi, karavanların içindeki sobalarda yakılmıştı. Atları karavanların arkasına bağladık; üzerlerini hızla ovalayıp battaniyelerle, muşamba veya halı parçalarıyla örttük, hayvanları sulayıp kafalarına içi saman dolu torbalar astık. Herkes göze batmamak için çok çaba sarf ediyordu. Rüzgâr, kadınların kat kat eteklerini uçuruyordu.

O gece diğer bazı karavanları ziyaret ettik; yorgunluktan bitap bir halde sayısız Türk kahvesi içtik. Çamura batmış pantolonlarımızı çıkardık, Kore ve ben ıslak tişörtlerimizle uyuduk; çünkü –gerçek birer Çingene olarak– hiçbirimizin ikinci bir kıyafeti yoktu. Kamyon ve arabalar gece boyunca otobanda gümbürdedi. Sınır boyunca uzanan çamurlu tarlalarda çılgınca süründükten sonra araba farlarının parıltısı bana oldukça garip görünmüştü. Farların teklifsizliği mevcut durumumuzun tuhaflığını ve gerilimini vurguluyordu. Huduttan tam olarak ne zaman geçtiğimizin farkında değildim ve başka birinin de dikkat ettiğinden kuşku duyarım. Yağmurlu gecenin kör edici çifte karanlığı içinde el yordamıyla ilerlerken, gözü kara saldırımızın tarzı ve yarattığı sıkıntı, bütün konsantrasyonumuzu ve enerjimizi emmişti.

Sağanakta gizlenen yolculuğumuz sırasında başımıza hiçbir talihsiz olay gelmemiş, hiçbir çekişme yaşanmamıştı. Ertesi sabah gün doğarken uyandık, atları karavana koştuk ve geleneksel sabah kahvesinden vazgeçerek sınırdan bir an önce uzaklaşmak üzere ana yola çıkan diğer karavanları izledik. Kalın sis, her şeye ışık saçan bir süt rengi veriyordu. Yoldaki geniş bir dirsekte gördüğümüz, önümüzde ve arkamızda uzanan karavan ve atlar, ancak üzerlerine düşen güneş ışığı kadar seçilebiliyordu. Yorgunluktan bitkin düşmüştük ve üzerimizdeki çamur kuruyup kalıp gibi olmuştu.

Hızla hareket eden uzun karavan katarı, çalışkan bir karınca dizisi gibi yol boyunca kıvrıla kıvrıla gidiyordu. Biz yeni gelenler, peşimiz sıra her şeyi açığa vuran bir çamur izi bırakıyorduk. Doğrudan sınıra uzanan ve fark edilmemesi imkânsız olan bu izlerden kurtulmak için diğer Romanlar, çok çabuk hareket ediyorlardı. Romanların dediği gibi, "Sinekler bile kaynayan bir tencereye konmaz".

Katıldığımız kumpanyadan birkaç genç adam bize doğru geldi ve karavanın idaresini aldı. Polis tarafından durdurulursak bizim için soruları cevaplayacak ve genel olarak bizim güvenliğimizden sorumlu olacaklardı. Yoldaki bir çatalda birkaç karavan sağa sapıp bizden ayrıldı. Her yol ayrımında küçük karavan grupları ana gruptan ayrılıyor ve sisin içinde kaybolmak üzere kendi yollarına gidiyorlardı. Güneş doğup sis kalktığında gökyüzü açık parlak bir maviye büründü. Önümüzdeki karavanın peşi sıra giderken öndekinden bir adam atladı, karavanımız önüne gelinceye kadar bekledi ve sonra bize katıldı. Dönen tekerleğin tahta bir parmağına ayağını koyup çevik bir hareketle Vurdonun içine atladı. Romanlar belli bir saygınlık içerisinde ancak kendilerini sınırlamadan selamlaştılar. Ziyaretçimizin adı Dodo la Kejako'ydu. Dodo, bir Lovariydi ve anladığım kadarıyla Pulika'nın kuzeniydi. Yüzü yuvarlak ve dolgun, gözleri komik ama kurnaz bakışlıydı. Yaşamaktan zevk aldığını gösteren kocaman, yuvarlak bir göbeği vardı. Kiraz ağacı gövdesinden güzelce oyulmuş lületaşı bir pipo tüttürüyordu. Bütün Lovaralar gibi onun da bir bıyığı vardı ama Romanlar arasında görmeye alıştığım tiplere nazaran, daha temiz ve yakışıklıydı. Yarış pistini anımsatan yünden ekose bir sporcu şapkası takıyordu. Pulika ve Dodo, birer koyu kahve içip kaliteli atlardan bahsettiler. Her iki tarafta göğe doğru uzanan, gövdeleri beyaza boyalı, kocaman gölgeli ağaçların arasından kıvrıla kıvrıla akıp giden dar bir yol boyunca yolculuk ediyorduk. Sonunda akan bir nehrin kıyısında gayet iyi saklanmış kamp yerine vardık. Kamp yeri, nadiren kullanılan uzun ve çamurlu bir patikanın sonuna, yaşına göre fazla büyümüş uzun otların arasına kurulmuştu. Yakında süngerimsi ancak gür bir yeşil renge sahip çayırlar vardı. Etrafta binlerce kelebek uçuşuyordu, biz yaklaşınca havalanıyor ve gökyüzünde parlak renkli bir bulut oluşturuyorlardı. Çok geçmeden kamp ateşleri tutuşturuldu. İçmek ve yemek pişirmek için su çekildi. Bu arada biz de atlarla meşgul oluyorduk. Atların bacak ve karınlarını kaplayan kurumuş çamuru nehrin kıyısında yıkadık. Burunlarından kuvvetle üfledikleri havayla burun delikleri iyice büyümüştü. Pulika'nın pek sinirli "kızıl" aygırı büyük adımlarla yan yan gitti ve diz boyu suda yürüyen diğer oğlanlara su sıçrattı. Tüyleri yenilenip parlayıncaya ve bir gece önce yaşanan maceranın bütün izleri kayboluncaya kadar atları ovalayıp yıkadık.

Akşam karanlığı çöküyordu; atların ılık böğürlerine yaslanıp, giderek kararan suyu izledik. Atların geniş kalçalarına oturduk ve kamp yerine ve arkasında uzanan otlağa doğru yavaşça at sürdük. Çingene kampının alışıldık çınlama ve takırtıları ya kesilmiş ya da kampın etrafını saran gür çayırlar tarafından emilmişti. Nehrin anlaşılmaz gevezeliklerini ve tepemizden geçen telefon veya elektrik telleriyle oynayan rüzgârın baygın mırıltılarını duyabiliyorduk. Etraftaki havayı, tıngırtıların düzensiz ritmi ve çeşitli böceklerin kesilmek bilmeyen vızıltısı belirlemişti. Romanlar ateşin çevresine oturmuş mutlu bir şekilde dostluğa kadeh kaldırıyorlardı. Gece oldu ve yiyecek kokusu kampı sardı. Dodo'nun iştahına dikkat ettiğimi hatırlıyorum; diğerlerini deli eden bir yemek yiyişi vardı. Kore ve ben, suyun kenarında beraber vakit geçirdiğimiz oğlanları ziyaret etmek üzere bir kamp ateşinden diğerine dolaştık. Her ateşin başında Çingene kadınlar bir yerimiz şişmesin diye lezzetli yiyecekler uzattılar. Biz hepsini, ilk önce Lovari tarzına uygun bir şekilde reddedip yalnızca ısrar ve dil dökmeler sonrasında kabul ettik. Geceyi Dodo'nun ateşi başında bitirdik. Bütün aile en az Dodo kadar yuvarlak ve dolgun yüzlüydü. Birçok veledin yanında üç büyük oğlu ve gelinlik yaşa gelmiş iki kızı vardı. İki kızın, Ludu ve Djidjo'nun insanı serseme çevirecek kadar masum ve erotik bir görünüşü vardı. Örülü uzun siyah saçlarına, esmer tenlerine ve kadınlığa henüz tam uyanmamış gençliklerine vurulmuştum. Gözlerimi onlardan alamadığımdan Kore, bana Lovari kurallarını hatırlatmak zorunda kaldı.

Bu kampta birkaç mutlu gün geçirdik; bu süre, atların ve bizim yeterince dinlenmemize yetecek kadar uzundu ama polisin muhtemel aramalarının son bulması için biraz daha kaldık. Romanlar bir kez daha yakalaması zor bir av olduklarını göstermeliydi.

Bir gün, öğlen sıcağı geçtikten sonra, iyice dinlenmiş ve rahatlamış bir şekilde yine hareket ettik. Çok geçmeden yolda çevirmeye rastladık ve can sıkan aramalara boyun eğdik. Dodo polis memurlarına espriler yaptı, soruşturma için ne gibi bir nedenleri olduğunu bilmediğini iddia etti. Onların "yabancı" bir grup Çingenenin gizlice ülkeye sızmasının imkânsız olduğunu söylemelerini sağladı. Dodo korkmuş numarası yaptı; polislerden "en azından bu korkunç suçlular yakalanıncaya kadar" koruma talep etti. Polis devriyesini geceyi kendi karavanında geçirmeye davet etti ve bütün Çingene konukseverliğini gösterdi. Polislerin rahatladığını ve hiç kimsenin belgelerini bile kontrol etmeden oradan ayrıldığını hiç söylemeye gerek yok. Bu iyiye işaretti ve Dodo'nun yeteneklerine güvenmemizi sağladı. Ancak yine de diğer rehberlerin Pulika'nın eski kumpanyasının diğer üyelerine yeni topraklarda iyi gelip gelmediğini merak ettik. Pulika sınırı geçmeye ve "yeni topraklar aramaya", Romanca'da böyle denirdi, karar verdiğinde diğer birçok aile geride kalmayı tercih etmişti. Geride kalan ailelerden birinin başka bir seçeneği yoktu; üyelerinden biri hastanede diğeri hapishanedeydi ve hiçbiri de terk edilemezdi.

Pulika'nın kumpanyası, diğer herhangi bir kumpanya gibi gevşek, geçici bir yapıydı. Böylelikle sonsuza kadar akışkan kalabiliyordu. Yeni ufuklar çıktıkça dağılıp yeniden bir araya gelir, ittifaklar kayar ve eski ilişkiler tazelenirdi. Akan su gibi kumpanya da doğasında herhangi bir değişiklik yapmadan kendini bütün koşullara adapte ederdi; özüne, sonsuza kadar sadık kalarak biçim değiştirirdi.

Kumpania liderine bazen Rom Baro, "Büyük Adam" veya Kapo denirdi. Bu size anlattığım, II. Dünya Savaşı sırasında toplama kamplarında bu özel unvana zararlı bir yan-anlam verilmesinden çok önceydi. Kapo pozisyonu, ekstra meydan okumanın verdiği tatminin ve yüklenen sorumluluktan dolayı artan kendine güvenin yanında hiçbir maddi avantaj getirmezdi. Romanlar, büyük bir gururla erkeklik ölçüsünün insanın omuzladığı sorumluluk miktarı olduğunu söylerlerdi. Aynı zamanda yabancı bir ülkede hududu geçerken bir kumpanyanın üyeleri başka bir kumpanyaya katıldığında, oluşan yeni grubun Kaposunun yeni gelenlerin de sorumluluğunu alması hiç de az rastlanır bir şey değildi. Yeni gelenler komünün yararına gelirlerinin bir kısmını verirlerdi; bu adil bir değiş tokuştu.

Belli bölgeler, vilayet veya ülkeler "avlanma alanları"na bölünmüştü veya ayrılmış alanlar belli bir kumpanyaya "aitti". Ne zaman bir grup veya tek bir karavan, kendisine ait olmayan bir bölgeden geçse mevcut Çingene "sahiplerine" bir bedel ödemesi gelenek olarak kabul edilmişti. Bunun karşılığında onlar da yeni gelenlere oradaki yetkililerle muhatap olmada yardımcı olur, kefillik eder veya gerekli olursa –genelde altın olarak– rüşvet veya kefalet ayarlarlardı. "Yerli" Çingeneler "yabancı" olanlara ülkenin dilini, işlerini, kanun ve geleneklerini öğretir, hayatta kalmaları için gerekli bütün bilgileri verirlerdi. Romanlar diğer Çingenelerle böyle bir ilişki kurarak iyi yaptıklarını ve ihtiyaç duydukları zaman karşılığını alacaklarını bilirlerdi. Romanların hukuk sisteminin büyük bir kısmı, Krisle (aynı terim yargıçların olduğu mahkemelere de verilebilir) yani sözleşmeyle belirlenen kurallarla ilgiliydi. Birtakım muhtemel ilişki kurma biçimleri veya ittifaklar vardı, her ne kadar Gajolar Roman yaşamının tamamen özgür olduğunu düşünseler de Romanlar arasında yaşam, belli ve karmaşık meşru bağlarla yönlendirilirdi.

Romanlar kendi "avlanma bölgelerini" tükenme ve erozyona karşı korurdu; oradaki yerel halkın dayanma sınırını aşmaz ve ihtiyaç duyduklarından fazlasını kesinlikle çalmazlardı. Sıklıkla hareket çaplarını sınırlı tutar ve belli bir bölgede "barış içinde", bazen yıllarca yaşarlar, hatta her yıl kafa vergisi vermeye bile razı olurlardı. Anlaşma gereği diğer Romanlar onların topraklarından uzak dururdu. Anlaşmanın bozulması halinde, ilk Çingenelerin kendi alanlarını korumak ve yeni gelenleri attırmak için Gajo yetkililerle işbirliği yapmaları az rastlanır bir şey değildi. Bununla birlikte kendilerinden uygun izin alınırsa, diğerlerinin hududu geçmelerine yardım eder veya yeni gelenlere en azından toprağın bir kısmını "kiralarlardı".

Pek çok yaşlı Çingene, örgütlü kafa avcılarının kurbanı oldukları günleri hatırlardı. O günlerde meşe palamutlarının üzerinde yaşadılar, ormanın kuytu köşelerinde saklandılar, baskıcı devletlerin anlatılmamış canavarlıklarından dolayı çok acı çektiler. Yine de bu Çingeneler, ılımlı olunması gerektiğini söyleyecek kadar akıllıydılar. Adaletin iktidardakiler tarafından imal edilen bir şey olduğunu biliyor ve kızgınlığın ve zayıflığın bir kişinin en berbat düşmanı olduğunu söylüyorlardı. Pulika'nın da sıklıkla tekrar ettiği gibi, onlar için kapitalizm ve komünizm benzer şeylerdi ve bunlar aptal Gajoların şeylerin birikimine aşırı düşkünlüğünün –ki bu düşkünlük insanları giderek köleleştiriyordu– sadece bir yansımasıydı. Ancak genç Romanlar, uzatmalı barış dönemlerinden sonra kendilerini ve diğerlerini boş yere tehlikeye atarak hareket ediyorlardı ve başarıyla beraber tehlike de artıyordu.

Her kumpanya özerkti ve dâhili ilişkileri yalnızca elde edilecek nihai karşılığın farkında olup olunmamasına dayanırdı. Resmi veya merkezi bir iktidar yapısı yoktu. Hastalık, ölüm veya kaza sonucu zor günler geçiren veya Gajoların saldırılarından dolayı fakirleşen Romanların, başka topraklardaki az çok akraba olduğu Çingenelerin grubuna katılması her zaman hoş karşılanırdı. Yeni gelen, kendisine verilen kredinin karşılığını bir çeşit gönüllü veya sınırlı kölelik yaparak öderdi. Buna montşimo denirdi ve Çingene kurallarına göre bütün bu hizmet süresi boyunca alacaklısı ondan her şekilde sorumlu olurdu.

Bütün göçlerin nedeni grubun oğlanlarına gelin bakmak değildi. Romanlar kullanabilecekleri yeni alanlar aramak üzere bütünüyle macera olsun diye de göç ederlerdi. Veya eski topraklar "tükendiği" için veya yerel savaşlar, devrimler veya zulümler yüzünden. Salgın hastalıklar patlak vermeden önce veya kılıçlar yine ortalığa çıktığında bulundukları yerden kaçarlardı.

Onlara karşı sergilenen canavarlıklar, batıya doğru yaptıkları uzun yolculukların oranını bayağı azaltmıştı. Ulusal bir politika olmasa da Batı'da zulüm ve taciz, izole edilmiş bireylere yönelik az çok bir tavır haline gelmişti. Romanları esas koruyan şey hareket halinde olmaları ve fakir görünmeleriydi; hareket özgürlükleri vardı ve biçim veya yerel âdetlere ilgisizdiler. Ancak hepsinden öte onları farklı kılan hareketli olmalarıydı. Hiçbir zaman dönüp mücadele etmediler; basitçe oradan gittiler. Kafalarındaki Roman ve Gajo arasındaki ayrım hiçbir zaman unutulmadı. Kendilerinin olmayan bir dünyadan hiçbir şey beklemiyorlardı ve bunun mantıksal bir sonucu olarak, umudun ayartmalarına teslim olmadılar. Göçmenler hayatın her zaman bir ufuk gibi görülmesi gerektiğini düşünürlerdi: "Bir hedefe götüren yol seni hedeften ayırmaz; aslında onun bir parçasıdır..."

Lovaralar ne şeylerin biriktirilmesine inanırlar ne de sahiplikte bir güç görürlerdi. Onlar için sahip olunan şeylerden zevk almanın tek yolu, onları harcamaktı. Yıllar önce Tşurara kabilesinden bir Romanla karşılaşmıştım. İsmi Pitti la Kaliako'ydu. Üzerinde berbat paçavralar ve suratında gördüğüm en kederli ifade vardı. Herkes ondan "milyoner" diye bahsederdi. O zamanlar bunun bir şaka olduğunu sanıyordum. Sonra Keja "o bir milyoner çünkü bir milyon harcadı" diye açıkladı. Harcadığı paranın cinsini unuttum, rakamın doğruluğunu da teyit edemem. Konu şu ki, Pitti bir servete sahip olduğu için değil, bir serveti harcadığı için zengindi.

Sekizinci Bölüm

Hasat zamanıydı. Pulika'nın kumpanyası haftalardır zengin çiftlikler arasında yolculuk ediyordu. Gri çatısı, kalın taş duvarlarıyla sere serpe uzanan çiftlik evlerinin avlularında tombul kediler derin kâselerden süt içiyordu; kesilmiş samanlar ağıllarda yığın edilmişti; etraftaki her şey zenginlik ve refahın bir göstergesiydi; bununla birlikte bölge insanları Çingenelere karşı bizim onlara olduğumuzdan çok daha fazla düşmanca davranıyorlardı. Köylüler, çiftlik evlerinde ve kulübelerde barikat kurmuşlardı. Bize süt, ekmek veya et satmayı reddettiler. Çingenelerin kuyulardan ve ortak kullanılan tulumbalardan faydalanmasını engellediler. Yüklü Çingene kadınlarını havada salladıkları saplı süpürgelerle ve çirkin tehditlerle kovaladılar; erkeklerin atlarını trampa etme şansı olmadı. Çok az yiyecekle yaşıyorduk. Kıyafetler yıkanamıyordu. Sürekli ve örgütlü bir takip altında olmak çok rahatsız ediciydi. Polis memurları bizi sıraya dizip kafaları sayıp bütün nüfus kâğıtlarını titizlikle incelediler. Karavanlar keyfiyetten arandı. Akşam karanlığı çöktükten sonra genç oğlanlar, komşu çayırlıkta atları otlatmaya götürdü ama silahlı uyanıklar, çocukların önünü kestiler. Yol boyunca topladığımız çitlembikleri ve kaz yağında kavurup üzerine tuz ve karabiber ektiğimiz unu yiyerek karnımızı doyurduk. Sürgünlerle yaktığımız zayıf ateşin közünde, geceleri çaldığımız patatesleri pişirdik. Tesadüfen cep dolusu topladığımız taze buğday veya yulaf tanelerinden yapılan –ki yenilebilir bir kıvama gelmesi için saatlerce pişirmek gerekiyordu– sulu lapadan yedik. Köy dükkânları bize şeker bile satmayı reddettiği için bunu dahi tuz ve biberle yemek zorunda kalmıştık. Çocuklar hıyar ve kavun bostanlarına cesur akınlar düzenliyorlardı. Her gün, bir ertesi günün daha iyi geçeceğini umut ediyorduk, ama olmuyordu. Pulika'nın kumpanyası, daha az dikkat çekmek amacıyla iki üç karavanlık küçük gruplara bölündü. Bununla birlikte mevcut şartlar altında, kendilerini Gajo vahşetinden veya daha doğrudan bir saldırıdan koruyabilmek için tek başlarına yolculuk etmemeye özen gösterdiler.

Grup gergindi ve kendini gerçek bir belaya cevap verebilecek şekilde hazırlıyordu. Pulika beni her zamankinden daha dikkatli olmam için uyardı. Eğer kovalanırsak ve polis nezareti altında kampı terk etmek zorunda kalırsak beni geride bırakmak zorunda kalabilirlerdi. O zaman arkalarından yola çıkmadan önce Gajolarda şüphe uyandırmayayım ve dikkati üzerime çekmeyeyim diye bir iki saat beklemeliydim. Romanlar benim onları izleyebilmem için yola izler bırakacaklardı. Pulika, Romanca'da vurma denilen bu şeyin neleri içerdiğini anlatarak konuşmaya devam etti; ben hâlâ fark edemesem de, Romanların yolculuk ettiği yollar boyunca çeşitli mesajlar bıraktığını söyledi. Gerçekten o zamana dek hiç fark edememiştim, ancak bir Roman sırrını daha öğrendiğim için gurur duyuyordum. Eski bir elbiseden kesilmiş ufak kumaş parçaları veya ondan koparılmış iplikler, karavanın gittiği yönü gösteren kırık sürgünler üzerine görünüşte gelişigüzel bir şekilde asılmış olarak bırakılıyorlardı. İşaretler bir Çingene karavanını süren bir adamın görebileceği yüksekliğe veya özellikle onları aramaya çıkmamış sadece yoldan geçen birinin görüş hizasının az üstüne konurdu. Yol kenarında ağaçlar yoksa işaretler, sıklıkla ince dallarla yakılmış ufak ateşlerden arta kalan kara lekelerden oluşurdu. Bu lekelerin yanına, küçük taş yığınları, çam kozalakları, tavuk kemikleri, kırık cam parçaları veya el altındaki herhangi bir nesne bırakılırdı. Yalnızca ortalığa yabancı durmamasına, böylelikle göze batmamasına dikkat edilirdi.

Kumpaniamızın aynı yönde, neredeyse bize paralel yolculuk eden diğer üyelerinin yerel köylülerle bir kavgaya tutuştuğunu ve kötü bir şekilde dayak yediklerini duyduk. Kalia ve Zurka'nın kaburgası kırılmış, Yayal omzunu burkmuştu, ancak ateş başlarında yinelenen hikâyeye göre bazı Gajoların durumu daha kötüydü. Dedikodulara göre kavga, oğlanlarımızın bazı köylülerin Çingene kızlara karşı sergilediği aşağılayıcı tavırlara karşı çıkmasından dolayı patlak vermişti. Daha sonra olayın büyük bir ihtimalle diğer türlü olduğunu duyduk: Genç köylüler, Çingene oğlanların kendi köylerindeki gelinlik çağa gelmiş kızlara gösterdikleri ilgiye içerlemişlerdi. Kısa bir süre önce ayrılmış olan çeşitli karavan grupları, güçlerini yine birleştirdi ve Romanların haleti ruhiyesi biraz yerine geldi. Karavanlar sayı ve güç bakımından arttıkça, Çingenelerin kullandıkları yöntemler de küstah ve kışkırtıcı oluyordu. Parlak gün ışığında yonca tarlasının yanından geçerken Romanlar, karavanlardan kitleler halinde atlıyor ve sayısız at için canlarının istediği kadar ot topluyorlardı. Yollarına ne zaman kaz veya tavuk sürüsü çıksa, kadınlar sınır tanımaksızın ve birilerinin kendilerini görmesine aldırmadan hayvanların üstüne atlıyorlardı. Son zamanlarda iyice zayıflamış ateşler için haklı olarak bol miktarda odun "rica ediliyordu": Odun alış şekillerine, durumla dalga geçercesine bu adı vermişlerdi. Suyu kullanmak için mağrur bir şekilde izin isteniyordu. Gajoların ilk etapta kendilerine yaptıkları cimri muamelenin güya misillemesi olsun diye tulumbalara genel bir ruhsat verilmişti. Gajolar hiç şüphesiz kendi tavırlarının Çingenelerin genel terbiyesizliğinden kaynaklandığını iddia ederlerdi. Sayıca oldukça üstün olan polisler hızla hareket eden, gürültücü ve kavgacı karavanları zorlukla denetleyebiliyor, muhtemelen bölgedeki şehirden onlara yardım etmek üzere gelecek takviye kuvveti sabırsızlıkla bekliyorlardı. Geçtiğimiz bazı mezralar terk edilmiş gibiydi, evlerin panjurları sıkı sıkı kapatılmıştı... Tek yaşam belirtisi deli gibi havlayan bekçi köpekleriydi. Her yerde korkmuş düşman gözlerin bizi izlediğini biliyorduk. Nasılsa başımıza daha kötüsü gelemezdi; böylelikle hiçbir sınır tanımayan ve ihtiyaç duyulanın çok ötesine geçen, manasız, büyük çapta bir yağma, aldı başını gitti. Sağa sola saldıran kumpanya, kolayca tespit edilip yakalanmamak için yalnızca bir geceliğine verdiği aceleci molalarla genişçe bir bölgeyi katetti. Atlar giderek zayıflayıp ürkekleşti, erkekler sinirli, kadınlar huysuz oldu; ancak şimdi istenmeyen olaylar dizisini nasıl değiştireceğimizi bilmediğimizden hareket etmeye devam etmeliydik.

Bir gece, alacakaranlıkta karavanın yanında koşarken gördüğüm bir şey üzerine aniden durdum. Ölü bir karakarga bir ahır kapısına genişçe açılmış kanatlarından çivilenmişti. Birden ölünün, bir şeyleri sembolize eden bir kurban olduğunu anladım. Bir sonraki kamp yerine vardığımızda çok sayıda Çingene karavanının çoktan oraya varmış olduğunu gördük. Kampın az ötesindeki gölün suları, gün batımının solgun ışığına bürünmüştü. Göl sazlarından tutuşturulmuş sayısız küçük ateş huzursuz bir şekilde yanıyordu. Gökyüzüne doğru tiz sesler yükseldi. Rupa bizim karavandan uzaklaşmamamızı tembihledi. O gece kamp yerini paylaştığımız Romanların arasına karışmamalıydık. Nerede olursak olalım kamp yerinde her zaman sonsuz bir hareket özgürlüğüm olmuştu. Rupa bu insanların Tşuraralar olduğunu söyledi. İsimlerini daha önce hiç duymamıştım. Tşuri kelimesinin "bıçak" anlamına geldiğini biliyordum ve bu isimden, olası aşağılayıcı kelimeler türetmeye çalıştım. Tşurara, bıçakçı veya katil gibi bir anlama gelebilir miydi?

Diğer Çingenelerin atları ihmal edilmiş ve kötü durumda görünüyordu. Bizimkilerden daha küçük olan karavanları hırpaniydi ve çoğunun pencereleri kırılmıştı. Çocuklar arsız, vahşi ve açtılar; uzak mesafelere, otlayan atların yanına kadar emekleyen çıplak bebekler ateşin yanında, toz toprak içinde kendi hallerine bırakılmıştı. Genç kadınların birkaçının ilkel bir çekiciliği ve erkeklerin bazısının vahşi bir yakışıklılığı vardı. Neredeyse hepsi uzun boylu, zayıf ve dayanıklı görünüyorlardı. Bizim kumpanya insanlarımızın tersine –onların dişleri altın kaplıydı– çoğu yetişkinin dişleri eksikti. Bizim insanlarımız yapı olarak daha tıknaz ve görünüşte daha ağırbaşlıydı. Rupa'nın onları çağırdığı gibi, Tşuraraların, uzun sarkık bıyıkları, geniş kenarlı siyah fötr şapkaları vardı. Saçları kısacık kırpılmış birkaç genç adam –ki bu saçlar onlara gayri Roman bir görüntü veriyordu– dikkatimi çekti. Sonradan onların çeşitli suçlardan ötürü konuldukları hapishanelerden yeni çıktıklarını ve ailelerine henüz katıldıklarını öğrendim. Az sayıda kadının üzerinde altın takı vardı.

Kampın bize ait olan bölümünde akşam yemeği hazırlanır hazırlanmaz Tşurara çocukları, sulu ve hırslı bir serçe sürüsü gibi, bastırılması olanaksız bir açlıkla etrafımızı sardılar. Sadece bir fırsat çıktığı için yemek yiyor gibiydiler.

Grup şefinin ismi Gunari'ydi... Kendisiyle beraber iki kardeşi daha vardı, biri Nanoş diğeri Pani. Norveç'ten yeni gelmişler ve İspanya'ya doğru gidiyorlardı. Beraberlerinde Pani'nin en büyük oğlu Tşurkina, onun vahşi karısı Liza ve Nanoş'un üç oğlu vardı. Diğer bir karavan Tşurkina'nın damadına aitti. Damadı bundan bir yıl önce şimdi on iki yaşında olan enfes bir güzelliğe ve vahşi bakışlara sahip Şofranka ile evlenmişti. Gelenek tersini gerektirse de Tşurkina, damadı gelinin grubuna katılmaya zorlamıştı.

O gece, geç saatlerde, kampın onlara ait kısmının sessiz ve terk edilmiş olduğunu fark ettik. Bütün erkekler ve kadınlar, kimseye bir şey söylemeden gizlice gitmişlerdi. Geride yalnızca yaşlılar ve küçük çocuklar kalmıştı. Yakındaki bir handa çılgınlar gibi içiyorlardı. Yemek yemeden veya masalarına başkalarını davet etmeden içtiler. Neşe ve kibarlıktan uzak, aceleyle içtiler. Kadınlar bir taraftan bebeklerini emzirirken diğer yandan erkekler gibi içtiler. Seher vakti yüksek sesle tartışarak kampa geldiler. Çocuklar ağlamaya başladı, kenarda otlayan atlar huzursuzca kişnedi.

Ertesi sabah erken saatlerde yıkanıyorduk; dişlerimi Çingeneler gibi işaret parmağıma koyduğum yemeklik kalın tuzla ovuyordum. Kamp yerinin diğer tarafında, herkes geç saatlere kadar uyuyordu. Tam bu sırada üstü yarı beline kadar çıplak iki Tşurara kızı gördüm. Birbirine su atıp gülüşerek yıkanıyorlardı. Vücut hatları yuvarlak, ince ve güzeldi, mor-siyah göğüs uçlarının gayet davetkâr durduğu memeleri sıkı, dolgun ve dimdikti, ıslanmış esmer ve pürüzsüz ciltleri parıldıyordu. El ve ayakları büyüktü ve bu onlara tatlı bir hantallık veriyordu. Kuzgun siyahı uzun saçlarını daha düz durmaları için sabunlu suyla ıslattılar. Düzleştirilen her saç lülesine bir bukle verip daha fazla sabun kullanarak şakaklarına yapıştırıyorlardı. Kore durumu rezalet olarak değerlendirdi. Bu Tşuraraların hiç utanması yok muydu? Akrabaları bile olmayan genç erkeklerin gözü önünde bu şekilde saçlarını taramaya nasıl cesaret ederlerdi? Bir de kırmızı etek giyiyorlardı. Bu küstahlık değil de neydi? Böyle bir eşi kim isterdi? Cevap olarak karşısında benim şaşkın bakışlarımı gören Kore, "bu insanlardan" uzak durmam konusunda kaba bir şekilde beni uyardı. Bu sözde Tşuraralardan açıkça pek hoşlanılmazdı. Anlayabildiğim kadarıyla onlar da bizim konuştuğumuz dili konuşuyorlardı ve ilk başta bizim insanlarımızın onlardan hoşlanmamasını yalnızca aile farklılığına, muhtemel bir kıskançlığa yormuştum. Tşuraralar ise sevilmediklerinin farkında olduklarını herhangi bir şekilde göstermemişti ve bu yüzden bu durumla ilgileniyor gibi durmuyorlardı.

Günü atlarla ilgilenerek, onları gölün kaygan kıyısında sulayarak ve "diğerlerine" ait olanları inceleyerek geçirdik. Kadınlar her zamanki gibi yiyecek bulma işine koyuldular. Bu arada bekâr kızlar, karavanlara su taşıdı, ateşi besledi ve sayısız küçük çocuğa bakıcılık yaptılar. Bir yerde durup rahatsız edilmeden atları dinlendirmek, güç toplamak ve yeniden örgütlenmek güzeldi. Koşum takımlarının tamire ihtiyacı vardı, aks ve tekerleklerin yağlanması gerekiyordu. Görünüş ve ruh hali itibariyle kamp yeri, kuşatmaya hazırlanan bir kale gibiydi. Çok sayıda karavan, arkalarını rüzgâra vererek yan yana dizilmişti ve kampa yaklaşan birinin olup olmadığına sürekli bakıldığını biliyordum. Çıkan bir gürültüden karavanlardan birinin oradan ayrıldığını anladık. Bu, Tşuraralara ait hafif bir at arabasıydı ve üzerinde birkaç adam vardı. Araba akşam karanlığında döndü. Atlar yorgun ve terliydi, çok uzaktan geldikleri belli oluyordu. Adamlar yanlarında odun olarak kullanmak üzere çok sayıda çit kazığı ve torba torba soğan ve patates getirmişlerdi. Gürültülü bir şekilde arabayı boşalttılar ve sonunda arabadan iki dolgun domuz ve bir varil bira indirdiler. Kahkahalarla gülerek yalnızca bu sonuncusu için para ödediklerini itiraf ettiler. Pulika'nın kızgın sorularına yalnızca Vedel, Pani'nin oğlu, cevap verdi; genç adam, hem bir inkâr hem de alaylı bir umutsuzluk ifadesi olarak, "Biz zavallı Tşuraralardan daha ne bekliyorsun ki?" dercesine iri ellerini iki yana doğru açtı. Bu onların yağmalama partisi, onların pagubasıydı ve biz de onların misafiri olacaktık. Grubumuzdan birkaç genç, kampın bir ucunda homurdanan domuzların kesilip içinin temizlenmesinde Tşuraralara yardımcı oldu. Keja benim onlara katılmamı engelledi. Getirilen sert kerestelerden büyük ateşler yakıldı... Domuzlar şişe takılıp bu ateşin üzerinde kızartılacaktı. Hayvanların iç organları acı bir sesle kesik kesik havlayan köpeklere atıldı. Parçaları havada kapan köpekler, birbiriyle kavga ederek, hırlayıp eti parçalayarak kampın bir köşesine koşturdular. Oğlanlar arkalarından taş atarak onları kovaladı. Her iki gruptan erkekler alev alev yanan ateşin yanına çömelmiş olarak kızaran domuzların üzerine kepçe dolusu yağ döküp ateşi besleyerek sırayla şişi çeviriyorlar, kocaman bir toprak kaptan bardaklara doldurdukları ay ışığı liköründen içiyorlardı... Her erkek sağ kolunu vücuduna dolayıp bardağı sağ omzuna koyuyor, kafası ve dudaklarını bükerek içmeye çalışıyordu. Biri sol elini avuç içi dışarı bakacak şekilde kıç çatalının az üstüne dayamış, diğeri cesaret gösterisi yaparcasına boynuna koymuştu. Gülmekten ve yuvarladıkları içkilerden nefesleri kesilirken likör, çenelerinden boğazlarına akıyor, düğmeleri bele kadar açılmış gömleklerini ıslatıyordu. Kadınlar ateşin başına çömelmiş, çeşitli mezeler ve büyük kâseler içine salatalar hazırlıyorlardı. Bir kuzgun sürüsü yaklaşan karanlığa doğru sessizce uçtu.

Daha gece bitmeden yiyecekler silinip süpürülmüştü. Suç delili teşkil edebilecek kemikler göle fırlatıldı. Çocukların yüzleri yemek yağıyla parlıyordu ve gözlerinde doymuş olmanın getirdiği bir memnuniyet vardı. Hayat onlara karşı iyiydi. Alev alev yanan ateş, boylu boyunca uzanmış Romanları ve kadınlarını iyice gevşetmişti. Küçük çocuklar büyüklerinin etrafında çevreye yayılmış, karınları tok ve huzurlu bir şekilde uyuyorlardı. İçki görece az olduğundan içki içenlerin sayısı görülmedik bir biçimde azalmıştı. Bir tek yorgun düşüp derin ve rahat bir uykuya dalmış genç aşçılar bu durumla ilgilenmiyordu. Birkaçı, daha işlerini bitirmeden, kızaran domuzları kendi hallerine terk etmişlerdi. Grup içinde pozisyonlarını hatırladıkları ve yaşlıların önünde saygılı bir şekilde geride durdukları sürece bunun bir önemi yoktu. Tşuraralar durmadan içki içiyorlardı ve hiçbir şey yememişlerdi. Bir süre gürültülü bir şekilde şarkı söylediklerini ve biraz yalnız kalmak için gittikleri otlağın bir ucunda haykırdıklarını duyduk. Sonra yakındaki ormanın fısıldayan sessizliği ortalığa bir kez daha hâkim olmadan önce, birkaç titrek, akortsuz ses daha kulağımıza çalındı.

Bir sonraki sabah bütün Romanlar geç saatlere kadar uyudu veya en azından kuş tüyü yataklarında normalde olduğundan daha uzun süre yuvarlandılar. Kalktığımda, hâlâ uykuda olan kamp yerinde –ki Eisenstein'ın filmindeki bir savaş alanına benziyordu– çok az sayıda ateşin yakılmış olduğunu gördüm. Yaşlı Lyuba pirinçten kısa saplı piposunu içerek sürgünlerden yaktığı ufak bir ateşin yanında oturuyordu. Diğer elinde kıpırdak alevlerin üzerinde pişirdiği Türk kahvesi vardı. Birkaç adım ötede Pulika kımıldadı, sonra yüzünü yere genişçe yayılmış kuş tüyü yatağa dönerek sol dirseği üzerine dayandı. Kore ve ben de aynı yatakta ayaklı başlı yatıyorduk. Pulika'nın bronzlaşmış yüzü, suratına vuran güneş ışığıyla aydınlanmıştı; üzeri çiçeklerle kaplı ipekten yorgan kılıfının solgun kırmızı yüzünde uzun siyah saçları ve sarkık bıyıkları göze çarpıyordu. Pulika'yı nadiren şapkasız görmüştüm. Üzerinde yatakta giydiği renkli tişörtü vardı –biz gündüz giydiğimiz tişörtlerle uyurduk- üzerinden birkaç tane sarı fitil sarkan eski tarz bir çakmakla yarım bırakılmış bir sigara izmaritini yaktı, birkaç fırt çekip bitirdi. Daha yüzünü yıkamadığından, onu selamlamaktan çekindim.

Daha önce dile getirilmemiş bir düşünce dizisini tamamlarcasına Pulika ismimi söylemeden, ancak açıkça beni de içine katarak "ve biz Lovarayız" dedi. Bu şifreli ifadeyi uzun bir sessizlik izledi. Sonradan adamın onların, yani diğerlerinin, benim de bildiğim gibi Roman olduğunu, başka bir deyişle Gajolardan farklı olduğunu, ancak Roman olduğumuz kadar Lovaralı olduğumuzu söylediği kafama dank etti. Rupa'nın, Kore ve diğerlerinin yaptığı çeşitli küçük düşürücü sözleri hatırlayarak kendi kendime "ve bir Tşurara değiliz" diye ekledim. Kendime, bir Lovari'yi bir Tşurara'dan ne ayırır, diye sordum. Pulika bana doğrudan bakmadan ve yarım ağız gülümseyerek bu sorunun aklıma takılmasına ve giderek içimde büyümesine yol açmıştı. Sonunda konuştuğunda çok farklı çeşitte Roman var dediğini hayal meyal hatırlıyorum; hepsi de muhakkak yolculuk etmek zorunda değildi –bozuk bir İspanyolcadan etkilenmiş, kendilerine has bir dil konuşan İspanyol Cale veya Gitanolar gibi– bazıları, belki tek bir evde değil ama nesiller boyu belli bir yerde yaşamlarını sürdürüyorlardı. Sırbistan'da, Makedonya ve Türkiye'de yerleşik hayata geçmiş Çingeneler vardı. Özellikle Romanya'nın ve Transilvanya'nın Rudarileri, ki yalnızca Rumence konuşurlardı ve Çingene geçmişleriyle bütün bağlarını kaybetmişlerdi hatta bazıları işi bu geçmişlerini inkâr etmeye kadar vardırmıştı, yerleşik yaşarlardı. Sonra, bunların hepsinin de temelde ortak bir dil konuşan gerçek göçmen Romenler olduğunu ekledi.

Pulika bu topraklarda yaşayan diğer birçok gezgin grubun olduğunu da hatırlattı. Onlar da üstü örtülü karavanlarda yolculuk ediyor ve yaşadıkları ülkenin halkı tarafından Çingene olarak adlandırılıyorlardı. Gerçekte soy olarak Çingenelerle bir alakaları yoktu ve Pulika'nın burun kıvırarak söylediği kadarıyla onlar "vahşileşmişlerdi". Gerçek Çingenelerden farklı olarak göçebeliklerini belli bir bölgeyle sınırlamışlardı. Yerel dilden başka bir dil konuşmazlar, Fransa'da argot des voyageurs et des chineurs, Almanya'nın Yenişe bölgesinde Gaunersprache veya Rotwelsch gibi, bazen kendilerine özgü bir argo ağız geliştirmişlerdi. Veya İrlanda'nın Şelta tenekecileri, Flanders'ın Kramersvolk Bargoensch ve İskandinavya'nın Tatarları gibi daha eski bir dili konuşan son kişiler olurlardı. Güvensizliğin getirdiği aşırı bir kibirle, yalnızca küçük bir aile grubuna bağlılık duyarlardı. Buna benzer başka bir grup da panayır katılımcıları, sirk göstericileri ve diğer gezgin şovmenlerden müteşekkildi. Bu grupları bir arada tutan şey sağlam bağlardan ziyade ticari kaygılar olurdu ve bunlar da yanlış bir şekilde, sıklıkla Çingeneler sınıfına dâhil edilirlerdi. Çingene kelimesi çoğunlukla ve çok yanlış bir biçimde, kısıtlayıcı bağlardan kurtulmuşluğun romantik hayalleriyle, sınırsız bir özgürlükle, yetişkinlerin yaşamı tutkuyla geçirmeye dair özlemleriyle, çalışmayı hor görmekle bir tutulmuştu veya kuşkulu bir dürüstlüğün mendebur serseriliğini belirtmek için kullanılmıştı. Romanlarla bir alakası olmayan göçmen gruplarının yanında Çingenelerle ilgili olmasına rağmen hâlâ onlardan çok ayrı tutulan bir grup vardı. Bu grup kendisine Romanca'da "kişi veya insan" anlamına gelen Sinti veya Manuş derdi. Bu terimler aristokratik bir isim olan ve "Adam" anlamına gelen Roman'dan farklıydı. Bunlar genelde müzisyen ve telli alet zanaatkârı olurlardı. Hayal güçlerini zaman zaman antika kemanların yıpranmış sahtelerini yapmakta gösterirlerdi. Romanlardan daha kısa boylu ve genelde esmer olurlardı ve çok kolay öfkelenirlerdi. Diğer Çingenelerden farklı olarak Sinti kadınları her zaman siyah giyinirdi. Evlenmek yerine birbirlerine kaçarlardı ve kabile örgütlenmeleri anaerkildi. Diğer Çingeneler için pratikte anlaşılması güç olan Sinti lehçesi, kelime ve telaffuzların en saf ve en eski biçimlerini içeriyordu. Fakat Sintiler orijinal tonlamaların çoğunu unutmuşlar ve kendi deyişlerinin yerine, çok ciddi bir oranda bozuk bir Alman gramer yapısı koymuşlardı. Bütün Romanlar tarafından konuşulan Romanca gibi, onların lehçesi de Sanskritçenin türevi ve uzaktan akrabasıydı ve bugün Gujarati, Kurbat, Hintçe gibi Hindistan'da konuşulan Aryan dilleriyle belli benzerlikler taşırdı.

Doğrusunu söylemek gerekirse Romanlar kendilerini dört ana kabileye ayırmışlardı: Lovaralar, Tşuraralar, Kalderaşlar ve Matchvayalar. Bu dört kabile de dünyanın dört bir yanına doğru sonu gelmeyen yolculuklar yaparlardı. Her biri dış görünüş, mizaç, konuştukları dil, meslek ve genel yaşayış biçimi bakımından birbirinden farklıydı. Lovaralar ve Tşuraralar genelde at ticareti yapar ve meslekleri yüzünden karavanlarda yaşarlardı. En kalabalık grup olan Kalderaşlar çoğunlukla bakır ustasıydı ve çadırlarda yaşarlardı. Önceden Çarist Rusya'da Kalderaşlara mensup bir alt kabilenin üyeleri gösteri de yapıyordu.

Bir gün Pulika, Kalderaşlardan bahsediyordu. Bu kabileden "Rus" Çingeneleri olarak söz etmem üzerine Roman, sürekli ve dört bir yana yayılmış yolculukları göz önüne alındığında Çingenelerden ulusal bir kimlikle bahsetmenin nasıl yanlış olacağını anlattı. En azından "gariplerin soyu" olduklarını bilmem gerekirdi. Kendi ailesinin zaman zaman nasıl Macar veya Alman olarak nitelendirildiğini anlatarak lafa devam etti. Rusya'da uzun bir süre yolculuk etmiş veya yaşamış olmaları onları Rus Çingeneleri mi yapmıştı veya yapacaktı? Türkiye'de, Balkanlar'da, Fransa ve İspanya'da da yaşamışlardı. Bu yerlerin her birinde arkalarında kalan, önden giden veya bir ara sokakta önlerine çıkan bir çatalda sağa veya sola saparak yollarına devam eden ve dünyanın başka bir yerinde yine bir ara sokakta karşılarına çıkmış akrabaları olmuştu. Onlar Romandılar; Türk, Bulgar, Yunan, İspanyol veya Fransız Çingeneleri değillerdi. Bununla birlikte onların kim olduğunu, nereden geldiklerini ve Çingenelerin kendisinin bile bilmediği bir şeyi, nereye gideceklerini bilmek Gajoların işi değildi.

Bu dört kabilenin üyeleri dünyanın herhangi bir yerinde sıklıkla yan yana yaşarlardı. Rusya'da Lovaraların yanında hem Kalderaşlar hem de Tşuraralar vardı. Aynı şekilde bu gruplarla Amerika'nın herhangi bir yerinde de karşılaşabilirdiniz. Romanlar bu kabilelere Çingenelerin farklı "soyları" der ve mümkün olduğunca kendi kabilelerinden evlilikler yaparlardı.

Her "soy" Lovaraların tzerha dediği alt kollara bölünmüştü ve diğer kabilelere witsa denirdi. Daha küçük olan bu birimler, önemli bir adam haline gelmiş ve adı nesiller boyu taşınan bir büyükbabanın veya büyük büyükbabanın torunlarıydılar. Bir Duntşi'nin torunlarına Duntşetşi denirdi. Yojo'nun oğulları ve torunları Yojoştşi olurdu, ama bir arada yaşamaları veya yolculuk etmeleri şart değildi. Diğer alt bölünmeler gerçek yolculuk birimlerine veya karavanlara göre yapılırdı. Bu bölünmelerin daha keyfi bir niteliği vardı ve bunlara kumpanya denirdi. Bu, birbiriyle akraba olması şart olmayan çeşitli ailelerin geçici bir ittifakıydı. Bu beraberlik öncelikle iktisadi uğraşlarla sınırlandırılmış, hem ganimetlerin hem de borçların nasıl bölüşüleceğini belirleyen bir dizi karşılıklılık esasıyla kuşatılmıştı. Bir kumpanya karşılıklı rıza gösterilmesi şartıyla her an dağılabilirdi. Genelde birkaç kardeşten, kuzenlerden veya damatlardan oluşurdu ancak aynı kabilenin veya soyun insanlarıyla sınırlı olması şart değildi.

Pulika ve kumpanyası kamp yerini, kendi aralarında devamlı kavga eden Tşuraralarla birkaç gün daha paylaştı. Bütün bir gün boyunca ve gecenin belli bir kısmında konuşuldu, yemek yendi ancak çoğunlukla içildi. Tembellik had safhadaydı ve eski kıskançlıklar su yüzüne çıkmıştı. Sarhoş bitirdiğimiz bir günün sabahında, kahvaltıdan önce koyu bir kahve içmek üzere erken saatlerde kalkmıştık. Pulika, hiçbir açıklamada bulunmadan veya birilerine hesap vermeden toplanmaya başladı. Lovaralar önceden bir komploya hazırlanmışlar gibi tek tek Pulika'yı takip ettiler. Ateşler söndürüldü. Hâlâ uyuyan Tşuraraları arkamızda bırakarak sessizce oradan ayrıldık. Terk ettiğimiz kamp yeri çirkin bir çöp yığınıyla kaplanmıştı. Dinlenmeye zaman ayırmak gerekliydi, hatta bu istenilen bir şeydi ancak önümüzde göz alabildiğine uzanan yol, bir fener gibi bizi çekiyordu. Heyecanla havlayan köpekler önden koşuyor, sonra durup karavanların kendilerine yetişmelerini bekliyor, sonra aceleyle yine fırlıyorlardı. İyi dinlenmiş atları tırısa kaldırmış hızla yol alıyorduk. Kumpanyanın diğer karavanları kopmuş bir kolye gibi yola dağılmıştı. Hepimize yavaşça nüfuz eden heyecan herkesin birkaç gün için bile olsa sabit bir yerde kalmaktan ne kadar sıkıldığını gösteriyordu. Keja, neredeyse kış gibiydi, dedi. Yolda sanki çocuklar bile daha az ağlıyordu. Kırlangıçlar yere yakın dalışlar yapıyorlardı. Söylendiği kadarıyla bu, yağmurun yağacağını gösterirmiş. Pulika gün boyu sürücü tahtasında oturdu. Ya hareket etmenin verdiği keyifle kendinden geçmişti ya da Tşuraralarla aramızdaki mesafeyi mümkün olduğunca açmaya çalışıyordu. Beraber yola çıkılması tolerans göstermeyi gerektirmeyip ilişkiye belli bir protokol katmasına rağmen, Pulika'nın onlarla yolculuk etme fikrinden hoşlanmadığını biliyordum. Özellikle Lovara ve asgari seviyede bir disiplinin dahi uygulanamadığı Tşuraraların bir karışımından oluşmuş çok sayıda karavanla parçalı bir otorite altında yolculuk etmenin birtakım problemlere ve anlaşmazlıklara neden olacağı belliydi. Azılı bir çoğunluk olmanın getirdiği –her şeye rağmen kısa ömürlü– sarhoşluk, Romanların daha sonra çok çekecekleri mazur görülemez aşırılıklar yapmalarına neden olacaktı.

Son kamp yerimize varmadan önce Tşuraralar gibi yaşamaya zorlanmıştık; geçtiğimiz köylerdeki çiftçiler bize çok kötü davranmışlardı. Açtık ve yaşayabilmek için barışı yalnızca rüyalarında gören "Tşurara gibi" insanoğlunun vahşi olduğu zamanlara dönmüştük. Bana öyle geliyordu ki, önceki dönemde Gajoların bize karşı hiç de makul olmayan bir düşmanlık sergilemelerinin nedeni, gittiğimiz yolda bizden kısa bir süre önce Tşuraraların geçmiş olmasıydı. Romanların yaşamı, sonu gelmeyen bir doğaçlamaydı; sonsuz bir beceriklilik ve kurnazlık gerektiriyordu. Miskin ve yıkıcı Tşuraraların ünü, bu hayatı yalnızca daha fazla zorlaştırıyordu. Kavimleri geride tek bir iz bile bırakmadan dağılmıştı. İnsanları devamlı bir av oldu, arkalarından gönderilen cezalandırıcı birliklerden sürekli kaçmak durumundaydılar. İki veya üç karavanlık küçük gruplar halinde gezerler, atları veya insanları hiç dinlendirmeden, zoraki bir çabayla uzun mesafeler katederler, yolları üzerindeki yalnız çiftçileri ve başka bir yerleşim yerine uzak kalmış küçük köyleri korkuturlardı. Gruba bağlılık gibi bir anlayışları, bizim kumpanyamız gibi kalıcı bir oluşumları yoktu. Bağlılıkları devamlı değişir, dağılan eski gruplarının yerini neredeyse günlük birliktelikler alırdı. "Soylar" arasında korkunç bir fark vardı. Lovaralar bürokrasinin gözünde istenmeyen insanlar şeklindeki kaderlerini yumuşatmanın yollarını ararlardı, bir öz disiplinleri vardı ve geçimlerini kötü niyetli hırsızlıkla değil de at ticareti yaparak sağlarlardı. Lovaralar geniş gruplar halinde yaşamayı sever ve güvenebileceklerini bildikleri yetkili köylülere sıklıkla "barış senetleri" gönderirlerdi; bu "barış senetleri", Roman'ın yaptığı "barış anlaşmasını" bozması halinde iade edilmemek üzere verilen altın parçalarından veya bazen nakit paradan oluşurdu. Ara sıra polise rüşvet önerilir ve genelde bu rüşvet kabul görürdü. Pulika'nın her zaman yanında altın parçaları taşıdığını hatırlıyorum. Ağır altın saatinin kordonunun sarktığı yelek ceplerinde altın İngiliz paraları tıngırdardı. Jandarmalardan korktuğumu bilerek sessizce "acil durumlar için" derdi. Serinkanlılığına hayrandım. Dinleme becerisinden yoksun, sıklıkla taşkın bir saygısızlık içinde fazlasıyla yüksek sesle konuşan, daha genç ve daha az erkek olanların aksine, doğru zamanda sessiz kalmasını bilirdi. Bir durumu anında kavramak gibi doğuştan gelen sezgisel bir yeteneği vardı.

İnsanın kafasında yumurta pişiren öğlen güneşinden kaçmak için atların yanı sıra koşturan diğer oğlanların yanından ayrılarak karavanımıza tırmandım. Sürekli hareket eden karavanda hafifçe bir o tarafa bir bu tarafa sallanırken, Keja'nın ve diğer bazı bekâr kuzenlerinin Tşurara kızları hakkındaki konuşmalarına kulak misafiri oldum. Bir süre, gerçekten tasvip etmedikleri için mi yoksa yalnızca kıskandıkları için mi şaka yollu dedikodu yaptıklarını çıkaramadım. Son raddede her halükarda aldatılan Gajo oluyordu. Son derece güzel ve vahşi olan küçük Luludja, Tşukurka'nın en küçük kızı, ilkel bir şekilde baştan çıkarıcı kahverengi gözleriyle erircesine bakarak bazı işlerde birkaç Tşurara kızının arasına nasıl katıldığını anlattı; bu olay olmasa hatırlayamayacağı küçük bir köydeydiler, şakalar yaparak kasap dükkânına dalmışlardı. Sürüler halinde dolaşıyor, ellerine geçen her şeyi mıncıklıyorlardı. İlk başta Gajo, egzotik elbiseler içindeki bu neşeli tazelerin oluşturduğu kalabalığın adamı baştan çıkaran kıkırdamaları ve göz kırpmalarıyla, üstü örtülü yaramazlıklarıyla eğlenmişti. Karısı adamın yanına gelince, her ikisi de bu Çingenelerin her şeyi yapmaya muktedir olduklarını gecikmeyle fark ederek aniden paniklediler. Kızlardan biri, Jofranka, Tşurkina la Lizako'nun kızı ondan bundan bir sürü sipariş verdi. Tezgâhın üzerine tenekeden genişçe iki adet sefertası koydu. Kasap işiyle meşgul olurken karısı gözlerini dört açtı. Diğer kızlar sucuk, domuz yağı ve domuz kulağı satın aldılar. Sefertasına doldurulmuş et siparişlerinin şişkin faturasını ödeme zamanı geldiğinde Jofranka parasını kaybettiğini iddia etti. Arzulu bakışlarla sefertaslarını eve götürmesine izin vermesi için kasaba yalvardı; "bütün ailem açlıktan ölmek üzere" dedi; bir saniye bile bekleyemezlerdi. Eline fırsat geçer geçmez parayı ödeyeceğine yemin etti. Kasabın karısı kolay kolay inanacak gibi görünmüyordu; kadın Jofranka'nın yalvarışlarına kulaklarını tıkamıştı. Jofranka iki ağır sefertasını tezgâh üzerinde bırakmak zorunda kaldı ve "annesinden para alıp getirmek" üzere aceleyle oradan çıktı. Kendisiyle gurur duyan kadın, kurnazlıkla göz kırparak kocasına baktı. Her ikisi de rahatlamıştı. Çingene kızlar bir daha hiç oraya dönmediler. Ertesi gün beklemekten sıkılan kasap, eti kilere kaldırmaya karar verdi; sonra tezgâhın üzerine konmadan önce her iki sefertasının da diplerinin akıllı bir şekilde kesildiğini gördü. Bütün etler oradan alınıp küçük Tşuraranın etekliğinin altındaki gizli ceplere doldurulmuştu. Bundan sonra o dükkânda veya o köyde bir daha hiçbir Çingene hoş karşılanmayacaktı.

Tşuraralar yolda işte böyle davranırlardı. Bu hikâyeyi dinlerken bizim Lovara kızlarının da aslında hiç de masum olmadıklarını düşündüm. Yolumuzun üzerinde karşımıza çıkan köy dükkânlarını nasıl işgal ettiklerini hatırladım: Kimsenin aklına onları durdurmak dahi gelmeden dükkânlara girip ortalığa saldırır ve kirli küçük elleri jambon veya sosisle dolu olarak geri dönerlerdi. Oldukça sık bir biçimde kovalanırlar, ancak çok düşük bir bedel karşılığında veya bedavaya kirli eşyalar aldıktan sonra oradan kaçarlardı. Arzu edilen şeyler bir kez elde edildiğinde göstermelik şamata genelde sona erdirilir ve tüccarlar fikirlerini değiştirmeden çabucak oradan uzaklaşılırdı.

Bir gün akşam karanlığında, birbirine yakın hareket eden yedi karavanın önümüzde yılan gibi kıvrıla kıvrıla gittiğini gördük. En önde bulunan karavanımızın sürücü oturağında ayağa kalkan Yojo, kırbacını şaklatıp atları daha hızlı sürdü. Önümüzde giden karavanları kısa sürede yakaladık, neşeli bağrışmalar ve daha yaşlı erkeklerin yüksek ve tiz bir ıslıkla çaldıkları nağmeler ortalığı kaplamıştı. Bu, Pulika'nın yakın akrabası olan yaşlı Bidşika'nın kumpanyasıydı ve karşılaşma özellikle sevindiriciydi. Terk edilmiş bir yerde yoldan ayrıldık. İki kumpanyanın üyeleri, ortak bir anlaşmayla, daha resmi bağlılığın getirdiği ilişki tarzından ziyade birbirlerine duydukları sempatiye göre bir araya gelip, kamp yerini düzenlediler.

Bu durum, kampın görece maksatlı bir rahatlığa sahip olmasını sağladı. Bu keyifli karmaşayı fırsat bilen her iki grubun genç erkekleri karanlık bastıktan sonra kamptan sıvıştılar. Her zamankinden çok daha bakımlı ve huzursuzdular. Birkaçı salatalık çiğniyordu. Sessizce kamptan ayrılmaları, aslında dikkat çekmiş olsa bile bilerek görmezlikten gelindi. Genç kızları ayartmak için yakın bir köyde dans etmeye gidiyorlardı.

Oldukça ağır bir geceydi ve dolunay gökyüzünde yere yakın bir şekilde asılmış gibi duruyordu. Etrafa yayılmış renkli nevresimler içindeki kuştüyü yorganlar kamp yerinin her bir köşesini kaplamış; yer yer yakılmış ve neredeyse sönmeye yüz tutmuş sayısız ateşin parlayan közleri çevresine serilmişlerdi. Birkaçımız yaşlı Bidşika'nın ateşi çevresinde toplanmış, bize öyküler anlatması için yaşlı Çingeneye dil döküyorduk. Karısı ve iki kızı, Fifika ve Bisnu, karavanlarının gölgesine serilmiş yataklarında dinlenmeye çekildiler. Genç oğlanların biri, anlatılan öykünün kesilmemesi ve amcamızın dikkatinin dağılmaması için ateşle ilgilenmeye gönüllü oldu. Kahve demliği gece boyunca kaynadı durdu. Anlattığı her uzun öyküden sonra yaşlı adam kısa saplı piposunu bir kez daha yakıyor; uykusu gelmiş gibi yaparak şaka yollu bize takılıyordu. Bu kadar istekli dinleyiciler karşısında hikâye üstüne hikâye anlatmaktan çok hoşlandığını hissedebiliyorduk. Çocukların bir kısmı uyuklamaya başlamıştı, ancak yatmaya giderek büyüyü bozmaya cesaret edemediler. Altı yaşındaki küçük Papin, genç Koloro'nun kızlarından biri, dizlerime kıvrıldı. Gunada'nın oğlu Tşilaba da aynısını yaptı.

Yaşlı Bidşika çok uzaklardaki Rus topraklarında geçirdiği gençliğinden bahsetti. Eski Romanların, büyükbabasının, amcalarının ve kardeşlerinin nasıl yolculuk ettiklerini ve nasıl yaşadıklarını anlattı. Anlattığı hikâyeler bizi hayrete düşürmüştü. Buz gibi kış gecelerinde Romanların atlarını tek bir direk veya ağaca, daire şeklinde ve arkalarından yanaşacak kurtlara rahat tekme atmalarını sağlayacak biçimde nasıl bağladıklarını anlattı. Vahşi sellerle geçen Rus baharı geldiğinde, geceleri "kara rüzgâr"ın nasıl uluduğunu, detlenenin karavanların uzun tahta gövdelerini etkisi altına alıp sertçe nasıl sarstığını anlattı. Sonra bütün korkularına cesurca göğüs geren annesi kapıyı açacak ve kapkara geceye doğru uluyacaktı. Yüksek sesle çocukların isimlerini haykırırdı. Kara rüzgâr uluduğu ve detleneler karavanı sarstıkları sürece kadın bağırarak bildiği bütün isimleri sayardı. Taa ki rüzgâr dininceye ve detleneler birer birer gidinceye dek. Kadının sesi kısılır ve ateşler içinde tükenmiş olarak yere çökerdi; ancak ailesinin ufak çocuklarını kurtardığı için mutlu olur ve kendisiyle gurur duyardı. Herkesin gayet iyi bildiği gibi, kadının sesi hiçbir zaman tamamen iyileşmedi.

Detlenelerin, ölü doğmuş bebeklerin ruhları veya anne sevgisi arayan küçük insan yavruları olduğunu ve yalnızca her birine tek tek isimler verildiğinde sakinleştiklerini daha önce de duymuştuk ancak pek de inanmıyorduk. Akrabaları tarafından hatırlanmayacak kadar kısa yaşayan bebeklerin ruhları da olabilirlerdi.

Yaşlı Bidşika bir an durdu, derin bir nefes aldı ve anlatmaya devam etti: "Size şimdi anlatacağım hikâyeye ben şahsen şahit olmadım, ama bana Yanko o Melalo'nun kendisi anlattı, bu yüzden öykünün bütün günahı ve sevabı onun boynunadır. Melalo sevilip sayılan zengin ve yaşlı bir Lovariydi. Almanya Berlin'de sürüsüne bereket malı mülkü vardı, bütün bu mallar hâlâ durur. Gittiği yerde önünde uzanan yollar en az bu dünyada katettikleri kadar güzel olsun. Kabilemizin insanları atları ve karavanlarıyla beraber Macaristan'a (Yoksa

Transilvanya mıydı?) daha yeni varmıştı. Rus topraklarından oraya çok uzun bir yol tepmiştik. Geride haftalar süren bir yolculuk bırakmıştık. Oldukça zor ve yorucu bir seferdi, ancak ne olursa olsun sonunda istediğimiz yere varmıştık. Şimdi, Macaristan'da pek çok gezgin kabile vardı. Roman deyişinde olduğu gibi "Allah'tan" bazısının ormanın kıyısında büyük çadırlarda yaşadığını gördük. Bizi hoş karşıladılar ve bize karşı dostça davranıp patşiva günleri düzenlediler. Yiyecek içeceklerden, gecelerin ne kadar keyifli geçtiğinden ve söylediğimiz şarkılardan bahsetmeyeceğim, çünkü anlatmak bütün bir geceyi alabilir. Bu Romanlar bizim Khorakha dediğimiz bir kabileye mensuptular ve genelde Yakındoğu'da ve o bölgenin ötesinde yolculuk ederlerdi. Aralarında ismini çoktan unuttuğum, bilge ve yaşlı bir Roman vardı –bunun için ruhu beni affetsin. Şimdi size anlatacağım hikâye bu adam hakkındadır. Bu Romana dünyanın en kuvvetli sihri, yani draba miras kalmıştı... Bu büyüyle istediği zaman görünmez olabildiği söylenirdi. Buna inanmakta tereddüt edebilirsiniz, ama çok uzun zaman önce yaşlı Yanko o Melalo yeminler ederek böyle anlatmıştı. Bir gün ikisi beraber içip sarhoş olmuşlar, birbirleri için Çingenelerin eski tarzında patşivalar düzenlemiş, şarkılar söyleyip, dans etmişlerdi. Khorakha kabilesine mensup olan diğer Roman, mağrur bir anında, draba büyüsünü Melalo'ya hediye etmişti. Bana bu sırrı anlatan Yanko'nun kendisi oldu. Anlattığı sırada artık iyice yaşlanmıştı Yanko. Ancak yine de biz Lovaralar arasında bu drabayı kullanmak için zaruri koşulları yerine getirme küstahlığını kim gösterecekti? Tanrı bizi bu şeytani düşünceden korusun. Bu büyüyü kullanabilmek için dolunayın olduğu bir Cuma gecesi genç bir erkek kurbağayı yakalamak, hayvanı yerel çiftçilerin saksı olarak kullandığına benzer, önceden üzerine dikkatlice 390 küçük delik açılmış kırmızı porselen bir kapta hapsetmek gerekir. Kesinlikle ne bir eksik ne bir fazla. Büyüyle ilgili buna benzeyen güçlerin peşinde koşma cesaretini gösteren biri, bu zımbırtıyı mezarlıktaki bir karınca yığınına koymalı (Bunun düşüncesi bile korkunç!) ve kurbağanın ıstırap dolu çığlıklarını duymamak için yıldırımdan bile daha hızlı koşarak oradan uzaklaşmalı. Dokuz gün sonra saksıyı alıp getirmesi gerekir. Geride kalan tek şey kurbağanın beyaz, kırılgan kemikleri olur. Bir aynanın karşısına geçen adamın bu kemikleri teker teker ağzına koyması lazımdır. Aynada kendi siluetini göremez hale gelince, bu kemiklerden hangisinin sihre sahip olduğunu bilecektir. Size bahsettiğim Khorakhalı Romanın büyük amcasının da ondan çok önce aynı yöntemi denediği söylenir, ancak yıldırımdan daha hızlı koşamadığından kurbağanın çığlığını duymuş ve ondan sonra sağır olmuş. Bizim Yanko o Melalo'ya bütün bunları anlatan yaşlı adam, görünmez olmanın getirdiği bütün avantajları kullanmış, hiçbir şeyin farkında olmayan Gajoları aldatıp durmuş. Her geçen gün daha bir cıvık davrandığından, yaptıklarına dayanamayan bir avcı, adamı tam kafasından vurmuş; hatta kurşunun bir kulağından girip diğerinden çıktığı anlatılır. Gözle görülemez olmasına rağmen karda bıraktığı ayak izlerini hesaba katmadığından av oluvermiş."

Bir erkek kedinin, çok da uzaktan gelmeyen, tuhaf miyavlaması bizi gündelik yaşamın gerçekliğine geri çekti. Kedinin çıkardığı azgın ses bütün büyüyü bozdu ve bunun üzerine yaşlı Bidşika'nın oradan ayrılmasına izin verdik. Yaşlı adam ateşe doğru tükürdü, sert ve uzun bıyıklarını düzeltti ve oradan uzaklaştı. Vurdonumuz için yer arayarak kampa geri döndük. Yarasalar havada, karavanların arasından yere doğru çabucak ve hiç ses çıkarmadan uçuyordu. Bir bebeğin feryatları geceyi böldü. Ertesi sabah gün doğarken, Tşuraralara ait üç karavan bizim halen uyuduğumuz kampa daldı... Gereksiz yere gürültü yapıyor, bir meydan okumadan daha ziyade, sanki "bizden kurtulmanın kolay olmadığını size göstereceğiz" der gibi alaylı çığlıklar atıyorlardı. Tşuraraların yine bizimle beraber olduğunu bilerek memnuniyetsiz bir şekilde uyumaya devam ettim.

Dünyanın gitmesi yıllarca süren ara yollarında geçirdiğimiz açık yaz gecelerinde Çingeneler, kendi insanları arasındaki büyük masalcıları dinleyerek keyiflerine keyif katarlardı. Romanların sözlü gelenekleri, yolculuklarının uzunluğuna ve görmüş geçirmiş Romanlarla şans eseri karşılaşmalarına bağlı olarak genişleyip yenilenirdi. Yaşlı Çingeneler görüp duyduklarını diğerlerine aktarırdı. Çingenelerin yazılı kayıtları olmadığından gelenekleri canlı tutacak ve yeni nesillere aktaracak tek şey, yaşlıların hafızası olurdu. Romanlar gençlere "bütün sohbetleri kendin hakkında yapınca bir şey yapmış olmuyorsun" derdi. Romanların tarihini oluşturan gezi hikâyelerine Swato veya daha çok kullanılan çoğul haliyle Swatura denirdi. Bu hikâyelerde gerçek ve hayal olan ince bir şekilde birbirine yedirilirdi ve bu masalların yorumu ve değerlendirmesi öncelikle dinleyicilerin eleştiri kabiliyetlerine dayanırdı. Romanlar için masalın içindeki hayali unsurlar kolayca ayrıştırılabilirdi, bunlar yalnızca hikâyeyi daha bir harika kılıyordu. Didaktik unsurlar karakteri, gelenekleri ve birçok yerde Gajoların zayıflıklarını, batıl inançlarını, Romanlara yaklaşımlarını doğru bir biçimde resmederdi. Bazen bu hikâyeler, dile dair temel dersleri ve ticaretle veya eğer kadınlar söz konusuysa fal bakmayla ilgili önemli kelimelerin uygun telaffuzunu ihtiva ederdi. Bir şekilde başka türlü o dilleri konuşamasalar bile yaklaşık yedi sekiz dilde fal bakabilen genç kızlar bilirdim.

Belli acil durumlarla nasıl başa çıkılacağına dair coğrafi tanımlar aracılığıyla Swatura, Roman bilgisini sürekli kılardı. Büyü, batıl inanç ve doğaüstü olaylarla ilgilenen Swatura vardı. Bunlara Darane Swatura denirdi ve sadece eğlence olsun diye anlatılırdı. Hiç gitmediğim halde benim Balkanları iyi bilmemi sağlayan Swatura olmuştu. Sonunda Sırbistan'ın üzüm bağlarını ve erik bahçelerini hayatımda ilk defa gördüğümde, sanki bildiğim bir yere geri dönmüş gibiydim. Korkunç bir yoksulluk içindeki maden köyleri, aynı anda hem mağrur hem de alçakgönüllü olmayı becerebilen sadık ve sessiz keşişleriyle Romanesk ve Bizans manastırları, bakımsız Müslüman mezarlıkları, Doğu Avrupa'nın kırsal kesimindeki Yahudiler ve Tanrı'yla aralarındaki aşırı samimiyet, yüzlerini yavaşça güneşe dönerken çatırdayıp hışırdayan ayçiçeği tarlaları, duyarlı fakat kör gözleriyle ıstırap çeken sabırlı öküzler, sarp kayalıklar, rüzgârla keskinleşmiş granitle kaplı tepelerin eteklerine kurulmuş, insanın içini karartan köylerde yaşayan kederli ve şüpheci Gorale dağ insanları, bu dağların aşağısındaki verimli vadiler, Güneydoğu Asya'dakilere benzeyen huysuz kara su bizonları, yüzyıllardır süren Türk işgalinin devam eden izleri, gördüğüm her şey çok tanıdıktı. Güneye doğru hareket ettikçe nakil araçları da kamyondan ata, öküze, eşeğe ve deveye doğru değişti.

Swatura bütün bunları ve bunların yanında Roman dünyasının bütün değişimlerini yansıtırdı. Hikâyelerin bütünü hiçbir zaman herhangi tek bir kişi tarafından bilinemez ve anlatılan şeye sonsuza kadar ek yapılıp durulurdu. Gerçekten yaşayan bir tarihti. Batılı bir akla muhtemelen fazlasıyla gezgin ve bazen aşırı biçimsiz gelecektir, ancak ne olursa olsun kendi içinde bir tutarlılığı vardı, "genişleyen bir sel gibi taşkın bir bollukla akardı".

Romanlar günün saatlerini, ayları, hatta geçen yılları belirtmek için kullandıkları belirsiz takribi sıfatları, şehirleri, bölgeleri, mahalleleri veya hatta ülkeleri ayırt etmek için de kullanırlardı. "At pazarı şehirleri"nden, "Lovaraların zenginleştiği il"den veya "Kalderaşlardan birinin egemen olduğu" veya "bilmem kimin hapse konduğu" yerden bahsederlerdi veya aşağılayıcı bir şekilde "Tşuraraların ülkesi" veya anda I thema yani "öte topraklar" derlerdi.

Dinar, leva, lira veya drahmi gibi yerel belli paralar bir gelin, bir at bedeline veya "misafirleri doyurmaya yetecek bir ziyafete" denk gelecek şekilde hesapsız kitapsız çevrilirdi.

Çok zaman sonra, Balkanları kapsamlı bir şekilde yeniden ziyaret ederken Romanlarla ne kadar içli dışlı olduğumu anladım: Onlarla beraber yaşarken, kendimi onlarla tanımlıyor ve Roman olan her şeyi neredeyse tamamen kabul ediyordum. Ziyaret ettiğimiz ülkelerden ziyade, açıkçası hayatın Roman yönlerini hatırlar gibiydim.

Romanlar gecelerini Swatura dinleyerek geçirmekten hiçbir zaman sıkılmadılar ve yeni bir kumpanyayla her karşılaşma yenilenmiş tatlar demekti. Swatura her zaman anlatan kişinin başına gelmiş gibi anlatılır ve dramadan komediye doğru sıralanır ve bazen gizemli bir korku filmi halini alırdı. Edgar Allan Poe'nun yazdığı bir hikâyeyi dinlediğinizi sanırdınız. Gerekli olduğu zamanlarda kahramanca bir atmosfer yaratılsa da kendini bilmeye dair mizahi bir ifade hiçbir zaman eksik olmazdı. Her anlatıcının kendine has bir tarzı vardı ve elbette ki, bu tarz, kendisinin ve ailesinin deneyimleriyle ve yaşadıkları ülkelerle renklendirilmiş olurdu. Çok önce Avusturya'da ölen yaşlı Nonoka, bizim Butsulo'muz gibi, genelde ortamdan uzak durur, ancak bir kez bir Swato anlatmaya başlayınca aşırı şefkatli bir adam kesilirdi. Devrim öncesi Rusya hakkındaki hatıralarını öyle bir anlatırdı ki, çağrıştırdığı engin vakar ve ihtişam, bizde büyük bir hayret ve arzu uyandırırdı. Yaşlı Lyuba köseleye dönmüş eliyle ateşten bir kor alacak ve pirinçten kısa saplı piposunu yakacaktı. Sonra hiç kırpmadığı gözleri insanın kalbini söken bir bakışla kendinden geçmiş dinleyiciler arasında dolaşacak, monoton bir sesle Lovaraların Rusya'ya gelmesine ve bir zamanlar geldikleri Macaristan'a geri dönmesine neden olan ve dinmek bilmeyen felaket yılları hakkında bir monologu tekdüze bir şekilde anlatmaya başlayacaktı. Nonoka, belki de Lyuba'nın yanlış veya yalnızca kendisine dert edindiği şeyleri hatırladığını ima edercesine ama anlatılanlardan hiç de rahatsız olmadan, gülümseyecekti. Birkaç cümleden sonra yaşlı kadın yine sessizleşecekti. Zaten bir ozan değildi ve yaşlı adamın nemli parlak gözleriyle Rus topraklarına duyduğu sevgiyi samimi bir şekilde yine anlatmaya başlamasıyla birlikte kadının bir ahlakçı olarak arada söylediği sözler kısa sürede bertaraf edilirdi.

Rusya ve yaşamaya başlamadan çok önce Balkanlar hakkında bilgi edinmem gibi, henüz karşılaşmadığım ve günümüzde bile halen dünyada dolaşmaya devam eden efsanevi Romanların pek çoğuna aşina olmuştum. Her gittiğimiz yerde bizden bir adım ötede veya birkaç ay ileride bir Loiza la Vakako vardı, mesela. En son 1940'ların başında Paris'te ve Madrid'de bu Romanın izine rastlamıştık. Orada, biz gelmeden kısa bir süre önce Brezilya'ya gitmek üzere ayrıldığını duyduk. Vakako'nun, Lovaralar arasındaki en zengin, en akıllı ve en cömert Romanlardan biri olduğu söylenirdi ve sahip olduğu zenginliği ve ne kadar eğlenceli bir adam olduğunu anlatan türlü türlü efsaneler vardı. İspanya'da üç ünlü Roman, Notarka, Mutşuro ve Pali kardeşler yaşardı. Bu kardeşlerin bir sürü oğlu vardı ve krallara layık bir yaşam sürerlerdi. Vurdonu terk etmiş ve beyaz badanalı, sakin ve geniş evlerde oturmaya başlamışlardı. Yazın belli zamanlarında geçici bir süreliğine ancak bütün ayrıntılarıyla inşa ettikleri çardakvari yerlerde yaşarlardı. İspanyolcada bu çardaklara tiendas de campana denirdi. Bizim gibi at ticaretiyle uğraşmazlar ama çeliği ustaca işlerlerdi ve bu konuda çok iyilerdi. İspanya'daki üslerinden bütün Fas'a ve Kuzey Afrika'ya yayılmışlardı ve hem Romanlar hem de Gajolar onlara büyük bir saygı duyardı.

Şaka yollu Elmas Jim de denilen Stevo o Afrikano ile ilgili birçok hikâye vardı. O ve kumpanyası Güney Afrika'ya gitmiş ve orada, lakabından da anlaşılacağı gibi, elmas işine girip biraz alengirli ancak çok kazançlı bir meslek tutturmuştu. Birkaç yılda bir, o ve takipçileri sırayla bir yıl Fransa veya İspanya'ya, başka bir yıl Yugoslavya'ya, İtalya'ya geçecek ve ölümünden kısa bir süre önce Amerika'ya gideceklerdi. Buralara "tatil" için gelecek ve bu amaç için biriktirdikleri serveti harcayacaklardı.

Akıllı ve cömert Romanlarla ilgili olduğu kadar güvenilmez veya hain olanlar hakkında da masallar anlatılırdı. Lovaraların hem Macaristan'da hem de Nazi öncesi Almanya'daki uzatmalı kalışlarını anlatan harikulade destanlar vardı. Pulika'nın ve kardeşleri Tşukurka ve Miloş'un Berlin'de ve civarında mülkleri vardı, bu mülklerle bazen Yanko o Melalo ilgilenirdi. Etraflarında çoktandır bir gazap bulutu toplanmış olmasına rağmen Yaşlı Bakro ve Yişwan ve Mitşo, Yanoro, Boboko ve Honko ve daha birçok Roman, orada, kahramanca yaşamaya devam ederlerdi.

Kan aktığı halde hayat devam etti, Nazi soykırımının yaşandığı dönemde bile, oradan kurtulanlar tarafından anlatılan belli bir Swatura tarzı ortaya çıkmıştı. 1961'de Zagreb'de gecelerimi büyük Lovari Mitşo la Marako'nun anlattığı Swaturayı dinleyerek geçirmiştim. Kederin verdiği uyuşukluk halini ve toplama kampındaki yaşamın umutsuz pasifliğini çok iyi biliyordu ancak espri anlayışını ve bilgeliğini kaybetmemiş ve acıyı ve nefreti, sevemeyecek kadar güçsüz olanlara bırakmıştı. Yaşamın devam etmesi şerefine şarkılar söyledi. Mitşo la Marako etkili bir masal anlatıcısıydı ve bütün Lovaralar gibi anlattığı hikâyelerde alttan alta cinsel gücünü idealleştirirdi. Sakin bir ağustos gecesiydi ve bol miktarda beyaz Hırvat şarabı içildi, servet değerindeki şansa, arkadaşlığa, öldürülenlerin hatırasına ve bütün bunların daha genç nesillere örnek teşkil etmesine kadeh kaldırıldı.

Canlı ve akıcı Swatura geleneğinin, başka bir deyişle yaşananlarla ilgili anlatılan masalların yanında, Romanların daha biçimli bir hikâye çeşidi, Paramitşa yani peri masalları vardı. Bunlar çoğunlukla, diğer türlü metazori hareketsizlik yüzünden berbat geçecek olan kış aylarında anlatılırdı. Bu masallar anlatılacağı zamanlarda Keja, karavan tekerlieği büyüklüğünde, içi haşhaş tohumu ve bal dolu turtalar pişirirdi. Bu turtaların yanında genelde ince belli bardaktan çay içerdik. Paramitşa hiçbir şekilde didaktik veya doğrudan Çingene ilmiyle ilgili olmazdı. Bu masalların değeri tamamen anlatıcının sanatçılığında yatardı ve çoğu, Romanların arasında yaşadığı değişik halklardan alınmış ve onların hikâyelerinden uyarlanmış olurdu. Bu masallar neredeyse kelimesi kelimesine aynı anlatılır, herkes bir sonraki cümleyi gayet iyi biliyor olurdu ancak sadece belli bir anlatıcı tarafından anlatılabilirdi ve sadece o anlatıcıya ait olduğu düşünülürdü. Paramitşa yalnızca o anlatıcı öldükten yıllar sonra başka biri tarafından yinelenebilirdi. Yine de bütün itibar ilk anlatıcıya ait olurdu. Soğuk kış gecelerinde kuştüyü yataklarımıza oturmuş veya uzanmış, göbekli sobamızın yaydığı sıcaklığın keyfini çıkarıyor olurduk.

Dışarıda güçlü bir rüzgâr esip yüksek tekerlekler üzerine oturmuş karavanımızı sallarken, bir adam çıkıp "Şimdi size anlatacağım Paramitşa, Tzintzari'ye aitti. Ben bu masalı, yıllar yıllar önce Nonoka'dan öğrendim. Nonoka'nın anlatarak bizi eğlendirmesi gibi, ben de şimdi masalı anlatarak sizi eğlendirmeye çalışacağım..." derdi.

Swatura anlatan adamların varlığına ve deneyimlerine duyulan saygının tersine, peri masalı anlatıcıları, kendi yerlerinde beğenilse dahi ciddi bir şekilde farklı değerlendirilirlerdi. Paramitşa yalnızca eğlenmek için anlatıldığından ve başka hiçbir değer taşımadığından bu adamların masallara duyduğu ilgi ağırbaşlı bulunmazdı. Aynı şekilde Romanlar yalnızca eğlence olsun diye müzik çalmazlardı: Şarkıların kesin bir anlamı ve bir fonksiyonu vardı. Şarkıların şiirselliğine ve sözlerin anlamına, şarkı söyleme becerisinden çok daha fazla değer atfedilirdi. Şarkılara yalnızca el çırparak eşlik edilirdi. Müzik aletleri Gajoları eğlendirmeye ayrılmıştı. Patşivaki djilia, yani arkadaşlık şarkıları, başka bir ifadeyle önemli bir misafiri şereflendirmek için söylenen şarkılar vardı. Bunlar genelde epik olurdu. Zorlukları anlatan acı dolu şarkılar, brigaki djilialar vardı. Şarkıların önemli bir kısmını mulengi djilialar yani ağıtlar oluştururdu. Sadece eğlence olsun diye söylenen dans şarkıları da vardı. Gerçek melodi türleri, oldukça sınırlıydı ve bunlara glasso –"ses" kelimesinin Slavca kökü– veya mode denirdi. Bu melodilere sonsuz sayıda şarkı sözü yazılmıştı.

Erkekler kendi aralarında çoğunlukla atlardan veya hukuki meselelerden bahseder, Kris'in, Roman mahkemesinin aldığı kararları yeniden değerlendirirlerdi. Bu durumlara veya resmi örneklere bayura –tekili bayo– denirdi. Bunlar, yalnızca kendi yargı sistemlerinin kayıtlarını oluşturan sözlü biçimlerdi.

Dokuzuncu Bölüm

Tşuraralarla ortaklaşa bir kamp yerini kullanmak her zaman sürtüşmeye yol açıyordu. Sınır tanımayan yağma partileri, çiftçilerin bütün Çingenelere karşı sergilediği düşmanlığı yoğunlaştırmış ve salt karın doyurmak, zihni meşgul eden tek şey olmuştu. Tşuraralar açıkça suyu bulandırmaktan pek bir zevk alıyorlardı. Lovaralar ve Tşuraralar aynı şekilde Romandılar ve bu yüzden köylülerin şikâyetlerini anlasak da öncelikle kendi insanımıza bir bağlılık duyuyorduk. Tşuraralar ne zaman etrafta olsa Gajolarla kurduğumuz ilişki bir daha düzelmeyecek şekilde bozulur, ancak dışarıdan gelen baskılara karşı birlik olma duygusu gittikçe güçlenirdi. "Biraz gölge herkes için iyidir..." şeklindeki Lovara deyişini kendi aralarındaki ilişkide dahi göz ardı eden Tşuraraların arasındaki temel ilke "ayakta kalan yaşar" şeklindeydi. Şiddet kullanma eğilimindeydiler; kırlık kesime eziyet etmek için dayanılmaz bir arzu duyuyorlardı. Bu da Gajoların intikam duygularına davetiye çıkarırdı.

Kamp yerini devamlı aceleyle terk etmek zorunda kaldıkları için Tşuraralar pislik ve iğrençlik içinde yaşarlardı. Üzerlerinde, neredeyse vahşi denilebilecek sağlıklı ve küstah görünüşleriyle keskin bir tezat oluşturan, genel bir kokuşmuşluk hali vardı. Pulika ve kumpanyası nereye giderse gitsin Tşuraralardan kurtulamadığı zamanlar da olurdu, ancak ilişkilerde aleni bir kopukluk, Romanlar arasındaki konukseverliğin bütün temel kavramlarına ters düşerdi. Yine de çevremizde onlar olduğunda çok sıkıntı çekerdik; Çingene karşıtı duygular iyice tırmandığından at ticareti olasılıkları giderek azalırdı. Yol kenarlarında yapılan falcılık neredeyse imkânsız hale gelirdi.

Bir gece bulanık akan bir nehrin kenarında, "medeniyet"ten çok uzakta kamp kurmuştuk. Hiç beklemediğimiz bir anda, şimdiye kadar gayet dağınık hareket eden kumpanyamıza çok sayıda karavan katıldı. Böyle durumlarda kamp, yalnızken kuracağımız yerden daha farklı bir yere, köy veya çiftliklere çok daha uzak bir bölgeye taşınırdı. Ancak şimdi bulunduğumuz yer mevcut kalabalık için uygun bir yere benziyordu. Ertesi sabah gün doğarken bize Tşuraralardan iki karavan daha katıldı. Karavanlardan biri Tşurkina ve karısı Liza'ya ve onların sayısız çocuğuna; diğeri Tşurkina'nın kayınpederi Pani'ye aitti. Pani'nin yanında baş belası iki oğlu, Vedel ve Merikano da vardı. Her ikisi de Kore ve benden yalnızca birkaç yaş büyüktüler. Kız kardeşleri onlardan daha ufaktılar. Kızlardan en büyüğü, dokuz yaşındaki Simza, bütün ailenin yemeğini pişirir ve çamaşırlarını yıkardı. Tşurkinalardan birkaç kişi ve Liza'nın küçük çocuğu hastaydı. Rupa alçak sesle "bunlar en ufak bir yol terbiyesi taşımıyor" diye söylenmeye başladı; Romanların yazılı olmayan geleneklerine göre üyeleri muhtemel bir salgın hastalık belirtisi gösteren aileler, hastalığın ne olduğu anlaşılıncaya kadar başka ailelere katılmazlardı. Ancak Lovaraların çoğu hâlâ uyuduğundan ve çok az kişi yüzünü yıkadığından Rupa, fikrini dillendirmekten vazgeçti ve çok büyük bir incelik gösterip kampta bulunan diğer Çingenelere fikirlerini söylemekten kaçındı. Tşuraralar atlarını çözdü ve güneş çoktan doğmasına rağmen kuştüyü yataklarını sererek aceleyle kamplarını kurdular. Karavanların bütün camları kırıktı.

Liza, Tşurkina'nın karısı, ateşimizin yanına geldi, sabahın erken bir saati olmasını hiç önemsememişti; hiç özür dilemeden veya ufacık bir açıklama yapmadan –sırf tembel olduğundan değil, tamamen saygısızlığından– biraz ateş almak istediğini söyledi. Bu daha önce hiç görülmemiş bir şeydi. Keja aniden ona ateş yerine, beraberinde götürmesi için bir çaydanlık dolusu taze kahve uzattı. Kadın da kastedilen ince göndermeyi hiç anlamadan sıcak kahveyi aldı.

Kore ve ben, Pulika, Tşukurka ve Dodo'nun sabah abdesti için su dökme ayrıcalığına erişmek üzere şaka yollu kavga ettik. Özellikle bu amaç için kullanılan pirinçten eski bir çaydanlığı su doldurup Romanların ellerine boşalttık. Çaydanlık ibriği Romanlar için akan suyu tam karşılamıyordu ama hiç yoktan iyiydi. Onlara sabun uzattık ve kurulanmaları için havluyu hazır ettik. Burada, bir adam ve bir çocuk, gelenek veya hürmetin getirdiği sınırlamalardan özgür ve eşit olurdu. Günün belli bir bölümünde çocukların, erkeklerin peşinde dolaşıp onların sigara ve kahvaltılarını paylaşmasına da göz yumulurdu. Kampta yakılmış her bir aile ateşini ziyaret edip onları yüksek sesle Romanca "Droboy tume Romale" diyerek selamladık. Bu geleneksel bir selamdı ve karşı taraf "Nais tuke!" (Teşekkür ederim!) diyerek cevap verirdi. Durduğumuz her yerde kahve, lezzetli yiyecek ikramları ve bol miktarda dedikodu bizi bekliyor olurdu.

Aniden ırmağın uzak bir ucundan Tşaya'nın bağırıp çağırmalarla yüklü sesi duyuldu. O ve Pani'nin –hiç de Tşaya'nın dengi olmayan– dokuz yaşındaki kızı Simza sert bir kavgaya tutuşmuşlardı. Birkaç kadın olay mahalline gitmek için ivedi davrandı. Anlaşıldığı kadarıyla Tşaya, Tşuraralı küçük kızı ujo ve marhime kurallarına doğru dürüst riayet etmeden nehirden su çekerken görmüştü. Bu Lovaralar için ciddi bir kabahatti. Nehir kıyısı boyunca su çekmek için beş yer belirlenmişti. İçmek için ve yemekte kullanılacak su, ırmağın yukarı kısmından alınmalıydı; bir sonraki noktada bulaşık yıkanıp banyo yapılırdı. Suyun daha aşağı kısmında atlar su içer, kıyafetler yıkanır ve son olarak da hamile olan veya adet gören kadınların giysileri temizlenirdi. Belli her kullanım için gerekli olan suyu çekmek üzere ayrı bir kovanın kullanılması beklenirdi. Bu, temiz ve murdar kavramı, Çingene ailelerinin sürekli olarak dikkat ettikleri bir konuydu. Bir Roman marhime olan hiçbir şeye dokunmamalıydı. Ciddi bir ahlaksız tavır sergilediğinden Kris tarafından kabileden uzaklaştırılan kişiler için de aynı kavram kullanılırdı. Uzaklaştırma, Krisin verebileceği en sert cezaydı. Bir kadının belden aşağısı marhime olarak değerlendirilirdi ve kadının alt eteğinin kendisine ait olmayan bir erkeğe veya diğer erkeklerin kullandığı herhangi bir şeye değmemesine dikkat etmesi beklenirdi. Eğer kadının etekliği tabaklara, kadeh veya su bardaklarına hafifçe dokunursa, bir sonraki erkek kullanıcıyı "kirletmemek" için bütün bunlar hemen yok edilirdi. Aynı nedenden ötürü önemli bir misafirle aynı tabağı paylaşarak tabakların "lekesiz" olduğunu göstermek, bir nezaket gösterisi sayılırdı. O zamanlar kadınların "murdarlığı" kavramını kabul etmek veya anlamak benim için çok zor olmuştu. Ancak Romanlarla uzunca bir süre beraber yaşadıktan sonra, sadece kabul etmeyi değil, bu sınırlayıcı emirlerin birbirine yakın yaşayan bir toplumda ortaya çıkardığı yararlı sonuçları takdir etmeyi de öğrendim. Çingeneler diğer herhangi bir koşul altında rastgele cinsel ilişkiye giren bir toplum olurdu. Bu gelenek, Çingene kadınların kendi insanları arasında mutlak bir mahremiyet ve kendini koruma duygusuyla hareket etmelerini sağlamıştı. O zamanlar Fransa'nın sanayisi gelişmiş kuzey bölgesinin çok büyük bir kısmına "sahip olan" ve oraları "yöneten" güçlü ve pinti Voyateşalar ile onları karısıyla beraber ziyaret eden genç bir adam arasında bir kavga çıkmıştı. İçkinin etkisiyle patlamış gereksiz bir arbedeydi ancak Voyateşalardan birkaçı birlik olup dışarıdan gelen adama duygusuzca, vahşi bir şekilde saldırdı. Genç kadın çaresiz kalmıştı; bütün yalvarmaları ve beddualarının hiçbir faydası yoktu. Yaptığı haklı uyarıların hiçbir etkisi olmadığından sonunda iç etekliğini çıkardı ve elinde etekliğiyle Voyateşaların üzerine gitti. Adamlar kadının marhime olduğunu anladıklarından kavga derhal durdu. Dava Krise taşınıncaya ve marhimenin getirdiği sıkıcı sorumluluk kaldırılıncaya kadar hiçbir Romanın, kadının en yakın erkek akrabalarının dahi bu karıkocayla yapacak bir şeyi kalmamıştı.

Tşaya ve küçük Simza arasındaki olaydan ve bunun peşi sıra her iki "soydan" kadınlar arasında oluşan gerilimden kısa bir süre sonra, bir grup çocuk heyecanla koşturarak geldi. Irmak yüzeyinin ölü balıklarla dolduğu haberini getirmişlerdi. Romanlar bir an için bile duraksamadan kamp yerini dağıtma kararı aldılar. Nehir suyu taşıyan bütün kovaları boşalttıktan sonra o yerden ayrıldılar. Tencereler dolusu yemek ile çaydanlık içindeki kahveler döküldü. Ateş dağıtıldı; közleri söndürüldü veya üzeri kumla kaplandı. Temizlik adetlerine ilişkin herhangi bir şüphenin Romanlar arasındaki ilişki üzerinde bir etki yaratmasına izin verilemezdi ve bundan kaynaklanacak herhangi bir sorumluluğu da kaldıramazdık ancak bir kez daha Tşuraraların yakından izlenmesi gerektiği ortaya çıkmıştı. Keja kendiliğinden Tşurara kadın ve kızlarının yanına gidip, kadın olmanın getirdiği bütün sınırlamalara uymak gerektiğini hatırlattı. Örneğin bir kadın hiçbir zaman bir erkeğin önünden veya iki adamın arasından geçmemeli, mutlaka arkalarından dolaşmalıydı ve eğer bu mümkün değilse "Bolde tut, kako!" (Lütfen başka bir tarafa dön!) diyerek erkekten arkasını dönmesini istemeliydi. Karavana bağlanmış atların önünden geçmekten de her seferinde kaçınmalı, önce karavanın geçmesini beklemeli sonra yürümeliydi.

Bölgeden ayrıldıktan saatler sonra oldukça tenha başka bir yerde yeniden bir araya geldik. Tşuraralar hâlâ bizimleydi ve beklenileceği üzere kınamalarımıza kulaklarını tıkamışlardı. Ölü balıklar gibi sürekli tekrarlanan olaylar, onlara "nehir kirleticileri" unvanını kazandırmıştı. Aynı gece bize başka birtakım karavanlar daha katıldı. Gelenler yine Tşuraralardandı; aralarında Pani'nin kardeşleri, Gunari ve Pita'yla evli olan Nanoş ve onların çok sayıda evli oğlanları ve onların aileleri vardı. Yorgun ve susamış atların, engebeli toprak üzerinde karavanları daha hızlı çekmesini sağlamak için naralar atarak kamp yerini işgal ettiler. İyice kurumuş akslar üzerinde hareket eden ağır tekerlekler acı acı inliyordu. Vahşi bir ivedilikle karavanları sürdüklerinden, yerdeki her çukur veya tümsekte, sallanan karavandaki tabak çanaklar azgın bir denizde bir sağa bir sola yatan gemi gibi kayıyor, gürültüyle tangırdıyordu. Erkekler gülüyor, kadınların bazısı öfkeyle bağırıp küfrediyordu. Ateşin çevresinde yuvarlak olup oturduk ve sohbetimize hiç rahatsız olmadan devam ediyormuş gibi yaptık. Kampın kendilerine ait olan kısmında olağan karmaşa devam ediyordu. Bütün gece boyunca kendi aralarında sertçe tartıştılar; başka kimseyi davet etmedikleri masalarında boş mideye içki içtiler.

Beklentilerimin aksine ertesi gün kampı dağıtmadık. Erkekler küçük gruplar halinde ateş çevresinde veya otlağın kenarında oturdu veya tembel tembel uzandı. En yakın mezra bile çok uzakta kalmıştı. Bu yüzden kadınlar ne fal bakmaya ne de alışveriş yapmaya gidebildiler. Kızgın güneş tepemizde parlıyordu. Çevremizdeki kır, vızıldayan sinek sesleriyle, öten güvercinleriyle ve atların otlarken çıkardığı hart hurt sesiyle sanki bize canlı olduğunu anlatıyordu. Yakınımızda birkaç köpek uykulu bir şekilde soluyordu. Rüya görüyor gibiydiler. Merikano bize eline yeni geçmiş pirinç saplı demir muştasını gösterdi. Bu arada yüzünde çiçekbozuğu lekeleri olan ağabeyi, Vedel, pantolon cebinde taşıdığı küçük bir şişeden üzerine birkaç damla sıvı serpiştirdiği şekeri ağzına atıp emerek afili afili yürüyordu. Etrafa midemizi bulandıran iğrenç bir ilaç kokusu yayıldı. Bu eterdi ve Vedel bu alışkanlığı hapishanede kazanmıştı. Gunari'nin oğullarından bazısı bize katıldı. Masum bir şekilde güreşmeye ve etrafa taş atmaya başladılar. İşi, eyersiz iki veya üç ata binme yarışı düzenlemeye kadar götürdüler. Küçük bir çocuk ve genç kız kalabalığı, kestane ağaçlarının altında toplanıp bizi izlemeye başladı. Yokka, Gunari'nin en küçük oğlu, becerikli bir biniciydi ancak daha iyi bir ata binen Kore karşısında yarışmayı kaybetti. Arkadaşça başlayan oyunda rekabet giderek daha fazla öne çıkmaya başladı ve izleyicilerin yorum ve yüreklendirmeleri aşırı derecede tarafgir, alay dolu hale geldi ve hatta terbiyesizleşti. Atmosfer aniden gereksiz yere elektriklendi. Biz durumun farkına vardığımızda oyundan nazikçe çekilebilmek için artık çok geçti. Bizim bir anlık duraklamamızı fark eden Tşuraraların alaylı bir şekilde dediği gibi "boku yemeden" gidemezdik. Bizi düşünmeye sevk eden şey, onların bizden kalabalık olmalarını fark etmemiz veya Tşuraraların içinde bulundukları çirkin ruh hali değildi. Ne olursa olsun sonucun yetişkinler arasındaki gerilimi daha da kötü yapacağını biliyorduk. Ruh halleri gittikçe adileşen oğlanlar, duydukları sadakate göre içgüdüsel olarak karşı karşıya gelmiş iki hısım grup oluşturdular. Genç bir Tşurara –Nanoş'un oğlu Inga– elinde bir at kırbacı tutuyordu. Çocuk aniden elindeki kırbacı şaklattı. Havada hafifçe tıslayan kamçı keskin bir sesle şakladı. Birdenbire ve hiç beklenmedik bir şekilde bizim oğlanlardan biri, elini ağzına götürdü ve içgüdüsel olarak elinin üzerindeki, kamçının sıyırıp geçtiği yeri emmeye başladı. Kendi elinde de bir kamçı olan Kore karşılık olarak kendi kırbacını şaklattı ancak Inga geriye sıçradı ve Kore ıskaladı. Şimdi, ihtiyatla birbirlerini kollayarak karşılıklı kabaran iki dövüş horozuna dönmüşlerdi. Tetikte ancak hesaplı bir sabırla hareket ediyorlardı. Grup hızla yayıldı ve şaklayan kırbaçlarının erişemeyeceği bir mesafeden, birbirlerine meydan okuyan çocukları izlemeye başladı. Daha önce Kore'yi hiç kızgın görmemiştim. Doğrusu çok etkilenmiştim. Bu Lovari gururundan az da olsa bende de olduğunu düşünüyordum. Her biri hasmının hareketlerini kolluyordu. Yüzlerinden ne hissettikleri hiç anlaşılmıyordu; yalnızca gözlerinden ne kadar kızgın oldukları okunabiliyordu ve dudakları gergin bir hazırlık içinde iyice solgunlaşmıştı. Inga sanki prova yapıyormuşçasına kararsız birkaç hamlede bulundu. Kore'nin soğukkanlı doğasından yüreklenen çocuk kıpırdanmaya başladı; üstün olduğundan fazlasıyla emin bir şekilde, Kore'nin kırbaç kullanışını aşağılamanın tadını çıkarmak için sabırsızlanıyordu. Oğlan iyice kızardı, yüzüne yavaşça küstah bir sırıtma yayıldı. Birkaç adım uzaklaşan Inga, utanmaz bir şekilde kırbacını şaklattı ve kasılarak yürümeye başladı. Inga'ya diğer genç Tşuraraların alaycı tıslamaları eşlik ediyordu. Sonra ağzının kenarında kırbacın bıraktığı kırmızılığıyla only to double up küçümseyerek Kore'ye tükürdü. Kore, Inga'ya hedefini tutturan, ince bir bilek hareketiyle cevap verdi. Yüzündeki ifade hâlâ değişmemişti; yalnızca hasmının bir sonraki hamlesini beklerken gözlerini azıcık kısmıştı. Bu anı takip eden durgunluk geçmek bilmedi, sanki zaman durmuş gibiydi. Bununla birlikte, birkaç saniye sonra Tşuraralar bize taş atmaya başladılar. Bir kestane ağacının gövdesini kendimize siper etmeden önce, Kore birkaç isabetli kırbaç darbesiyle Inga'yı döverek atılan taşlara cevap verdi. Pulika ve diğer Romanların bazısı ne olup bittiğini öğrenmek için otlağa geldiler. Onları, bağırıp çağırarak koşuşturan bir çocuk sürüsü izliyordu. Yetişkinlerin gelişi kavgacı gençleri dağıttı. Tşurara erkeklerin bazısı da onlarla beraberdi. Rezilliğini saklamak için kuzeni Voşo, Inga'yı oradan uzaklaştırdı. Pulika herhangi bir kızgınlık veya sıkıntı belirtisi göstermeden Kore'nin elinden kırbacı aldı ve öteye fırlattı. Diğer Romanlar duruma omuz silkip söylediklerini duyabilecek kadar yakın çevrede duran herkesi hiç ayrım yapmadan azarladılar. Pulika daha başka bir sorun çıkarmamamız için bizi uyardı. Genç Tşuraralarla ilişkiye geçmemizi yasakladı. Yine de sakinleşmemiz çok zordu ve duyduğumuz garazdan feragat etmek hiç de kolay değildi.

Kampa geri dönerken Tşuraralı çocuklar belli bir uzaklıktan bizi yuhalıyor ve hakaret dolu çeşitli sesler çıkarıyorlardı. Başka zamanlarda bizim ateşimizin çevresinde toplanan bütün Tşurara kadınları, kızları ve çocukları kabaca oradan uzaklaştırıldı. Kamp belirgin bir şekilde bölünmüştü. Uyumadan önce birkaçımız, her zaman olduğu gibi, Roman edebikelamı gereği "atlara bakmaya" gittik. Orada Nanoş'un oğullarıyla karşılaştık. Muhtemelen bizi bekliyorlardı. Karanlıktan istifade edip sessizce ama kızgın bir şekilde itişip kakıştık. İçimizdeki kızgın kurtları dökecek şekilde birbirimize birkaç yumruk patlattık ve sonra kampta bizi bekleyen yataklarımıza geri döndük. Ertesi sabah Romanlar hiçbir şey olmamış gibi davrandılar. Ama genç olanlar, birbirlerine yumruklarını gösterip nefret dolu bakışlar fırlatıyorlardı. Kadınlar da kavga etmenin sınırında dolaşıyorlardı. Daha ciddi bir sorun patlak vermeden önce oradan ayrılmanın zamanı gelmişti. Üstelik Tşuraralar sürekli olarak ortalığı yakıp yıkıyor, yağmalayıp yok ediyorlardı. Oysa bütün Romanlar Gajoları hakir buluyordu. Yine de Tşuraralar geri kalanlara değer vermiyor, ne halde olacaklarını düşünmüyor ve Lovaraların yaşamaktan aldıkları keyfin lirik coşkusunu göremiyorlardı. Tşuraralar, kendilerinin memnun olma haline karşı koyan bir zihniyete sahip olduklarını söylerlerdi; sindirmek için koşarlar, yalnızca sarhoş olmak için içerler ve Rus steplerinde, peşlerine takılan atlılardan kaçan ve boyunları vurulduğunda dahi koşan kurtlar gibi yaşarlardı. İşte, onların koşma arzuları bu kadar büyüktü. Mevcut yükümlülükleri açısından ve kumpanyası için Pulika, Tşuraraların anlattığı gibi, insana hayat sevincini kaybettirecek şekilde yaşamayı reddetti. Zaten Romanlar "istenilmeyen kişiler"di ve saygınlıklarını kurtarmanın tek yolu Gajo toplumuna, şöyle böyle bir şeyler katmaktı: Egzotizm, romantiklik, nostalji, hayaller, sorular, arzular, Gajoların kendi rutinlerini dağıtacak herhangi bir şey. Roman, yarı şaka yarı ciddi, Gajoların aynı şekilde "saatin kaç olduğunu" söyleyebileceği birilerine ihtiyaç duyduğunu iddia etti. Sefalet ve kederin bile bunlara alışanlara dokunmadığını söyleyerek Tşuraraların benimsediği hayat tarzını eleştirdi.

Birkaç gün daha kırlık bölgeyi çapraz hatlar çizerek dolaştık. Karşımıza sürekli olarak Tşuraraların izleri çıkıyordu, sanki izledikleri rotayı ilmik ilmik örüyor ve açtıkları yaraların yıkıcı acısını biçiyorduk. Gittiğimiz her yerde bizden bir adım öndeydiler. Mahsustan her yerde ve her zaman hazırlardı; bütün bölge, daha biz oraya varmadan öfkeyle dolup sessizleşiyor ve oraya vardığımızda bize düşmanca davranıyorlardı. Polisin aralıksız saldırılarla sürdürdüğü taciz, Pulika'nın kumpanyasını mahvetmek üzereydi. Yalnızca alacakaranlıkta ve büyük bir sessizlik içinde yolculuk edebiliyor, terk edilmiş yerlerde tek gecelik kamplar kurabiliyorduk. Ailelerin ve atların ihtiyaçlarını karşılayacak miktarda su temin etmek bile büyük bir sıkıntı haline gelmişti. Alenen bize iftira ediliyor, kötü davranılıyordu. Yalnızca yaşamak için ihtiyaç duyduğumuz şeyleri bile sıklıkla temin edemiyorduk. Kapılar yüzümüze kapatıldı. Reddedildik, acımasızca sövüp sayıldık ve tehdit edildik. Biz "onlar gibi" değiliz şeklindeki yalvaran itirazlarımız sağır kulaklarda yankılandı. Pulika, en küçük çocukları taş kalpli çiftçilerden su ve ekmek veya patates istemeleri için gönderdi. Ancak onlar da gereksiz bir sertlikle kovalandılar. Gajolar Çingenelerin sıkıntı çekmelerini sağlayarak onlardan kurtulmayı umut ettiklerinden amansız davranıyorlardı. Genç olanlar belirgin bir şekilde kirlenmişlerdi. Bunun yanında yaşlılar, geçmişte yaşadıkları benzer deneyimler eşliğinde yaşananları dünün şiddeti, yoğunluğu ve süresiyle karşılaştırarak kendilerini teselli ediyorlardı. Pulika göz önünden ayrılmamamız için bizi uyardı. Her zaman, çağrıldığımızda gelebilecek uzaklıkta ve anında kampı toplamaya hazır olmalıydık. Sonsuz bir sabır göstermemizi ve şimdilik kızgın olmaktan kaçınmamızı tavsiye etti. Aynı zamanda Tşuraraların Kris önünde hesap vereceği günün de yaklaştığını ima etti. Gajolar arasında paniğe yol açarak bize zarar veriyorlardı ve şimdi içinde bulunduğumuz sıkıntının da sorumluları onlardı.

Bir sonbahar günü, güneş batarken Kore, Zurka, Nanoş, ben ve diğer birkaç çocuk, kazınan midelerimizi dindirmek için bir elma bahçesini yağmalıyorduk. Boğum boğum ağaçların altına yatmış, daha tam olmamış elmaların keyfini çıkarıyorduk. Gölgelik yerin küf kokusu içimize işlemişti. Tam bu sırada kalçamda duyduğum yakıcı keskin bir acı, beni yerimden hoplattı. Kore de aynı anda bir feryatla ayağa fırladı. Dingin karanlığın içinde bir el silah sesi yankılandı. Etrafa dağıldık. Kore ve ben topallıyorduk ama açıkçası acıdan ziyade korku hissediyorduk. Yaşlı bir çiftçi, saklandığı koruluğun ardından kötü niyetli bir hayalet gibi belirdi. Kampa geri koştuk. Adam bizi takip ederse kampın yerini öğrenemesin diye neredeyse içgüdüsel olarak genişçe bir yay çizdik. Kamp ateşinin yanında Kore'nin gömlek ve pantolonuna bulaşmış kanı gördüm. Birdenbire her ikimizin de bizim kurşun demekte ısrar ettiğimiz saçmalarla vurulduğumuzu fark ettim. Kamp yerine vardığımızda bağrışan kadın ve çocuklardan oluşan heyecanlı bir kalabalık etrafımızı sardı. Bununla birlikte belden aşağı belli bölgelerimizden vurulduğumuzu anlayınca kadınlar, belli bir mahremiyet duygusuyla yanımızdan ayrılıp kamp ateşlerinin yanına döndüler. Keja, bizim için yere kuştüyü bir yatak serdi. Üç küçük oğlan birkaç adım ötede sessizce bizi izliyordu. Beceriksizce soyunup acı içinde yatağa uzandık. Bir süre sonra Pulika yaralarımıza bakmak için yanımıza geldi. Kore'nin yanına çöktü, saçmaların açtığı deliklerin çevresine artı şeklinde küçük bir yara açtı. Kore acı içinde dişlerini sıkıp homurdanıyordu. Bu arada ben sessizce sıramı bekliyordum. Pulika yaradan herhangi bir tüfek saçması çıkaramadı. Yaraların çevresine bir de küçük yaralar açılmış Kore'nin şansına, kurşun yerine kaya tuzundan yapılmış küçük toplarla vurulduğumuz sonucuna vardı. Şimdi bu toplar çözüldükçe etimizi kavuracaktı, ancak en azından çıkarılmalarına gerek yoktu. Yaralarımızın üzerine kalınca bir tabaka salatalık lapası sürdü ve bize biraz daha brandi ve bütün birer sigara verdi. Başta iltihap kapacağız diye endişelenmiştim, aniden Romanların görece ne kadar titiz olduklarını bir kez daha fark ettim. Kalçamda çözülen tuz, diğer dezenfektanların gördüğü işi yeterince görmüş olmalıydı; çünkü korktuğum şey başıma gelmedi.

Yaşadığımız şaşkınlık biter ve tehlikede olduğumuz duygusu azalırken, kör edici bir intikam arzusu ve acı bir içerleme bütün benliğimi kaplıyordu. Geceleri acıdan uyuyamıyordum. Bu konuyu birkaç kişiyle tartıştım ve duyduğum kin, yayılan bir enfeksiyonun zonklaması gibi, bir içerlemeden insanın boğazında düğümlenen bir nefrete doğru, giderek arttı. Tatlı bir şekilde bastıran uykuya teslim olan Kore'yi tekrar tekrar uyandırdım. Yalnızca düz bir kadercilik olarak yorumlayabildiğim ve Kore'nin teslim olduğunu düşündüğüm şey, beni kızdırıyordu. Pulika'nın kaderimize karşı kayıtsız kalması da aynı şekilde beni deli ediyordu. Gajolardan nefret ediyordum ve Romanların ilgisizliğine içerliyor ve çok şaşırıyordum. Seher vaktine kadar uyanık bir şekilde uzandım. İçimde bin bir türlü endişe kaynıyordu. Aynı zamanda abartılı konuştuğumun ve kızgınlıkla yavaşça kendi kendimi zehirlediğimin kısmen de olsa farkındaydım. Bunun kendime gereğinden fazla güvenmemden kaynaklandığını biliyordum. Aynı zamanda bu, koruma altında geçen bir çocukluğun, bağlılığın ve dışarıdan gelebilecek saldırılara ne kadar açık olduğumuzun farkına varıp ümitsizliğe düşmüş olmanın bir sonucuydu.

Romanlar takip edilip edilmediklerini anlamak için yirmi dört saat bekledikten sonra kampı topladılar ve birkaç mil yol aldılar. Günün büyük bir kısmını yatakta, yarı uyur yarı uyanık bir durumda geçirdim. Bu arada duyduğum mutsuzluğu dikkatlice işleyip canlandırmıştım. Ben derin düşüncelere dalmışken Kore iyice uyudu ve kendine geldi. İçinde bulunduğum durumu ilk fark eden Keja oldu: Gajo dünyasının üzerimizde kurmaya çalıştığı uzatmalı baskının sonucunu, sürekli olarak adam yerine konmamayı ve durumun giderek kötüleşmesini ve aynı zamanda Romanların kendi aralarında yaptığı ve benim hiç ummadığım ayrımın yarattığı kafa karışıklığını. Yaşımdan dolayı hayatı fazlasıyla basite indirgemiş, sonsuz sayıdaki ancak zaruri tonlarını gözden kaçırmıştım. Keja elinden geldiğince endişelerimi gidermeye çalıştı; fakat erkek/kadın ve oğlan/kız arasındaki ayrım oldukça katıydı. Bu katılık, kızın halden anladığını gösteren ifadelerini, suça ortak olurmuşçasına ara sıra göz kırpmayla veya yarı maskeli el sallamalarıyla sınırlamıştı. Pulika istifini bozmadı, ama bir sonraki hareketimi bir şekilde önceden tahmin edebileceğini bilecek kadar onu tanıyordum. Akşam karanlığı çökerken endişelerimi daha fazla saklayamayacağımı hissettim ve Pulika'ya aldığım kararı söyledim: Otluğunu ateşe vermek ve bizi aşağılamasının hesabını sormak üzere "o" köye geri dönecektim. Pulika öfke dolu önerilerimi ciddi bir şekilde dinledi. Kafamdaki her şeyi söylememi ve böylece içimdeki acıyı kısmen de olsa dindirmemi sağladı. Daha bana bir cevap vermesine gerek kalmadan sözlerimin ne kadar abes olduğu açıkça ortaya çıkmıştı. Sonra Çingene Keja'ya dönüp birkaç kelime söyledi, O ve Rupa kalktı, kısa bir hazırlanmadan sonra kamp yerinden ayrıldılar. Ortaya koyduğum ikilemi formüle edişime doğrudan bir cevap beklediğimden, Pulika'nın onlardan yapmalarını istediği şey, ilk etapta dikkatimden kaçmıştı. İki kadın, Kore ve bana ateş eden köylünün çiftliğini ve meyve bahçesini lanetlemek için kamp kurduğumuz son

tün namertliğini yasaklardı. Hayatta sınırsız olanı arama isteğiyle dolu olan insan, hayatın karşısına çıkarttığı güçlüklere kendi arzu ettiği gibi tepki göstermekte özgürdü ve bu, kendisine atfettiği anlam olurdu. Bu kendi özgürlüğüydü.

Akşam karanlığı erken çöktü ve ışıklarını çarçur eden ateş böceklerini izlerken bunda yeni anlamlar bulduğumu düşündüm.

Ara sıra duyduğum acı bazen alevlenirdi. Değiştiremediğim bir kini başka türlü saklayamadığım zamanlarda başımı önüme eğmeyi bana öğreten Keja oldu.

Onuncu Bölüm

Atlarla meşgul olduğumuz bir gündü. Pulika aniden sordu: "Hangisi daha büyüktür, bir meşe mi, yoksa karahindiba mı?" Böylesi sorulardan bıkmıştım. Pulika'yı çok iyi tanıyor ve soruda bir tuzak olduğunu hissediyordum; sırıtıp zaman kazanmaya çalıştım ancak cevap vermem için bastırdı. Cevabın "meşe" olduğu aşikârdı, çünkü meşe hem daha büyüktü hem de daha çok işe yarıyordu. Bunun yerine cevabın yanlış olanla ilgili olduğunu düşünüp sinsice "karahindiba" dedim. Romanlar için doğru cevap "o sırada hangisi işe yarıyorsa" idi. Olgun bir karahindiba, hem ebat hem de kullanışlılık bakımından bodur bir meşeden daha büyük olacaktı. Değerlendirmede esas ölçüt, birisinin kendi potansiyellerini tam olarak kullanmasıydı: Birisinin kendi tohumuna ve doğasına dürüst olması.

Başka bir gün Pulika bütün Çingenelerin ve muhtemelen bütün insanların arka arkaya iki hayat yaşadığını bilip bilmediğimi sordu. Neredeyse onlardan biri haline geldiğimden hayatın bazı gerçekleri hakkında bilgilendirilmemin zamanı geldiğini söyledi. Anlattığı şey çok esrarlıydı. Pulika konuyu genişletti ve Tanrı'nın adil olduğu ve bizi sevdiği için yapabileceğimiz bütün olası hataları yaparak istediğimiz gibi yaşayabileceğimiz bir yaşam şansı verdiğini söyledi. İkinci yaşam şansı ilkinde yaptığımız hataları düzeltmemiz ve bu hatalardan kaçınmamız için verilmişti. Anlattıkları ilk başta olmayacak şeyler gibi gelmişti, ancak sonra birtakım cazip olasılıklar içerdiğini düşündüm ve Pulika bunların anlatımında belli bir vurgu yaptığı için ilk hayatımın gerektirdiği koşulları yerine getirmeye çalışmam gerektiğini hissettim. Pulika geniş kenarlı siyah şapkasını başparmağıyla geriye itti ve benim durduğum yere doğru eğildi. Anlattığı şeylerin bende uyandırdığı düşünceleri açık bir şekilde tahmin edebiliyordu. Sonradan gürültülü bir kahkahaya dönecek bir sırıtmayla bunun ne yazık ki benim ikinci hayatım olduğunu ekledi; bu yaşamımda ilkinde yaptığım hataları düzeltmem bekleniyordu.

Tepemizdeki bir şahin giderek daralan bir yörüngeyle yavaş daireler çizdi. Kuş sanki gökyüzünden düşüyordu.

Yolculuk, birbirinden hiç farkı olmayan tek gecelik kampların ve tez ayrılıkların, köylerde bize gösterilen düşmanca tavırların sonu gelmeyen bir dizisi haline gelmişti. Hava çok sıcak ve içme suyu çok kıttı; çoğunlukla su için yalvarmak zorunda kalıyorduk. Birkaç kez tek karavanlık Tşurara sürüsüne rast geldik. Atlarımız giderek kötü beslenmiş, ihmal edilmiş ve çok çalıştırılmış gibi görünmeye başlamıştı ve biz de neredeyse Tşuraralara benzemiştik. Tacizlerin vardığı boyuta alışık olmayan Lovara çocukları yabanileşerek tepki göstermişlerdi; ellerine geçen her fırsatta fazlasıyla saldırgan davranıyorlardı. Gajoları cezalandırdıklarını düşünerek hiç de Lovaralara dair olmayan bu davranışı kendilerince haklı çıkardılar.

Gajolar da kendi davranışlarının Çingenelerin yanlış tavırlarına yalnızca bir tepki olduğunu düşünüyorlardı.

Bir gün akşama doğru, yaşlı Bidşika'yı gördüm. Yaşlı Çingene bir gün önce yağan yağmurun oluşturduğu gölcüklerin kenarına çökmüş, düşüncelere dalmıştı. Gümüş işlemeli bir bastonla bir gölcükten diğerine dar bir kanal oluşturuyordu. Kafasını kaldırıp, şaşkın şaşkın onu izlediğimi görünce basitçe "Bölen şey kötüdür, birleştiren, ilişkilendiren ve akan iyidir. Hayat bir akış, bir diyalogdur. Ölüm kaosa ve sonradan parçalanmaya yol açan bir ayırma, bir bölünmedir..." dedi. Bidşika bunu, en az günün ne kadar sıcak olduğundan bahseder gibi büyük bir alçakgönüllülükle söylemişti. Hiçbir şekilde ne kadar akıllı, didaktik veya üstün olduğunu göstermeye çalışmadı.

Aynı gün öğleden sonra Pulika'yı torunlarından biriyle, Yojo'nun oğlu Palko'yla oynarken izledim. Ateşin yanında bir kovayı ters çevirip oturmuştu. Küçük Palko, Pulika'nın uyluklarına dirseğini dayamış, adamın dizleri arasında ayakta duruyordu. Ara sıra çocuk ayaklarını çekiyor ve kayıtsız bir şekilde sallanıyor veya ciddi bir şekilde dedesinin sigara içişini izliyordu. Pulika çocuğa doğru eğildi ve yakında bir yere çömelmiş sebzeleri yıkayan Tşaya'yı işaret ederek, kulağına bir şeyler fısıldadı. Çocuk kendince kötü veya açık saçık bir anlama sahip kelimeyi bebek konuşmasıyla yarı gönülsüz bağırdı. Tşaya ilk başta görmezden geldi ancak Pulika kadına sataşması için çocuğa ısrar etti. Çocuğa söylediği kula veya pulpa gibi kelimelerin belli bir anlamı yoktu... Yalnızca bastırılmış bir hoşnutsuzluğun veya alayın sembolik bir salıverilmesiydi; ancak doğrudan bir kişiye yöneltildiğinde sinir bozucu sayılırdı. Tşaya kafasını kaldırıp baktı ve tehdit edercesine tokat gösterdi. Hâlâ Pulika tarafından teşvik edilen küçük Plako sözlerini tekrarladı... Tşaya çok kızıyormuş gibi yaptı. Sonra zahmet edip ayağa kalktı ve hem çocuğa hem de büyükbabasına şamarı patlatmak için yanlarına geldi. Çocuk koruması için alaylı bir mübalağa gösteren Pulika'ya döndü. Kadını sanki sonu hiç gelmeyecekmiş gibi taciz ettiler. Çocuğun sergilediği korku azaldıkça Tşaya daha sert vurdu. Oğlan alaylarının karşılığını tokat olarak almış ve böylece oyun içinde tokattan korkmamayı öğrenmişti. Tşaya beklediğinden daha sert vurdukça çocuk kızgınlık nöbetleri geçiriyor ve durumu protesto eden çığlıklar atıyordu, fakat karşısına çıkan sonuçlardan duyduğu makul korkudan bağımsız olarak alay etmeye devam ettiği süre boyunca "ders" tekrarlandı. Bütün bu alay savaşı, yetişkinler arasındaki sözsüz anlaşma tarafından kontrol edilmekteydi ve kontrolden çıkmasına hiçbir zaman izin verilmezdi. Bu oyunun amacı, korku veya fiziksel acıdan dolayı istediği şeyi yapmamayı veya bir şey yapmaktan kaçınmamayı çocuğa öğretmek ve onun korkak bir mizaç edinmesini engellemekti. Lovaraların eninde sonunda tanıdıkları tek disiplin biçimi, kavrayış temelli bir özdisiplin, başka bir deyişle bir sorumluluk disipliniydi. Lovaralar için korku, Bengin veya kötünün sembolik bir niteliğiydi, çünkü insan ruhunu harap ederdi.

Sonra, yine bir gün, hiç beklenmedik bir şekilde, bazısı Tşuraralara ait olmak üzere çok sayıda Çingene karavanı bir araya gelmeye başladı. Şüphelerine rağmen Lovaralar, kapsamlı bir şenlik olasılığına çok sevinmişlerdi; böylesi olaylar onların beklemelerine yol açardı. Kamp alanı, ideal bir biçimde, akan bir suyun kenarındaydı... Çevrede engin çayırlar vardı ve hemen orman kenarında olduğundan ateş için odun bulmak hiç de zor olmuyordu. Sonraki birkaç saat aktif bir hazırlanma süreci olarak geçti. Yemek pişirmek için ateş canlandırıldı ve kadınlar işe koyuldu. Erkeklerin bazısı, birkaç mil ötedeki handan, brandi ve bira almak için iki tekerlekli düz at arabalarıyla yola çıktılar. Lovaralar, bir kez daha, eşsiz misafirperverlik geleneklerine teslim olmaya ve kısa süre önce yaşanmış zorlukların kötü hatıralarını silmeye hazırlandılar.

Gece boyunca, ateşleri çevresine oturmuş Romanlar ve onların aileleri gık deyinceye kadar yemek yiyip mutlu bir şekilde içki içtiler. Genç kızlardan babalarının misafirleri şerefine dans etmeleri istendi. Eski şarkılar hatırlandı ve yaşanan anın ilham periliğini yaptığı yeni şarkılar uyduruldu. Ağaçlar rüzgârla bir o yana bir bu yana sallanıyordu. Yaprak hışırtıları gece boyu fonda duyulan seslerden biriydi. Prusya mavisi gökyüzü, peşi sıra çakan yaz şimşekleriyle ara sıra yarılıyordu. Neşeli eğlence, yerini yavaşça daha ciddi bir ruh haline bıraktı; gençler dans etmekten yorulmuşlardı. Bol miktardaki kızarmış et ve likör, büyülü gecenin verdiği zevki pekiştirdi. Grubun genç erkekleri hiç sıkıntı duymadan ve zarif bir şekilde Romanlara hizmet etti ve ancak şimdi saygı duyulan yaşlı Romanlar gençlik dönemlerine ait şarkıları hatırlayıp söylemeye ikna oldular. Bunlar kederli destansı şarkılardı; kelimelerle, alkolün neden olamayacağı kadar sarhoş olup, zaman yok oluncaya kadar şarkı söylediler. Uyuklayan küçük çocukların çoğu, annelerinin, ağabey ve ablalarının üzerine yığılıp kaldılar. Çocuklara yastık olanlar, şefkatle boyun ve kafalarını okşayıp, çocukların uzun saçları arasında hayali veya gerçek bitler aradılar. Üzerime çöken uykuya direnemediğim şafak vaktine kadar dinlendim.

Ertesi sabah peş peşe patlak veren ve Tşuraraların karıştığı iki olay, mutlu ve coşkulu halimize son verdi. Birkaç mil ötedeki yerel bir Katolik kilisesinin papazı kampa geldi; yanında kendisine eşlik eden birkaç öfkeli bölge sakini de vardı. Bir gece önce mabetten mum çalan küçük Çingene kızlarını şikâyet etmek için gelmişlerdi. Köşeye sıkıştırdıkları ilk Roman, herhangi bir yorumda bulunmadan omuz silkince ve çocukların özellikle bu kamptan olabileceğini inkâr edince papaz, kızların hareketine kişisel olarak çok şaşırdığını belirtti. Sesinde giderek artan histerik bir hal vardı. Küçük kızları, eteklerini kaldırarak kendisine bir çeşit şeytani büyü yapmaya kalkmakla suçladı. Düştüğü dehşetten kurtulup peşlerine koyulamadan kızlar ortadan kaybolmuşlardı. Duyduğu öfke anlaşılabilirdi.

Önceki gece yarısı Şandor ve karısı Peşa'nın karavanında mumlar yakılmıştı. Yazları herkes karavandan ziyade açık alanda ateşin çevresinde otururdu ve yanan mumların çıkardığı ısı ve mumların boşu boşuna ziyan edilmesi hiç de istenilen bir şey değildi, bu yüzden Çingeneler arasında bu durum çok acayip kaçmıştı. Peşa'nın vahşi bakışlı esmer kızları saatlerce kendi aralarında kıkırdamış ve babaları Şandor, misafirleri kendilerine gülündüğünü düşünmesinler diye kabaca susmalarını söyleyene dek çevrelerindeki yetişkinlerin dikkatlerini çekmişlerdi.

Uyarıldıktan sonra dahi gülüşmelerini güçlükle bastırabilmişlerdi. Tşurara çocukları her zaman heyecanlı olmuştur. Ancak bunlar alışılmadık bir oranda heyecanlıydılar. Şimdi, hiç beklenmedik bir biçimde bunun nedeni anlaşılmıştı ve durum hiç de eğlenceli değildi. Papaz kışkırtıcı sözlerine devam ederken ve bu paganlar, şeytanın bu hizmetkârları karşısında suçlamalarını sonu gelmeyecekmiş gibi yinelerken, konunun ne olduğunu merak eden Romanlar etrafta toplanmaya başladı. Kızlarının düşüncesiz tavırları yüzünden Romanların önünde çok utanan Peşa ve Şandor, herkesin önünde onları gürültüyle dövdüler, ta ki kızlar sakat kalmasın diye birileri tarafından durduruluncaya dek. Bütün kamp ayaktaydı, heyecanla Tşuraraların arsız veletlerini konuşuyordu. Romanları en çok üzen şey, Tşurara kızlarının işledikleri suç veya köy papazının duyduğu öfkenin sonuçları olmamıştı. Daha ziyade kızların cinsel çağrışımlarla dolu laflara maruz kalmasına tahammül etmek ve bunu tartışmak zorunda kalmak herkesi kızdırmıştı.

Daha Gajolar kamptan ayrılmadan Şandor, atlarına koşum takımlarını taktı, onları karavana bağladı ve aceleyle oradan ayrıldı. Bu kısmen, çocuklarının Romanlar önünde kendini düşürdüğü durumdan kurtulmak için yapılmıştı, ancak aynı zamanda papazın ve yöre sakinlerinin kendileri için hazırladığı cezadan da kaçıyordu. Aynı şekilde bir amacı da geride kalan Çingenelerin köylülerin kızgınlığına hedef olmalarını engellemekti. Erkekler otlağa gitti ve kadınlar işlerine koyuldular. Sıcak bir gündü, ateşlerin sönmesine veya kolayca yeniden canlandırılabilecek közler şeklinde kalmasına izin verildi. Kamp yerinde, yalnızca, ablalarının gözetiminde oynayan küçük çocuklar ve etrafta macera aramak üzere kamptan ayrılmak için kendilerini fazlasıyla onurlu ve yorgun bulan birkaç yaşlı kaldı. Tşuraralı birkaç erkek kamp yerinin dış çeperindeki çalılıkların altına kadar emekleyip gölgelik yerde akşam karanlığı çökünceye dek uyudular. Karavanların kapalı alanının sağladığı mahremiyet içinde, erkekler tarafından görülemeyen kadınlar ve genç kızlar, bellerine kadar soyunup uzun siyah saçlarını yıkadılar.

Güneş batarken, neşe içinde çene çalan, kadınlı çocuklu genişçe bir Tşurara grubu, cepleri bazı ekili alanlardan topladıkları olgun böğürtlenlerle dolu olarak, çıkageldiler. Herhangi biri, böğürtlenlerin tadına bakmadan önce marhime olup olmadığı şeklindeki o uğursuz soru akla geldi. İlk başta bu şüphe yalnızca şaşkınlık yaratmıştı. Bazısı bunun bir şaka olduğunu düşündü; ancak kimse marhime hakkında şaka falan yapmazdı. Sonra kurnaz ve yaşlı Tsura, Tşurara kadınlarına birkaç masum soru sordu: Böğürtlenler yere yakın yerde mi büyüyorlardı? Büyüdükleri dallar ne kadar çok ve ne kadar birbirlerine yakındı? Kadınlar meyveyi toplarken nasıl bir sıra izlemişlerdi ve aralarından herhangi biri meyveyi toplarken önden gitmiş veya çok arkada kalmış mıydı? Yavaşça kadının marhime şüphesi bizim de aklımızda giderek büyüdü. Diğerlerinin önünden yürüyen Tşurara kadını, arkasından gelenlerin meyve toplamak için değdikleri ağaçların üzerine kesinlikle basmış olmalıydı. Bir Çingene kadının üzerine bastığı böğürtlen hiç şüphesiz marhime idi. "Kirlenmiş" meyve, üzüntü içinde çabucak atıldı. Bu Tşuraralar bazı açılardan en az Gajolar kadar kötüydü ve az biraz daha dikkatsizdi. Yakından takip edilmeleri gerekiyordu. Hangi koşulda olursa olsun, ateşin yanında onların hiçbir şeyini yememem gerektiğini şimdi çok iyi biliyordum.

Çoğumuz, çok sayıda Tşuraranın, Romanlara özgü iffetin gerektirdiği minimum sınırlamalarının çok ötesinde şehvetli tutkularla bozulduğunun farkındaydık ve çok endişeleniyorduk. Grubumuzun daha saygı duyulan yaşlı üyelerinin önünde bile saygısızca davranıyorlardı ve terbiyeden yoksun tavırları karşısında biz utançla kızarıyorduk.

Canımızı sıkan şey, aleni veya ima edilmiş bir muzırlık değildi. Çünkü Romanların yaşadıkları şartlar altında bu, bir yere kadar kaçınılmazdı. Ancak kontrol altında tutmaya yetecek ölçüde dikkatli davranmamaları ve ortama girişlerindeki rahatlık bizi huzursuz ediyordu. Tşuraralarla gereksiz yere yakın temasa girmemem tavsiye edilmişti. Bir gün Kore; Vedel'in, Voşo, Merikano ve diğer birçok Tşurara oğlanının durmadan kaşındıklarına dikkat etti. Oğlanlar açık yaralarla dolu kol ve ayak bileklerini ve parmak aralarını kaşıyıp duruyorlardı. Kore bunu Yojo'ya söyledi. Yojo bu konuyu karısıyla konuştuktan sonra Rupa'ya anlattı. Rupa da oğlanların ne halde olduğunu Pulika'ya çıtlattı. Tşukurka konudan haberdar edildi. Lovaralar arasında bu konu rastgele ancak alelacele tartışıldıktan sonra, Pulika kampın bütün erkeklerini, hem Tşuraraları hem de Lovaraları toplantıya çağırdı. Erkekler genişçe bir daire oluşturup teklifsizce oturdular. Kimi yere çömeldi kimi yayılarak yere uzandı. Her iki grubun üyeleri özgürce birbiri arasına karışmıştı. Karmaşık ve saygı dolu, olağan ön hazırlıklardan sonra Pulika, aniden mevcut kumpanyanın bazı üyelerinin Roman kanunlarını ihlal ettiğini söyleyerek konuya girdi. Eğer bu farkında olmadan yapılmış olsaydı ve Tşuraralar herhangi bir değişiklik yapmaya istekli görünselerdi, yaşlılar meclisinin bu konuyu ele almalarını isteyecekti, ancak şimdiki koşullar altında, gruptan en azından geçici olarak ayrılmayı talep etti. Eğer ceza haklı bulunursa (Elinde yeterli deliller olmasaydı Pulika, birilerini itham edecek kadar ileri gider miydi?) ne olursa olsun altı hafta boyunca onlarla beraber yolculuk etmeyeceğine dair korkunç yeminler etti. Bardağındaki biranın bir kısmını yavaşça toprağa dökerken, "Bu biranın akması gibi aklım çıksın!" (Te şordjol muri godji sar şorjol kadi bera!) dedi. Herkes taş kesilmişti. Romanlar Pulika'nın bu kadar sert davrandığını daha önce hiç görmemişlerdi. Pulika gözle görülür bir şekilde kızgındı. Tşukurka sözü devraldı ve kampta uyuz olmuş, bir çeşit deri hastalığına yakalanmış insanlar olduğunu söyledi. Bu insanlar diğerlerini durumlarından haberdar etmemişler veya tedavi olmak veya bulaşmasını engelleyecek önlemler almak için herhangi bir girişimde bulunmamışlardı. Sergiledikleri sorumsuz ve sadakatsiz tavırla bütün kamp sakinlerini tehlikeye atmışlardı. Sonunda herkes birbirinin ellerine dikkatle bakmaya başladı. Bazı Tşuraralar oradan uzaklaştılar. Tşukurka ve Yojo masum olduklarını ispat etmek için ellerini uzatanların yanına gidip incelediler. Akşam yemeğinden önce Tşuraralara ait karavanların çoğu kamp yerinden ayrıldı, ancak çoğu kişi hâlâ bir salgın olasılığının farkında olduğundan havaya bir huzursuzluk hâkimdi. Uzun bir süre Tşuraralarla yan yana yaşamıştık ve çoğu kez istemeden de olsa aynı aletleri, tabak veya bardakları kullanmıştık. Ertesi sabah güneş doğarken kamp yerinden ayrıldık. Tşuraraların önüne geçip onlar tarafından işgal edilmemiş yeni bir yer bulmak ve çevrelerinde toplanmış yekpare ve biçimsiz kalabalıktan kurtulmak için günlerce son hızla at sürdük.

Pulika aslında Tşuraralara karşı kötü bir niyet taşımadığını anlattı; biraz daha sorumluluk taşımayı becerebilselerdi, onlardan kurtulmanın yollarını aramayacaktı. Roman "Tanrı onlardan razı olsun!" dedi, "Güvenlik içinde yolculuk etsinler. Allah onlara kat kat fazlasını versin ama her zaman bizden uzakta dursunlar. Biz yine bir Lovara gibi yaşayalım, yetkililerin her daim mevcut tacizleri olmadan özgürce topraklarda gezinelim, görmezden gelinen yabancılar olduğumuzu, istenmeyen yaratıklar olduğumuzu, her an sınır dışı edilebileceğimizi ve kolaylıkla harcanabileceğimizi bilelim ancak buna içerlemeyelim." Usulca yolumuza gitmeliydik. Tşuraralarla süre giden huzursuz birlikteliğimize ve ortak arzularda sergiledikleri rekabetçiliğe bir son vererek, yalnızca kumpanyamızla girdikleri sembolik dayanışmayı biraz gevşetmiş olduk. Yaşlı Bidşika burun kıvırıp onların anarşik olduğunu söyleyerek ayıpladı. Devrim öncesi Rusya'da "korkunç ve merhametsiz kitlesel yıkımları" kışkırtan Neçayev takipçileri, Narodnaya Volya gibiydiler. Ancak Romanlar arasında kimse onun Gajoların laflarına benzeyen anlamsız sözlerine itibar etmedi.

Günlerden bir gün karavan küçük bir kasabanın eteklerinde durdu. Pulika ve kardeşi uyuz için bir ilaç veya önleyici bir tedavi bulmak için yerel hastaneyi ziyaret etti. Hepimiz sülfürün keskin ve nahoş kokusuna sahip yeşil-sarı bir merhemi gönülsüzce kullanmak zorunda kaldık.

Alışılmış vurma veya yolda herhangi bir iz bırakmadan süren bir yolculuk ettik. Diğer koşullar altında bütün Romanlar geçtiğimiz yerlerde onların anlayacağı izler bırakmamızı beklerlerdi ve bunun ihmal edilmesi Çingene kanunları nazarında cezalandırılması gereken bir suç olarak görülürdü. Pragmatist Pulika "Köpek olmayan köyde çiftçi sopasız gezer!" (Ando gav bi juklesko jal o pavori bi destesko!) dedi. Tedirginlik içinde geçen son birkaç aydan sonra bu, bizim için hiç şüphesiz hoş bir değişiklik olmuştu. Vardığımız topraklar, Pulika'nın nazik sığınma talebini geri çevirmesi olanaksız olan Finanklara aitti. Ancak Romanın küçük kumpanyası aldığı göçlerle kısa sürede iyice kalabalıklaşmıştı. Sonunda Pulika ilerlemeye karar verdi.

İlk başta Pulika'nın her yerde karşımıza çıkan Tşuraraları istediği şekilde etkileyen bedduası veya armayanın basitliği ve yaptığı etki karşısında şaşkına dönmüş ve aynı zamanda biraz afallamıştım. O ana dek Pulika'ın, herhangi bir şekilde onları kınadığını, onlara sinirlendiğini veya kızdığını görmemiştik.

Lovaraların arasına katıldıktan kısa bir süre sonra oğlanlar, Romanlar arasındaki yaşamın armaya gibi temel gerçekleri hakkında beni bilgilendirdiler. Çoğu Gajonun bugünlerde pratik sorunları çözmek için büyüye başvurmadığını ancak en iyi veya en kötü halde bile büyünün yalnızca kızgınlığı bastırmak için yaptırıldığını ve bundan başka bir anlam taşımadığını anlattığımda hiçbiri bana inanmadı. Romanların her çeşit büyüye armaya dediğini ve büyülerin çok farklı çeşidi olduğunu öğrendim. Örneğin bir Çingene bir Gajonun yüzüne karşı aleni bir şekilde lanet ederse veya en azından Gajo bu laneti diğerlerinden kolaylıkla öğrenirse, Romanlar yapılan lanetin adamı korkutmaktan başka bir işe yaramayacağına inanırlardı. Aslında bu da yetiyordu. Kadınların baktığı fallar söz konusu olduğunda kadınlar, hareketlerinin ne kadar etkili olacağının tamamen Gajoların önyargılarına bağlı olduğunu bilirlerdi. Bununla birlikte kendi aralarında büyü yaptıklarında Romanlar armayanın gerçek bir etkisi olduğuna inanır ve sıklıkla bu yönteme başvururlardı, ancak beddua ederken her zaman "eğer..., acı çekerek ölesin" gibi yalnızca bir şarta bağlı olarak kullanmaya dikkat ederlerdi. Pulika'nın insanları arasında armaya sosyal baskının kabul edilir, hatta nazik bir şekli olarak gelişmişti ve halen günlük yaşamda kullanılmaktaydı. Örneğin karşı tarafın bir yemek veya içki davetini veya bir iltiması kabul etmesini sağlamak için davet eden kişinin aleyhine lanet edilirdi. Bu çeşit bir ısrara yol açan ilk ret, sıklıkla yalnızca Çingenelere özgü sınırlamalara, alçakgönüllülük ve görgüye yakışırdı ve görünürde dramatik bir şekilde hemen armayaya başvurularak birisinin reddettiği şeyi kabul etmesi sağlanmaya çalışılırdı. Böylelikle önerisi geri çevrildiğinden kendisi için, yakın akrabası veya malı mülkü için, dilediği çeşitli felaketlerden ev sahibini kurtarmak için daveti kabul edilirdi. Lovaralar arasındaki sosyal baskının belli bir biçimine cevap olarak, bir kişi yüksek sesle *Bater,* (eğer reddedersem) öyle olsun vb şeyler diyerek cevap verirdi. Laetşi bir kişinin yaptığı davet reddedildiği için kendi kendisini lanetleyen birisinin veya olay dolayısıyla orada bulunan bir kişinin başına, koşullar ne olursa olsun, kötü bir şey gelmemesini dilemekte acele etmesi gerektiğini söylemişti. Bunun da ötesinde bir kişinin ev sahibini kutsaması veya davetini kabul ederek ona iyi dileklerini sunması bir savoir-faire ve nezaket meselesiydi. Bu aynı zamanda "Teşekkür ederim" demek yerineydi; çünkü Çingeneler sadece bir kere, ev sahiplerinin yanından ayrılırken teşekkür ederdi ve bu teşekkür, tek bir hareketi veya misafirperverliğin belli bir kısmını değil bütün bir misafirlik dönemini kapsardı. Lovaralar bu armayayı kendi akrabaları ve bildikleri diğer insanların yanında kullanmaya dikkat eder veya karşısındaki insanın kendileri için alttan alta bir hınç taşımadığını umarlardı.

İlk başta oldukça basit, apaçık armayaları ve bunları kullanmayı öğrendim: Durumun gereklerine göre "eğer..., öleyim" (Te merav), "eğer..., anam, babam veya kardeşlerim ölsün" (Te merel muro dad, muri dei), "eğer... en iyi aygırımız ölsün" (Te merel amaro kuro o laşo) diyordum. Belli bir duruşu veya imajı olan her bir Romanın kendi kişisel, belli bir armayası vardı. Bu armaya neredeyse imza gibiydi ve herkes tarafından bilinirdi. Tşuraraların en az altı hafta boyunca bizden uzak kalmaması halinde kendisi için lanet eden Pulika, o sırada içtiği biranın bir kısmını yere dökerek şöyle demişti: "Eğer ..... bu biranın akması gibi aklım çıksın!" (Te şordjol muri godji sar şordjol kadi bera!); Tşukurka değişik biçimde, "Kanım aksın ki..." (Te şordjol muro rat...) veya belli bir şekilde kendi cenazesini ima ederek "Benim için mumlar yakasınız ki..." (Te pabaren mange memelia...) derdi. Böylesi ifadeler belli bir ailenin bütün üyeleri tarafından kullanılırdı veya bir kişi yarı bilinçli bir şekilde çok sevilen ölmüş biriyle kendini anlatır ve "Eğer... X'in yanına gömüleyim" (Te prakhon man pahsa o X....) derdi. Armaya bir inkârı veya bir yalanlamayı vurgulamak için kullanıldığında, etkili olması için zamanı belirten bir madde eklenirdi; "Akşam yemeğini yemek nasip olmasın ki...." (May sigo sar tem ay khav) veya "Bu ateş sönmeden..." (May angle sar te merel kadi yag...) denirdi.

Onbirinci Bölüm

Haftalarca kesik kesik devam eden yağmurdan sonra hava biraz düzelmişti. Hava mevsimsiz soğumuş, kurşuni bir gökyüzü üzerimize çökmüştü. Birden sis bastı ve Romanlar iyice ateşe yanaşıp birbirlerine sokulup, sarıldılar. Geceleyin nemli tişörtlerimizle uyuduk; kadınlar kat kat olan iç etekliklerinin ıslak olan katmanlarını çıkardılar ancak küçük çocukların soyunup çıplak uyumasına izin verildi. Kokular giderek keskinleşti, rutubet ve yanık odun kokusuyla birleşti, neredeyse insanın midesini bulandıran bir hal aldı. Otlaklar çamurla kaplandı. Gün be gün kamp yerini değiştirerek, ağır adımlarla birkaç mil yol yürüyorduk. Geceleri açık havada yayılarak kamp kuruyorduk. Hareket eden ve fark edilir oranda büyümüş olan grubumuza giderek daha fazla sayıda karavan katılıyordu. Yol boyunca her yerde, önümüz sıra giden Çingenelerin bıraktığı izlere rastlıyorduk. Bıraktıkları izlere doğru sapmak yerine –ki, o zamana değin edindiğim deneyimlere göre bu, çingeneler arasında kabul gören davranıştı– grubumuz aynı genel doğrultuda, kendi yavaş ve düzenli yürüyüşüne devam etti. Kore'ye bunun nedenini sorduğumda, her şeyden habersiz oluşum karşısında oğlan şaşkına düştü. Etrafta yinelenen işaretleri görmemiş miydim? Ve karavanımız yoluna devam etti. Yan yollarda karşımıza çıkan karavanlar, sakince uzun dizideki yerini alıyordu. Yol kenarına kurulmuş iki üç karavanlık küçük kampların yanından geçtik. Küçük çocuklar bizleri izlemek için heyecanla koşuştular. Birkaç saat sonra aynı grup bize yetişecek ve tek bir kol haline gelmiş ve şimdi uzunluğu birkaç milin üzerine çıkmış dizide yerini alacaktı. Hava giderek ısındı ve Romanların ruh hali canlanıp, neşelendi.

Yerel at yetiştiricileriyle, dükkân sahipleri veya han işletmecileriyle konuşan Çingeneler, mütemadiyen "yeni kralı seçmek" amacıyla "dünyadaki bütün Çingenelerin katılacağı bir toplantı" yapacaklarına dair dedikodu yapıyorlardı. Diğerleri, kabilelerin bir araya geleceği bu toplantının "dini yönlerinden" bahsediyordu. Ancak bütün bunların tek amacı, yerel halkı Romanların olağan haylazlıklarını yapamayacaklarına inandırmaktı. Ve bu sözün tutulacağını göreceklerdi. Küçük çocukların dilencilik yapması engellendi ve kadınlar arasındaki en saldırgan falcılar uyarıldı. Lovaralı oğlanlar yol üzerindeki küçükbaş hayvanları yoldan kovalamak için karavanların önünden koştular, köylü kızlarla alenen flört etseler de kimse onlara dikkat etmedi. Yaşlı kadınlar ve birkaç genç kız, yeni düzene uyum sağlamakta çok zorluk çekmelerine rağmen, Çingeneler pazarlıkları en alt seviyede tuttu ve ihtiyaç duydukları bütün malzemeyi peşin para ödeyerek satın aldılar.

Sayısız kumpanya bir araya geliyordu. Bunların çoğu eski arkadaşlardan ve akrabalardan oluşuyordu. Dod la Kejako oradaydı; Luluvo ve ağabeyleri de... Peşinde yeni bir küçük çocuk sürüsü dolaşan yaşlı Bakro'nun iki üç yıldır karşılaşmadığımız kumpanyası da gelmişti. Yıllar önce hiç hatırlanmayan ara yollarda karşılaştığımız Romanlar vardı; ancak bu karşılaşmalar karşılıklı bir güven veya dayanıklı bir muhabbet geliştiremeyecek kadar kısa olmuştu. Aynı zamanda çok sayıda Tşurara da vardı: Merikano, Vedel ve Tşurkina'nın oğlu Voşo da oradaydı. Hepsi de olası olmayan çılgın renklerde spor gömlekler giymişlerdi ve bunların son moda olduğunu iddia ediyorlardı; yakalar on ila on iki santim uzunluğundaydı ve uçlarından gereksiz düğmeler sarkıyordu. Genişçe bir alanda çok sayıda küçük kamp kurulmuştu. Romanlar bir yerleşim yerinden diğerine geçiyor, taligalarıyla kamp yeri ve dükkânlar arasında durmaksızın mekik dokuyorlardı. Genç adamlar yakılan ateşlere günlerce yetecek miktarda odun toplamaya gönüllü oldular.

Hazırlıklardan anlayabildiğim kadarıyla Romanlar burada normalden uzun kalacaklardı. Alacakaranlıkta Zurka, Laetşi ve bekâr gençlerden bazısı ayak işlerinden döndüler, her biri karpuzla yüklü bir taliga sürüyordu. Muhtemelen hepsinde toplam birkaç yüz karpuz vardı. Meyvenin tatlı ve sulu etinin tadına bakmak için sabırsızlanan ancak bir bıçağı olmayan Romanlar karpuzları yere çarptılar. Karpuzlar çatladı ve parlak kırmızı etini ve parıldayan kara çekirdeklerini göstererek yarıldı. Yakındaki kirli bir gölcükten ördeklerin akortsuz gürültüleri geliyordu. Hayvanlar su seviyesinde uçmaya çalışıyor, sonra bulanık suda izler bırakarak gürültüyle iniyorlardı. Köpek sürüleri moloz yığınları arasında sinsi sinsi dolaştıklarından oradan kovulmaları gerekiyordu. Gözün görebildiği kadar uzaktaki kamp ateşlerinden yükselen duman, göğü gölgelemişti.

Pulika yakın birkaç kamp yerine yaptığı ziyaret sırasında kendisine eşlik etmeme izin verdi. Sonunda Romanların uğursuz Kris toplantısı için bir araya geldiklerini anlamıştım.

Kris tekrarlanan bir sohbet konusuydu ve her zaman tuhaf bir anlaşmazlığı konuşmak için düzenlenirdi. Romanlarla kaldığım süre boyunca Krisi ve bunu oluşturan törenleri dehşet verici boyutlara sahip bir olaylar dizisi olarak düşünmüştüm... Kafamda ateşli ve romantik bir betimlemeye sahipti; kristora, yani yargıçlar, efsanevi bir itibar kazanmışlardı. Pulika Romanların Krise duydukları saygı sayesinde nesiller boyu varlıklarını nasıl sürdürdüğünü aklıma iyice sokmuştu. Kris, Çingeneler arasında daha güçlü olan grupları daha zayıf olanlara karşı kendilerini sınırlamaya zorlardı. Pulika, kendi ve diğer Romanların bakış açılarından, bunun nasıl olduğunu açıklamaya çalıştı; kanunun sınırları, uygulamanın sınırları demekti ve uygulamanın getirdiği kısıtlamalar, toplumsal örgütlenmenin gerçek sınırlarıydı. Krise duyulan saygı olmasa Romanlar çoktan yabanileşmiş ve sonrasında halk olarak zorbalığın, saf gücün kuralına göre bölünmüş olurlardı. Ahlaki çöküş kaçınılmaz olarak onları bulacak ve yaşamları adilik üretiyor olacaktı.

Öğleden sonra, engin göğün altında, Pulika ve Tşukurka'ya ait kamp ateşlerinin az ötesinde Lovara Krisi toplandı. Küçük bir erkek grubu bir araya geldi. Çoğunu tanıyordum, ancak tarif edilmesi zor bir şey, onların bildiğim adamlardan farklı görünmelerine neden oluyordu. Üzerlerinde her gün giydikleri kıyafetler vardı ve yaklaşımlarından başka, farklılığı açıklayacak herhangi bir sembol veya şatafat görünüşte yoktu. Keskin bir sessizliğin verdiği ciddiyet, anın önemini arttırıyordu. Sesleri bugün hiç olmadık şekilde kontrollü çıkıyordu; alışılmış rahatlıklarıyla, küstahça bir kibirden tamamen yoksun, doğal bir vakarla hareket etmelerine rağmen resmi davranıyorlardı. Romanların çoğu birbirini gayet iyi tanıyordu; bazısı çok samimiydi ve diğerleri gerçekte akrabaydılar.

Mevcut koşullar altında, üstü kapalı bir ihtiyatla ve her birinin yerine getirdiği işleve gerçek bir riayet göstererek konuşuyorlardı. Toplum içinde henüz bir itibar kazanamamış olan genç erkekler arkada ayakta dikildi.

Romanlar genişçe bir çember oluşturup ellerine ne geçerse onun üzerine oturdular: El altındaki bütün topal sandalyeler, ters çevrilip üzerine genişçe bir tahta konmuş kova, tahta kasalar, koşum takımı, hatta hırpani bir kuş kafesi onlar için oturak olmuştu. Ancak gerçekte bunların hiçbiri, Romanların vakarlarından veya Krisin itibarından bir şey eksiltemedi. Yargıçların üzerindeki asalet, ruhsal güçlerini ve önsezilerini yansıtıyordu ve maddi zenginliğin veya gücün sembollerine bağlı değildi. Erkekler sessizce sigara içiyor ve bira şişeleri elden ele dolaşıyordu. Bir süre sonra sohbet yavaşladığında Pulika, ona has bir sakinlikle herkesin kendisini dinlemesini istedi. Geniş kenarlı şapkasını çıkardı, kendi kendine konuşur gibi yüksek sesle birkaç kelime söyledi ve birasının bir kısmını toprağa döktü. Kasten çekingen davranıyordu, hareketleri, sanki kendine has bir dram taşıyormuş gibi, gösterişten yoksundu. Takip edecek olaylara şahitlik yapması için Muleyi, Ataların Ruhlarını davet ederek onlara içki ikram ediyordu. Bu Pulika'ya has bir hareketti ve kimse onu takip etmedi.

İsmen tanımadığım bir Roman, Krise hitap eden ilk kişi oldu. Toplanan Romanlara saygılarını sunduktan sonra, adaba uygun bir şekilde, mevcut mahkemenin önüne çözülememiş bazı soruları getirmek için izin istedi. Sözlerin şaşırtıcı akışını, ne anlama geldiğini hiç bilmeden veya anlamlarının karmaşıklığını çözemeden yalnızca dinledim. Sonunda laflar benim için hiçliğin içinde döne döne kaybolup gitti. İlk başta Krisin törenselliği ve Romanların gerçekçi günlük yaşamı arasındaki zıtlık altında ezilmiştim. Hepsi gerçek olamayacak kadar yabancı, vahşi ve duygusuz geliyordu. Daldığım hayallerden kurtulduğumda hâlâ tartışmaları yakalamak çok zordu.

Kris yani Romanların kolektif iradesi, hiçbir şekilde kapalı bir sistem değildi. Aksine akışkan, bütünlüğü içinde bir sisteme hiçbir şekilde bağlanmamış bir yapıydı ve yalnızca sözlü toplumsal hafızanın doğru bir şekilde aktarılmasına dayanırdı. Yargıçların aldığı kararların ne kadar etkili olacağı, özellikle Romanların çoğu tarafından kabul edilmelerine bağlıydı. Aldıkları kararların uygulanmasını zorlayacak hiçbir unsur yoktu. Romanların bir polis kuvveti, hapishaneleri veya cellâtları yoktu. Krisatoraların, yani yargıçların pozisyonu dahi göçebe yaşamın getirdiği kaçınılmaz koşullardan dolayı kalıcı veya "profesyonel" değildi. Romanlar sonsuza kadar yan yollarda molalar verdiğinden, yargıçların seçimi el altında bulunan nitelikli adamlara bağlıydı.

Kris huzurunda dile getirilen bir iddia yalnızca karar alınmasına yol açardı; gerçek bir uygulama için Romanların birleşik kuvvetine dayanmaları gerekirdi. Bununla birlikte alınan karara pervasızca karşı konulmasıyla başa çıkmak, adalet ve güç arasında bir denge kurmak ve herhangi keyfi bir yönetimin veya şantajın önüne geçmek için Kris doğaüstü cezalara, armaya veya lanetlere başvururdu. Bu cezalandırmaya solakh derler; güya, son uygulamayı Mulenin daha çok korkulan hükümlerine bırakırlardı.

Krisin önünde incelenmesi gereken birtakım şikâyetler yani bayura vardı. Bazıları sonraya bırakılacak, diğerlerine çözülünceye dek hakemlik yapılacaktı. Çoğu davalar anlaşma ihlalleri dolayısıyla açılmıştı. Bayuralar yargıçlara sunuldu ve bir yöntem dizisi belirlendi. Herkesin haklı olarak beklediği gibi Pulika, Tşurara sürüsünün karaktersiz, ihmalci tavrını dava konusu olarak mahkemeye sundu. Uyuz hastalığını saklayarak açık bir şekilde Roman kanunlarını ihlal etmişlerdi; tedavi olmanın yollarını bulmayı ihmal etmiş ve hastalığın diğerleri arasında da yayılmasına neden olmuşlardı. Pulika, "ayıplarının bedelini ödemek" (te potşinen penge lajav) zorunda bırakılmalarını istedi. Yalnızca "sembolik" zararları ödediklerini savunarak onlar için hafif bir ceza talep etti: Üç gün boyunca mevcut Krise katılan Romanların bütün yiyecek ve içecek ihtiyaçlarını karşılamalıydılar. Aynı zamanda, yine Romanlar arasında yaşamalarına izin verilmeden önce Kris önünde iyileştiklerini kanıtlamalıydılar. Bunun üzerinde anlaşmaya varılınca Pulika şapkasını çıkardı ve şöyle bir yemin etti: "Te lolirav i phuv mure ratesa....", "Kim uyuzunu saklarsa arka arkaya yedi yıl boyunca bu hastalıktan kurtulamasın..." şeklindeki armayayı (şartlı lanet) şimdiki Krisin rızasıyla diyemezsem, bu toprak kanımla kıpkırmızı olsun.

Tşuraralar bunun yedi yıllık bir sürgün anlamına geldiğini kavramışlardı. Söylenenlere şiddetle karşı çıktılar ancak Nonoka "Ando gav juklesko şai piravel o manuş bi destresko!" (Köpeğin olmadığı bir köyde bir adam sopasız yürüyebilir!) diyerek cevap verdi.

Bir sonraki bavo (şikayet), Punka la Anako tarafından dile getirildi, korkunç bir marhime veya törensel kirlenmeyle –ki her yerde Romanlar tarafından harfi harfine riayet edilen bir sınırlamaydı– ilgiliydi. Marhime kavramı bir sürgünü, Çingene kanunları arasındaki en son cezayı anlatmak için kullanıldı. Punka la Anako, Nonoka'nın borisını, kendi atlarından birini bilerek ve isteyerek kirletmekle suçladı. Seyircilerin şaşkınlıktan nefesleri kesilmişti, çünkü itibari değer bakımından suçlama çok ciddiydi. Ancak kızgın ifadeler arasında birtakım kıkırdanmalar da olmuştu.

Nonoka, ailesinin durumunu savunmak veya Romanları gelininin masum olduğuna inandırmak için değil, yalnızca durumu açıklığa kavuşturmak amacıyla ayağa kalktı. Huysuz ve çenesi düşük Punka'nın tersine, Nonoka inanılmaz bir tartışma yeteneğine sahipti. Olanı biteni anlatmaya başladı. Bir gün Nonoka, kumpanyasını yol kenarında Punka'nın kamp kurduğu yerin yakınında durdurmuştu. Nonoka ve oğulları kampa kısa bir ziyarette bulunmuş, ama birtakım nedenlerden ötürü yollarına devam etmeye karar vermişlerdi. Punka bunu bir hakaret olarak algılamıştı. Nonoka'nın, peşinde küçük çocuklar dolaşan gelini, yolu geçmiş ve verilen kısa moladan faydalanıp diğer kumpanyadan bir adamla evlenmiş olan kuzenini ziyaret etmek için kampa doğru koşmuştu. Çimenler arasında kısmen gizlenmiş olan bir zincirin üzerinden kasıtsız olarak geçmişti. Yaşlı Punka kıza kızgın bir şekilde bağırınca, adamın ne dediğini anlamayan kız aceleyle yol üzerindeki kendi karavanına dönmüştü. Bunu yaparken ikinci kez zincirin üzerinden geçmiş oldu. Zincirin diğer ucunda Punka'nın atlarından biri bağlıydı. Teorik olarak at "bağlı olduğu zincirle" kirlenmişti. Kris herhangi bir yorumda bulunmadan önce Nonoka şapkasını çıkardı, başını önüne eğdi ve Krisin önünde ayıbı kabul etmeye hazır olduğunu ilan etti. Ayıbının bedelini ödeyecekti. Toplanmış Romanların gözünde Nonoka, yalnızca itham eden kişinin çocuksu tavrını ayıplamakla kalmamış, aynı zamanda konu dışı bir davayı görüşüp reddetme aptallığına düşmesini engelleyerek Krisin itibarını da kurtarmıştı.

Punka ateşli bir şekilde itiraz etmeye başlamıştı ki, diğer Romanlar adamın sözünü kesti. Nonoka birkaç saniye bekledi, sonra mahkemenin önünde Punka'ya kirlenmiş attan nasıl kurtulduğunu ve kendisinin lekelenmemesi için ne gibi önlemler aldığını sordu. Etraf hafif ama söylediklerini takdir eden gülüşmelerle şöyle bir dalgalandı. Nonoka, bahtsız Punka'yla geçilen alayları telafi etmek için kendisinin de ayıbını ödemek zorunda bırakılması gerektiğini söyledi. Her ikisi de Krise katılan bütün Romanlar için yiyecek ve içecek temin edecekti. Gece boyunca beraber içip, süregiden arkadaşlıklarını tazelediler.

Bir sonraki davayı gündeme getiren Carolina, Pulika'nın dul kardeşi oldu. Kadının birkaç kızı ve yalnızca tek bir oğlu vardı. Romanların dünyasında bu alışılmamış ve dengesiz bir ev ilişkisi demekti. Kadın mahkemeye çıkıp çok sayıda altın parçasının çalındığını iddia etti ve kadının şüphelendiği kimse de yoktu. Olayın meydana geldiği günden gayet emindi, çünkü günün erken saatlerinde altınlarını saymış ve aynı gün daha geç saatlerde altınları sakladığı yeri değiştirmeyi düşünmüştü. Ancak altınlar sakladığı yerde yoktu. Bu konuyu Krise getirmeden önce yanlış bir fikre kapılmadığına veya –hâlâ olması mümkün değilse de– altınları kızlarından birinin veya küçük oğlunun çalmış olmadığına emin olmuştu. Bu olay olduğunda dört veya beş aileyle beraber kamp kurmuşlardı ve kadın, hemen olup bitenden onları da haberdar etmişti. Herkes, yoldaşları olan bir Çingeneden bir şeyler çalma düşüncesi karşısında şok olmuş ve öfkeyle suçu inkâr etmişti. Dışarıdan gelen birinin, bir Gajonun, bir hırsız veya bir serserinin herhangi bir Romana görünmeden zorla kampa girdiği de farz edilebilirdi. Ancak yalnızca kamptan biri, küçük çocukların olağan uyanıklığından ve aşırı merakından kaçabilirdi. Birbirine yoldaş olmuş Çingenelerden hırsız çıktığı Lovaralar arasında duyulmamış şeydi ve gönülsüzce işe karışmış olanlar arasında büyük bir şüphe ve gerilim yaratmıştı. Her zamanki havai ve doğrudan ifadesiyle genç Kalia, kamp bölgesini paylaşan aile liderlerinin "savunmasız bir kadından" çalınan miktarı eşit şekilde bölüşüp karşılamasını önerdi fakat diğerleri zararın ödenmesinin ötesinde başka bir konunun söz konusu olduğuna ve söylediği şeyin sorunu çözmeyeceğine parmak bastılar. Eğer aralarında bir hırsız varsa, kim olduğu mutlaka tespit edilmeliydi. Aynı fikri paylaşan ve o sırada olay mahallinde bulunanlar ve Carolina, Krisin solakh ile devam etmesini istediler. Suç affedilebilirdi ancak kesinlikle saklanmamalıydı.

Solakh gününden önceki gece, törene katılmak zorunda olanların hiçbirinin bizimle eğlenmesine izin verilmedi. Öfke dolu ama sessizce bir kamp ateşinin başında oturdular. Ertesi sabah tek bir sıra halinde yürüyen birtakım erkek ve kadınlar, arkalarında yargıçlarla bölgeyi terk ettiler. Erkeklerin kafalarında şapka yoktu; hiçbiri de yıkanmamış ve saçlarını taramamıştı. Kampta birkaç ateş yakılmıştı ve herkes hâlâ dinleniyordu. Gidenlerin arasında Carolina da vardı. Az ötedeki terkedilmiş çöplüğe gitmişlerdi. Pulika ile kimi erkekler ve yaşlı Lyuba orada onları beklemekteydiler. Hiç kimse tütün içmedi. Köpekler yavaşça hareket eden grubun arkasından sinsice yürüyordu. Yakındaki tarlaya karakargalar indi. Küçük bir taş yığını üzerine bir diklo, canlı renklerle bezenmiş bir mendil serilmişti. Üzerinde, ilkel bir şekilde çizilmiş bir haç, bir demet kır çiçeği –Lovaralar arasında koparılmış çiçekler zamansız ölümü sembolize eder– ve hafif sabah rüzgârında belli belirsiz titreşen sarı küçük bir mum parçası vardı.

Kim olduğu bilinmeyen hırsızın suçunu itiraf etmesine bir fırsat tanımak için kısa bir süre duruldu ve sonra solakh başladı: Doğrunun ölülerin büyülü güçlerine başvurularak aranması, Romanların kolektif iradesiyle desteklenmişti. Bu üçüncü dereceden bir solakhtı. Yani kısmen efsanevi kısmen gerçek.

Krisatori o baro, laneti yönetecek olan yargıç, Carolina'nın bir adım öne çıkmasını ve sunağın önünde durmasını istedi. Kadın çok ciddiydi, derin bir nefes aldı ve beceriksizce öne çıktı. Krisatori uzun münacatına başlayınca, adamın yüzündeki ifade sertleşip kişisel olmaktan çıktı: "Carolina'dan çalınan altın parçalarını biliyorsan veya bunlarla ilgili herhangi bir şey duymuşsan ve bunu Krise anlatmıyorsan, korkunç acılar içinde ölesin."

Carolina zorlukla duyulan boğuk bir sesle "Bater!" (Böyle olsun!) diye cevapladı.

"Carolina'nın altınlarını çalan hırsızla herhangi bir şekilde yolun kesişirse, kötü öldürücü rüzgârlar göbeğine çarpsın ve seni ölümcül bir illetle hasta etsin..."

"Bater!"

"Yemin ettikten sonra Carolina'dan çalınan altınlarından bir şekilde kazanç elde edersen veya zevk alırsan veya onlara sahip olursan, Tanrı senin gücünü ve yaşama sevincini elinden alsın; verimsizlikten gelecek kuşakların kurusun..."

"Bater!"

Lanetler giderek daha berbat ve acımasız hale geldi ve sorular karmaşıklaşıp ustalaştı. Krisatorinin sesi giderek daha yüksek perdeden çıkmaya başlamıştı. Sanki bütün bir cümle, herhangi bir tonlama yapılmadan, tek bir nefeste söyleniyordu. Mumun alevi, sanki Carolina'nın sinir sisteminde oluşan elektrik akımına kapılmış gibi titreşiyordu. Dönmelerini bekleyen erkek ve kadınların heyecandan neredeyse nefesleri kesilmişti. Duydukları ıstırapla, korku ve umutla terliyorlardı. Ortak bir tevazu anını paylaşıyor ve Romanların bu insanı dehşete düşüren ve en güçlü geleneğinin bir uygulanmasının parçası ve şahidi oluyorduk. Böylesi bir ıstırabın ne kadar süreceğini kim bilebilirdi? Ortalıkta insanı derin düşüncelere sevk eden acayip bir farkında olma hali kol geziyordu; sanki müzik kesilince ortaya konulan sandalyeleri kapma oyununda olduğu gibi, ayin bir anda duracak ve bir kişi, aralarından biri sandalyesiz kalacaktı ve bu herkese, gerçek suçlunun kendisi olduğunu gösterecekti.

Romanlar birbiri ardına sorguya çekildi ve şarta bağlı olarak lanetlendi. İşte bu solakh idi. Romanlardan sonra karıları da törene kendilerini teslim etmeliydiler. Ayinin mantıksız zorlaması altında, törenin halis ağırlığının gizli bir vicdani hesaplaşmaya yol açmasını sağlamak için her bir Roman ve kadın başka türlü davrandı. Carolina cesur ve biraz da sakardı. Bir şekilde korunmasız görünüyordu ve sesi boğuk çıkıyor, zorlukla duyulabiliyordu. Bazısı sızlandı durdu, birkaçı hiç de etkilenmiş görünmüyordu. Diğerleri şaşırmış ve kendini doğru dürüst ifade edememişti, ancak neredeyse hepsi de uyurgezer gibi olağanüstü bir deneyim yaşamıştı.

Krisatori ayine acımasızca devam etti. Geride dinlenmesi gereken tek bir kadın kalmıştı. Tşuraralardan biriydi. Kadın sunağın ve yargıcın önüne yürürken, bütün şüphe ve gereksiz önyargılar kadının üzerinde toplandı. Ancak solakh, en azından benim için, insanı hayal kırıklığına uğratan ani bir değişiklikle son buldu. Hiç kimse çözülmemiş veya itiraf etmemiş ya da içlerinden birinin kafasına yıldırım düşmemişti. Ruhumda taşıdığım bir ihanet duygusuyla terden sırılsıklam olmuştum. Sürekli olarak müdahale etmeye çalışmama rağmen Batı'dan bana miras kalmış şeyler, bir çeşit sonuç alıcı *denouement* ummama neden oluyordu. Romanlar için en azından başa çıkılması gereken şüphe dağılmıştı ve genç Kalia'nın önerisi, hırsızlık olayı sırasında kamp yerinde bulunan ailelerin liderleri tarafından kabul edildi. Çalınan altınlar böylece ödenmiş oldu.

Ancak çok daha sonraları, savaşın başladığı sıralarda, solakha katılan Romanlardan birinin karısı olan Liza'nın talihsiz bir biçimde öldüğünü duydum. Ölüm döşeğindeyken, artık konuşamamasına rağmen, sürekli olarak baş ve işaret parmağını birbirine sürterek herkesin para anlamına geldiğini bildiği hareketi yapmış. Romanlar onun için ne zaman bir araya gelse, kadın yabani bir sertlikle karşılık veriyormuş. Başucunda toplanan Romanlar ona "*Te aves yertime mander ta ite yertil tut o Del!*" (Seni affediyorum. Tanrı da benim gibi seni affetsin!) demişler. Ancak kadın bu laflardan daha da mutsuz oluyormuş. Sürekli olarak karavanın bir köşesini işaret etmiş. Kadının ne demek istediğini bir türlü kavrayamayan kızı, sonunda işaret ettiği yeri araştırmış ve bir torba içinde kendilerine ait olmayan altın parçaları bulmuş. Liza'nın gözlerinden yaşlar boşanmış ve komaya girip ölmeden önce yüzü son derece rahatlamış bir ifadeyle kaplanmış.

Onikinci Bölüm

Romanlar dağılmadan önce arkadaşlığa dair abartılı kutlamalar yaptılar. Birbirlerinin cömert misafirperverliklerine hiç sonu gelmeyecek karşılıklarda bulunmaktan bir türlü harekete geçemiyorlardı. Sonra bir gün bu olağanüstü Çingene kalabalığı, rüzgâr gibi, tahmin edilemeyecek bir şekilde aniden dağıldı. Bir an, genişçe bir alana yayılmış kamp, bir dizi eski İran minyatürlerini anımsattı; kırmızının her tonu vardı... Parlak kırmızı, galibarda, fes rengi, sonra limon sarısı ve safran rengi ve kükürt tonları, kobalt mavisi ve gök mavisi, toprak rengi, kahverengi ve altın rengi... Bir saniye sonra ortalığa önemsiz bir depremin yaratacağı bir kargaşa hâkim oldu. Karavanlar, engebeli zeminde aksayarak sarsıla sarsıla gidiyorlardı. Her biri farklı bir tarafa yönelmişti.

Kamp, Romanların olağan anarşik tarzıyla dağılmıştı. Karavanlar birbirini takip eden kasılmalar gibi dalga dalga uzaklaştılar. Çingeneler sanki bir koşu içindeymişçesine süratle dağılıyorlardı. Toz bulutları, gürüldeyen tekerlekler, havlayıp hırlayan köpekler arasında, birdenbire değişiveren bir düzen içinde etrafa saçıldılar. Bütün sahneye gereksiz bir ivedilik duygusu hâkimdi. Sanki bir baraj kapısı açılmıştı da sular sel olmuş akıyordu. Ayrı düşenler gruplarını yakalamak için acele ediyorlardı. Bazı karavanlar, kargaşa içinde sürüklendi veya güzergâhlarını değiştirmeye çalıştılar. Bu arada diğerlerinin yollarını kestiler. Durum şehrin orta yerinde yaşanan bir trafik karmaşasına benziyordu; hepsi de aynı değişken hareketliliği ve huzursuz canlılığı paylaşıyordu.

Kris toplantısından bir süre sonra Romanların çoğu, civarda kalıp beraber gezdi ve eğlence devam etti. Çingeneler bu süre boyunca önceki aylarda yaptıkları sıkı yolculuklarda gerçekleştirdikleri at ticaretinden kazandıkları parayla geçindiler. Her gün kampın yerini değiştiriyorduk ancak bu kutlamaları hiçbir şekilde etkilemiyor veya eğlencelerin kesilmesine yol açmıyordu. Romanlar, gerçekte yoldayken bile şarkılar söyleyip içki içmeye devam ettiler. Gajolarla uğraşmak için ne zaman vardı ne de buna gerek oldu. Dönem, aşağı yukarı hasat zamanına denk gelmişti ve köylüler kendi işleriyle meşguldüler.

Mısır tarlalarının hafif ancak daimi hışırtısı gibi süre giden sohbetlerin ana konusu, birden çöpçatanlık ve evlilik oluverdi.

Bunun en belli nedenlerinden biri, Romanların hiç de olağan olmayan ve muhtemel birliktelikler için çok sayıda seçenek sunan bu Kris toplantısıydı. Bir diğeriyse devam eden eğlenceyi geçerli bir neden bularak sürdürmek istemeleriydi. Erkeklerin çoğu Pulika'nın karavanının güneşle beraber değişen gölgesinde toplandı. İçki içip konuştular. Güneş, kampın tepesinde yanan harlı bir ateş gibi ortalığı kavuruyordu. Hava çok sıcaktı. Mevcut kumpanyanın evlenme yaşı gelmiş kızları hakkında konuştular. Romanca'da "kız" kelimesi aynı zamanda bakire anlamına gelirdi ve Romanlar cidden bakirelerle evlenmeyi umarlardı.

Romanlar kendi aralarında doğrudan kızlardan bahsederler ama bu, hiçbir zaman saygısız bir tavırla yapılmazdı. Gerçekçi insanlardı ve evlilik onlar için herhangi bir diğer işten çok daha fazla ciddiye alınması gereken bir şeydi. Ebeveynlerin en büyük görevi oğlanlarına uygun gelinler bulmaktı. Lovaralar bir kişinin gelinini Rode tşia bori le kanensa tai te na le yakensa (Gözüyle değil kulaklarıyla...) seçmesi gerektiğini söylerlerdi. Yani bir kızın görünüşünden ziyade itibarı çok daha önemliydi. Aynı zamanda Şuk tski khalpe la royasa (Güzellik kaşıkla yenemez...) derlerdi. Yaşlı adamların kendi arkadaşlarının kızları hakkında yaptıkları ciddi, zeki ve pratik değerlendirmeleri şaşkınlık içinde ve biraz da merakla dinledim. Aniden, en azından teorik olarak yaşıtım olan bu potansiyel karı kocaları, yeni bir ışık altında görmeye başladım. Yaşlı Butsulo'yla evlenmiş olan dul Dika'nın bekâr kızı tatlı Tsuritsa biraz içine kapanıktı ve ruh hali aniden değişebiliyordu ancak yumuşak bir erotikliği vardı. Kızın kötü niyetli bir dedikoducu olduğunu söyleyenler de oldu. Herkes, Tşukurka'nın en küçük kızı Luludja'nın, Lovaralar arasındaki en güzel kız olduğu konusunda hemfikirdi ancak çocuk doğuracak güçten ve sağlıktan yoksundu. Bunun yanında Kore'yle beşik kertmesi yapılmıştı. Kız biraz daha güçleninceye dek bu evlilik ertelenmişti.

Dodo'nun iki gelinlik kızı, Ludu ve Djidjo hakkında da konuştular. Aylar önce, Voivodina'daki bir ara yolda, onları ilk gördüğümde kızların insanı sersemleten masumiyeti ve erotikliği karşısında nasıl çarpıldığımı net bir şekilde hatırladım.

Örülü uzun kara saçlarının harikulade güzelliğini, esmer tenlerini, kadınlığın verdiği yuvarlak hatlarla henüz şekillenmemiş genç bedenlerinin zarifliğini anımsadım. Aynı zamanda gözlerimi kızlardan alamadığımdan Kore'nin Lovara görgü kuralları doğrultusunda beni nasıl uyarmak zorunda kaldığını da hatırladım. Romanlar Ludu'nun fazlasıyla çıkıntılık yaptığını ve Djidjo'nun yabani ve idare edilemez olduğunu söylediler; kız aniden ve çabucak öfkeleniyordu. Ancak babaları Dodo grup içinde bu ufak kusurları telafi edecek kadar önemli bir yere sahipti. Her iki kız da sonunda cazip evlilikler yapacaktı ancak Dodo, kızlar henüz çok küçük olduklarından herhangi bir evlilik teklifini düşünmeyi reddetti. Djidjo garip, hoppa bir çocuk-kadındı. Yağmurda şarkı söylüyor, aydan korkuyordu ve gece bulutları tarafından perilenmişti. Bir keresinde kızı yağmurda şarkı söylerken görmüştüm. Tatlı, yumuşak ve derinden gelen bir sesi vardı. Yağmur damlaları yüzünden boynuna doğru süzülüyor ve teninin iyice koyulaştığı göğüsleri arasında kayboluyordu.

Keja da konuşuldu, ancak babası orada değilken. İradesi kuvvetli ve becerikli bir kız olduğu tahmin ediliyordu ancak ailesine fazlasıyla bağlıydı. Bir erkeğin onu rahatlatması ve güvenini kazanması pek de kolay olmayacak gibi görünüyordu. Pulika'nın kız için çok yüksek bir başlık parası isteyeceği ve gelecekteki damadını seçerken çok seçici olacağı kesindi. Keja'nın evliliğini tartışırken Romanlar, geleneğin aksine kızın kişisel isteklerinin Pulika'nın kararını kesinlikle etkileyeceğinden bahsettiler. Dolayısıyla Keja evlilik çağına gelmiş olmasına rağmen, başka bir işaret olmadığı sürece kimse Pulika'nın yanına gidip kızıyla evlenmek istediğini söylemeye cesaret edemezdi.

Paprika içkiye düşkün ve neşeli biriydi. Gülümseyen suratı biraz fazla yuvarlaktı ama büyük kahverengi gözleri yumuşaktı ve haylaz haylaz bakardı. Sesi sevecendi ve biraz gırtlaktan konuşurdu. İnsanı mest eden bir gülüşü vardı. Dişleri güçlü ve bembeyazdı. Bununla birlikte ağabeyleri sert içiciler olarak ünlenmişlerdi. Kavgacı ve kabaydılar ve gelecekteki damat için ciddi bir sorumluluk haline gelebilirlerdi.

Lovaralar müstakbel bir gelin olarak her bir genç kızın potansiyelleri hakkında büyük bir ferasetle akıl yürüttüler. Aile geçmişi, karakteri ve mizacından başka, ev işlerini çekip çevirmedeki becerisini, küçük çocuklara gösterdiği sabrı, sağlığını ve fiziksel dayanma gücünü, gerilimli anlarda sergilediği tavırları, fal bakma yeteneğini ve olası yeni ailesinin ihtiyaçlarını karşılamadaki istekliliğini konuştular. Belirli birtakım nitelikleri ortaya çıkarıldıktan sonra kızın aşçılığı ve misafirleri ağırlamadaki kibarlığı tartışıldı. Romanlar son olarak güzelliğinden ve bir şarkıcı veya dansçı olarak becerilerinden bahsettiler.

Cinsler arasında yakın bir temas olmamasına rağmen, genç kızların nitelik ve kusurlarının çoğu, onlarla bir gözlem yapabilecek kadar yakından ilgilenenler tarafından biliniyordu. Çünkü sürekli olarak diğer ailelerle, en alt düzeyde bir mahremiyet içinde göğüs göğüse yaşıyorduk.

Kız ne de olsa bir kızdı... Romanlar arasında dış dünyayla meşgul olurken iffetli davranamamakla veya hafif meşrep olmakla eleştirilen kadınlar da vardı. Bununla birlikte, bildiğim kadarıyla kimse cinsel kurallara uygunsuz davranmakla suçlanmadı. Lovaralar kendi ailesi içinde ne olduğu bilindiğinden hoş görülen, başıboş bırakılmış bir kadının kötü şans ve nifak getireceğine inanırlardı ve kendi insanları arasında cinsel yasaklara sıkı sıkıya riayet ettiklerinden hiç kimse birbiriyle cilveleşmez veya evlenmeden önce cinsel ilişkiye girmezdi. Genç oğlanların çoğu koşulların sağladığı ölçüde, Çingene olmayan kızlarla belli bir dereceye kadar deneyim sahibi olurlardı. Ancak erkeklik bir kişinin cinsel ustalığı anlamına gelmiyordu veya bir kişinin ne kadar çok zafer sahibi olduğuyla ölçülmezdi; aynı şekilde müstehcen konuşmalar yalnızca erkekliğini başka türlü ifade etmeyi bilmeyenlerin kullandığı bir yöntemdi. Genç bekâr erkeklerle konuşurken Pulika, onları deneyimlerini anlatmaktan kaçınmaları konusunda uyarırdı. Genelde şöyle derdi: "Belki seks hakkında bir şeyler biliyorsunuz ancak sevgi hakkında öğreneceğiniz çok şey var."

Erkekler saatlerce evlik konusunu tartışıp, olması gerektiği gibi havayı yokladılar. Bidşika, uzaktan kuzeninin oğlu olan Tsinoro namına evlilik tekliflerine başlamaya gönüllü oldu. Tsinoro önemli veya zengin bir adam değildi, hiçbir itirazda bulunmadan Bidşika'nın cömert teklifini kabul etti. Bidşika bu evlilik için Tsuritsa'nın uygun olduğunu düşünüyordu. Kızın üvey babası, Butsulo yaşlı bir adamdı ve karısının genç kızının güvenli bir şekilde evlendiğini görmek onu çok rahatlatacaktı. Görece düşük tutulsa da kız için öngörülen başlık parası uygun bulunmuştu. Ancak böylesi bir birleşmeyi kabul ederek bir sürü kazanç elde edebilirdi. Kendisi çok yaşlıydı ve damadın akrabalarının bu yaşlı halinde kendisine yardımcı olacağı kesindi ve zaten bel bağlayabileceği başka kimse de yoktu.

Bidşika ve birkaç dostu, Pulika ve daha yaşlı Romanları ateşin başında bırakarak oradan ayrıldılar. Bidşika Romanlar arasında önemli bir adam olarak değerlendirilirdi ancak genlerine özgü ham bir canlılığı vardı ve her zaman bir yaramazlık yapacakmış gibi dururdu. Bu evliliğin gerçekleşmesi gerektiğine karar vermişti. Kötü bir çift olmayacaklardı: Tsinoro'nun ailesi çok düşünceliydi ve Tsuritsa'ya gayet iyi davranırlardı. En azından kız vahşi tavırlarla karşılaşmaz veya aç bırakılmazdı. Genç bir ağabeyi olmasına rağmen giderek yaşlanmakta olan üvey babası ve hastalıklı annesiyle beraber yaşayacağına genç enişte ve görümceleri arasında olmak kesinlikle ona daha iyi gelecekti.

Bidşika ayrıldıktan kısa bir süre sonra, daha önemli bir delegasyon aynı şekilde çöpçatanlık yapmak üzere Pulika'nın kamp yerinden ayrıldı. Romanların diğer bir kısmı, başka bir evliliği ayarlama derdindeydiler. Bu bir organizma gibiydi; çeşitli eğlenceler başka eğlencelerle çakışacak, böylece ardı arkası kesilmeyen bir dizi oluşacak, sönümleneceğine giderek artacaktı. Gelecek yıllarda Romanlar bu olaylar hakkında konuşacaklardı. Nasıl konuşacaklarını düşünmekten bile büyük bir keyif aldılar.

Kore ve ben ve diğer genç erkekler, buna çok sevindik ve gizlice Tsinoro'nun genç oğluna şaka yollu takıldık. Evlenmek üzere olduğu kızın yani Tsuritsa'nın hakkında sözde değerbilir laflar ederek onu utandırdık. Evlendikleri günün ertesinde ve kızın bakire olduğu herkese gösterildikten sonra Tsinoro, Romanların, evli erkeklerin dünyasına katılmak üzere bizden uzaklaşacak ve artık arkadaşımız olamayacaktı.

Önemli adamlardan oluşan birkaç küçük grup, evlenme çağına gelmiş bekâr kızların ebeveynlerini ziyaret etmek üzere kamp yerinde dolaşıyordu. Tşukurka'nın başını çektiği delegasyon, ailenin toplandığı ateşin başına doğru yürümek yerine Dodo'nun karavanının etrafını sardı. Yanlarına daha doğrudan gitme olasılıklarını görmezden geliyor gibiydiler. Ateşin çevresinde oturan insanlar da aynı şekilde olup bitenlerin farkında değilmiş gibi yapıyorlardı. Yalnızca, neler döndüğünden bir haber olan çocuklar neşe içinde gülüştüler.

Tşukurka'nın bir adım önündeki Luluvo karavana doğru

adım attı ve elindeki gümüş topuzlu bastonla ardına kadar açık kapıya törensel bir şekilde vurdu. Şaşırmış numarası yapan Dodo çöktüğü yerden yavaşça kalktı ve varlıklarıyla kendisini şereflendirdiklerini söylediği ziyaretçilerini karşılamak üzere görkemli bir şekilde yürüdü. Sahte bir resmiyetle Dodo, sanki ilk defa karlaşıyorlarmış gibi, onları ateşin yanında oturmaya çağırdı. Geleneksel olarak görevi, yardım etmek veya durum gerektirdiğinde ev sahibesi olarak kayınvalidesinin yerini almak olan en küçük gelin, hemen civardaki eski sandalyeleri getirdi. Sandalyenin yetmediği yerde kovaları ters çevirip oturak yaptı. Kara saçlarına bağladığı ipekten sarı bir tülbendi acemice düğümlemişti. Bu yeni evlendiğini anlatıyordu. Ilımlı ve alçakgönüllü tavırlarının altında gerçekte bir gurur parlıyordu. Romanların yerlerini alması zaman aldığından kısa ancak münasebetsiz bir sessizlik yaşandı. Alenen yarım bırakılmış hareketlerle ve nezaketin abartıldığı şovlarla kimin nereye oturacağı konusunda aralarında tartıştılar. Dodo'nun yeni borisi, hiç söylenmeden, yeni gelen Romanlar için kahve yapmaya başladı. Artık hepsi kendisine bir yer bulmuştu. Sonunda Luluvo havanın ne kadar iyi olduğuna –ki Romanlar hiçbir koşulda bu konuyu kendi aralarında konuşmazlardı– dair zararsız bir muhabbet başlatarak sessizliği kırdı. Havanın nasıl olduğu onlar için aşikârdı. Tşukurka belli belirsiz etrafına bakındı ve Romanların kışı iyi atlattığını söyledi. Kimse soğuktan ölmemişti. Yine, beraberinde yeni, güzel ve iyi umutlar taşıyan eğlenceli bir yaşamla birlikte bahar ve yaz gelmişti.

Dodo adamın lafını kesti ve durumun hiç de öyle olmadığını söyledi. Havanın ne kadar fırtınalı olduğundan bahsetti. Havada henüz baharın izi yoktu; kendisi için hava hâlâ çok soğuktu. Aslında o gün güneş tepemizde parlıyordu ve hava çok sıcaktı ve küçük çocuklar çırılçıplak oynayıp, ortalıkta oradan oraya atlıyorlardı. Dodo komik bir abartıyla, soğuktan tüyleri diken diken olmuş gibi titredi. Soğuktan, Romanları yutmak üzere olan olmayan kar ve buzdan söz ederek sohbetine devam etti. Gerçekte bu laflar içkilerin gelmesi amacıyla "ortalığı ısıtmak" için söylenen sözler olduğundan herkes mutlu oldu. Bu sözleriyle birlikte içki içmeye rıza gösteren Dodo, yapacakları öneriyi dikkate alacağını ima etmiş oluyordu.

Luluvo'nun küçük kardeşi Kalia –ki, kendisi delegasyondaki en sıradan adamdı– çabucak bir şişe içki çıkardı. Ceketinin içinde sakladığı yerde bel veren içkiyi bilerek yanında getirmişti. Romanlar içkiyi bardaklara doldurdu, cansız kışın var olmayan çirkin soğuğunun kovulması şerefine kadeh kaldırıp tek bir dikişte içtiler. İçki sofrası, nüktedan ağız dalaşlarıyla ve espri yağmuruyla canlandı. Bu başlangıç, kısmen protokolün bir parçası olarak, ancak aynı zamanda Romanlar bu durumdan zevk aldıkları için eğlenceli bir şekilde uzatıldı. Hepsi de iyi arkadaştılar ve kendilerini oldukça rahat hissediyorlardı.

Dodo delegasyonun kimin adına geldiğini henüz bilmiyordu ancak mevcut grup üyelerinin kimlikleri muhtemel endişelerini gidermeye yeterliydi. Uzak topraklarda dolaşan diğer kumpanyadan Romanların kendi oğullarına gelin bakmak için geldikleri olmuştu. Gelin babaları onları iyi tanımadığından daha dikkatli davranmaya çalışmışlardı. Bu durumda Dodo, kızının şimdiki kumpanyada yaşamaya devam edeceğini biliyordu. Toplanan Romanlar, rahatlayıp durumun zevkini çıkardılar. Bundan sonra aşağılayıcı bir retle karşılaşmayacaklarına ve ağızlarının tadının kaçmayacağına emindiler.

Yakında yeni bir şey olacakmış gibi durmadığından bir

süre sonra Kore kolumdan çekip beni oradan uzaklaştırdı. Beraber kampın diğer ucuna, yaşlı Butsulo'nun karavanının olduğu yere koştuk. Biz genç olanların hatırladığı kadarıyla kendisi eskiden beri kumpanyamızın bir parçasıydı fakat normalde kumpanyanın yakın çevresinde yaşayıp yolculuk etmek gibi bir alışkanlığı vardı. Bildiğimiz kadarıyla grubun herhangi bir üyesiyle doğrudan bir ilişkisi yoktu. Muhtemelen evlendiği dulun, Tsuritsa'nın annesinin kumpanyadan birileriyle bir akrabalığı olabilirdi. Butsulo genelde ters ve öfkesi burnunda bir adamdı. Gençlerin çıkardığı gürültüden sürekli şikâyetçi olurdu. Çok yaşlandığından bizim yardımlarımıza muhtaç olmasına rağmen, elinden geldiğince Tsuritsa ve genç kardeşini bizden uzak tutmaya çalışıyordu. Kendisini görmeye gelen ve başını Bidşika'nın çektiği Romanlar, şimdi harala gürele sohbet ediyorlardı. Butsulo, kendisine verilen içkiyi fazla itiraz etmeden kabul etti. Gözleri farklı parıldıyordu; şimdiden başı dönmeye başlamıştı bile. Her zamanki kaba halinden eser kalmamış, aşırı derecede itaatkâr olmuştu. Evlilik hazırlıkları burada çok daha fazla yol kat etmişti. Başlık parası ve birlikteliğin çeşitli koşulları hakkında çoktan tartışmaya başlamışlardı. Bidşika şevkle konuşuyor; süssüz kelimelerle her iki tarafın avantajlarını ve dezavantajlarını sayıyordu. İnsan mantığına aykırı bir biçimde ancak onurlu bir adamın yapacağı gibi, her iki taraf için de sert bir şekilde pazarlık ediyordu. Butsulo iyice sarhoş olmuştu; akıllı görünmeye, her şey kendi kontrolü altındaymış gibi davranmaya çalışarak kafasını sallıyordu. Bidşika anlaşmayı herkesin mutlu olacağı bir altın miktarına bağladı.

Butsulo, Tsuritsa'nın orada hazır bulunmasında ve bütün bir evlilik teklifine, bunun ardından yapılan pazarlıklara ve kendi evliliğinin bütün detayları üzerinde nasıl kararlar verildiğine şahit olmasında ısrar etti. Bir Çingene kızı için daha utanç verici bir şey yoktu ancak kızcağız kabul etti.

Orada bulunan diğer Romanlar, birkaç kere kızı ayak işlerine gönderiyormuş gibi yaparak oradan uzaklaştırmaya çalıştılar ancak üvey babası inatçıydı ve kızın gitmesine izin vermedi. Muhtemelen sarhoş olduğu için böyle davranıyordu. Kıza niye böyle duygusuzca eziyet ettiğini kimse anlamamıştı. İhtiyar adam, kızın misafirlere hizmet etmesini istiyordu ancak mevcut şartlar altında bu durum kimseyi memnun etmemişti.

Bidşika sonunda, adamın eğlence olsun diye gayet iyi niyetli olarak bunu yapmaya başladığını ancak içkinin dozunu kaçırdıkça koca bir saçmalığa döndüğünü fark etmişti ancak müdahale etmek için artık çok geçti. Butsulo'nun bir erkek olarak itibarının sarsılacağını biliyordu. Fiyaka satmayı bir kenara bıraktı ve olayların sürüklendiği yönü, vaktinden çok sonra düzeltmeye çalıştı. Ancak içki arkadaşları, ne yapmaya çalıştığını anlamamışlardı. Şakalar yapıp içmeye devam ettiler. Sonunda Bidşika'nın ve orada bulunan bazı Romanların karıları onlara bakmaya gelinceye kadar bu böyle sürüp gitti. Kadınlar erkekleri yola sokmayı başardılar. Butsulo sarhoşluğuna teslim olup uykuya daldı. Gece boyunca Bidşika ve arkadaşları durmadan tekrar edilen bir melodiyi söylediler. Sonunda ben de uyuya kalmıştım.

Uykuya dalmadan önce Keja'yı fark ettim. Benim uyuduğum yerin yakınında kardeşleriyle paylaştığı büyük bir kuştüyü yorganın altındaydı. Yarı oturur bir pozisyonda dirseklerine dayanmış, dik dik bana bakıyordu. Bu daha önce hiç olmamıştı. Garip ve az buçuk rahatsız edici bir duyguya kapıldım. Sanki beni uyarmaya çalışıyordu. Ama ne hakkında?

Bir sonraki gün, diğer herhangi bir gün gibi başladı. Atların bakımı, suyun temini ve diğer olağan kamp işleri herkesi meşgul ediyordu. Öğleden sonraya kadar, ortalıkta sanki dünkü olaylar hiç yaşanmamış gibi bir hava esti; her şey düşünülmüştü de evlenme tekliflerinin olası düşüncesi kimsenin aklından geçmemişti.

Kamp yerinin dış çeperinde Bidşika, yerel bir çiftçiyle at ticareti yapmakla meşguldü. Oğlu Nanoş, yanı başında dikilmiş, adama sağlam saban atının uysallığını göstermek istercesine atın yularını gevşekçe tutuyordu. Tşukurka, otlakta yeni bir gri kısrağı kalçasından toynağına kadar dokunarak inceliyordu. Geçen birkaç gün içinde Romanların kendi yeğenleri veya oğulları adına mevcut bekâr kızlardan nasıl söz ettiğini ve kızları zeki, süssüz ve uzağı gören ifadelerle nasıl değerlendirdiklerini düşündüm.

Atlara taze ot bulmak için kamp toplandı ve az uzaktaki başka bir yere taşındı. Yeni kamp yerine vardığımızda gökyüzü bulutlandı. Soğuk batı rüzgârı esiyordu. Kamp ateşleri, rüzgârın taşıyabileceği kıvılcımların veya kızgın küllerin yaratacağı tehlike en aza indirgenecek şekilde, yayılmış karavanların kuytu köşelerine yakıldı.

Akşam karanlığı çökerken Romanlar, az uzaktaki meydanda bulunan alçak tavanlı meyhanede yavaş yavaş toplandılar. Sessiz Yağmur ismindeki meyhane, bira, bayat tütün dumanı ve kızarmış et kokan genişçe bir avludan ibaretti. Kirişli bir tavanı ve siyaha boyanmış pencereleri vardı. Kara lekelerle kaplı ahşap doğramalara, üzerleri ağır desenlerle süslenmiş, pirinçten geniş tabaklar süs olsun diye dayandırılmıştı. Meyhanenin bir köşesinde han sahibi ve birkaç adaleli çiftçi bilardo oynuyorlardı.

Romanlar fıçı bira içtiler ve birbirlerine içki ısmarladıkları her tura yerel Gajoları da dâhil ettiler. Her seferinde üçreti, büyük paralarla ödediler ve para üstü olarak aldıkları daha küçük banknotları ve bozukluk yığınlarını önlerindeki iyice ovalanmış masaların üzerlerine koydular. Böylece gecenin geç saatlerine kadar orada kalıp içmeye niyetli olduklarını ve cömertçe para harcayacaklarını ima ediyorlardı. Kısa süre sonra kampta kalmış kadınlar arasından daha sabırsız bir grup, akın halinde meyhaneye girdi ve başka zaman olsa neşe içinde içlerine karışacakları erkeklerden biraz ötede toplandılar. Kocaları veya kayınpederleri istediğinde –aralarında hiç bekâr kız yoktu– erkeklerin oluşturduğu genişçe dairenin içine giriyor, misafirlerini eğlendirmek için ortalarında ya şarkı söylüyor ya da dans ediyorlardı. Her dans ünlü bir Romanın "şerefine" sunuluyor ve özellikle ona atfediliyordu.

Her yeni içki turunda şerefe kaldırılan bardakların peşi sıra daha ayrıntılı ve süslü laflar ediliyordu. Sonra şimdi ismini unuttuğum bir Roman, diğer Çingeneleri yeni boriya, "yakında gelin olacaklara ve düğünlerin olması dileğiyle" şerefe kadeh kaldırmaya davet etti. Bu davet sevinçli onay çığlıklarıyla karşılandı. Sonraki turda kadehler "artık kimler olacaksa, kayınpederlere ve aldıkları gelinlerin oğlanlarına şans, uzun ömürlü mutluluk, uyum ve zenginlik getirmesi dileğiyle" şerefe kaldırıldı. "Romanlar karılarıyla, oğulları ve oğullarının oğullarıyla iyi ve uzun yaşasın, güzel atlar yetiştirsinler ve ellerine iyi atlar geçsin..."

Kimliği halen açıklanmamış ancak kapsamlı bir şekilde tartışılmış bir Roman adına evlilik teklifini başlatmış olan Tşukurka ve Luluvo, tezahüratlar arasında temsil ettikleri kişi adına ayağa kalkıp şerefe kadeh kaldırmayı kabul ettiler. Damadın babasının gafil avlanacağını umanlar alaylı bir şekilde kıkır kıkır gülüyorlardı.

Bidşika ve bir gece önce beraber içki içtiği arkadaşlarının bazısı da, Tşukurka'yı dikkate alarak az bir gecikmeyle ayağa kalktı. Onca coşkulu 'şerefe'den sonra ortalığı kaplayan sakinlik biraz daha sürdü. Çünkü Romanlar mevcut durumu zihinlerinde tartıp biçiyor, akranları arasında başka kimin benzer bir şeyi yapmaya hazırlandığını tahmin etmeye çalışarak veya bildiği şeylerin ne zaman patlak vereceğini bekleyerek etraflarına bakınıyorlardı. Romanlar tezahürat yaptılar ve birkaç kişi daha biraz duraksadıktan sonra ayağa kalkıp niyetlerini dile getirinceye kadar tezahürata devam ettiler. Bununla birlikte toplanan adamların hiçbiri, ayağa kalkanlar arasında Pulika'yı görmeye hazır değildi. Pulika'nın davete ne sıfatla cevap verdiği belli değildi. Muhtemel bir kayınpederin kefili veya müdafisi miydi yoksa damadın babası mı? Sonuncusu hiç de olası değildi. Kore Luludja'yla nişanlıydı. Yoksa Pulika evlilik yemininin yerine gelmesi gerektiğini mi düşünüyordu? Diğer tarafta Kore, Tşaya ve Mala'dan yaşça küçük olan Tina, hâlâ bir çocuktu.

Pulika herkese brandi ısmarladı ve sonra yerine oturdu. En büyük oğlu Yojo, han sahibi ve onun Gajo arkadaşlarıyla bilardo oynamak üzere eğlenen Romanların yanından uzaklaştı. Kız kardeşi Keja gibi o da açık tenli ve uzun boyluydu. Genelde iğneleyici konuşurdu ve hiç konuşkan bir adam değildi. Nereye giderse gitsin oranın köylülerine benzer bir şekilde giyinmek gibi bir alışkanlığı vardı. Yalnızca boynuna bağladığı renkli mendil onu ele verirdi. Daha havalı ve daha özenli giyinmesi, kalabalık içindeki diğer erkekleri etkilerdi. Romanların bütün törenlerinde hazır bulunur ancak birkaç kere Kris'te pürist düşüncelerini ifade etmek için ayağa kalkmış olmasına rağmen, bir şekilde merasimlere dâhil olmamayı becerirdi. Yojo, Gajolarla bilardo oynadı ve Romanları dinledi. Ara sıra Gajoları tartışmaların genel gidişatı hakkında belli belirsiz bilgilendirdi; onlara yakın zamanda çok sayıda evlilik töreni düzenleneceğini anlattı: "Yarın veya ondan sonraki gün," dedi ve ekledi, "ama çingene tarzında".

Bu savurganca para harcayan rengârenk giyinmiş yabancılar karşısında şaşkına dönen ve yakın civarda düzenlenecek evlilik törenlerinden para kazanmayı uman toprak sahibi, Yojo'ya şimdiki kamp yerinde kalmamızı önerdi. Diğer Romanlarla bir an önce konuşması için Yojo'ya ısrar etti. Onlar adına yerel jandarma komutanı olan damadına gidip kalma iznini uzatmayı bile önerdi. Bunu söylerken yapacağı iyilik için herhangi bir karşılık falan da beklemediğini ekledi. Romanlar, adamı teslim almışlardı. Orası veya burası onlar için ne fark ederdi ki? Tekliflerinin niye memnuniyetle karşılanmadığını kavrayamayan ve bu fırsatın elinden kaçıp gideceğinden korkan adam, evlilik törenlerine katkı adı altında önemli miktarda bira ve likör sunarak vaatlerine devam etti. İşleri yoluna koymak ve anlaşmayı sağlam kazığa bağlamak için bir sonraki pazarlık raundu evde yapıldı. Romanlar, hevesli ev sahiplerine pek dikkat etmeden, önceki gibi içtiler, konuşup şarkı söylediler. Yalnızca grubun daha rütbesiz birtakım üyeleri adamı sırayla pohpohlamak, gönlünü yapmak ve güldürmek için yanına gitmeye tenezzül ettiler.

Evlenmeyi tasarlayan taraflar arasında başka hiçbir şey konuşulmadı... Romanlar fazlasıyla sarhoş olmuşlardı ve zaten böylesi düzenlemeler, meyhanelerde yapılmaz, geleneklere göre şekillendirilirdi. Ertesi sabah kamp yeri garip bir şekilde gürültülüydü. Günün erken saatleri olmasına rağmen erkekler ileri geri koşturup görüşmeler yapıyor, birkaç evliliğin aynı anda yapılması veya en azından kısa aralıklarla gerçekleşmesi için faal bir şekilde ayarlamalar yapıyorlardı. Sessiz Yağmur Meyhanesi'ne –ki burası şimdi Tşukurka'nın, Pulika, Luluvo ve diğer önemli aile reislerinin kendilerine mesken tuttuğu bir üsse dönüşmüştü– doğru daimi bir Çingene akışı vardı. Çingeneleri iyi karşılayan ve onlara karşı taze âşık gibi davranan han sahibi, Çingenelerin menajerliğini yapmayı kendine iş edinmişti; müdürlük, sahne yönetmenliği hatta suflörlük yapıyor ve halkla ilişkilerde iyi işler çıkartıyordu. Bıyık altından gülen Romanlar adamı başıboş bırakmışlardı.

Bidşika ve Tsinoro, yaşlı Butsulo'yu ziyaret ettiler. Başka bir delegasyon, kısa bir süre sonra Yayal'ın babası, yaşlı Bidşika olduğu anlaşılan gizli ebeveyn adına, Paprika'nın babasına yanaştı. Yaklaşan kutlamaları önceden tahmin eden pek çok evli kadın, gözü kara bir zenginlik gösterisine girişti; ailenin bütün birikimini gösteren altın parçalarıyla dolu kolyeler takıp takıştırdılar. Gelişmelerden sorumlu adamlar yumuşak ama ciddi bir vakarla çevrede dolaştı veya maksatlı bir yoğunlukla etrafta koşuşturdular. Çoğunun elinde ağır resmi bastonlar vardı. Kampın genç üyeleri giyinip süslenmişlerdi. Fakat ele avuca sığmayan çocuk çeteleri, ilginç bir şekilde olup bitenden etkilenmedi ve eski paçavraları içinde dolaşmaya devam ettiler. Tam bir baş belasıydılar. Mutfak işlerine bakan kadınların verdiği kaba kaya tuzunu ve kaynamış patatesi almak için meyhanenin arka kapısına hücum etmişlerdi. Sonra ön kapıya koşturdular. Tütsülenmiş jambon ve hardala batırılmış karnabahar turşusu için meyhanede oturan ana babalarına ve amcalarına dil döküp yalvardılar. Bazen bir afacan içeri süzülür ve kısa bir süre fark edilmeden ortalıkta dolaşmayı başarırdı. Pulika, en azından şimdilik, çocukların davet edilmeksizin içeri girmelerine veya herhangi bir şekilde Gajoları rahatsız etmelerine veya onların işine burunlarını sokmalarına izin verilmemesini istedi.

Arka kapıda işlerine bakan hizmetçilerin haşlanmış patatesi tükendiğinde kadınlar, kalınca kesilmiş taze ekmek dilimlerine domuz yağı veya margarin sürüp çocuklara vermeye devam ettiler. Bir veya iki kez bir Çingene kadın, çocukları oradan uzaklaştırıyormuş gibi yaptı ve mutfak işlerine bakanları sıkboğaz etmeyi kesmeleri için bağırıp çağırdı. Bu, yalnızca Gajoların çocukların tarafını tutup kadının söylediklerine hiddetle karşı çıkmalarını sağladı. Böylece herkes mutlu oldu.

Ebeveynlerinin evlendirmeye çalıştığı gençler, tuhaf bir yansızlık ve sakinlikle hareket etmeye çalışıyorlardı. Diğer tarafta gelin olacak kızlar sanki el değmemiş iffetlerine gösterilen aşırı dikkate, evlilik fikrine içerlemiş gibi öfke dolu ve kızgın bir sessizlik içindeydiler. Etrafına neşe saçan ayyaş Paprika surat asıyor, morali bozuk bir şekilde etrafta dolaşıyordu. Etrafında toplanan kızlar, onu rahatlatmaya çalışıyorlardı. Bunun nasıl olacağını ancak Tanrı bilirdi. Küçük vahşi Djidjo serkeş ve inatçıydı. Geçirdiği öfke nöbetleri arasında ağzını bıçak açmıyordu. Bu nöbetler yalnızca onu daha fazla sevmeme ve daha fazla arzulamama neden oluyordu. Aslında mevcut durumla tek ilgilenmez görünen ve itaat eden Tsuritsa'ydı.

Pek çok kamp sakini gibi ben de Djidjo'nun kimin için istendiğini merak ediyordum. Elbette ki olağan dedikodular ve çılgın tahminler ortalıkta kol geziyordu. Ben söz konusu damadın hepimizden yaşça daha büyük olan, Luluvo ve Sidi'nin oğlu Tşurka olduğunu tahmin ediyordum. Ancak Luluvo delegasyonda çoktan Tşukurka'ya eşlik etmişti. Bu yüzden kendi oğlu olamazdı. Başka bir ihtimal de Zurka'ydı. Ancak babası Tşukurka, Dodo'ya giden delegasyonun başını çekmişti. Belki Gunada'nın oğlu Tşilaba olabilirdi. Olası bütün kızları düşünmeye başladım; Keja'yı, Tşaya'yı, Ludu ve diğer birkaç kızı düşündüm. Sonra yine aklıma Keja geldi ve niye onu, kardeşini istemek için kimsenin Pulika'ya gitmediğini merak ettim.

Sonra şaşkınlık içinde, birkaç gün önce Keja'nın yarı karanlıkta bana nasıl dik dik baktığı aklıma geldi. Birden aynı rahatsız edici acayip duyguya kapıldım. Bana ne söylemeye veya beni ne hakkında uyarmaya çalışmıştı? Ve niye? Niye benimle konuşmamıştı ve ben niye ondan sonra bunun nedenini öğrenmeye çalışmamıştım?

Onu aramaya gittim. Bulduğum ilk fırsatta yanına yaklaştım. Kız bana karşı soğuk ve mesafeli duruyordu. Üzerindeki hava bana şaşırtıcı bir şekilde yaşlı Lyuba'yı anımsattı. Onunla konuşmak için ısrar ettiğimde, benim aslında Lovaralarla yaşamaya niyetli olmadığımı söyledi; hiçbir zaman aralarında mutlu olamayacaktım. Şimdi gerçekten Lyuba gibi konuşuyordu, işte. Haksız tavrı suratıma inen bir şamar, söylediği sözler başımdan aşağı boşaltılan kaynar sular gibiydi. O ana kadar benim ihtiyaçlarıma karşı son derece duyarlı davranmıştı. Tavrı beni çılgına çevirdi: O zamana kadar beni hiç terslememiş, uzun zaman önce ölen Putzina'dan sonra Keja, kendime en yakın hissettiğim kişi olmuştu. Sahip olduğu güce ve ruha, kendine güvenine ve becerikliliğine hayrandım.

Pulika'nın benim için bir evlilik ayarlamasına izin vererek ödleklik ettiğimi söyledi.

Hayretler içindeydim. Kafamda taşlar yavaş yavaş yerine oturmaya başlamıştı. Eğer bu evliliğin gerçekleşmesine izin verirsem korkunç bir hata yapacağımı söyleyerek konuşmasına devam etti. Çünkü öyle ya da böyle üç, beş yıl sonra genç Djidjo'yu terk edecektim. Çocuklar olacaktı, benim çocuklarım. Bu durum Djidjo için cehennem azabı demekti ve bense hiçbir zaman unutamayacaktım. Veya Lovaralar ve Djidjo'yu tercih edecek ve hayatımı mahvedecektim. Ben başka bir yaşama aittim. Karşı çıkmaya, kıza masum olduğumu anlatmaya çalıştım. Beni sevdiğini ve aynı zamanda haklı da olduğunu biliyordum. Artık beni terslediğini, aşağıladığını veya bana kızgın olduğunu düşünmüyordum. Dize gelmiştim ve kıza minnettarlık duyuyor, ne yapmam gerektiği konusunda tavsiyelerini dinlemek istiyordum. Kızın sağduyusuna ve becerikliliğine güvenerek düğümü çözmek için utanmadan kızdan yardım istedim. Çözüm olarak oradan gitmeyi düşünmüyordum. Beni ikilem içinde bırakan vefa duygusunun yaratacağı dramın tekrarlanacağını hissediyordum. Alttan alta, Pulika'nın insanlarına karşı yeterince sevgi beslemediğimin de farkındaydım.

Çok uzakta, mavi göğün derinliklerinde yaban kazları okbaşı gibi dizilmişler, güneye göçüyorlardı. Heyecanlı sesleri bizim olduğumuz yere kadar geliyordu. Yıllar önce bir keresinde Rupa bana yaban kazı, vadni rasta demişti; geri dönme arzusu beni yenecek ve kimse fark etmeden, aniden oradan ayrılacaktım.

Keja sezgisel olarak saygıdeğer yaşlı Lyuba'ya danıştı ve o sırada kızın kararını sorgulamak için hiçbir nedenim yoktu. Kadın yere çöktü, kısa saplı pirinç piposunun tüttürmeye başladı. Keja kadının yanında, küçük dayanıklı ayaklarını kıvırıp kalçalarının üzerine rahatça oturdu. Ben de aynısını yaptım. Yaşlı kadın bizim oradaki varlığımızı görmezden geldi ve istifini hiç bozmadı. Yavaşça piposunun içerken gözlerini bir kez olsun kırpmadı. Ve Keja alçak ve temkinli bir sesle ona olup biteni anlatırken Lyuba, kendine özgü ve insanı şaşırtacak derecede boş gözlerle beni seyrediyordu. Bir an için kadın bana ulaşılmaz göründü. Gözlerinde mesafeli bir bakış vardı. Keja konuşurken kadının tuhaf ve ifadesiz yüzündeki tek bir çizgi dahi değişmemişti.

Kadının ne yapacağını bekleyip kafamı önüme eğmiştim. Daha önce hayatıma kesin bir yön verdiği anda olduğu gibi, Lyuba yavaşça elini kaldırdı. Kadının kavrulmuş parmaklarını ilk önce elimin üzerinde sonra da ensemde hissettim. Tüylerim diken diken olmuştu ve o kadar yaşlı olmasına rağmen hâlâ koruyabildiği bir sevecenlikle kadın yine beni rahatlattı. Kirpiksiz gözlerini kapadı ve konuşmaya başladı. Sesinde hiç düşmanlık yoktu. Pulika'yla mutlaka konuşmam gerektiğini söyledi. Ayrıntılarına girmedi veya açıklamaya çalışmadı. Putzina'nın zamansız ölümünde beni gruba katan o olmuştu. İlk başta kumpanyaya katılmama karşı çıktıktan sonra bir şekilde bana duyulan güvensizliği ve bu güvensizliğin getirdiği yükleri kaldıranın da O olduğunu biliyordum. Ben istedikten sonra, gönül rızasıyla ancak çaresizce gitmeme izin vereceklerini hissediyordum. Keja'nın anlayışlı bir sevgiyle dile getirdiği gerçekle yüzleşmem gerekiyordu. Lovara yaşamına bütünüyle, mutlak biçimde teslim olmaya ve Pulika'nın benim için seçtiği kızla bir birliktelik kurarak bunu onaylamaya içten içe isteksiz olduğumu görmeliydim. Pulika'nın benim Djidjo'ya duyduğum ilgiyi fark ettiğine ve bunun üzerine bana eş olarak düşünceli ve müşfik bir şekilde onu seçtiğine emindim. Işıkla dolu yasak kıyıları görmüş ve buna arkamı dönmeyi seçmiştim. Kısa bir süre önce içimi dolduran biçimsiz ve yaban belirsizlik gitti ve sakin bir melankoli bütün bedenimi sardı.

Farkında olmaksızın bir erkek olmuştum, hem de Pulika'nın hiç tahmin edemeyeceği bir şekilde.

Pulika'yı çayırda, uzun otların arasında yürürken buldum. O zamana dek tersini düşünmesine neden olacak hiçbir davranış sergilemediğim evliliği istemediğimi nasıl anlatacağım konusunda endişeli olduğumdan doğru kelimeleri seçmeye çalıştım. Aynı zamanda başka bir seçenek olmadığını da görüyor ve hâlâ evlada dair bir itaatsizlik duygusuyla benim evliliği istemememin ona nasıl anlaşılmaz görüneceğini biliyordum. Çingeneler için evlilik Romanlar yani Erkekler dünyasına kabul edilmenin tek yoluydu. Onlarınkisi bir aile kültüydü ve dişil ideal anneydi. Evlenmemek düşünülemezdi, hiç normal değildi. Reddetme nedeninin evlilikten hoşlanmamam olmadığını ona anlatmalıydım. Veya Djidjo'nun bir kusurundan dolayı evlenmekten vazgeçtiğim sonucuna da varmamalıydı.

Pulika'ya cömert sevgisinden dolayı ona ne kadar minnettar olduğumu söylemeye başladım. Bana bir eş almanın getirdiği bütün masrafları hiç düşünmeden göğüslemişti. Sakince sözümü kesti ve söylediğim şeylerin çok yersiz olduğunu, baba ve oğul arasında cömertlikten bahsedilemeyeceğini ve bütün bunların yalnızca onun vazifesi olduğunu anlatarak cevap verdi.

Bütün kelimelerim ağzımdan yanlış bir şekilde dökülüyordu ancak sahip olduğu derin yaşam anlayışıyla ve toprakla yakın temasta olanların sadeliğiyle Pulika çektiğim ıstırabı hissetti. Yanlış sözcüklerle ifade ettiğim, tek bir nefeste ve beceriksizce ağzımdan kaçan rahatsızlığımı kavramasını sağlayan da Pulika'nın işte bu ince zekâsı oldu. Adam ileri doğru hızla uzanırken içgüdüsel olarak gözlerimi kapadım. Ne beklemem gerektiğini bilmiyordum ama kendimi her türlü darbeye, bir tokada veya bir yumruğa karşı hazırlamıştım. Bunun yerine, Pulika acımı dağıtarak beni güçlü ve yatıştırıcı bir şekilde kucakladı. Ne diyeceğimi bilemediğimden sessizleştim. Tekrar geri yürümeden önce bir süre beraber sigara içtik. Pulika dehşete düşmüş gibi görünmüyordu, inanılmaz bir incelik duygusuyla söylenebilecek pek çok şeyi söylemedi. Konuyu daha ayrıntılı konuşmadan ancak gizli bir suç ortaklığına girmişçesine kampa doğru yürüdük. Kamp sınırlarına yaklaştığımızda Pulika ona güvenmem gerektiğini söyledi. Olması yakın bir evliliği erken davranıp önlemek için uygun olmayan tavırlara girmekten kaçınması gerektiğini ima ettiğini biliyordum. Dodo'nun şerefini ve Djidjo'nun itibarını kurtarması gerekiyordu. Dodo ikna edilse bile –ki bu konuyu anlatmak için kim onun yanına yaklaşabilirdi– evlilik teklif edildikten sonra kızının reddedilmesine nasıl bir açıklama getirilebilirdi? Sonra kumpanyanın geri kalan Çingenelerini düşünmek gerekiyordu.

Kamp yerine geri geldiğimizde herkesin neşesinin yerinde olduğunu gördüm. Eğlencenin dozu giderek artıyordu. Her yerde herkese yetecek kadar yiyecek, misafirlere sunulmak üzere ikram hazırlanıyordu. Romanların keyfi yerindeydi. Heyecanla doluydular; öyle ki herkesin başı dönüyordu. Gürültülerin arasından neşeli şarkılar, ara sıra tezahürat patlamaları ve kahkaha tufanları yükseliyordu. Küçük çıplak oğlan çocukları, mutlu kalabalığın arasında sallanıp kıpırdanıyorlardı.

Kamp yerinde yorulmak bilmeksizin tur atan Nanoş ve Zurka'ya katıldım. Oğlanların keyfi yerindeydi. Yaşlı Butsulo'nun ateşi başında kısa bir mola verdik. Bize ikram ettikleri brandiyi ilk başta reddetsek de bir dikişte içtik. Sonra geri çekilip yakında gerçekleşecek evlilikle ilgili dileklerimizi sunduk: "İyi şanslar, Allah yardımcınız olsun!" Ardından bir sonraki yere yollandık. Genişçe bir kalabalık, içki içip başlık parası için düzenlenen, resmiyete dökülse bile yine de bilerek gülünç bir şekilde yapılan pazarlık maskaralığını izlemek için bir araya gelmişti.

Kız babasına yapılan ilk yanaşma uygun bir şekilde kabul edildikten veya yüreklendirildikten sonra, muhtemel damat babası –ki bu durumda Yayal'ın babası yaşlı Bidşika'ydı– kendi adına gidip kızı isteyen delegasyona katıldı. Şimdi soyunduğu kral rolüne karşılık olarak adamın etrafını sarmışlardı. Paprika'nın babası bir iki sefer danışmanlarıyla daha rahat düşünüp taşınmak için gruptan biraz uzaklaştı. Gerçekte ne konuştukları rahatlıkla duyulabiliyordu. Paprika için ödenecek bedel olarak tespit ettikleri altın miktarını bildirmek üzere gruba geri döndüler. Diğer grup dehşete düşmüş gibi yaptı. Muhtemel gelin babasını tatlı sözlerle kandırdılar ve başka bir öneri getirmeden önce abartılı sözlerle pohpohladılar. Bu pazarlık bir ileri bir geri sürüp giderken gürültülü bir tarz tutturmuşlardı ve ruh halleri birdenbire değişiyordu. Tam bir anlaşmaya varmak üzereyken, Yayal'ın destekçileri kaliteli eski bir brandi çıkardılar. Şişenin boynuna etrafına altın parçaları iliştirilmiş ipekten parlak bir mendil bağlanmıştı. Buna pliaşka deniyordu. Kendi oğlunun ve kızının evliliğine karar veren –ki burada Yayal'ın ve Paprika'nın– babalar törensel bir biçimde bu brandiyi içtiler. Bundan sonra birbirlerini samimiyetle kucakladılar. Pliaşkadan içki içmek gerçekte evlilik töreninin en önemli kısmıydı. Romanların gözünde birlikteliği değerli ve Kris önünde bağlayıcı kılan şeydi.

Birleşme, genç adam ve kız –burada Yayal ve Paprika– arasında gerçekleşiyordu ama resmi sözleşme babaları arasında yapılıyordu. Sırayla bir gelin ve bir damat kazanmışlardı ancak yeni evliler, birleşmelerinin sonucu olarak bir çocukları olmadığı sürece birbirlerinden karım veya kocam diye bahsedemezlerdi. Diğer tarafta babaları bugünden itibaren birbirlerine khanamik diyeceklerdi. Bu terim yeni kurulmuş aile ilişkisini tarif etmek için kullanılıyordu ve bildiğim kadarıyla Avrupa dillerinde herhangi bir karşılığı yoktu.

Tezahüratların ortasında her iki baba birbirini kucaklamaya devam etti ve Tanrıların onuruna yere biraz daha brandi döküldü. Aniden damat tarafı planladıklarından çok daha fazlasını harcadıklarını iddia ederek bütün pazarlığı yeniden başlattı. Tanrı, gelini ve babasını korusundu. Gelin verdikleri yüksek fiyata değerdi, hatta kesinlikle daha da fazlasına; bundan sonra kız kendilerinden biriydi, ama evlilik töreninden de geriye para kalmamıştı ve onlar için savurganca para harcayamadan bir kutlama yapmak yeni khanamiklerinin onuruna layık düşmeyecekti.

Bu da geleneğin bir parçasıydı. Gelin babası bu kadar yalvarma karşısında yumuşayacaktı. Paprika'nın babası başlık parasının büyük bir kısmını geri iade etti. Geleneklere göre bu para gelecekteki kayınvalidesi ve katılacağı ailenin diğer kadın üyeleri tarafından geline kıyafet almak için kullanılacaktı. Şimdiye kadar geri planda kalan Yayal'ın annesi Paprika'nın boynuna beşi bir yerde takmak için öne çıktı. Bu altınlar, diğer erkeklere kızın başkasıyla konuştuğunu sembolik olarak gösterecekti. Damat ortalarda yoktu.

Bir araya gelen Romanlar kendilerinden ve olayın gidişatından memnundular. Ertesi sabah, hatta muhtemelen daha sonra Yayal ve grubu, gelini yeni evine götürmek ve ilk gecenin gereklerini yerine getirmek üzere almaya geleceklerdi. Şimdi yiyip içip dans edebilirlerdi.

Nanoş, Zurka ve ben ilk başta Yayal'ın grubuna katılmayı düşündük. Ancak bir süre sonra öteki evlilikleri konuşan veya bir anlaşmaya varmak üzere olan gruplardaki heyecan ve eğlence dalgası bizi cezbetti; fazlasıyla uzun törensel komedilere -ki hepsi de başlık parasının belirlenmesinde hayati önem taşıyordu– katılmak için can atıyorduk.

Gık deyinceye kadar yiyip içtik; Dodo'nun yerinde, Djidjo ile planlaması yapılan evlilik hakkında muhtemelen o sırada yapılan konuşmaları tamamen unutmuştum. Zurka veya Nanoş'un nasıl tepki göstereceğini bilemediğimden konudan üstü kapalı bir şekilde bahsetmeye bile cesaret edemedim. Uyumaya gitmek üzere ayrıldık. Yatağım benim için çoktan yayılmıştı ve kırmızı ipekten bir nevresime geçirilmiş kuş tüyü yorgan davetkâr bir şekilde beni çağırıyordu. Nevresimin üzerinde kenarları siyaha boyanmış papatya desenleri vardı.

Gökyüzünde yere değecekmiş gibi duran bir dolunay vardı. Beyaz emaye kovadan son bir bardak su içtikten sonra tembellik edip soyunmadan kuştüyü yorganın altına kaydım. Birkaç adım ötede kız kardeşleriyle beraber yatan Keja'yı görebiliyordum. Ay ışığında parlayan yüzünü koluna yaslamıştı. Gözleri açıktı ve sakin ve neredeyse sevecen bir şekilde beni izliyordu. Bakışlarında herhangi bir ivedilik veya endişe veya gerilim hissetmedim ve başka bir şey düşünmeden uykuya daldım.

Ertesi sabah erken saatlerde meyhane sahibi, Çingene kadınlarının büyük bir kısmını kamyonuyla şehre götürdü. Gelinlere sabahlık ve düğün davetlilerine vermek üzere ipek mendiller dikmek için kumaş satın alınmalıydı.

Rupa ve Keja onlara katılmadı. Böylece benim için planlanan evliliğin gerçekleşmeyeceği sonucunu kolayca çıkardım. Ne olup bittiğini sormak yakışık almazdı ancak Pulika'nın konuyu nasıl çözdüğünü öğrenmeyi de çok istiyordum. Kore ve Nanoş benimle yalnız kalmaktan kaçındılar. Kore, gözlerini belli belirsiz kaçırdı ve bir şey demedi. Benden gizledikleri bir sır olduğunu hatta utandıklarını hissediyordum. Bu yüzden haberi bana yetiştirme işi Tşaya'ya düştü. Tşaya ve ben hiçbir zaman iyi anlaşamamıştık. Gajo görünüşümden, sarı saçlarım ve mavi gözlerimden dolayı benimle sık sık dalga geçer ve "bütün Gajolar gibi" ekşi ekşi koktuğumu söylerdi. Sonunda Tşaya ne zaman bunları söyleyecek olsa Rupa onu susturmaya başladı. Tşaya, nispet eder gibi, Djidjo'yla evlenmem için beklemek zorunda olduğumu söyledi. Geçen gece Dodo'nun orada bir tartışma patlak vermişti. Yojo durumun Roman geleneklerine ters düştüğünü söyleyerek evliliğe karşı çıkmıştı: Benden büyük olan Kore ve Keja hâlâ evlenmemişlerdi ve ben de sıramı beklemeliydim. Bunun yanında Djidjo'nun ablası da halen bekârdı ve bir bakireydi. Bunu uzun bir tartışma izlemişti ancak Pulika, Yojo'nun iddialarındaki meşru durumdan dolayı sözde beni savunmamıştı. Böylelikle Pulika ve Dodo, Djidjo ve benim evliliğimi belli olmayan ileri bir tarihe ertelemek konusunda hemfikir olmuşlardı.

Sorunun böylesine göze batmadan çözüldüğünü görünce çok rahatlamıştım. Kendimi günlük rutin işlere verdim.

Pulika günün büyük bir kısmını Sessiz Yağmur'un terasında geçiriyor, diğer Romanlarla kahve, ara sıra da beyaz şarap içiyordu. Şimdi, meyhane ve kamp yeri arasında gidip gelmeler günlük rutinin bir parçası haline gelmişti. Oğullarından birini evlendirmek üzere olanlar, düğün eğlencelerini hazırlamak için şiddetle çalıştığından birtakım insanlar ortalıkta koşuşturuyorlardı. Bunun aksine, kamp yeri, uykuya dalmış kadar sakindi. Kadınlar kovalarla su taşıyarak bir oraya bir buraya seğirtiyorlardı; demirden koca kazanları ovarak temizlediler ve tavuk ve kazları pişmeye hazırladılar. Sebze ve soğan yığınları temizlendi, patatesler kızardı, sonradan etli dolma yapılacak lahana yaprakları haşlandı.

Geleneksel işbölümüne göre evli genç erkekler, bütün bir domuzu ve yarım bir sığır göğsünü şişe sokup ateş üzerinde çevirirken, diğerleri tahta parçalarıyla ateşi besler ve içine hoş kokulu otlar atarlardı. Etrafta neşe içinde dolaşan genç oğlanlar, bütün kampa yetecek kadar kahve öğütmekle görevlendirilirdi. Meyhanede aşçılar, meyhane sahibinin karısı, onun bazı gelinleri ve düzenli olarak meyhaneye takılan birkaç müşteri Çingenelerle beraber çalışıyor, jambonları pişiriyor, düzinelerce turta yapıyor ve kilolarca domuz pirzolası kızartıyorlardı.

Çingene kadınlarını taşıyan kamyon, saatlerce şehirde dolaştıktan sonra, sonunda geri geldi. Kamyonda, son anda sipariş edilmiş bira ve likör sandıkları vardı. Romanca'da truşalo odji yani "susamış ruh" denen jandarma komutanı da kamp yerine son bir ziyarette bulunmak için kamyonla beraber gelmişti. Meyhane sahibi tarafından uyandırılmış bir fotoğrafçı ve birtakım gazete veya dergi muhabirleri de komutanla beraber ortaya çıktı. Hepsi de açtı ve susamıştı.

Meyhanenin arkasındaki kameriye altında, kesik kütükler üzerine hemen dar ve uzun masalar kuruldu. Masaların üzeri kırmızı-beyaz kareli masa örtüleriyle kaplandı, rüzgârda uçmasın diye masa kenarlarına özel sıkıştırıcılar takıldı.

Öğleden sonra geç saatlerde neredeyse her şey hazır edilmişti ve genç oğlanlar, formalite gereği, kampın erkeklerini ziyafete davet etmek üzere kamp yerine gönderildi. Romanlar ikili üçlü gruplar halinde, büyük bir vakarla yavaş yavaş yürüyerek toplandılar. İlk önce daha yaşlı veya daha önemli erkeklerin meyhaneye varmasına özen gösterdiler. Yaşın ve önemin getirdiği bir sırayı takip eden diğerleri, kısa bir mesafeden, bazen birkaç adım geriden onları takip ettiler.

Masada çeşit çeşit yiyecek vardı. Uzun masalar her çeşit etle donatılmıştı. Bazısı ilk önce biberiyeyle tatlandırılmış ve üzerine bol miktarda Arnavut biberi serpilmiş, bazısı yalnızca bir tutam anason katılmış ve sonra şişte barbekü edilmiş sığır ve domuz eti; adaçayı, kekik ve mercanköşkle marine edilip çeşnilendirilmiş ve içi kuşüzümü ve elmayla doldurulmuş kızarmış kaz ve bol miktarda kızarmış tavuk, domates, kıvırcık marul ve salatalıkla yapılmış salatalar geniş kâselere konmuştu. Bazısına yoğurt, bazısına da üzerine dereotu serpilmiş deniz suyu eklenmişti. Çok sayıda fasulye çeşidi vardı; kimisi biberle pişirildiğinden canlı bir kırmızı renge bürünmüştü. Soğuk yenen beyaz fasulyenin üzerinde sirke ve susam yağında lapa haline getirilmiş piliç taneleri vardı, smetana ve mercimekli yeşil fasulye de eksik değildi. İçine frenksoğanı ve maydanoz katılmış patates salatası ve tabak tabak Bryndza peyniri vardı. Küçük tabaklara bayırturpu, siyah zeytin ve adına şakayla karışık "fakir adamın havyarı" denen, fırında pişirildikten sonra içine doğranmış çiğ soğan katılmış patlıcan konmuştu. Masanın her yerine taze pişmiş ekmek dilimleri yığılmıştı ve küçük hindistanceviziyle baharatlandırılmış ve yanına kızarmış soğan konmuş köfte kümeleri ha yıkıldı ha yıkılacak bir şekilde duruyordu.

Unutulmaz bir bolluk gösterisine dönen bu düğün yemeğini veren Romanlar misafirlerine içki ikram ettiler. İçki seçenekleri arasında eski tarz sifonlarda maden sodasıyla karıştırılmış kara şarap da vardı. Yojo'nun idare ettiği bir bisiklet pompasıyla basınç ayarı yapılan bir fıçıdan bira ve masaları süsleyen sayısız şişeden de değişmez içkimiz brandi sunuluyordu. Masada eksik olarak göze çarpan tek şey taze çiçeklerdi. Ancak Romanlar çiçeğin doğanın bir parçası olarak bırakılması gerektiğini düşünür ve hiçbir zaman koparmazlardı. Demet haline getirilmiş çiçek onlar için zamansız ölümün bir sembolüydü ve bu, hayatı sürekli kılmak için verilen bir şölendi.

Yayal, Nanoş, Tsinoro'nun oğlu, Paprika'nın ağabeyi ve ben yemeğimizi paylaşmadık çünkü bu "bizim" eğlencemizdi. Misafirlere hizmet edilmesine ve Roman tarzında boyna bağlanmak üzere verilecek yeni ipek mendillerin dağıtılmasına yardımcı olduk. Romanlar varlıklarıyla günü şereflendirmek için karılarını da getirmişlerdi.

Bu yardımların karşılığında bize nakit para bağışladılar.

Bağışladıkları paranın miktarını insanlar gülsün diye binle çarpıp yüksek sesle söylüyorlardı. Bu paralar yeni evin kurulmasına yardımcı olmak için verilirdi: Das dab ka i roata le neve vurdoneski... (Yeni karavanın tekerleklerini harekete geçirmek için...) Elbette ki, bütün bunlara hesapsızca tüketilen içki ve daha detaylı dileklerle damadın şerefine bardak kaldırmalar ve damat babası lehine yapılan tezahüratlar eşlik ediyordu.

Romanlar yemeği bitirdiğinde kiralık küçük bir orkestra, popüler dans melodileri çalmaya başladı. Orkestrayı kör bir akordeoncu yönetiyordu ve grup, bir klarnet, bir gitar ve bir dümbelekten ibaretti.

Romanlar parayı verirken "Mandar tsera tai kater o Del mai but te aven tumenge..." (Benden size ufak bir yardım, fakat Tanrı size daha çoğunu versin...) dediler. Herkes para verdikten sonra evliliğe kefil olanlar parayı saydı ve ne kadar toplandığını ilan ettiler.

Romanlar oturduklarında masadan kolay kalkamadılar. Yemeklerin ne kadar mükemmel olduğunu anlatmak için nazikçe geğirdiler ve ellerini masa örtüsüne sildiler. Romanlar masadan kalktıktan sonra ele avuca sığmayan kadın ve çocuk çetesi, bir kurt sürüsü gibi masanın çevresinde akın akın toplandı. Ziyafetten arta kalanları keyif içinde ve hiçbir sınır tanımadan mideye indirdiler. Bardakları devirip masa örtüsünü çekiştirerek, tabakları altüst edip son kalan parçaları da yalayarak masanın etrafında koşuşturdular. Kadınlar acı acı bağırıp çevrelerindekileri payladılar, ardından küçük çocuklar ağlaştılar.

Bunlarla hiçbir şekilde ilgilenmeyen Romanlar günün bir sonraki olayını izlemek üzere kamp yerine doğru tembel tembel yürüdüler: Yeni gelinin bundan sonra yaşayacağı yeni evine... Çok içmişlerdi ve samimi ve neşeli bir halleri vardı. Neredeyse akşam karanlığı çökmüştü. Dodo yürürken ona yakın durmamı söyledi. Bana, ismimle değil de jamutrea veya damadım diye seslenmiş gibi gelmişti. Yan yana yürüdük. Kolunu omzuma dolamıştı. Arkadaşça bir kucaklaşmayla bana dayadığı gürbüz vücudunun ağırlığını hissediyordum. Endişelerimi gidermek amacıyla bir gün gelinimi evime götüreceğim günün geleceğini söyledi. Romanlar arasında hiçbir kayınpeder, böyle bir şeyi daha önce söylememiştir.

Gelinin ailesi teker teker gelini öptü, sembolik olarak kızın saçlarındaki belikleri çözerken hep beraber ağladılar. Bugüne özel olarak giydiği kırmızı kıyafetin –namuslu bir Çingene kadını bugün dışında hiçbir zaman kırmızı bir şey giymezdi– üzerine beyaz satenden sade bir elbise giydirdiler.

Hem oğlan hem de kız tarafından genç akrabaların oluşturduğu bir grup, ortalarına ikisini alarak karavanlar arasındaki açık bir alanda toplandılar. Bir kaçırma sahnesini canlandıracaklardı. Ebeveynler evlilik hakkında karar vermiş, başlık parası ödenmiş ve düğün yemeği yenmiş olmasına rağmen, gelin hâlâ kocasına teslim edilmeliydi.

Gelinin tarafını tutanlar, ki hepsi de bekâr gençlerdi, kol kola girerek kızın önünde set oluşturdular. Damat tarafı ya güç kullanarak kurulan duvarı kırıncaya ya da diğerlerini oyalayıp damadın gelini kaçırmasını sağlayıncaya dek, çöken karanlık içinde iyi niyetli ve neşeli bir itiş kakış yaşandı. Paprika bağırıp sızlandı ve kafasını vahşi bir şekilde bir o yana bir bu yana sallayıp durdu. Kızın tavırlarına aldırmayan Yayal kızı aldı ve beraber karanlığın içinde kayboldular. Fifika da şiddetli bir çatışmaya girdi. Sızlanıp saçını başını dağıttı. Ancak yaradılış itibariyle yeni yengesine göre daha uysaldı.

Az ötede, Butsulo'nun karavanının yanında da benzer bir

sahnenin yaşandığını tahmin ederken, insanı delip geçen acı bir çığlık duyduk. Haykırış o yönden geliyordu ve Lovara geleneklerine göre oynanan bu trajikomik sahneyi canlandıran bir Tsuritsa'nın sesine hiç de benzemiyordu. Alana yaklaştığımızda hiç kimsenin tahmin edemeyeceği bir vahşete şahit olduk. Yarı karanlıkta bir avuç adam, kör bir taşkınlık içinde dövüşen üç genci ayırmaya çalışıyordu.

Sonradan Tsinoro'nun oğlunun, bir bakireye yakışır olandan daha istekli görülen gelini kaçırmakta gönülsüz davrandığını anlattılar. Kız korktuğunu belirtmek için yalnızca hafifçe inlemişti, ancak orada bulunanlar, kızdan çıkan sesin daha ziyade bir memnuniyet inlemesi olduğunu iddia ettiler. Bunun üzerine kızın kardeşi Fonso, kardeşinin ailesi için bir utanç kaynağı olmasına çok içerlemiş ve saldırıya geçmişti. Kamçısını –bazıları genç adamın hep yanında taşıdığını söyledi– kavrayıp kızı dövmüştü. Damat ve damadın kardeşi boş yere kızı korumaya çalışmış, sonunda gelin yüzünden ve ellerinden yaralanmıştı. Kız histerik bir şekilde hıçkıra hıçkıra ağlıyordu.

Romanlar meyhaneye geri döndü ve gecenin geri kalanında içki içtiler.

Ertesi sabah, gelin yatağına serilmiş çarşaflar sergilendikten sonra kayınvalideler, genç gelinlere eşarplarını evli kadınlar gibi bağlamalarında yardım etti. Artık eşarplarını hiç çıkarmayacaklardı. Bilmem kimin gerdek gecesine yanında bir güvercinle girdiğine dair ortalıkta kötü niyetli dedikodular dolaşıyordu; bakire olduğunu kanıtlamak için kızın herkese kan göstermesi gerekiyordu, çünkü.

Kur yapmak olmadığı gibi balayı gibi bir şey de yoktu. Evlendikten sonra damadın yaşamı önceki gibi devam etti, yalnızca artık oğlanlarla değil de evli erkeklerle takılıyordu. Ailesiyle beraber ve büyüdüğü kumpanyada yaşamaya devam ediyordu. Böylece bütün erkeklerin arasında akrabalık bağı vardı. Bir gelin kendi grubunu bırakır ve kocasının ailesiyle yaşamaya başlardı. Bu yüzden bütün evli kadınlar evlilik yoluyla geldikleri gruba yabancıydılar. Yeni gelinle, kayınvalidesi ve daha önce aynı deneyimden geçmiş olan görümceleri ilgilenirdi. Bazı kızlar hiç de olağan olmayan bir kötümserlikle Tsuritsa'nın evliliğinin "yeni bir koşum takımı yarası" olacağını söylediler.

Kural olarak gelin beraberinde kendi kuştüyü yorganını ve kişisel eşyalarını getirirdi. Genç çift en azından ilk çocuk doğuncaya dek akrabalarıyla beraber yaşardı. Bazen bu süre daha da uzar, aileye mensup başka bir genç oğlan evleninceye dek orada kalırlardı: Yalnızca en küçük oğlanın ebeveynleriyle kalması gelenekti. O ve karısı, yaşlılık döneminde kendilerine bakacaklardı. Bunun karşılığında atları, altınları ve başka neleri varsa bu oğlana kalırdı.

Genç bir adam, karısı ve çocuklarıyla birlikte ebeveynlerinin yanından ayrılıp kendi karavanına veya çadırına geçtiğinde kumpanyanın yeni üyesi olarak kabul edilmesini kutlayan, babasının evinden bağımsız bir eğlence düzenlerdi.

Gelinin babası artık kızının namusunu korumak zorunda değilse bile evlilikle beraber sorumlulukları bitmezdi. Eğer kız zinayla suçlanırsa –ki Çingeneler arasında bu pek nadir olurdu– ana babası kızı geri almak, başlık parasını geri vermek ve kocasına verdiği "utancın" karşılığını ödemek zorundaydılar. Diğer tarafta babası yeni ailesinin kızına kötü davrandığını hissederse, kocası ne derse desin kızını geri alma hakkına sahipti.

Birkaç gün için yeni bori kayınpederi tarafından gururla gösterilir ve pohpohlanırdı. Yaşlı Bidşika Yayal atlara bakarken, Paprika'nın meyhanede kendisine eşlik etmesi, yanında oturması ve misafirleri için şarkı söyleyip dans etmesi için ısrar etti. Ancak Yayal yeni karısıyla alenen beraber görünmeye aldırmayacaktı. Bir gece önce iffetinin bir kanıtı olarak Paprika'nın kendisine nasıl direndiğine atıfta bulunmak için kamçı ve tırnak izlerini büyük bir gururla taşıyordu.

Pulika'yla beraber meyhanenin terasında oturuyorduk. Djidjo bazı ayak işlerini halletmek için önümüzden geçecek oldu. Pulika kıza bor diye seslendi ve ondan işlerinin yanında kendisine de ufak bir iyilik yapmasını istedi. Kız yavaşça gözlerini yere indirdi ve hafifçe suratını astı ancak kendisine gösterilen ilgiye minnettardı ve görülmedik bir itaatkârlık sergiledi. Çoğu Lovara kadını gibi, kollarının arasında bir çocuk olmadan kucağının boş göründüğünü düşündüm. Geleneklere göre onunla konuşmam veya herhangi bir şekilde iletişim kurmam yasaktı.

Romanlar geçirdikleri sakin saatlerin keyfini çıkararak terasta oturmuş hiç dayanamadıkları kuru köfteden çöpleniyorlardı. Masada parmakları yağ içinde bırakan taze ceviz, ağızda hoş bir tat bırakan tart, haşhaş tohumlu hamur ve şişesinde armut ve kayısı bulunan brandi vardı. Meyveler hâlâ dalda bir çiçekken şişeye geçirilmiş ve şişenin içinde büyümüşlerdi. Şişelerin görüntüsü, şişe içine konan gemileri hatırlatıyordu.

Dodo gösterişli bir sevgi hareketiyle içkisini tekrar tekrar benimle paylaştı. İçmekten artık serseme dönmüştüm. Bana kon del tut o nai şai dela tut wi o vast (Sana parmağını veren bütün bir elini de verecektir...) dedi.

Bu olanlardan kısa bir süre sonra Djidjo'yla ırmağa giderken karşılaştık. Kızda kuşku duyulmayacak bir sevecenlik hissettim. Küçük vahşi kız kıpkırmızı olmuştu; duygularını kontrol edemiyordu. Burun delikleri titredi, zaptedemediği saçlarını geriye attı ve dudakları hafifçe büküldü ancak kızın üzerinde nihai bir itaat sözü veren istekli bir sessizlik vardı; insana güven veren masumiyeti, daha on dört yaşında olmasına rağmen ona kadınsı bir gizem veren tarih öncesine ait diriliğiyle birleşiyordu.

Romanlar arasında aşığıyla kaçmak son derece nadir olan bir olaydı. En küçük oğlu Inga adına yaptığı evlilik teklifi reddedildikten sonra sözde Norveçli Tşuraralardan yaşlı Nanoş, Pitivo ve Liza'nın on iki yaşındaki kızları Lyuba'yı veya Lyubitşka'yı kaçırması için oğlunu namussuzca kışkırttı ve kaçırırken de yardım etti. Kız herkesin kullandığı bir kuyudan su çekmek için giderken Nanoş kızı pusuya düşürüp ona yalan söyledi ve kızı alıp sınırın diğer yanına, babasının peşlerine düşemeyeceği bir yere götürdüler. Durumu Kris'e taşıdıktan sonra Pitivo, yerel polise küçük bir kızın kaçırıldığını bildirdi. Romanların "Stanki naşti tşi arakenpe manuşen şai!" (Dağa dağa kavuşmaz, insan insana kavuşur!) dediği gibi yıllar geçti, yine karşılaştılar, Çingenelere özgü bir şekilde kapıştılar. Lyuba'nın şimdi iki ufak çocuğu vardı ve hem kayınpederine hem de kocasına şans getirmişti. Koca tarafı gayet memnun bir şekilde o zaman verdikleri zararı ödedi. Bundan sonra hep beraber yolculuk ettiler ve bir gün kaçırılma olayının gerçekleştiği ülkeye geri döndüler. Sonra onları mutlak bir şok ve dehşet içinde bırakan bir olay oldu; Lyuba resmen tutuklandı ve bir ıslahevine kapatıldı. Genç kocası polisten kaçmayı başardı ve devlet alıp yetimhaneye koymasın diye ailesi bebekleri sakladı. Nanoş Kris önünde khanamiki Pitivo'yu borisinin hapsedilmesinden sorumlu tuttu ve şimdi Çingene kanunlarının gerektirdiği gibi bedelini ödemesini istedi.

Kopan kavga bir öncekinden çok daha sert olmuştu.

Kendisini halası olarak tanıtan kayınvalidesi Katolik rahibeler tarafından yönetilen kurumu düzenli olarak ziyaret etti ve kıza bebekleri ve kocası hakkında haberler ve yiyecek götürdü. Lyuba bulunduğu yerin rutin yaşamına hiç alışamayan vahşi bir kedi gibiydi. Rahibeler saçlarını kesmek istediklerinde kız tekmeler savurup kadınları tırmalamış, küfredip lanetlemişti. Kendi insanları arasında bir kadının saçlarının kesilmesi zina rezilliği dolayısıyla verilen bir cezaydı.

Bir gün, güneş doğarken karavanlar, Çingenelerin adet edindikleri gibi, hiç fark edilmeksizin ayrıldılar. Yalnızca meyhane sahibinin iki tazısı acı acı bağırdı. Geçirdiğimiz günler anmaya değer günlerdi ve Romanlar ne zaman geri dönseler kendilerini memnuniyetle karşılayacak yeni dostluklar edinmişlerdi. Düğün günleri bitmişti.

Onüçüncü Bölüm

Geceydi ama tepemizdeki gökyüzü ışık saçıyordu. Çevremizdeki karanlık gölgelerde sayısız kurbağa monoton bir birlik içinde vıraklıyordu. Kamp yerinin tam ortasında bir horoz öttü ve kısa bir aradan sonra yine öttü. Bu sefer delip geçen sesi daha bir ısrarcıydı. Bir kümes hayvanı olduğu düşünülecek olursa, horozun sesini bir Çingene kampında bu kadar yakından duymak hiç de uygun değildi. Sonra ailesiyle birlikte bize iki gün önce katılan ve yakın bir süre önce İspanya'dan gelmiş Ferka adlı Romanı hatırladım. Onun evcil bir horozu vardı. Adamcağız horozunu kamptaki her kadın ve kızdan korkunç beddualarla korumak zorunda kalmıştı. Her an hayvanını bir tencerede pişerken bulabilirdi çünkü.

Kalkıp giyindim, alelacele yüzümü yıkadıktan sonra çoktan kalkmış ve yeni yakılmış ateşin başına çömelmiş olan Zurka ve Kore'ye katıldım. Kaz yağına batırılmış kara ekmek parçalarını sessizce yedik. İnce kıvrımlar halinde gökyüzüne yükselen dumana bakarak kahve suyunun kaynamasını bekliyorduk. Kamp yerinde dolaşan birkaç yaşlı Çingene dışında herkes uyuyordu. Önceki gece Pulika, geçen haftalardaki eğlencelerden artan nakit parayı altına çevirmek üzere şehre gitmemizi istemişti. Kore ve ben Pulika'nın altın satın aldığı, ufak tefek, sert yüzlü esrarengiz Ermeni'yi tanıyorduk ve müşterisi olduğu birkaç kafenin birinde onu bulacaktık. Altına çevrilecek desteler halindeki para, pamuktan çiçekli bir kumaş parçasıyla sıkıca sarılmış sonra başka bir maddeden ince bir ip parçasıyla bağlanmıştı. Genç kardeşim Tina atları otlaktan alıp getirmeye gönüllü oldu. Atları iki tekerlekli hafif taligaya koştu ve yakındaki şehre doğru yola çıktık. Parlak gözlü, sık postlu kurt köpeğimiz Ruv, kuşları kovalayarak önümüz sıra koşarken Tina'nın arabayı sürmesine izin verdik.

Geniş bir çiftlik evinin önünden geçerken hâlâ yaş olan beyaz badananın serin kokusuna karışmış taze pişmiş ekmek kokusuna yenik düştük ve anayol üzerindeki bir handa durduk. Orucumuzu biftek ve brandiyle bozduk. Tina'nın içkimizden yudumlamasına izin verdik ve onun için biraz tütün ve sarı sigara kâğıtlarından aldık. Sonra sabahki koşusundan yorgun düştüğünden arabada yanında oturan Ruv'la birlikte Tina, kamp yerine döndü. Han sahibi bizim için yerel bir taksi çağırmayı önerdi. Fiyatta anlaştık ve fiyatın yarısını peşin olarak ödedik.

Sabahın bu erken saatlerinde büyük şehirde, işe koşuşturan kalabalığı izlerken kendimizi kaybolmuş ve yersiz hissetmiştik. Bir kafenin kaldırım üzerine açtığı terasta oturduk. Günün bu saatlerinde kafe bomboştu. Bazı sandalyeler hâlâ masanın üzerinde ters çevrilmiş bir şekilde duruyordu. Monsenyör Joseph'i, Ermeni'yi beklerken üst üste filtre kahve sipariş ettik. Uzunca bir süre bekledikten sonra adam ortaya çıktı ve aramızdaki esas iş çabucak sonuçlandırıldı. Satın aldığımız altın parçaları kumaş parçalarına sarılmış ve düzenli bir şekilde yerleştirilmişti. Bohçanın içinde birtakım İngiliz altını, Fransız Louis d'or, Avusturya taleri ve nadir bulunan yirmi dolarlık Amerikan altınları vardı. Monsenyör Joseph bize yüzük, eski tarz altın saat ve bilezikler satmaya çalıştı ama Pulika yalnızca belli bir miktar altın satın almamızı istemişti, başka bir şey değil. Halen sabahın erken saatleri olmasına rağmen başka bir parça ızgara biftek daha yedik; bu yemek ziyafetleri "taşıma görevi"ne geleneksel olarak tanınan harcama imtiyazlarının bir parçasıydı.

Sonra Genel Dağıtım eliyle gönderilmiş "Çingene posta"larını toplamak üzere şehrin ana postanesine gittik. Zarfların üzerinde adresin yanı sıra, genelde büyük bir cesaret gösterip el yazısıyla "Çingene" kelimesi de yazılmış olurdu. Zarfların üzerinde "uçak postası" veya "taahhütlü mektup" yazdığı da olurdu. Posta damgalarından bu mektupların bazısının aylardır burada toplanmadan beklediğini söyleyebilirdim. Pulika'ya Prtalo adı altında gönderilen mektupların yakın akrabalar tarafından gönderildiğini biliyordum. Diğerleri Peterlow, Vadoş, Colombus, Korpats gibi değişik insanların Pulika'yı tanıdığı isimlerle gönderilmişti. Gelen zarfların üzerinde kendisine hitaben yazılan isim, mektubu gönderenin kim olduğuna dair bir ipucu veriyordu. Çingeneler soyadlarını her zaman değiştiriyorlardı. Pulika yalnızca kör ve sağırın inanmak zorunda olduğunu söylerdi. Mektuplar kolayca yalan söyleyebilirdi. Dediklerini kontrol edebileceğimiz yüzleri, gözleri, ses tonları yoktu. Gajolar tarafından Romanlar için yazılmışlardı, bu nedenle onlara güvenmemek gerekirdi. Değişik isimler kullanmak, Pulika'nın göndericinin kim olduğunu tespit etmekte kullandığı kendine has bir yöntemdi.

Birkaç bağlantı noktasını –veya istihbarat ajanlarının daha teknik söz dağarcığını kullanacak olursak "deliği"– aradık. Bu noktalar birbirlerinden ayrıydı ve yalnızca çeşitli Çingene kuryeler "haber kaldırdıkları" bu yerleri bilirlerdi, başka kimse değil. Bir tanesinde, Paris'ten gelen şehirlerarası bir telefon konuşmasında Pulika'yı sordular.

Öğleden sonra anayol üzerindeki kampa yakın meyhaneye telefon ettik ve oradan günün erken saatlerinde karavanların yola düştüğünü öğrendik. Sinemaya gitmeyi umuyorduk ancak şimdi hemen geri dönmekten başka bir seçeneğimiz yoktu; derhal son kamp yerine gitmeli ve Romanların bir sonraki kamp yerine giderken bizim için bıraktıkları vurmaları yani izleri takip etmeliydik. Akşam çökerken meyhaneye vardık ancak kısa süre sonra çöken karanlığın izleri takip etmemizi imkânsızlaştıracağını fark ettik. Bir gece dışarıda uyuyup kamp yerini arama işini sabaha bırakmaktansa yine yerel bir taksi çağırıp şansımızı denemeye karar verdik. Yol boyunca durup karavan katarıyla ilgili sorular sorduk. Köyden köye geçerken tarif edilen istikametleri takip ediyorduk. Ancak bir seferinde izleri tamamen kaybettik. Bilgi almak için durduğumuz bir sonraki durakta kimse, etrafta Çingene görmemiş veya gürültülerini duymamıştı. Sözde en son göründükleri mezraya geri döndük. Taksi şoförü huzursuzlaşmış ve gecenin bir yarısında yaptığımız bu yaban kazı takibine devam etmekteki isteksizliğini belli etmeye başlamıştı. Bu ıssız yolda bizi bırakmaması için bütün becerimizle adamı ikna etmek zorunda kalmıştık.

Taksinin farları önümüzdeki karanlığın içinde göz kamaştırıcı bir şekilde parlıyordu; yolun her bir yerini vahşi bir şekilde sergiliyor, yaban yaşamı rahatsız ediyor ve bir şekilde bizim dış dünyadan daha fazla kopmamıza neden oluyordu. Önünden geçtiğimiz her tenha çiftlik evinde, çılgın zebella gibi köpekler delicesine havladı. Yolun her iki tarafında uzanan çiftliklerin tahta bölmelerinden karanlıkta bizi izleyen çok sayıda gözün parıldadığını görebiliyorduk. Kiliselerin etrafında sıkış sıkış dizilmiş küçük sakin köylerden geçerken, akıp giden saatleri haber veren kilise çanlarını duyduk. Çoktan gece yarısı olmuştu. Bir kez daha bilgi almak için durduğumuzda Çingene karavanlarının oradan akşamüstü yedi civarında geçtiklerini ve gece mola vermek üzere birkaç mil ötedeki toprak patikaya saptıklarını öğrendik. Biz taksi şoförüne bir gece içkisi ısmarlarken Kore taksi ücretini ödemek için han sahibinden küçük altın parçaları karşılığında biraz para aldı.

Sonunda eve ulaştığımızda bütün kamp uyuyordu. Tina ve iki-üç ufaklık, muhtemelen Yojo'nun çocuklarıydılar, gece gelmeyeceğimi düşünerek yatağımı işgal etmişlerdi.

Ertesi sabah erkenden uyandım. Pulika, birkaç adım ötede yattığı yerden yavaşça bana sesleniyordu. Saçlarının ne kadar gür, kara ve uzun olduklarını düşündüm ve başında geniş kenarlı siyah fötr şapkası olmadan onu ne kadar az gördüğümü fark ettim. Şapkası yokken çok daha genç görünüyordu. Bir gece önce olup bitenleri ve Paris'le yaptığımız telefon görüşmesini ona anlattım. Telefonun nereden geldiğiyle değil de yersiz yere nerede alındığıyla daha fazla ilgilenmişti. Telefonun alındığı yer telefon edenin kim olduğuna dair tek ipucuydu.

Pulika sırt üstü uzandı ve kampın geri kalanı kalkıncaya dek sessizce bekledik.

Konuşmanın üzerinden çok zaman geçmemişti ki, Pulika handa kendisine katılmam için haber yolladı. Haberi bana ileten etrafta bol miktarda bulunan yarı çıplak esmer afacanlardan biriydi. Paris'ten gelen telefonu neredeyse tamamen unutmuştum. Pulika tembel tembel brandisini yudumluyordu ve uzun bir suskunluktan sonra Paris'e rastgele bir telefon konuşması yapmamızı istedi. Eski moda trampet benzeri bir korna sesini dinledikten sonra çok uzaktan gelen seslerle yakındaki seslerin birbirine karıştığını duydum; sonra çok uzaklarda bir zil sesi ısrarla çaldı. Sesler üst üste bindi, bir orkestranın çalgılarını akort ederken çıkardığı semavi bir karışıklıkla perdeleri değişti. Bütün bu gürültü, anlamsız bir sessizlikle noktalandı. Sonra yine uzaklardan, gri bir sisin ardından bir zil tekrar tekrar çaldı ve sert bir ses ilk söylenebilecek en eski heceyi dile getirdi ve "Alo" dedi. Erkekçe bağırdım: "Romale tai şavale akarel tume o Pulika..." (Çingene erkek ve gençler, izninizle, Pulika arıyor...) Bu, bir Romana seslenmenin en uygun ve resmi yoluydu. Hayali sert ses, mesajı aldığını belirtinceye ve sözümü yarıda kesip bana beklememi söyleyinceye kadar bunu sayısız kez tekrarladım. Hariçten sesler telefon hattına karıştı ve aniden boşluğu doldurdu. Ardından hat giderek zayıfladı ve Paris'le yaptığımız konuşma kesildi. İnsanı deli eden birkaç saniyeden sonra Fransızca konuşmalar telefonu işgal etti ve sanki bize eziyet olsun diye, duygusuzca konuşmamıza karıştı. Sonra yine yakınlardaki bir operatörün sesi araya girdi. Ağır sisin arasından güçlü bir ses, muhtemelen Romanca konuşuyordu, ortaya çıktı. Bu sefer beklemesini söyleme sırası bendeydi ve Pulika'yı alıp getirmek üzere hana koştum. İlk başta Pulika telefonun diğer ucundan gelen vücutsuz, yüzsüz sesi duymak için kendini çok zorladı. Kendini tanımlamaya ve karşı tarafın cevabını duymaya çalışarak aynı kelimeleri tekrar tekrar yineledi. Roman huzursuz ve gergindi ve konuşması giderek hararetlendi. Sonunda telefon ahizesini bana verdi ve benden ahizeyi bir mikrofon gibi tutmamı istedi. Pulika bir adım geri gitti ve kelimelerini bütün gücüyle vurguladığını belli edercesine iki elini yana açtı ve ahizeye değil de sanki telefonun kendisiyle konuşmaya başladı. Pulika genelde tok bir sesle konuşurdu, ama şimdi Paris'teki bir adama erişmeye çalıştığından sesini iyice yükseltmişti. Telefonun diğer ucundaki adamı göremediği için duyduğu hüsranı hissedebiliyordum. Alev alev gözleri daha bir hararetlenmişti. Sonra uzaklardan gelen cevabı dinlerken, diğer Romanın konuşmasına dair kulağına gelen bozuk seslerin ne anlama geldiğini kavramaya çalışarak iyice gözlerini kıstı. Telefonun diğer ucundaki adam da Pulika tarafından duyulmayı umarak bağırıyor olmalıydı, ancak her iki adamın da söylediği sözler anlaşılmaz gürültülere dönüyordu. Yavaş yavaş her ikisi de ses yüksekliğini ayarlamayı başardılar ve sonunda iletişim başladı. Ancak ne kadar denediysem de konuşmanın ne hakkında olduğunu kavrayamadım. Romanlar soru cevap şeklinde değil de karşılıklı çekilen kısa nutuklar şeklinde konuştuklarından arada uzun sessizlikler oluyordu. Bir konuşma daha uzun veya kısa bir konuşmayla cevaplanıyordu. Ancak konferans masasının etrafında toplanmış diplomatlar arasında geçen konuşmalardan da farklıydı.

Konuşma son bir törensel deyimin ardından –birbirlerine "*Aşen Devlesa, Romale!*" (Tanrı seninle dursun!) demişlerdi– aniden sona erdi. Pulika, "Tanrı'yla gidesin..." deyiminden ziyade "Tanrı'yla durasın..." dediği için sabit bir kampta yaşayan biriyle konuştuğunu anlamıştım. Onlara doğru hareket eden biz olacaktık.

Pulika hevesli sorularımı, az ve öz bir şekilde, biraz önce Zingareşti grubundan Granşa le Yankosko ile konuştuğunu söyleyerek cevapladı. Bunlar, kendine özgü Rus Kalderaşları yani bakır ustalarıydı. Tşompi'nin üç oğlundan en büyüğü olan Djordji'yle de kısaca konuştu.

Bir veya iki gün sonra ağaçların gölgelediği bir anayolda sakince yolculuk ediyorduk. Önümüzde birkaç karavan vardı. Karavanla geçerken Bidşika'nın bize katılmak üzere yol kenarında beklediğini gördüm. Ayağını dönen tekerleğin parmağına koyarak kendisini yukarı çekip karavanımıza tırmandı. Temizce tıraş olmuş ve giyinip süslenmişti. Az uzakta, karısı hemen önümüzde giden karavanlarından atladı ve o da bizim karavanımıza tırmandı. Yolda giderken birkaç kişi daha bu şekilde karavana bindi. Bunun kendisi gayet olağandı. Olağan olmayan şey, görünüşleri ve kadınların kumaş parçalarına sarılmış küçük bohçalar taşıyor olmasıydı. Pulika bu yolculukta onlara katılmayı isteyip istemeyeceğimi sorduğunda, bütün bunların ne anlama geldiğini düşünüyordum. Ses tonu bir cevap beklemediğini belli ediyordu. Bu bir fait accompli idi. Rupa benim hâlâ geçerli olan Belçika pasaportumu ve bir tutam banknotu elime tutuşturdu ve boynuma bağladığım diklomun kenarına iki parça altın iğneledi. Pulika, hiç düşünmeden, yolculuk hakkında bilmem gereken tek şeyin birkaç gün önce Paris'le yapılan telefon görüşmesiyle ilgili olduğunu farzetmiş olmalıydı.

Kore üzerime su serpiştirdi ve elbiselerimin üzerindeki havları fırçaladı ve Keja gömleğime kopuk olan üç küçük düğme yerine –Yojo'nun eski spor ceketinden kopardığı– büyükçe bir düğme dikti. Tek sorun düğmenin beyaz olmasıydı. Bu yüzden kız, dikmeden önce bir parça kömürle düğmeyi karartmıştı. Bu görülmedik telaştan katılacağım gezinin önemli bir yolculuk olduğunu anlamıştım.

Bu ani ve çılgın hazırlıklardan sonra başka herhangi bir gelişme olmadan birkaç saat daha geçti. Tren yollarının kesiştiği yerde kurulduğundan neredeyse bir kasaba büyüklüğüne ulaşmış bir köyden geçerken karavandan aşağı atladık. Çingene karavanlarından oluşan katar bir saniye bile duraklamadan yoluna devam etti ve yoldaki bir dönemeçte gözden kayboldu.

Grup Bidşika, karısı Terom, Miloş, karısı Tşaya, onların küçük kızları Mozol ve benden oluşuyordu. İki erkek sol kollarının üzerinde kıvrık başlı, gümüş işlemeli ağır bastonlar taşıyordu. Tşaya'nın kucağında köşelerinden bağlanmış, saçaklanmış ve rengi solmuş kırmızı ipekten bir kumaş parçasının içinde koca bir somun ekmek vardı. Ekmeğin içine bir delik açılmış ve tereyağıyla doldurulmuştu. Paketin içinde, kumaşın üzerinde yağlı lekeler bırakan soğuk et parçaları, acı biber ve ekşi kornişon da vardı. Başka bir bohçada çiçekli gri bir kumaşla kaplanmış, şeranda denilen kuş tüyünden yastıklar taşınıyordu. Hiç kimse yanında yedek kıyafet getirmemişti. Birkaç saat bekledikten sonra Paris'e giden Mittropa yani gece ekspresini yakalamak üzere şehre giden trene bindik.

Önceden yer ayarlamadığımızdan ayrı ayrı yerlerde koltuk bulabildik. Diğer erkeklerle birlikte içmek üzere yemekli vagona gittim. Bu arada Terom az ama rengârenk eşyalarımıza bekçilik yaptı ve Tşaya ve on iki yaşındaki Mozol (ismi Kara Kuşüzümü anlamına geliyordu) dar koridorlarda bir aşağı bir yukarı dolaştılar. Tşaya erkek yolcularla şakalaşıyor ve zaman geçirmek için diğer kompartımanlara girip fal bakıyordu.

Bidşika ve Miloş'un üzerinde bir zamanlar oldukça pahalı olan kruvaze takım elbiselerden vardı; takımların ütüsü iyi olmamıştı ve pantolonların paçası dönemin modasına göre fazla genişti. Her iki adam da atletik yapılıydı, biraz tıknazca olsalar da diğer yolculara göre oldukça sağlıklıydılar.

Şişe şişe Alman birası içtikten sonra ayrı ayrı bulabildiğimiz koltuklarımıza geri döndük. Bu arada kompartımanların pencerelerinden her zaman densizce olmasa da dikkatle bakıyorduk. Kadınlarımızın bir kompartımana yerleşmiş olduklarını gördük. Doğrusunu söylemek gerekirse, eldeki yerleri değiştirip bizi bir araya getirmeyi başarmış olmalarına pek de şaşırmamıştık. Yanlarına oturduk. Tşaya kızgın olmamasına rağmen o kadar yüksek sesle konuşuyordu ki, bir an ne yapacağımı bilemedim. Sonra bana sanki Çingeneler etraftaki insanlara göre çok daha yüksek bir sesle konuşuyormuş gibi geldi. Sürdürdüğümüz açık hava yaşamının ve birbirimize sesimizi duyurmak için rüzgârla –ve mesafeyle– sürekli olarak yarışmak durumunda olmamızın buna bir etkisi olup olmayacağını merak ettim. Küçük Mozol, kompartımanın koridora en yakın köşesinde oturmuş, yüzünü bizden yana dönmüştü. Gözlerini kapayıp geriye yaslanmış hafif hafif nefes alıyordu. Kollarını ciddi bir şekilde kavuşturmuştu. Kızın insanın içine işleyen bir gençliği ve masumluğu vardı. Leylak rengi geniş eteği ve düşük omuzlu sarı bluzu yuvarlak hatlı ancak hâlâ inceliğini koruyan vücudunu –ki daha önce hatlarının kusursuzluğu hiç dikkatimi çekmemişti– örtüyordu. Aynı kumpanyada yan yana yaşamamıza rağmen ilk defa ona dikkatli bir şekilde bakıyordum. Renkli olduğu kadar hırpani ve rengi solmuş kıyafetleri içinde kız, bir gece rüyamda gördüğüm şefkatli bir Çingene Madonna gibi, uygunsuz bir şekilde beni etkilemişti. Küçük bir dükkân sahibinin eşi olabilecek orta yaşlı şişman bir kadın, kızı iyice sıkıştırmıştı. Kadın Mozol'a acıyarak baktı ve hemen çaprazında, sakin ve ilgisiz bir şekilde oturan Tşaya'ya öfke ve kınama dolu yorumlarını iletti. Israrlı bir Roman inceliğiyle Tşaya yerini Bidşika'ya verdi ve yol arkadaşlarımızın birinden istediği sarı filtreli, zarif Türk sigarasını tüttürmek üzere koridorda bize katıldı. Bir kez daha kompartımana baktım. Bakışlarımın küçük tatlı Mozol'a kaymasını engellemek çok zordu. Hem o hem de Bidşika, açıkça Gajolarla muhabbet etmemek için gözlerini kapayıp arkalarına yaslanmışlardı. Yarım saatten fazla bir süre hiç kıpırdamadan öyle durdular. Sonra Mozol, gözleri hâlâ kapalıydı, hafifçe ancak ısrarlı bir şekilde kaşınmaya başladı. İlk başta iffetli bir şekilde eteğinin üzerinden dizini kaşıdı; bir süre geçtikten sonra ensesini kaşıdı; sonra yine gevşekçe bağlanmış bluzunun üzerinden çıplak omzunu kaşıdı. Yanında oturan kadın kaşınmalardan rahatsız olup uzaklaşmaya başlayınca durumu anladım. Bir süre daha ısrarla kaşındıktan sonra, şimdi öfkeden mosmor kesilen kadın sonunda ayağa kalktı ve küçük Çingene kızına son bir bakış fırlattı ve bagajını da alarak kompartımanı terk etti. Bir daha da dönmedi.

Neşe içinde hep beraber kompartımana yerleştik. Kaşınma operasyonu başarılı olmuş ve kompartımanda hiç Gajo kalmamıştı. Bir hile döndüğünden hiç şüphelenmeyen Gajolar, kızın uyuz olduğunu düşünerek oradan kaçmışlardı. Miloş bir kez daha bütün her yeri dolduran kuştüyü yastıklara arkasını dayayıp boylu boyunca uzandı.

Sınırda kompartımanımız gümrük ve göçmen memurları tarafından işgal edildi. Ancak Bidşika yanında Fransız pasaportları getirdiğinden kontrol kısa sürede sona erdi. Bidşika'yı yıllardır tanırdım ve onunla daha önce de yolculuk etmiştim. Devletsiz olduğuna dair bir belge taşıdığını hatırlıyordum. Fakat çok uykuluydum ve şimdiki merakımı giderecek bir muhabbete girecek halim de yoktu. O ve ailesi, uygun Fransız pasaportlarına sahip oldukları için seçilmiş olmalıydılar. Böylece gizlice değil de trenle yolculuk edebiliyorlardı. Beraberlerinde niye benim de gönderildiğim ise çok açıktı: Geçerli bir pasaportumun olmasının yanında yazabiliyordum ve böylece Pulika'ya durumu anlatan bir mektup yazılması gerektiğinde bir Gajo'ya dikte ettirilmiş olandan daha açık bir mektup gönderilmesi mümkün olacaktı.

Tren, rayların birleşme yerlerindeki sırta tekerleklerin ritmik bir şekilde vurmasıyla çıkan uyutucu sesin eşliğinde, gecenin derinliklerine doğru yol alıyordu. Tepemizdeki elektrik lambaları iyice kısıldı. Dışarıda gün doğmak üzereydi. Pencereden hızla kayıp geçen köyler hayali bir ışıkla yıkanmış gibiydiler. Gördüğüm çayırlar bana uzakta bir yerde, tembelce otlayan atlarımızı hatırlattı. Bir sürü köy.

Tren durdu ve pencereden dışarısını izlemeye gittim. Yerin adını okuyamıyordum. Mozol da bana katıldı. Soğuk gece havası yüzümüze vurdu. Ortalık yanık kömür, uzunca bir süre kaynamış su ve makine yağı kokuyordu. Garda elinde fener tutan bir adam dikilmişti; tren hareket etmeye başlayınca geniş bir kavis çizerek bize birkaç defa el salladı.

Tşaya gidip biraz kahve getirdi. Getirdiği kahve çok sıcaktı ama bize lezzetsiz gelmişti; biz aroması çok daha kuvvetli bir kahve, sözde "günah kadar kara, cehennem kadar sıcak ve sevgi kadar tatlı" olan Türk kahvesi kullanırdık. Mozol kahvelerimize batırdığı şekerleri –zannedersem, sırf ufak paketlerinden şekerleri çıkarmayı sevdiği için– ağzına attı. Terom'un yanında getirdiği ekmeği ve soğuk etleri yedik. Yeni günün doğuşunu izlemek üzere uyanık durduk. Birkaç saat sonra Paris'e varmıştık. Trafikten başımız dönmüştü ve hangi otobüsün bizi gitmek istediğimiz yere götüreceğini bilememiştik. Bu yüzden bizi şehrin varoşlarına, yani en berbat kesimine götürmesi için bir taksi kiraladık. Gittiğimiz yer sanırım Porte de Chignon'du. Orada daha önce bulunmuş olan Bidşika, gece hayatından ve gurmelerin spesiyallerinin –kurbağa bacaklarının– tadına bakmak için geldikleri seçkin restoranlardan bahsetti. Çingeneler için kurbağalar dünyanın en iğrenç yaratıklarıydı ve birtakım açıklanmamış nedenlerden ötürü Benge yani şeytana benzetilirdi. Marche aux Puces'te, yırtık eski ayakkabı, ucuz pamuklu elbise ve hurdalardan pahalı antikalara ve İran halılarına kadar çok değişik eşyaların alınıp satıldığı bitpazarında durduk. Buralar dar ve dolambaçlı sokaklardan oluşuyordu. Bazısının önüne hem malları korumak hem daha fazla müşteriyi barındırmak için brandadan tenteler gerilmişti. Bu görüntü insana bir Kuzey Afrika şehrinde, yerlilerin yaşadığı yerde olduğu izlenimi veriyordu. Bu etki, bu quartierde yaşayan ve etrafa kısık, güvenilmez gözlerle bakan çok sayıda Ermeni'yle iyice pekişiyordu.

Etrafta dolaştık, bir büfenin dışarı attığı masaya oturup kızarmış patates yedik ve pinard denilen taze ucuz şaraptan içtik. Yüksek ökçeli ayakkabılar giymiş hızla yürüyen birkaç Çingene kadın ve kızını gördüğümüzde güneş çoktan batıyordu. Elbiseleri bizim kadınlarımızın giydiklerinden çok farklıydı. Gördüğümüz kadınlar, elbiseleri için parlak kumaşları ve daha çok mavi ve yeşil tonlarını tercih ediyorlardı. Bluzlarının kolları uzundu ve içine sokacaklarına eteklerinin üzerine çıkarmış ve bellerine sahte altın ve gümüşten kemerler takmışlardı. Aksine bizden çok daha temiz ve şehirli görünüyorlardı. Söze başladıklarında sesleri genizden çıkararak ve çok daha hızlı bir şekilde konuştuklarını gördüm. Aynı zamanda, en azından bizim olduğumuz yerlerde, aptalca bir şekilde ancak kendilerini tutmaya çalışarak kıkırdayıp durdular ve bu bizim hiç hoşumuza gitmedi.

Onlarla Terom ve Tşaya konuştu; çünkü şu durumda bizim, yani erkeklerin konuşması yakışık almazdı. Birkaç dakika sonra kadın ve kızları dolambaçlı dar sokaklar arasında takip etmeye başladık. Bidşika, Miloş, Mozol ve ben, ileride yürüyen grubun biraz arkasından gidiyorduk.

Hava, metali döven çekiçlerin yankılanan ahengiyle çınlıyordu. Yaklaştıkça hızlı ve sabit çekiçlemeler, kulak tırmalayıcı ve sersemletici bir hal aldı. Mavi ve yeşillere bürünmüş, fidan boylu, yüksek ökçeli Kalderaş kızlarından ikisi aniden ayrıldı ve elele kaçtılar. Bir kapı aralığının ardında kayboldular. Bir avluya açılan karanlık bir koridora doğru kızların peşi sıra seğirttik. Kızların yalnızca önden gidip geldiğimizi, Kalderaşlı olmayan, bilinmedik Çingenelerin geldiğini haber vermek için bizden ayrıldıklarını fark ettik. Çekiç seslerinin yerini heyecanlı mırıldanmalar aldı. Birkaç orta yaşlı, tıknaz Kalderaş erkeği, parlayan altın dişlerini göstere göstere sırıtarak bizi karşıladı. Bizim diklomuzun ve demode olmuş kol düğmeli, kruvaze takımlarımızın aksine, üzerlerinde koyu renkli spor gömlekler ve boyunlarında gevşek bağlanmış kravatlar vardı. Elleri metal tutmaktan nahoş, yeşil-kara parlak lekelerle kaplanmıştı. Mekânın kendisi belirgin, ekşi bir kimyasal koku yayıyordu. Sonra bu kokunun teneke kaplama işlemi sırasında kullandıkları özel bir çeşit asitten, zalzarodan geldiğini öğrenecektik. Etrafta her yaştan kadın vardı, karşımızda bir sıra oluşturmuş duruyorlardı. İlk bakışta gözüme Lovara kadınlarından daha ince, belki daha zarif göründüler.

Açık alanda üç büyük çadır kurulmuştu. Her biri yirmiye, yirmi altı ya da yirmi yedi ayak genişliğindeydi. Koyu kahverengi ve koyu kırmızı brandadan yapılmışlardı. Çadırların en büyüğü üç yana açılıyordu. Ortaya yerleştirilmiş bir kirişten iki yana açılan ve önden arkaya doğru uzanan brandadan bir çatısı vardı. Çatı işlevi gören bu branda, çevresi metal folyoyla süslenmiş uzun çadır sırıklarıyla desteklenmişti. Çadırın arkası kapatılmış ve büyük kuştüyü yatak yığını buraya dayanmıştı. Brandadan yapılmış üç yan duvar kıvrılarak kaldırılmış ve tellerle tavana tutturulmuştu. Alanın bir yanında pirinçten bir direk, bakır kazanlar, fıçı ve leğenler vardı.

Yerdeki bir çukurda yakılmış kömür ateşinden beyaz alevler yükseliyordu. Bir çift ufak körüğün ucu toprağa gömülmüş ve açık çukurla birleştirilmişti; ucundan hava basarak ateşi tutuşturuyordu. Ter içindeki zayıf bir çocuk, bu körüğün başında duruyordu. Birkaç yağlı hasır yere serilmişti. Geldiğimiz sırada ev sahiplerimiz bu hasırlar üzerinde oturmuş büyük bir gayretle çalışıyorlardı. Uzun maşalar, çeşitli çekiçler, bakırcının kullandığı lehim parçaları, içinde zalzaro asidi bulunan küçük tabaklar ve paçavralar yere saçılmış duruyordu. Orta yaşlı Kalderaş erkekleri, ısrarlı bir iyi niyet gösterisi olarak, bizi en büyük çadıra davet etti. Sonradan bu çadırın Petşa'ya ait olduğunu öğrendik. "İsimleriniz bugüne kadar yaşamış en şanslı isimler olsun!" dediler. "Ve Tanrı seninle, oğullarınla ve oğullarının oğullarıyla olsun. Keyfiniz ve sağlığınız daim olsun ve bu dünyada huzurlu yaşayın!" diye cevap verdik.

Çadırın girişine bakan genişçe bir çembere oturmaya davet edildik. Sonra hiçbirimizin hazır olmadığı bir şey yaşandı. Kalderaşlı iki genç kız çapı altı adımı bulan büyükçe bir tekeri çadırın içine yuvarlayarak getirdi. Kızlar kendilerinden emin, ufak ve daimi adımlarla yürüdüler. Koca tekerlek görüşümüzü kapatacak şekilde tam bizim önümüzde durdu. Bizim üzerimize devrilmeden önce bir anlık kısa bir sessizlik yaşandı. Kalderaşlı erkekler, yanımızda oturdukları yerden kalkmadan, bir el attılar ve tekerlek, olması gereken yere kolayca yerleştirildi. Hayretler içinde, getirilen şeyin yuvarlak koca bir masadan başka bir şey olmadığını anladık. Masanın kısa bacakları oturduğumuz yere bakan yüzün arkasında kalmıştı, bu yüzden görememiştik.

Başka bir genç kadın, sarı pirinçten tutacak yerleri olan gümüş kakmalı ağır bir semaver getirdi ve gümüş kaplı üçgen bir tablanın üzerine koydu. Bütün bu süre boyunca tek bir kelime konuşulmadı; atmosfer, bir törenin ihtişamını yansıtıyordu. Diğer genç kadınlar masa örtülerini, üzerinde kuru üzümlü kekler olan ağır metal tepsiler, baklava, lokum ve çeşitli reçel ve jöle kavanozları getirdiler.

Çadırın dışında genç kızlardan birinin kıvılcımlar çıkartan tuhaf bir alet etrafında sertçe döndüğünü gördüm. Daha sonra, ev sahiplerimizin yanında daha uzun süre misafir olunca bu fırlak saplı kabın telden yapıldığını ve yakıldıktan sonra akkor haline geldiğini ve kömür yapmakta kullanıldığını öğrendim. Anka, semaverin kapağını kaldırdı ve onu suyla doldurdu, sonra kor gibi parlayan mangal kömürünü boru benzeri minyatür bir ocağın içine yerleştirdi. Bu içeriden suyu ısıtacaktı. İçinde kara, neredeyse zehre benzeyen çayın demlendiği çaydanlığı semaverden çıkan küçük bacanın üzerine yerleştirdi. Bu çaya daha sonra semaverin önündeki çeşmeden akan sıcak sudan katılacak, böylece tadı hafifletilecekti. Su kaynadıkça semaverden insana güven veren, yumuşak, hafif bir çağıltı duyuldu. Anka, hemen önümüzde, çeşmeden damlayan suları toplamak için konmuş tabağın içinde, ince belli bardakları kaynar suyla teker teker yıkadı. Derin tabaklar içine konmuş çay bardakları, düzenli bir şekilde servis edildi. Bu ikram, herkes çayını alıncaya kadar sürdü. Ev sahibi içinde çilek, elma parçaları, limon dilimleri ve şeker yığınları olan tabakları da çayla birlikte dolaştırdı. Ev sahiplerimizi izleyip yaptıklarını tekrar ettik. Çilek veya elma parçası, limonla birlikte tabağa dökülmüş çaya batırılıyor ve çay da oradan içiliyordu. Şekeri dişlerinizin arasında tutuyor ve çayı öyle yudumluyordunuz; böylece şeker bardakta değil de doğrudan ağzınızda eriyordu. Masadaki şekerlemelerden ve üzümlü kekten aldık... Nasıl olup da buradaki Çingenelerin bizden bu kadar farklı olabildiğini merak ettik. Genç erkek ve kadınlar saygılı bir mesafeden bize bakıyor ve kendi aralarında fısıldaşarak konuşuyorlardı.

Her yerden ikili üçlü gruplar halinde yaşlı Kalderaş erkekleri geldi. Şimdi Petşa'nın geniş çadırında bulunan erkeklerin sayısı, neredeyse otuzu bulmuştu. Semaver yeniden dolduruldu ve kızlar daha fazla şekerleme ve kek getirdiler. Birçok soru soruldu, bu sorulara cevaplar verildi. Çingeneler karşılaştıklarında genelde olduğu gibi, ortalığı sıcak bir hava kapladı. Konuşmalar nazik ve kontrollüydü. Bazen belli kelimelerin telaffuzlarını ve deyimlerin bir kısmını anlamakta zorluk çekiyorduk. Semaveri kullanış şekillerinin yanında biz genç Lovaraların anlamadığı bazı Rusça kelimeler de kullanıyorlardı. Pulika ve kumpanyamızın yaşlı erkeklerinin çoğu öyle ya da böyle Rusya'da yaşamışlardı ve hâlâ Rusça'yı şöyle böyle konuşabiliyorlardı.

Nüfuzlu gibi duran yaşlı bir adam, oturduğu yerden yarı beline kadar eğilerek selamladığı ev sahibimizden izin aldıktan sonra bizi, yaşlı ağabeyinin Grantşa le Yankosko'nun çadırına davet etti. Petşa ve diğer bazı Kalderaş erkekleri de bizimle beraber geldiler. Petşa'nın ağabeyi üzerinde uygun kıyafetler olmadığını ve bıraktığı işi bitirmek zorunda olduğunu söyleyerek daveti geri çevirdi. Bunun kesinlikle Lovara tarzına uygun olmadığını düşündük. Petşa Terom, Tşaya ve Mozol'un kendi çadırında, evinin kadınlarıyla beraber kalması konusunda ısrar etti. Kadınlar kendilerini evlerinde hissetmeliydiler. Küçük grubumuzun bu kadar çabuk dağılmasına isteksiz olsak da itiraz edemeyeceğimizi biliyorduk. Petşa bizim kendi konukları olduğumuzu düşünüyor ve üzerimizdeki "sahipliğini" sürdürmek için akıllıca önlemler alıyordu. Eğer kadınlarımız onun evinde kalırsa daha önemli bir Romanın evinde kesinlikle kalamayacaktık. Petşa, Paris'te karşılaştığımız ilk Romandı ve bizi misafir etme işi ve aynı zamanda şerefi, ona aitti.

Grubumuz ortasından lağım akan dolambaçlı sokaklarda yavaşça yürüdü. Bu, Fransızca'da Bidonville denilen şeydi. Gezdiğimiz yerler hiç kimseye ait olamayacak kadar berbat bir kâbusun bir parçasıydı; korkunç gecekondulardan veya işçilerin oturduğu varoşlardan çok daha pespaye ve fakir bir yerdi. Burası umudun varoşlarında yaşayanların son sığınağıydı. Cana yakın Kalderaşlarla beraber çöplüğe dönmüş, her yerini çürük ve sidik kokusu kaplamış ve insanlığın dibine vurmuş bu gettoların arasında gezindik. Kalderaşlar etrafta olanları unutmuş gibiydiler. Ağır bir kafile dizisi şeklinde yürüdük. Ara sıra bir grup kıpırdamadan durdu ve önden gidenler geride kalan grubun yetişmesini beklediler. Bu bana yıllar önce Transilvanya'nın başkenti Cluj'un civarında şahit olduğum bir sahneyi hatırlattı; uzun kara kaftanlarını giymiş ve ştreimel denilen kürk şapkalarını takmış, uzun sakallı –ki çoğunun sakalı kızıla çalıyordu– ve şakaklarından sarkmış peyesin denilen saç lüleleriyle Yahudiler, gölgeler içindeki yoksul pasajlardan yavaşça geçiyor ve saygıdeğer ve karizmatik liderlerinin, Klausenburger Wunder Rebbe, Tzaddik'in, kendi aralarındaki varlığını kutluyorlardı.

Grantşa le Yankosko'nun, Pulika'nın konuştuğu adamın çadırına sonunda vardık. Grantşa, esmer tenli, geniş omuzlu bir adamdı. Bizi içtenlikle karşıladı ve Pulika'yı çok iyi tanıdığını ve Lovara özelliklerine aşina olduğunu anlatmaya çalıştı. Bilerek, Lovara kelimelerini ve ifadelerini ve tipik Lovara selamlarını kullanıyordu. Grantşa'nın yanında kendimizi daha rahat hissettik. Alçak yuvarlak masa çoktan yerine konmuştu ve semaver kaynıyordu. Biz yerleşirken, ev sahibimizin gelini olan genç bir kadın ağır semaveri kaldırdı ve çadırın dışına çıkarıp suyunu boşalttı. Sonra semaverin içindeki koru çıkardı ve altındaki deliklerin ızgarası arasından külleri silkeledi. Bu ilginç Kalderaş geleneği karşısındaki şaşkınlığımızı gören

Grantşa, insanları arasında, çok uzaktan gelen onurlu misafirler için bütün semaveri tamamen boşaltıp bütün işlemi baştan yapmanın bir gelenek olduğunu açıkladı. Kömür ateşi yeniden tutuşturuldu, içine konan taze su kaynamaya bırakıldı. Ağzındaki altın dişleri gösteren geniş bir gülümsemeyle bu anın muhtemelen hepimizin beklediği an olduğunu söyledi. En azından bir süreliğine ortalıkta Kalderaş çayı olmayacaktı ve dikkat etmek zorunda kalmadan bir şeyler içebilecektik. "Lovara tarzında" diye vurguladı. Kendisi bir Kalderaş olmasına rağmen, o da sık sık çaya göre daha erkek bir içeceği hoş karşılıyordu. Bu öneriden sonra yaşlıca bir kadın, bir tepsinin içinde kristal bir sürahi ve metalden birkaç ufak kadeh getirdi. Neredeyse Lovaralar gibi etkili ve güzel bir şeyler söyleyip kadeh kaldırmayı teklif ettikten sonra adam gözlerini kapadı, kafasını arkaya attı ve bir dikişte bütün içkiyi içti. Biz de aynısını yaptık, ancak hayretler içinde içkinin yapış yapış, çok tatlı, alkolden ziyade ilaç gibi bir şey olduğunu gördük. Semaverdeki su kaynamaya başlayınca yine çay içmeye başladık. Masa kızartılmış ince ekmek dilimleri, siyah havyar, çiğ pembe soğan parçalarıyla sunulmuş katı yumurta, ortasına biraz ançüez sürülüp rulo yapılmış siyah ekmek parçaları, sardalya, smetana içinde ringa dolu süslü tabaklarla donatılmıştı. Ancak hiç kızarmış domuz, kaz veya tavuk yoktu. Bu arada Kalderaşlara özgü bir deyiş öğrenmiştik: Kon khal but, khal peksi bakht... (Çok yiyen, kendi şansını da yer...) Ancak yalnız kaldığımızda bu düşünceye şiddetle karşı çıktık.

Grantşa'nın çadırı titrek, sarımsı ve güçsüz bir ışık veren çıplak bir ampulle aydınlatılmıştı. Başka bir çadırda genç Kalderaş kızları kıkırdıyordu. Bir gramofonu çalıştırdılar ve sentetik bir duygusallığa sahip Rus halk şarkıları çalmaya başladı. İnsana zulüm eden yabancı sesler bütün çadırı doldurmuştu. Çevremizdeki bütün büyük ve harap apartmanlardan ve barakalardan bu sesler yükseliyordu. Radyolar son ses açılmıştı ve sarhoş çiftler bağıra çağıra kavga ediyorlardı. Münasebetsiz olan şey seslerin kendisi değildi, daha ziyade Gajoların bizim fikir alışverişimizin gerektirdiği mahremiyeti bozuyor olmasıydı.

Grantşa'nın çadırının zemini üst üste serilmiş ve sık dokunmuş oryantal halılarla kaplıydı. Roman bize karşı çok iyi davranıyordu ancak yapay hareketleri bizi sinirlendiriyordu. Roman insanlarının ne kadar iyi birer hatip olduğunu anlatırken, ben Çingenenin bizim için bir işkenceye dönmüş konuşmasının neresinin iyi olduğunu düşünüyor, Kalderaşların düşkün olabilecekleri diğer şeyleri hayal bile edemiyordum.

Kızlar çok çekiciydi, ancak tutkulu bakışları ve el altından cilveleşmeleri beni çok rahatsız ediyordu. Kendimi aldatılmak veya kandırılmak üzere olan bir Gajo gibi hissediyordum.

Sonraki günler etrafı gezdik. Rue de Vaugirard'taki at pazarına gittik ve orada başka Kalderaşlarla, birkaç Tşurara ve sayısız Sinti veya Manuş'la –hepsi de ünlü Jaz gitaristi ve Fransa'nın Le Hot Club'ın kurucusu Django Reinhardt ile akraba olduğunu iddia eden müzisyenlerle– karşılaştık. Her gün Grantşa'nın çadırında ne umduğumuzu bilmediğim saygılı konuşmalar yapılıyordu. Bir gün çadırda Polonya'dan bizim gibi trenle gelen bakır ustası bazı Çingenelerle karşılaştık. Kendilerine Şoşoyara diyorlardı. Bizim dilimize göre bu "tavşanlar" demekti, kendilerine niye böyle dediklerini anlamamıştım. Bidşika, garip bir şekilde, tavşan yedikleri için bu ismi aldıklarını söyledi. Tavşan yemek Lovaralar arasında bir tabuydu. Şoşoyaraların dağınık gür sakalları vardı ve uzun kıvırcık saçları omuzlarına dökülüyordu. Tepeli ve dar kenarlı yumuşak şapkalar takıyorlardı. Karpat ormanlarında ve Ukrayna düzlüklerinin kıyısındaki tepelik yerlerde çadırlarda yaşayan ve daha önce de rastladığımız Kotoraralara çok benziyorlardı. Bununla birlikte Şoşoyaralar bizimkilerden farklı, geniş karavanlarda yaşadıklarını söylediler. Vahşi bir görünüşleri vardı ve mevcut duruma çok yaban kaldılar. Onları görünce bizim dışarından nasıl göründüğümüzü fark ettik; çünkü onlardan azıcık daha medeni duruyorduk. O öğleden sonra Bidşika, Miloş ve ben, civardaki bir berberde saçlarımızı kestirdik. Gittiğimiz berber, İç Savaş'tan kaçan İspanyol Cumhuriyetçi mültecilerin buluşma yeri ve gittikleri her yerde kaçınılmaz olarak kurdukları beysbol kulübünün karargâhıydı. Uygar görünmek için saçlarımızı kestirmemize rağmen boynumuza bağladığımız dikloyu çıkarmayı canımız istemedi.

Ani bir keder her yerimi kaplamıştı. Ayak uydurduğum, akıp giden istikrarsız Lovara hayatını içim sızlayarak özlüyordum. Yaşamı lirik bir şekilde tatlı kılan ağaçları, doğayı, kokuları, renkleri, tatları, manzaraları ve sesleri, mevsimsel döngü içinde canlıların büyümesini –evet, gördüğüm her yerde burnumdan soluduğum köylüleri bile– özlemiştim. Karanlıkta yaşayan, uyuyan, çoğalan ve ölen, toprağı eski tarzda yavaş yavaş süren ve aldıkları sınırlı ürünle geçinen ve toprağa ve sığırlarına yakın yerlerdeki pis kokulu deliklerde yaşayan bu adamlar, köylüler bile burnumda tütüyordu. Devasa büyüklükteki gübre tepeleri ve bu tepelerin çevresinde oluşmuş kara gölcüklerde oynayan kaz ve domuzlarıyla çiftlikleri özlemiştim. Gecikmiş bile olsa onların da başka yönleri olduğunu yavaş yavaş keşfetmiştim: Sabırlarını, tuttuğunu koparan cesaretlerini, toprağa karşı duydukları sevgiyi ve sorumluluğu, basit duygu hallerini ve neşelerini, doğaüstü yaşam hakkındaki korkularını ve kuşkularını ve dilsiz duygularını.

İspanya'dan gelen mültecileri, Polonya'dan, Avusturya, Çekoslovakya ve Almanya'dan gelenler takip etti. Fransa genel seferberlik ilan etti ve İngiltere'yle birlikte savaş açtı. O sırada on altısını doldurmuş, on yediye girmiştim ve Weltschmerzden muzdariptim. Yine Lovaralar arasında, Pulika'nın yanında olmak için can atıyordum. Rupa'yı, Keja, Kore ve Djidjo'yu özlemiştim.

Bir gün, basit ve hiç tahmin edilemez bir şekilde, uluslararası bir telefon konuşması beni Pulika'nın kumpanyasından ve ona dair hayallerden çekip aldı ve hayatımı korkunç bir şekilde değiştirdi. Grantşa le Yankosko, kim olduğunu bilmediği bir gençten benim için bir telefon almıştı; çocuk benim yarın veya ondan sonraki gün evde oturmamı söylemişti; çünkü "onlar" şehre geldiklerinde bana kolay erişmek istiyorlardı. Bidşika ve Miloş gece nöbetimde –gelirlerse diye uyanık kalmak istiyordum– bana eşlik ettiler. Beraber bistro du coin de başı sonu olmayan bok oyunlarını izleyerek beyaz şarap içtik.

Darmadağın, hararetli, vahşi bakışlı ve gürültücü Romanlarla ağzına kadar dolu, üstü toz kaplı harap bir Rochelle-Schneider marka limuzin dar sokakların diğer ucunda durdu. Şoförün yanında Tşukurka'nın karısı yani karavan bölgesini koşullar ne olursa olsun hiçbir şekilde terk etmeyen beyaz saçlı Mimi oturuyordu ve onun yanında da Keja vardı. Arabadan ilk atlayanlar Tşukurka'nın oğulları Zurka ve Laetşi oldu. Hepsi de gergin ve bitkin görünüyordu. Sonra arabadan Luluvo ve diğerleri indi. Geniş arabanın arkasında Tşukurka kuştüyü yatağı üzerinde yüzükoyun yatıyordu. Gözlerinin feri gitmişti ve teni donuk bir griye çalmıştı.

Anlaşıldığı kadarıyla Bidşika, Miloş ve ben Paris'e gelmek üzere kumpanyadan ayrıldıktan kısa bir süre sonra –ki ne amaçla olduğunu hâlâ anlayabilmiş değildim– Tşukurka rahatsızlanmıştı; muhtemelen Kris bittikten sonra bitmez tükenmez patşiva ve günlerce süren düğün törenleri sırasında tükettiği aşırı içki ve yemeğe olan düşkünlüğü yüzünden sonunda fenalaşmış ve çökmüştü. Tşukurka'nın fenalaştığı gece, Romanlar çılgın gibi doktor aramışlardı. Sonunda buldukları doktor da onları kampa kadar takip etmekten korkmuş, ama er geç acıyıp merhamet göstermişti. Yaşlı Romanda bütün belirtileriyle akut şeker hastalığı teşhis edildi. Sonraları doktor Tşukurka'ya iğne yapmak için kampa gelir gider oldu. Bu arada kadınlar ağlayıp dövünüyor ve küçük çocuklar korkuyla sinip kenara çekiliyorlardı. Birkaç gün sonra Pulika şoförüyle beraber bir araba kiraladı ve kardeşini Almanya'ya, alanındaki sözde en yetkin otorite olan "bir profesöre" götürdü. Tşukurka'yı yeniden sağlığına kavuşturması için çok sayıda altın parçası önererek adamla pazarlığa oturdular. Herr Profesör onları herhangi bir mucizevî tedavinin olmadığına boş yere inandırmaya çalıştı. Hasta katı bir diyet uygulamalı ve hayatının sonuna dek her gün dört ensülin iğnesi olmalıydı. Adam konuştukça Romanlar doktorun işi yokuşa sürdüğüne ve aslında onlarla pazarlık yaptığına daha bir ikna oldular. Buna göre adamın masasına koydukları altın miktarını arttırdıkça arttırdılar. Sonunda doktor, bu anlayışsız Zigenuerleri dışarı atmaları için güvenlik görevlilerini çağırdı. Hastanedeki küçük bir sekreterden şarlatan bir büyücü hakkında bir şeyler duydu ve hemen onu görmeye gittiler. Bir gece, bir barda Fransız Yabancı Lejyonu'nda tedavi görmüş, on parmağında on marifet olan başıboş Sezar'la karşılaştılar. Adam kırkına merdiven dayamış olmalıydı, ufak fırlak gözleri vardı ve çok yakışıklıydı. Jean Gabin'i gayet iyi oynayabilirdi. Karşılaştıkları o geceden beri, Romanları çok sevmiş ve onlar için vazgeçilmez biri olmaya çalışmıştı. O zamanlar hâlâ Fransız kolonisi Hindi-Çin'in bir parçası olan Tonkin'deki güçlüklerle dolu maceralarını iddialı bir şekilde anlatmaktan çok zevk alırdı. Devleti ve papazları hiç sevmediğini açıkça söylerdi ancak aynı zamanda anlaşılmaz bir şekilde Romanlara, hasta Tşukurka'yı Lourdes'e hacca götürmelerini de tavsiye edebilmişti. Ehil bir şoförü ve çok daha iyi günler görmüş bir Rochelle Schneider'ı vardı. Ve böylece bir öğleden sonra, Fransa'ya ve eninde sonunda Pirene Dağları'nın eteklerindeki Lourdes şehrine gitmek üzere yola koyuldular. Luluvo ve Tşukurka'nın oğullarından biri onlara eşlik edecekti, ancak ayrılık zamanı gelip çattığında karısı Mimi de aniden onlarla gelmek için ısrar etti. Reddedecekleri endişesiyle kadın ilk önce geniş kuştüyü yataklarından birini yırtıp açtı, tüyler ortalığa saçıldı, kadın fırıl fırıl döndükten sonra herkes Mimi'nin de yolculuğa katılmasına ikna oldu, böylece görünürde her şey sakinleşti. Mimi'nin tek başına yolculuk etmesi kabul edilemezdi ve dolayısıyla Keja da hemen yolculuğa davet edildi. Diğer bazı yakın akrabalar da işe yarayacaklarını düşünerek bu uzun yolculuğa katıldılar. Sonuçta yüksek sesle homurdanan hasta Tşukurka'nın çevresi fazlasıyla kalabalıklaşmıştı, rahatlıktan ziyade rahatsızlıktan muzdarip oldu. Kamptan yarım mil ileride grubu yolcu eder gibi görünen Tşukurka'nın diğer oğlu, Laetşi yola dikildi ve ısrarla, hasta babasının "yalnız" gitmesine izin vermeyeceğini söyledi. Mimi, Sezar'ın Lourdes hakkında söylemiş olabileceği ve daha önce hiç duymadığı şeyleri öfkeyle yineledi; gidecekleri yerin ne kadar tehlikeli olabileceğini kimsenin bilmediğini söyledi, çünkü uluslararası politik ortam çok gergindi. Polonya'daki Czestochowa'ya gidiyorlardı; gençliğinde oraya dair muhteşem şeyler duymuştu. Sezar hiç istemeden Lourdes'in savunucusu rolüne büründürülmüştü. Bu papaz karşıtının yaptığı hararetli açıklamalar biraz şovenizmle renklendirilmişti. Yolculuğun ilk iki gününden sonra Luluvo Paris'i aradı ve yakından veya oralardan bir yerden geçeceklerse beni de yanı sıra götürmeye karar verdi. Geçmişte olduğu gibi olaylar benim için iyi olmayan bir şekilde gelişiyordu.

Her sabah Sezar, dikkatlice yol haritalarına çalıştı. Fransa'nın kalbine giden en kısa yolu bilmekle öğünürdü. Romanlar karavanlarla gezmeye alışıktılar ve katettiğimiz yol hakkında en ufak bir fikirleri bile yoktu. Tşukurka yolda giderken Sezar'ı sık sık ıssız yolun ortasında durduruyor, böylece "nefes almak" için adamcağız arabadan inebiliyordu. Romanlar onu kaşık dolusu ılık şampanyayla beslediler. Adam yolculuğun bu kadar uzun sürmüş olmasına duyduğu kızgınlıkla birkaç kez uyuşukluk halinden kurtuldu.

Gece için küçük bir Fransız kasabasında mola vermiştik ancak yatıp dinlenmek için kiralık oda bulmakta sıkıntı çekiyorduk. Paranın bile bir faydası olmadı. Ancak Sezar becerikliydi ve sonunda kasabada bizi reddetmeyecek bir yer buldu: Genelev. Tarifeyi ödedik ve genelde fiyata dâhil olan hizmeti reddettik. Romanların hepsi bir odada toplanmıştı. Romanlar "kefen" içinde uyumayacaklarından beyaz çarşaflarını çıkardıktan sonra şilteleri yerde yan yana serdik ve hep beraber uyuduk. Gecenin bir yarısı, Mimi ve Keja da bize katıldı. Yabancılar arasında uyumaktan korkmuşlardı. Burada bize yalnızca doğru bir şekilde değil, oldukça nazikçe davranıyorlardı. Romanlar arasındayken hiç uğraşmak zorunda kalmadığım tahtakuruları birkaç kez canımızı sıktı. Luluvo bunları hapishanede kaldığı zamanlarda tanıdığını söyledi.

Sonunda Lourdes'e vardık. Şehri görür görmez bizde moral namına bir şey kalmadı. Sezar'ın insanların gözünde oluşturduğu resimle –anlattıklarını uydurmuştu, çünkü muhtemelen o da daha önce hiç buraya gelmemişti – aldatılan Romanlar, "yeni bir Kudüs" bekliyorlardı.

Lourdes'te, diğer Romanlarla beraber şehrin eteklerindeki bir genelevde kaldım. Bu arada Sezar; Tşukurka, Mimi ve Keja'yı alıp kiliseye ve kriptaya götürdü. Aynı gün geri döndük ve gittikleri yerde neler olduğu hakkında fazla bir şey duymadım. Hiçbir mucizevî tedavi etkili olmamıştı ve Tşukurka kendisini öncekinden daha kötü hissediyordu. Durmadan inleyerek yüzükoyun yattı. Keja ona ılık şampanyasından verdiğinde, atalarından, Muleden özür dileyerek bir kısmını yere tükürdü; basitçe Lovaraların Mulesine bel bağlayacağına Gajoların Kutsal Bakire'sine görünmek için ta Loures'e kadar gelmişti. Usulcacık bir mırıldanmayla "Ancak" dedi, hâlâ atalarına seslenerek " eğer işe yarasaydı, Gajoları aldatmak için başka bir olasılık daha ortaya çıkmış olacaktı."

Çiseleyen yağmur altında arabayı sürüyorduk. Arabanın silecekleri bozuldu ama perişan haldeki Sezar'ımız yan pencereden sarkıp yavaşladı ve gözlerini kısarak arabayı sürmeye devam etti. Kırış kırış olmuş alnından sular damlıyordu. Tşukurka bir an önce karavanına geri dönmek ve kendi insanları arasında ölmek istiyordu.

Sonra güneş çıktı. Şahane bir gökkuşağı oluştu. Sezar bunun iyiye işaret olduğunu söyledi. Önümüzdeki kırlık alan sisle kaplıydı ve Romanlar giderek daha fazla huzursuzlanıyordu. Sezar, Çingeneleri aldığı yere geri bıraktı ve iyi arkadaş olarak ayrıldılar.

Ondördüncü Bölüm

Birtakım karavanlar, üç şeritli tenha asfalt yol boyunca tek bir sıra olmuş duruyorlardı. Ara sıra yağmur çiseliyordu. Karavanların içi sıcak ve rutubetliydi; başımızın hemen üzerindeki kemerli tavan üzerine yağan, ardı arkası kesilmeden davul çalıyor ve bebekler ağlıyordu. Kısa bir süre sonra Tşukurka ve Mimi'nin karavanından ayrıldık. Keja ve ben karavanımızı bulmak için yağmur altında koştuk. Gece erken çökmüş ve samimi karanlığın koruyuculuğu, dış dünyayı ortadan kaldırmıştı. Rupa sobanın kapağını kaldırdı ve hoplayıp dans eden alevlerin karavanın içini aydınlatmasını sağladı. Alevler insanların yüzlerini kızıl bir ışıkla aydınlatırken kaprisli, hayat ve neşe dolu bir şekilde yaramazca hareket ediyorlardı. Sanki kapağın kaldırılmasını fırsat bilip hapsedildikleri yaşlı kara sobadan şaka olsun diye atlamaya çalışıyorlardı. Hızlı hareketlerle sobanın metalden sıcak ağzını yalıyor, püfleyip çatırdıyor ve küçük gürültüler çıkarıyorlardı. Bu kadar çok yağmurdan sonra yine ateşi izlediğimiz için keyfimiz yerinde, sessizce oturuyorduk. Bir köşede genç bir anne, oynaşan alevlerin dikkatini dağıtmasını engellemek için kara eliyle gözüne gölge yapmış, bebeğini emziriyordu. Bebek büyük bir memnuniyetle agulanıyordu. Yatağa yatmadan önce atları mümkün olduğu kadar ılık ve kuru tutmak için gerekli olan muşamba parçalarını ve ordu battaniyelerini ayarladık. Gece boyunca atların asfaltı eşelerken veya yer değiştirirken çıkardıkları toynak seslerini dinledik. Hayvanlar sahiplerinin karavanlarının arkasına bağlanmış, boyunlarına asılan torbalardaki samanlarla besleniyorlardı.

Ertesi gün yine yağmur yağdı ve kimse karavan kafilesinden ayrılmadı. Yağmur durduğu anda, günün oldukça geç bir saati olmasına rağmen, Romanlar dört bir yana dağıldılar. Büyük yağmurlar gelmeden ve ortalığı ağustos çamuru kaplamadan önce, köyleri dolaşıp at ticareti yapmak için önümüzde yalnızca bir, bilemedin iki ay kalmıştı. Ve ondan sonra kar ve ayaz gelecek ve Romanların felç inmiş gibi hareketsiz kaldığı zamanlar kapıya dayanacaktı. Tşukurka'nın sağlığı büyük bir hızla bozuluyordu. Nefes darlığı çekiyor ve yatağında hareketsiz bir şekilde yatıyordu. Şimdi gözleri ateşle parlıyordu ve yaşlı Roman, gece gündüz hafifçe inliyordu. Kendine geldiği zamanlarda bir Roman olarak kusurlarından dolayı o sırada etrafında bulunanlardan özür diliyordu. Onlar da bunun karşılığında mırıldanarak itiraz edecek ve ona karşı sergiledikleri kusurlar için kendilerini affetmesini isteyeceklerdi. Sessiz bir büyü kumpanyamızın ruhunu kaçırmıştı. Tşukurka'nın, yakın ölümü demek doğru olmazdı, sağlık durumu hakkında bilgilendirilebilen bütün Romanlar onu ziyarete geldiler. Yatağının yanında çömelip karşılıklı afların değiştirildiği bir ayinde birbirlerine "Te aves yertime mandar, te yertil tut o Del!" (Ben seni affettim, dilerim ki Tanrı da seni affeder!) dediler. Vicdanını rahatlatmadan diğer dünyaya göçmek bir Roman için iyi bir şey değildi. Geride hiçbir gizli içerleme veya düşmanlık, konuşulmamış hiçbir sitem kalmamalıydı.

Pulika ve Yojo, Tşukurka'yı görmeye gelen bu kadar

çok insana yiyecek ve içecek temin etmek için yakındaki köylere gittiler. Çünkü bu şartlar altında bunları elde etmek ailenin göreviydi. Acil durumda el altında olmak için gezilerimizin çapını sınırlamıştık.

Tşukurka'nın karavanı, bir vadinin eteklerine ve bir doktoru olan köyün yakınlarına kurulmuş geniş kamp yerine götürüldü. Doktorun Çingenelere sempati duyduğu ve dertleriyle ilgilendiği biliniyordu. Günde iki veya üç kere evine telefon edip orada olup olmadığını kontrol ediyorduk. Tşukurka'nın durumu iyice kötüleşmişti, adamın bir ayağı çukurdaydı artık. Ama bir süredir bir değişim yoktu. Doktor adamın hastaneye yatırılmayı reddetmesine çok üzülmüştü. Roman, günlerinin sayılı olduğunu biliyordu ve bu günleri hastanede kapatılarak geçirmektense sevdikleri arasında harcamayı istemişti. Nazik ama çok endişeli olan doktordan istenilen tek şey, Tşukurka'nın ömrünü birkaç gün daha uzatmasıydı, böylece daha fazla sayıda Roman yanına gelip ona güle güle diyebilecekti.

Tşukurka, günlük ensülin iğnelerini ve diğer tıbbi tedavilerini artık bir eczane gibi kokan karavanında oluyordu. Pek bir gelişme veya değişme olmadan birkaç hafta geçmişti. Sonunda Pulika, Tşukurka'nın yanına geri dönmeyi seçti.

Vadiye varmak için öncelikle, giderek dikleşen uzun bir yokuşu tırmanmamız gerekiyordu. Sonunda doruk noktasına ulaştığımızda terlemiş atların soluklanıp tekrar eski formlarını kazanmaları için biraz bekledik. Alacakaranlık iyice çökmeye başlamıştı ve önümüzde uzanan vadide parıldayan kamp ateşlerini görebiliyorduk, yanan odunların çıtırtısı kulağımızdaydı. Arka tekerleklerin tahtadan parmakları arasına uzun sağlam sırıklar yerleştirdik ve karavanın hızla aşağı yuvarlanmasını engellemek için sırıkları bütün gücümüzle çektik. Destek atmasak karavanın iptidai el frenleri patlardı. Patinaj yaparak inen atların toynakları, asfalt üzerinde kıvılcımlar çıkarıyordu. İniş uzun, yavaş ve stresli oldu. Bütün o gürültü içinde Pulika'nın ortalığa emirler yağdıran cesaret verici sesi duyuluyordu. Kaygan yoldan her seferinde tek bir karavanı indiriyorduk. Çıplak ayaklarım, alışık olmadığı asfalt üzerinde böylesine zorlanmaktan dolayı acımıştı. Karavanlar herhangi bir aksilik olmadan aşağı indirildi. Bir süre daha gittikten sonra güvenli kamp yerine vardık. Atlar terden buğulama olmuşlardı ve çoğu köpek havlıyordu. Yerleşik bir kamp yerine yeni birileri geldiğinde oluşan çocuk sürülerinin aksine yalnızca birkaç ufaklık bizi karşılamaya geldi. Yanan ateşlerin çevresinde yalnızca bebekli genç kadınlar vardı. Erkekler ve daha yaşlı kadınlar ortalıkta yoklardı. Ölümün yakın olduğunu hissedebiliyordum ve dolayısıyla ortalıktan kaybolmak istemiyordum, ama Kore babasıyla ve bizimle birlikte kampa yeni gelmiş erkeklerle beraber kalırken, atları otlağa götürmeye gönüllü oldum. Diğer genç oğlanlar diğer atları alıp çayıra getirdiler. Karanlıkta, bu oğlanlarla beraber, kesinlikle bir görev bilinciyle değil tamamen içimizden geldiğinden, bizimle beraber gelen Çingenelerin atlarının bakımını yaptık. Bulunduğumuz yer atlar için çok uygundu; bol miktarda ot vardı ve hemen yakınından küçük bir dere akıyordu. Sigara içip otların üzerine uzanarak orada zaman geçirdik. Otlayan atların çevremizi saran aşina sesleri bizi sakinleştirmişti. Uzaktaki kamp yerinde, çoğu ailenin yaktığı kamp ateşi az bir farkla gökyüzündeki yıldızların yankısı gibi duruyordu. Kadınlar hâlâ yemek pişiriyor olmalıydılar, akşam yemeği hazır oluncaya kadar kampa dönmek için herhangi bir neden yoktu. Kampa vardığımızda hiç yemek pişirilmemiş olmasına çok şaşırmıştım. Sonra Keja gözyaşları içinde Tşukurka'nın biz ayrıldıktan kısa bir süre sonra öldüğünü söyledi. Beni kolumdan tutup Tşukurka'nın karavanının durduğu yere götürdü.

Erkeklerin hepsi orada toplanmıştı. Karavanın önüne, karavanın tepesiyle, dik bir şekilde yere saplamış ve gerili bir iple sabitlenmiş çadır kazıkları arasında gerilmiş brandadan geniş bir gölgelik kurulmuştu. Kurulan gölgeliğin çevresi açık bırakılmıştı. Bu geçici çardağın önünde büyük bir ateş yakıldı. Romanlar, daha önce hiç görmediğim kadar kendilerini tutarak bu ateşin çevresine doluştular. Bazısı naaşın yattığı yerin yanında yere yıkılmıştı. Tşukurka'nın başını koyduğu kuştüyü yastığın çevresine rastgele konan yedi mumun alevleri huzursuzca titriyordu. Birtakım polis memurları ve doktor, daha genç erkeklerle bazı detayları konuşmak için çardaktan ayrılmak üzereydiler.

Nano (amca) Tşukurka canlı gibiydi, yalnızca gözleri kapalıydı. Kocaman. altın yüzüklerle kaplı elleri vücudunun yanı sıra uzanmışlardı. Ağır bastonu ve favori kırbacı yanında duruyordu. Hafif bir uykuya dalmış gibi görünüyordu. Romanların mahremiyetini kirletiyormuşum gibi rahatsız edici bir duyguya kapıldım. Tepemizdeki branda hareketli rüzgârla hafif hafif titriyordu ve gece fısıldaşan seslerle doluydu.

Feryat patlamaları, duyulan acıdan ve öfkeden inlemeler ve Tşukurka'nın öldüğüne inanmadığını belli eden sert, isyankâr tabirler art arda birbirlerini takip ediyorlardı. Bu şekilde konuşurken kendilerinden, önlerinde öylece yatan Tşukurka diye bahsettiler. Yasın ilk gecesinde insanlar hayatı ve çevrelerindeki diğer Romanları unuttular. Teselli bulmak için neredeyse bir tören içinde "Te aves yertime mandar" cümlesini tekrar tekrar söylediler. Cümlede söylenmiyor olsa da yineledikleri temenni, ölmüşün dua eden kişiyi affedeceği umudunu taşıyordu. Bir kişi ölüler diyarına gitmek üzere aramızdan ayrıldığında, konuşulmamış, yarıunutulmuş kıskançlıklar da dâhil olmak üzere yaşayanlarla arasındaki bütün duygusal bağlar en azından bir süreliğine kesilmeliydi. Ölmüş bir insanı acı, pişmanlık veya horgörüyle düşünmek de çok kötü bir şeydi.

Tşukurka'nın karısı dizleri üzerine oturmuş, sessizce ağlıyor, teselli bulmadığını belli edercesine sallanıyordu. Kadının çevresini Luludja ve iki gelini sarmıştı, kadınlar karanlıkta çömelip birbirlerine sarılmışlardı. Gün doğarken bazı genç kadınlar sıcak kara kahveden getirdiler ancak yas tutan çoğu kişi sunulan kahveyi başlarını öte yana çevirip boşluğa gözlerini dikerek reddettiler. Kadınların ısrarlı dil dökmelerine cevap bile vermediler. O sabah kimse yıkanmadı veya tıraş olmadı; kadın ve kızlar saçlarını taramayı dahi düşünmediler. Gün boyunca hiç yemek pişirilmedi ve yine küçük çocuklar kendilerine verilen kuru ekmek, soğuk tavuk ve tütsülenmiş domuz etine itiraz ederek yaygarayı kopardılar.

Tşukurka hiçbir zaman yalnız bırakılmadı. Yakın akrabaları onun için yakılan ateşin başından veya kurulan çardaktan bir an için olsun ayrılmıyorlardı. Diğer Romanlar ve aileler onların atlarına baktı, ateş için odun taşıdı ve tüm kamp için içecek su temin ettiler. Civarda yolculuk eden bütün Çingenelerin, Tşukurka'nın ölüm haberini duymasını da sağlamışlardı. Haberi alanların büyük bir kısmı cenazeye yetişti.

Yasın ikinci ve üçüncü gecesinde herkes iyice hüzünlendi ve derin düşüncelere daldı. Bu süre boyunca erkekler ne yemek yedi ne de uyudular. Yalnızca hiç durmadan ve korkunç bir kararlılıkla içtiler. Gözleri kırmızılaşıp iyice kan oturmuş, suratları iki üç gündür tıraş olmadığını ve hiç yıkanmadığını belli edercesine kararmıştı. Yaşlı erkeklerin çoğu, çektiği çilenin bir sembolü olarak ceketlerinin, yelek ve gömleklerinin düğmelerini söktü. İnanmak istemediklerini göstermek istercesine aşırı bir şekilde içmeye devam ettiler. Kadınlar hiç durmadan hıçkıra hıçkıra ağlayıp, feryat ettiler. İçlerindeki yaşlılardan biri, Tşukurka için alçak sesle ağıt yaktı.

Kiralık bir Gajo bandosu, askeri marşlar çalıp tabutun ardından yürüdü. Yerel papaz, Romanın dul eşi ve çocukları ve yas tutanlar, definin yapılacağı yere kadar bandonun ardından yürüdüler. Duydukları acı, açlık ve uykusuzluktan dolayı, düzensiz bir kalabalık şeklinde yürüyorlardı. Alay kabristana girdiğinde Romanlar aniden uyuşukluklarından kurtuldu ve vahşi çığlıklar atmaya başladılar. Bazı kadınlar saçlarını başlarını dağıttı. Öyle ki akrabaları kendilerine bir zarar vermelerini engellemek için onları tutmak zorunda kaldılar. Kıyafetlerini yırtıp başlarını birden bire geriye savuruyor, dişlerini gösterip suratlarını buruşturuyorlardı. Yüzleri ıssız gözyaşlarıyla lekelenmişti. Köy papazı ve koro çocukları bu taşkın tavırlar karşısında sinmişlerdi, duydukları korku yüzlerinden okunabiliyordu. Tabut yerine yerleştirilinceye kadar bandonun çalmasına izin verilmedi. Papaz Latince takdis etmeye başladı ancak mezarın oradan gelen itiş kakış nedeniyle sözleri yarıda kesildi; birkaç Çingene Mimi'nin, Tşukurka'nın karısının kendisini açık mezara atmasına engel olmaya çalışıyordu. Merhuma karşı saygısının kalmadığını boğuk bir sesle dile getiren kadını, akrabaları oradan uzaklaştırıldı.

Mezar doldurulmadan önce Romanlar, birer birer tabutun üzerine altın parçaları attılar. Bazısı avuç dolusu gümüş para atıyordu. Merhuma onu affettiklerini yineledi ve onun da kendilerini affetmesi için dua ettiler. Uzun zaman önce Putzina'nın cenazesinde söyledikleri gibi "Akana mukav tut le Devlesa!" (Şimdi seni Tanrı'ya bırakıyorum!) diyerek hızla oradan uzaklaştılar.

Kamp yerinde bol miktarda yiyecek hazırlanmıştı ve Romanların cenazeden dönmesi bekleniyordu. Bu Ponama yemeğiydi. Romanların günlerdir yediği ilk yemekti. Sofra gerçek bir Lovara tarzında hazırlanmıştı; masada kaz, tavuk ve pirzola yığınları ve şarap ve brandi duruyordu. Tşukurka'nın yakın akrabaları yemeğe katılmadılar. Romanlar sofraya otururken ve kalkarken "Te avel angla tute, Tşukurka, kodo khabe tai kado pimo tai menge pe sastimaste..." (Tşukurka ve senin hatıran, bize sağlık ve gayret versin...) dediler.

Bu Ponama, veya merhum için verilen şölen dokuz gün, altı hafta, altı ay sonra yinelendi ve her yıl, ölüm yıldönümünde tekrar verildi. Her Ponama'da aralarındaki bağın derecesine göre belli akrabalar, herkesin önünde yas dönemlerini bitirdiklerini ve tuttukları yasın üzerlerine yükledikleri sınırlamaların kalktığını açıklardı. Sonra yine saçlarını taramaya, takı takmaya, yeni kıyafetler giymeye, dans edip şarkı söylemeye ve içmeye başlarlardı. Ancak yas rengi olarak siyah, Çingeneler arasında hiçbir şekilde giyilmezdi.

Kimsenin bir yıl boyunca yas tutmasına izin verilmezdi. Yaşam devam etmeliydi. Merhumun ruhunun sükûn bulması için arkasında kalanların ölmüşe duydukları sevgiyi ve bağlılığı göstermesi önemliydi. Ancak aynı şekilde aşırı kederli olmamak da önemliydi; çünkü merhumun ruhu, sevdiklerini avutmak için geri gelmek isteyebilirdi. Uygun bir süre sonunda merhumun yeni hayatında yola devam etmesine izin vermek gerekirdi. Yas dönemi sonunda şunu demek adettendi: "Putrav lesko drom angle leste te inkrav les mai palpale mura brigasa..." (Yeni yaşamında yine önünü açıyorum ve çektiğim kederin engellerinden onu kurtarıyorum...)

Tşukurka için düzenlenen ilk Ponama gecesinde kamp, gün doğuncaya kadar hareketli ve gürültülü oldu. Ertesi sabah erken saatlerde küçük karavan grupları dört bir yöne doğru harekete geçti. Biz öğleden sonraya kadar kaldık ve bu tenha ve düz kamp yerinden en son ayrılanlar arasındaydık.

Pulika kardeşinin dul eşinin Tşukurka'nın içinde öldüğü çardağı, başını koyduğu yastığı ve son olarak uzandığı halıları yakmasına yardım etti. Yemek yediği kapları, içki içtiği tas ve bardakları yok ettiler. Geride onun tarafından kullanılmış veya onu anımsatan hiçbir şey kullanılır durumda olmamalıydı. Kamptan ayrılırken karavanı esaslı bir şekilde altüst edilmişti; yalnızca iskeleti bozulmamıştı. Tşukurka yumuşak yatakta değil de, varlığını gereksiz yere sürdürmek istemediğinden toprağın üzerine serilmiş halılarda, açık havada ölmüştü.

Eğer karavanın içinde ölmüş olsaydı, onun da yakılması gerekecekti. Bir yıl boyunca dul kadının ve çocuklarının yemek hazırlamasına izin verilmedi.

Karavanımız, Tşukurka'yla birlikte bütün neşemizi, canlılığımızı ve hayattan aldığımız zevki de gömdüğümüz bu ölüm yerinden sessizce uzaklaştığı için kendimi rahatlamış hissettim. Ruh halimizin tam aksine hava sıcaktı, çayırlar sarıçiçek tarlasına dönmüştü, kuşlar şakıyor ve sinekler ısrarla vızıldıyorlardı.

Romanların öldükten sonra ne olacağına dair belirgin hiçbir fikri yoktu. Öldükten sonra cennet veya cehennemin olmadığına emindiler. Ölümden sonra yaşam burada olduğu gibi devam ediyor olmalıydı, yalnızca başka bir düzlemde. Bu konu hakkında pek nadir konuşur ve Gajoların bu konudaki meraklarını da kavrayamazlardı. Ne de olsa "herkes oraya gidecek ve hiç şüphesiz neler olup bittiğini öğrenecekti."

Lovaralar arasında ölünün avlanmak için yaşayanların dünyasına dönebileceği fikrine sık rastlanırdı. Şeytan ruhlu veya günahkâr insanlar veya aniden ölenler veya zamansız ölenler affedilmek için boş yere dönerlerdi. Ölmüş birinin geri dönme ihtimali, hayatı boyunca taşıdığı ruhsal niyetle ve sorumlu olduğu insanlarla kurduğu ilişkiyle doğrudan bağlantılıydı. Romanlar "harika bir ölüm" dedikleri şekilde ölmeyi çok arzularlardı. Ölüme hazırlanmayı ve ev halkı, akraba ve arkadaşlarıyla paylaşabilmeyi isterlerdi. Hiç hazır olmadıkları bir anda gelen ölümden çok korkarlardı.

Mule, yani atalar, yani kabile ölmüşlerinin "ruhları" ebedi ve ezeli değildiler. Onları "yaşlı ruhlar" olarak bilen son kişi de ölünceye dek, güçlerini her geçen yıl gittikçe kaybederler, zayıf düşerlerdi. Bunun ötesinde ne olabileceğini sorduğunuzda Romanlar omuz silkerdi. Bir kişi tanımlanamazın peşinde koşup niye rahatlatıcı illüzyonlar arardı ki?

Tşukurka'nın ölümünden sonra kumpanyanın ana gövdesinden ayrıldık ve yalnızca Ponama şölenlerinin kutlanacağı dönemlerde onlara katıldık. Yasın getirdiği sınırlamalara onları da maruz bırakamazdık.

Pulika boş, rüzgârlı alana bakarak "Tşukurka hâlâ bizimle" diyecekti. Böylesi ifadeler önceleri beni üzerdi, söylediği şeyi hissetmek için duygularımı boş yere zorlardım. Pulika kardeşinin sevdiği yiyecek ve içecekleri her hatırladığında gördüğü ilk yabancıyı rastgele çağıracak ve sofraya davet edecekti. Her yıl yapılan at fuarında, eğlencenin her zamanki çehrelerinden biri olan sakat seyyar satıcıdan çok sayıda kaliteli kırbaç satın aldı. Lovaralar arasında iyi şaklayan kırbaçlara düşkünlüğüyle tanınan kardeşinin anısına, bu kırbaçları ürkmüş Gajo at satıcılarına dağıttı. Aynı zihniyetle bir Roman, yakın zamanda ölmüş bir aile bireyinin anısına, yeni bir takım elbise, gömlekler, ayakkabılar, bir palto ve şapka satın alıp gördüğü ilk Gajoya verecekti. Bunlar için karşı tarafa hiçbir açıklama yapılmazdı.

Tşukurka'nın son dileği "önümüzdeki kıştan sonra" kimsenin yas tutmaması olmuştu, yine yola koyulmak için sabırsızlandığından, baharın ilk belirtileriyle birlikte yas tutmayı bırakmalıydık.

Bu yüzden bir gün, –geleneklere ters olarak ancak Tşukurka'nın dileği doğrultusunda yalnızca altı ay sonra verilen– son Ponama yemeğinden sonra kumpanyamızın ana gövdesine tekrar katıldık. Onun için tutulan yasın sınırlamalarını kısaltma konusundaki ısrarı dolayısıyla her yeni giysi giydiğimizde, içki içip şarkı söylediğimiz her seferde veya dans ettiğimizde muhtemelen Tşukurka'nın yokluğunu daha bir fazla hissedecek ve ne zaman neşeli bir şeyler yapsak "Te avel angla tute" diyerek anısına ithafta bulunmayı hiçbir zaman ihmal etmeyecektik.

Onbeşinci Bölüm

Tşukurka'nın ölümünü takip eden kış bitmek bilmedi, hatırladığım en ıssız mevsimdi. Tuttuğumuz yastan ötürü, aralarında yaşadığımız fakir Gajolarla paylaştığımız pespaye keyifsizliğin monotonluğunu dağıtacak bir ziyafet de düzenlemedik; şimdilik onlar gibi yoksulluk seviyesinde yaşayıp gidiyorduk. Kendimizi havanın artık solunamaz hale geldiği karavanlarımıza hapsetmiştik. Temas ettiğimiz az sayıdaki Gajo da kötümser, bozguna uğramış, sıkıcı ve sinik adamlardı. Çok uzun süren genel seferberlik halinden hüsrana uğramışlardı. Ortalıkta çılgın dedikodular dolaşıyordu ve politik bir rahatsızlık havaya hâkimdi.

Pulika huzursuzdu. Paris'te, Grantşa'nın yerinde kalan Bidşika'yı tekrar tekrar geri çağırdı. Görünür bir şekilde işlerin gecikiyor olmasından dolayı rahatsızdı. Ancak Bidşika'yla yapılan sinir bozucu bir telefon görüşmesinden sonra, Pulika'nın ne yapmaya çalıştığına, niye esasen Bidşika, Miloş ve beni Paris'e gönderdiğine dair daha berrak düşünceler edinme fırsatım oldu. Pulika, İspanya'daki akrabalarıyla daha yakın temasta bulunmanın yollarını arıyordu. Loiza la Vakako'nun kısa bir süre önce yapmayı başardığı gibi, perdal l paya'ya, suların ötesine yani Amerika'ya giden yolda bir adım daha alabilmek için onlara katılmayı planlıyordu. Grofo da doğrudan Almanya'dan Amerika'ya gidebilmişti; eğer dedikodulara inanacak olursak yaşlı Tşompi de bunu başarmıştı.

Kuzeyde, Hollanda'da elinde Guatemala pasaportları olan ve sıklıkla buralardan gitmekten bahseden baba Tşurka'nın kumpanyası vardı. Norveç'ten Tşuraralı dört kardeş de, Pani, Nanoş, Popoy ve Gunari de geleneksel yarıresmi Çingene metotlarıyla İspanya'ya gitmekten bahsediyorlardı. Hendaye'deki uluslararası köprüyü geçmek için cesurca ancak aptal girişimlerde bulundular. Ancak Fransa ve İspanya arasında kaldılar. Her iki ülke de onları kabul etmedi, pek çok badire atlattıktan sonra, sonunda Norveç'e gitmek üzere sınır dışı edildiler.

Bir önceki yaz oldukça zengin ve önemli bir Çingene, ailesiyle beraber Güney Afrika'dan gelmişti. Asıl ismi Stevo o Afrikano idi ancak Roman, Gajolar arasında kendisine Elmas Jim denmesini istiyordu. Borisi olarak Honko'nun kızı Valentina'yı almıştı ve kızın babasına yani yeni khanamikine Amerika'ya göçme sözü vermişti. Pulika'nın başka bir uzak akrabası, Makro, İtalya'ya gitmek üzere Yugoslavya'dan ayrılmıştı. Sanki ortak bir içgüdüyle her yerdeki Romanlar, huzursuzlanmaya başlamış ve yeni cennetler aramak üzere harekete geçmişlerdi. Kumpanyamızın daha genç ve sabırsız birkaç Romanı, Paris'teki Bidşika'ya katılmak üzere çoktan yola koyulmuştu. Ettikleri birkaç pervasız söz yüzünden o zamanlar Paris'in "sahibi" olan Roman, Steco la Gulumbako'yla sürtüşmüşlerdi. Gulumbako gerçekten hırslı ve acımasız bir adamdı, vahşi ve kavgacıydı. Bidşika'ya katılan Çingeneler arasında Luluvo'nun en büyük oğlu ve Bidşika'nın yeğeni Merşak da vardı. Oğlanın güçlü bir kişiliği vardı ve popüler bir gençti, ancak yumuşak yüzlüydü ve kolayca etkilenebiliyordu. Kumpanyamızdan ve yaşlıların sınırlayıcı etkilerinden uzakta, o ve daha birkaçı, örgütlü suç şebekelerine bulaştılar. Merşak ufak bir servet edindi ve göze çarpan bir lüks içinde yaşadı; ancak Romanların dediği gibi "O low tai o beng naşti beşen patşasa!" (Ne para ne de şeytan huzur verir!) Genç Roman sonunda yakalandı, uluslararası kalpazanlık çetesiyle kurduğu ilişkilerden suçlu bulundu ve ömür boyu hapse mahkûm edildi.

Serin bir bahar gecesiydi. Gri bir kısrak satın aldığımız yerel at tacirleriyle ateşin parıldayan közleri başında oturmuş, ısınmaya çalışıyorduk. Hayaletler ve garip kazalar hakkında birbirimize hikâyeler anlatıyor ve at rahatsızlıklarını tedavi etmenin çeşitli yolları hakkında sohbet ediyorduk. Kamp ateşimizin çevresinde Gajolar olduğundan genç kadınlar dikkat çekmemek için ateşin ışığından uzakta oturuyorlardı. Yarı karanlığın tedbirli koruması altında erkeklerin, Roman ve Gajoların hareketlerini izliyorlardı. Misafirlere ilgi duymayan çocuklar çoktan uyumuşlardı. Ayrılmak üzere çoktan ayağa kalkmış al yanaklı, gürbüz ve canlı bir at taciri, tesadüfen, meslektaşlarından birkaçının yakın çevredeki geniş bir Çingene grubundan at satın aldığını söyledi. Bölgedeki diğer Çingenelerin yerleri hakkında sorular sormuşlardı. Yaşlı Romanlar acele etmeden ancak meraklarını saklayarak sorular sordular. Hiç umursamaz bir şekilde kimlerden bahsettiklerini gayet iyi "biliyormuş", çevredeki diğer Çingenelerden haberleri varmış gibi davrandılar. Ertesi sabah erken saatlerde bir grup genç Lovaralı kullandıkları taligalarla beraber yol kenarına kurulan kamptan ayrıldılar. Bir gece önce bahsi geçen, bölgeye yeni varmış

Çingeneleri aramak üzere dört bir yana dağılmadan önce bir süre beraber yol aldılar. Kore ve ben yeni aldığımız gri kısrağı tırısa kaldırdığımızda çok uzaklarda bize paralel giden Yayal ve Nanoş'u ve diğerlerini görebiliyorduk. Bazen engebeli arazide kayboluyor, sonra uzakta, yoldaki bir dirsekte yeniden ortaya çıkıyorlardı. Bazen dik bir yokuştan takırdayarak iniyor veya bir tepeyi yavaşça tırmanıyorlardı. Bazılarının taligalarında ayağa kalktıklarını ve ayaklarını ayırıp Romalı savaşçılar gibi sürdüklerini görebiliyorduk. Etkili olsun diye ince uzun kırbaçlarını havada şaklatıyor, vahşi ve esrarengiz naralar atıyorlardı. Bunlar çoğunlukla en genç olanlarımızdı. Diğerleri, gırtlaktan çıkardıkları, bu uzaklıktan zorlukla duyulabilecek seslerle atları kışkırtırdı. Kore ve ben sevinçle uçuşan tarlakuşlarını uzunca bir süre izleyerek tembel tembel yola devam ettik. Kuşlar güçlerini ve nefeslerini tüketinceye dek mavi gökyüzünün derinliklerine doğru sersemletici bir hızla uçuyor, sonra bir kez daha süzülerek toprağa doğru geliyorlardı. Güneş gökyüzünde tırmanıyordu. Susuzluğumuzu dindirmek için bazen yol üzerindeki bir handa bir bardak bira içmek için duruyorduk. Bir keresinde de bir nalbantta mola vermiştik. Adama güvenliğimizi tehlikeye atmadan temkinli sorular sorduk. Saatler süren yolculuktan sonra kampımızın yanındaki meyhaneye telefon açtık. Evde kalanlardan diğer izci gruplarının bizden daha şanslı olup "yeni" Çingeneleri, Rom neve, bulup bulmadıklarını öğrenmek istiyorduk. Güneş batarken bu gece geri dönüp ana gruba katılıp katılmamamız gerektiğini sormak için başka bir telefon daha açtık. Veya burada kamp kurup ertesi gün kaldığımız yerden devam etsek daha mı iyi olurdu? Henüz büyük Çingene grubundan hiçbir haber yoktu. Bu yüzden geceyi insanlarımızdan uzakta geçirmeye karar verdik. Birkaç mil daha yol aldık ve gördüğümüz ilk meyhanede durduk. Gecenin bir bölümünü ağır köylü yemeklerinden yiyip içki içerek geçirdik. Meyhane kapandığında, sabah olmadan şehre varmak istediğimizden yine yola koyulduk. Kısrağı taligaya koştuk ve gecenin karanlığına doğru sürdük.

Gerçekte meyhaneden çıktıktan sonra ancak birkaç mil yol aldık ve taligayı rastgele, pulluklarla derince sürülmüş tarlaları kesen sığ bir kanaldan geçirdik ve kısrağı bağladığımız çalı çırpının altına sakladık. Orada, ana yoldan mümkün olduğu kadar fark edilemeyecek küçük bir ateş yaktık. İçin için yanan odun ateşimizin yanına uzandık ve geceyi dinlenerek geçirdik Gece kuşları, açıklanmamış bir korkunun esrarlı kıldığı sesleriyle havayı doldurmuşlardı. Gecenin karaya çalan Prusya mavisi engin göğü altında, Kore'yle birlikte zamanın anlamının değiştiğini hissettik. Ay gerçekdışı ve küçük görünüyordu. Yarı karanlıkta çevremizi sarmış, meraklı gözlerle bakınan yaban tavşanları ve diğer hayvanlar bizi izliyordu; ateşin parlaklığına kendilerini kaptırmışlar, gözlerini alevlerden ayıramıyorlardı.

Uyandığımızda ateş neredeyse sönmüştü, soğuk sabah ayazında yalnızca ince beyaz bir duman döne döne gökyüzüne doğru çıkıyordu. Koca gözlü tavşanlar gitmişlerdi. Tepemizdeki gökyüzünün ilginç bir ışıltısı vardı; neredeyse seher vakti olmuştu. Yere çökmüş, süt rengindeki yarı saydam sis, yavaş yavaş kalkıyordu. Üzerimize bir şey örtmeden uyuduğumuzdan eklem yerlerimiz kaskatı kesilmişti. Göz kapaklarımız o kadar ağırdı ki, açamıyorduk. Ata koşum takımlarını takmadan önce kendi kemerlerimizi gevşeterek vücutlarımızı rahatlattık. Atın burnunu öpüp yelesini okşadık ve birbirimize gereksiz kelimeler sarf etmeden canı sıkkın bir şekilde yola koyulduk. İki tekerlekli araba yol boyunca hızla gidip takırdarken bizim afyonumuz henüz patlamaktaydı. Yol kenarındaki bir çeşmede elimizi yüzümüzü yıkadık. Buz gibi soğuk su neşemizi ve espri anlayışımızı yerine getirmişti. Yine şaka yapabiliyorduk. Yanımızda taşıdığımız tek şey olan tuzla dişlerimizi ovaladık. Yol kenarındaki ilk handa durduk. Burada kahve ve konyak içip keşfe kaldığımız yerden devam ettik. Öğleye doğru kamp yerine telefon ettik. Polis kamp yerini dağıtmış ve Romanları harekete geçmek zorunda bırakmıştı. Ancak Pulika ve diğer birkaç erkek, keşfe çıkmış gruplardan gelecek telefonları organize etmek ve bir sonraki haberleşme yerini, yeni kamp yerinin yanındaki hanı onlara bildirmek için taligayla geri gelmişlerdi. Aramakta olduğumuz sözde büyük Çingene grubundan hâlâ bir haber yoktu, ancak diğer keşif gruplarının şimdiye kadar topladıkları haberler kafada belli bir şekil oluşturuyordu. Eğer istersek aramayı bırakabileceğimiz söylendi. Bu hızla yolculuk edersek ana grubun rotasıyla çakışabilirdik. Bunu yapmak yerine diğer grubun olabileceği söylenen yöne doğru hareket etmeye karar verdik. Henüz sabahın erken saatleriydi ve heyecanımızı paylaşmak istedik. Arabayı delicesine sürdük. Yolumuzun üzerindeki hanlarda yalnızca kısrağı dinlendirmek için duruyorduk. Bir ara yolda üç karavan gördük. Bunlar, çiğ renklerle donatılmış küçük karavanlardı ve kasaları, gereksiz yere büyük tutulmuş tekerlekler üzerine yerleştirilmiş gibi duruyordu. Yalnızca iki at vardı ve onlar da çok yıpranmış görünüyorlardı. Hemen yanında bir grup esmer genç keman, gitar ve viyola çalıyordu. Bunlar Sintilerdi. El sallayarak onlara selam verip yolumuza devam ettik. Yolun yukarısında coşkun melez köpekleriyle beraber dolaşan bazı Sinti oğlanlarına rastladık. Başarılı bir kirpi avından döndükleri hallerinden belli oluyordu. Onlardan birkaç küçük hayvan satın aldık. Ekstra verdiğimiz bir avuç bozukluk karşılığında hayvanları bizim için öldürüp temizlediler ve yaktıkları küçük bir ateşin üzerinde pişirdiler. El altındaki tuzumuz yine işe yaramıştı. Aslında, kirpi avlamak için yılın yanlış zamanıydı; kuş uykusundan yeni kalktıklarından pek sıskaydılar. Azıcık yanmış kirpi eti doğrusu bizi çok susatmıştı ve bir kez daha bir handa mola verdik. Orada, ağızda ekşi bir tat bırakan yerel biradan birkaç şişe satın aldık. Günün geri kalanında çam ağaçlarının sessizliği içinde arabayı sürdük. Kumda kabaca bırakılmış izleri takip ediyorduk ve bu, hızımızı çok yavaşlatıyordu. Etrafımızı saran sessizlik, çamların kokusu ve ağaçların yarı gölgesi içimizde uzak yankılar uyandırdı. Tepemizde ağaçlar hışırdıyor, rüzgârın fısıltısı ve ani iç çekmelerle uyum içinde, yumuşak bir şekilde salınıyorlardı. Çam reçinesinin tatlı ve yoğun aromasıyla birleşen küflü mantar kokusu burun deliklerimizi titretip, ciğerlerimizi doldurdu. Ağaçların büyüsüne dayanmak bizim için çok zordu; düzlük arazide engin ufka doğru ilerleyen gri kısrak, bizi büyüden çekip çıkardı. Şarkı söyleyen uzun ve sık çam ağaçlarının gri-mavi gölgesinde, yürüyüş hızından az biraz daha hızlı gidebiliyorduk. Güneş batarken aniden ağaçlık alandan çıktık. Kore kırbacını şaklattı ve atı keskin bir tırısa zorladı ve batan güneşe doğru tam hız koşturdu. Gökyüzü, içinden çıktığımız kara yeşil gölgelerle keskin bir tezat oluşturan hafif bir leylak renginden yavaşça yarı şeffaf bir turkuaz rengine büründü. Şimdi göğün rengi, yaban kuşlarının yumurta kabuğunun rengini ve inceliğini almıştı. Önümüzde altın sarısı ufuk çizgisi sağdan sola doğru bütün her yeri kaplarcasına uzanmıştı. Ufuk güneş battıkça kan kırmızısına boyandı. Işık anlatılmaz bir nitelikteydi. Her nesnenin şeklini ve rengini inceden inceye değiştiriyor ve görüntüsüne esrarengiz bir perspektif katıyordu; ölçülebilir mesafeler yok olmuştu.

Aniden önümüzde, çok uzakta, Çingene karavanlarının

oluşturduğu uzun çizgiyi gördük. Katar, şişman ve dermansız bir yaz yılanı gibi, geniş ve tembel kıvrımlar halinde yavaşça hareket ediyordu. Taligada ayağa kalktık. Sanki kısrağı cinler harekete geçirmiş gibiydi. Uzunca bir süre delicesine yol aldık. At yavaşladı ve kışkırtıcı bağırışlarımız zevkini kaybetti. Havada, güneşten ısınmış keskin bir tozlu yol kokusu vardı. Gökyüzü yanardönerliğini kaybetti ve hızla ağır, kurşuni bir griye büründü. Alev alev yanarak hâlâ ufku vurgulayan dar kızıl çizgi, çöken karanlıkla beraber hızla eridi. Yalnız bir yusufçuk aceleyle yanımızdan geçti. Önümüzdeki karavanlar sanki daha yavaş hareket ediyordu artık. Ancak ne yaparsak yapalım aramızdaki mesafe bir türlü kapanmak bilmiyordu. Sanki güçlü bir büyü altındaydık; öyle ki bize hızla gittiğimizi hissettirir ve bizi kandırırken aslında açık arazide hareketsiz tutuyordu. Karanlık iyice çöktü ve gecenin sesleri ortalığa hâkim oldu. Karanlıkta yeni gelenleri kaybedeceğiz korkusuyla acele etmeye başladık. Bir kere daha hızla ileri atıldıktan sonra, artık taş döşeli yola çıktığımızdan, sessiz gecenin içinde yalnızca karavan tekerleklerinin sesini duyar olduk. Yola paralel bir telefon hattını takip ettik; her yüz metrede bir, insanı korkutan bir yinelenmeyle koca bir tahta kazık karanlığın içinden önümüze atlıyor, biz hızla önünden geçtikten sonra yine karanlığa çekiliyordu. Rüzgâr kendilerine değdikçe tepemizde kablolar vızıldayıp şarkı söylüyordu. Hilal şeklindeki ay ince bir pusla gölgelenmişti.

Sonra aniden kendimizi yol kenarına kurulmuş bir kamp yerinde bulduk. Yolun iki tarafına, yoldan bir iki adım ötede ağır karavanlar dizilmişti. Aradığımız kampın bu olduğunu anlayıncaya kadar bir iki karavanı geçtik. Son bir çabayla iyice ürkmüş atı durdurduk ve en sonunda ulaşmış olmanın getirdiği şaşkınlıkla etrafımıza bakındık. Yarı karanlıkta bazı adamların yakacak odun topladıklarını gördük. Adamlar buldukları odunları sırtlarındaki sepete doldururken, diğerleri bir elleriyle gözlerini siper edip diğer elleriyle ateşi tutuşturmaya çalışıyorlardı. Bizi tanımak için bir adım yaklaştılar. Çıplak ayaklı genç bir oğlan, atın ilerlemesini engellemek için çoktan yularını tutmuştu. Her karanlık köşeden meraklı gözler üzerimize dikildi. Taligada ayakta duruyorduk ama aşağı atlamayı bekliyorduk. Bize kafalarını kaldırıp bakmak zorunda kaldıklarından gözlerinin beyazı görülüyordu. Kore ve ben yüksek sesle "Na daran Romale wi ame sam Rom tşatşe!" (Çingeneler korkmayın, biz de Çingeneyiz!) diye bağırdık. Karanlığın içinden "Devlesa araklam tume!" (Sizi bize Tanrı yolladı!) diye bağıran erkeklerin sesleri geldi. Aşağı atladık ve meşale taşıyan adamların peşi sıra ışığı gizleyen iki karavan arasında yakılmış kamp ateşine doğru ilerledik. Genç oğlanın atla ilgilenmesine izin verdik. Ateşin çevresinde sayısız Roman toplanmıştı ve hemen, geleneksel resmi selamlaşmanın uzun prosedürüne giriştik. Bunu birbirinin soyunu sopunu kontrol etme ve ilaveten sorulan sorular takip etti. Sonra yiyecek sunuldu ve bol miktarda içki tüketildi. Bu Miloş'un, Pulika'nın genç ağabeyinin kumpanyasıydı. Yemek pişer pişmez dışarıdakilerin dikkatini çekmemek için ateşler söndürüldü. O gece Miloş'un en genç oğlunun, Kalia'nın yatağını paylaştık. Kuzenimiz Kalia bizim yaşlarımızdaydı ancak çoktan Marona isminde narin bir kızla evlenmiş ve iki çocuk babası olmuştu. Sonradan onların beşik kertmesi olduklarını öğrendik. Ancak kızın babası İspanya'da zamansız bir şekilde ölünce o ve kardeşleri Miloş'un himayesine girmişlerdi.

Kaila ve Marona Roman kanunları önünde birbirlerine ait olduklarını ve bir gün karı-koca olacaklarını bilerek beraber büyümüşlerdi. Dedikodulara göre birlikte olmak için uygun zamanı beklememiş, gizlice evlilik yemini edip gereğini yerine getirmişlerdi. Tek elle sigara sarmak da dâhil olmak üzere Kalia'dan bir sürü numara öğrendik.

Sabahleyin yeni gelenleri bir gün önce geldikleri yoldan geri götürdük. Amacımız Pulika'nın rotasıyla çakışmak ve sonra Pulika'nın bizim için bırakmış olması gereken vurmaları, yani izleri takip etmekti.

Günün ilk saatlerini karavanlarda çene çalıp kahve içerek geçirdik. Yuvarlanıp giden karavan katarında en öndekinden en arkadakine doğru bütün karavanları ziyaret ediyor, kendimizi yavaş yavaş gruba tanıtıyorduk. Son karavandan aşağı atladık ve hiç fark edilmeden karavanın ardındaki samanla dolu yemliğe doğru emekledik. Hiçbir şey yemeden o kadar çok kahve içmiştim ki, başım dönüyordu. Saatlerdir konuşuyorduk ve hiç uyumamıştık. Sıcak güneşin altında samanların üzerine uzanıp uyukladık. Devamlı surette sallanmanın ve yeni dökülmüş yolun katran kokusuyla karışan tozlu kuru saman kokusunun neden olduğu hafif bir bulantı bütün duygularımızı belirliyordu. Terimizin çektiği küçük sinek sürüleri etrafımızda uçuşup durdu. Samanın bir kısmını yüzümüze çektik ve biçimsiz gündüz düşlerine kendimizi bıraktık. Kumpanyamızı yakalamak için en az bir günlük yol daha tepmek gerekiyordu. Çalılıkların altında bir yerlerde görünmeyen bir guguk kuşu düzenli aralıklarla esrarengiz çağrısını yineledi. Farklı yönlerden diğer guguk kuşları da öylesine incelikli farklara sahip ses tonlarıyla cevap verdiler ki, ilk başta aynı kuşun mütemadiyen yer değiştirerek öttüğünü düşündüm. Bir saat gibi, tam bir düzen içinde ötüyorlardı.

Gece çökmeden az önce Pulika'nın kamp yerine vardık ve yeni gelenler büyük bir sevinç gösterisi ve çığlıklar arasında kampa yerleştiler. Pulika ve Miloş neredeyse on yedi yıldır birbirlerini görmemişti ve bu buluşma onları çok etkilemişti. Bir araya gelinen günün gecesi neşe ve heyecan içinde geçti; sayısız şarkı söylendi, şerefe kadehler kaldırıldı ve Romanların gençliğine dair, esrik kucaklaşmalarla noktalanan anekdotlar anlatıldı.

Ertesi sabah neşe içinde, aceleyle kamptan ayrıldık. Pulika'nın şimdiki kadar büyük bir grubun, güvenlik gereği küçük kafileler halinde parçalanmadan önce, bir araya gelişini rahatça kutlayabilecek kadar güvenli bir kamp yerini nerede bulacağını merak ediyordum. Hatırlayabildiğim kadarıyla Pulika'nın bizi götürdüğü alanda daha önce hiçbirimiz bulunmamıştık. Taligalar dükkânlarla karavanlar arasında mekik dokuyorlardı çünkü kumpanyamızın üyeleri, düzenlenecek patşive cömertçe hazırlanıyorlardı. Öyle ki, sergilenen bolluk Romanlar arasındaki kardeşçe sevgiye ve misafirperverliğe dair bir efsane haline gelecekti.

Miloşehtilerin, biz onlara böyle diyorduk, dikkat çekici bir temizliği vardı ve çok iyi beslenmiş görünüyorlardı. Pulika'nın kendi insanlarından bu kadar uzak kalmış olmasına rağmen aralarındaki benzerlik ilk başta garip gelmişti: Neredeyse birbirlerinin aynadaki yansımaları gibiydiler. Kimden veya nereden olduğunu hiçbir zaman bulamadığım, ancak Çekoslovakya'dan veya Alman işgali altındaki Polonya'dan olduğunu tahmin ettiğim kaçışları hakkında harikulade hikâyeler anlattılar. Altın olarak büyük miktarda para ödemişler ve Almanya boyunca yapacakları uzun yolculukta, üstüne karavanlarını bağladıkları açık tren vagonlarını kiralamak için izin koparabilmişlerdi. Bir sürü zorluktan sonra sonunda giriş yapmalarına izin veren Hollanda'ya varabilmişlerdi. Pulika'yı aramak üzere yasadışı yollarla sınırı geçmeden önce kısa bir süre Hollanda'da kalmışlardı. Sonra savaş ve muhtemel cephelerden kaçmak için Batı'ya doğru yol almanın aciliği hakkında konuştular.

Erkeklerin çoğu deri şapkalar takmış, deniz mavisi veya siyah renkte kocaman denizci kazakları giymişlerdi. Kadınların giyinişinde bir şey, insanı rahatsız edecek kadar farklıydı. Sonradan giydikleri pamuk kumaşın Java, Celebes ve Bali'den gelen batik peştamallar olduğunu fark ettim; bunları kısa bir süre önce Hollanda'dan satın almışlardı.

Gece çökerken bolca hazırlanan patşiv yemeği sofraya konmuştu ve ziyafet gece yarısına kadar sürdü. Miloşehtiler kutlama nedeniyle geniş ağızlı büyük bardaklarını çıkardılar ve sofraya gümüş çatal bıçaklar koydular, ancak bunlar genelde gösteriş içindi; Romanlar yemek için daha ziyade ellerini kullanırlardı. Yeni gelen Romanlar, masaya koydukları sayısız kahverengi toprak şişeler içindeki Hollanda ciniyle de ziyafete katkıda bulundular.

Hiç beklenmedik bir anda, kimse istemediği halde aramızdan biri, vahşi ve coşkulu bir şarkı patlatıverdi. İlk başta rahatsız edici ve garip kaçan şarkı, onca yemekten, içilen içkiden ve cümbüşten sonra insanları durgunlaştırdı. Miloşehtilerden genç bir oğlan, çekilen keder ve sıkıntıya dair epik bir şarkı söylüyor ve Romanlar, şarkının sözlerini dinliyor, başlarını yavaşça sallayıp önemli kelimeleri alçak sesle tekrar ediyorlardı. İnsanlar giderek dalgınlaştı. Miloş ilk başta şarkıya katıldı, sonra yalnızca kendisi devam etti. Kardeşi Pulika için boğuk ve güçlü bir sesle ve kelimelerin duygusal gücünü vurgulamak amacıyla sesini hafifçe titreterek söylüyordu. Uzunca bir süre şarkı söyledi, gözyaşları olgun erkeksi yüzünden özgürce aşağı yuvarlandı. Hilal şeklindeki ay, ağaçların üzerinde yükseldi. Romanlar eski kutsal bir ayini paylaşırmışçasına vecd halinde büyülenmiş gibiydiler. Miloş şarkısını bitirdiğinde, o ve Pulika kucaklaştılar ve Çingenelerin yaptığı gibi birbirlerinin ağızlarını öptüler. Son söylenen sözlerin büyüsü, giderek artan bir etki yaratarak olduğu gibi kaldı. Çevremizde ağaçlar şarkı söylüyor, böcekler çok sevinmişçesine vızıldıyordu. İki adam, şerefe kadeh kaldırdı ve birbirlerine sayısız hayır duasında bulundular; bu dilekler orada hazır bulunan herkesi kapsamaya başladı, sonra uzaktakileri, hâlâ yolda olanları ve ölmüşleri de içine aldı. Geçen kış ölen Tşukurka'ya içtiler ve sonra yavaşça bardağın bir kısmını kara toprağa boşalttılar. Miloş ve Pulika, sanki oradaymışçasına Tşukurka'ya usulcacık seslendiler... Hiç acele etmeden nekahet dönemindeki bir hastaya konuşur gibi son durumu anlattılar. Gösterdiği anlayışa ve beraber içmeleri ve kısa sürede mutlu olmaları için oradan ayrılmaya rıza göstermesine duydukları minnettarlığı dillendirdiler. Seçtikleri kelimeler gayet basit, doğrudan ve samimiydi.

Sonra bizi saran karanlığın içinden Lyuba yavaşça çıkageldi. Kutlama yapan Romanlar arasındaki beklenmedik varlığı, insanların duydukları aşırı sevinçten uyanmalarını sağladı. Kadın, hiçbirini görmeden aralarından yürüdü ve yaşlı dudakları titredi. Birkaç sefer kuru kuru öksürdü. Sonra aniden ölüler için bir ağıt, bir mulengi djili patlattı. Sesi, hiçbir zaman unutamayacağım bir şekilde beni heyecanlandıran ve daha önce hiç duymadığım bir etkiye, sırrına varılamaz bir metalik niteliğe sahipti. Şarkının kendisinden ve sözlerin anlamından ziyade, sözlerinin tınısı beni sarsıp kendimden geçirmişti. Şarkısı, yaşayan ve ölenleri birbirine bağlayan ortak deneyimler, ölenlerin yaşamları ve geçmişteki eylemleriyle yaşayanlara nasıl ilham olduğu ve onların hayatına nasıl katkıda bulunduğu, orada olanların kalplerinde ve hatıralarında nasıl yaşadıkları hakkındaydı. Ölülere, cömert bir Roman olarak yaşadıkları gibi yaşamamız, öldükleri gibi ölmemiz amacıyla bize güç vermeleri için mütevazı bir şekilde yalvardı. Sesi giderek güçlendi, gözleri gurur ve yetkeyle doldu. Kara, buruşuk yüzüyle sessiz ve yavaş bir şekilde hareket eden yaşlı Lyuba'daki garip başkalaşıma hayret etmiş ve karşımdaki kadının yıllar önceki, Pulika'nın babası Yojo ve onun kardeşi Duntşi'nin hayatta olduğu zamanlardaki Lyuba olduğunu ve tam da efsanelerin onu anlattığı gibi karşımda dikildiğini anlamıştım. O zamanlar Tşompi İspanya, Meksika ve Kuzey Afrika'da bir servet edinmiş ve yine buralarda harcamış, Kalderaşlar ilk defa Amerika'ya gitmişlerdi. İşte karşımdaki kadın bu zamanlara aitti. Lyuba ölülerle konuştu ve bir süreliğine ölüler ve ölmüşlerin zamanı, hepimizin görmesi için bir siluet olarak günümüze taşındılar. Kadın, onlar için samimi bir şekilde şarkı söyledi ve onlarla konuştu. Anlattığı hikâyelerin bir kısmı o kadar uzun süre önce olmuştu ki, yalnızca çok yaşlı olanlar hatırlayabildi ve olayları hayretle dinlediler. Pulika kadına teşekkür etti ve geniş ağızlı gümüş bir bardakta ona brandi ikram etti ancak kadın daha da havaya girerek şarkı söylemeye devam etti. Miloş kadının dikkatini başka yöne çekmek ve yaktığı ağıtı bitirmesini sağlamak için elini tutup öpmeye ve kadını sakinleştirmeye çalıştı. Romanlar kadının kendini bu kadar yorup zorlamasından sonra kötüleşeceğinden korkuyorlardı. Fakat yaşlı kadın şarkı söylemeye devam etti. Uzun ince kollarıyla etrafı süpürür gibi yaparak bütün müdahaleleri reddetti. Bu arada sesi giderek yükseliyor ve bütün itirazları, karışmaları ve hayırduaları bastırıyordu. Şarkısı bir bahar gelgiti gibi dayanılmaz ve güçlü bir şekilde kabardı. Bu olaydan çok sonra bu kadar yaşlı bir kadından böylesine bir gücün ve ilhamın nasıl boşaldığını düşünecektik... Ölülerle şimdiki nesil hakkında konuştu; bazen övdü bazen de kınadı. Sanki cömert ve güçlü bir son nefesle kendini ölüme teslim etmek ister gibiydi. Sonunda yere yığılıp kaldı. Bütün akrabaları ve torunları çevresini sarmıştı. Yaşlı gözlerindeki ırak bakışlar, kadının artık kalben ve aklen bizim aramızda olmadığını anlatıyordu. Kısa bir süre bizimle kalacak ve bir gün, geride bize izlerini ve hâlâ gelmekte olan bütün yolculara da belli bir zamana ait olmayan ilhamını bırakarak sessizce aramızdan ayrılacaktı.

Sonsöz

Güneşin doğmasına henüz birkaç saat vardı ve atlar giderek artan bir huzursuzlukla bir araya toplanmıştı. Uyandım. Gecenin karanlığında tepemden geçen zayıf bir mırıltı duydum. Mırıltıyı uzaktaki bir gök gürlemesinin gümbürtüsü takip etti. Sonra dalgalar halinde gökyüzüne doğru yükselen kara bir duman gördüm. Gökyüzü yanıyordu. İlk başta sesi hafifçe ve tatlı tatlı kulağa çalınan ancak giderek uğursuzca hırıldayan uçaklar, dalga dalga üzerimizden geçtiler. Atlar paniğe kapılmıştı; çılgınca kişniyor ve toynaklarını hızla yere vuruyordu. Düşman bombardıman uçaklarının ürkütücü uçuşlarını, korkmuş ancak kendimizi kaptırmış bir şekilde izledik. Teker teker kanatlarını bir yana yatırıp kara şahinler gibi gökyüzünden yere doğru hızla süzülüyor, pervasızca dipsiz gibi görünen ateşe dalıyorlardı. Toprağın kendisi harap edici bir şiddetle patlıyor gibiydi. Uçaklar yere doğru pike yaparken keskin bir ses çıkarıyorlardı. Bu, bitmek tükenmek bilmeden yinelendi ve toprak sallandı. Uçakların vızıltısı yine belirsizleşti ve uzaktan gelen yumuşak bir hışırtıya dönüp kayboldu. Bütün bir doğa ezici bir sessizliğe büründü. Güneş çoktan doğmuş ve tepemizde parlıyordu. Tarih 10 Mayıs 1940'ı gösteriyordu; fırtınalı yılların başlangıcını...

Romanlar geçici bir süreliğine içgüdüsel bir dehşete düştüler ancak aynı şekilde hayatta oldukları için de şükrediyorlardı. Sonra ortalığı çığlıklar, ağlamalar ve çılgın gözyaşları kapladı.

Sirenler yaralı hayvanlar gibi kederle uğuldadılar.

Gajolar ilerleyen Alman ordusundan kaçıyordu. Çok geçmeden bütün yollar kamyonlarla, otobüs ve otomobillerle tıkandı. Bisiklet sürüleri de vardı; bazıları bisikletlerinin ardına iplerle battaniyelerini, yatak ve bavullarını bağlamış, yol almaya çalışıyordu. Bir kısım insan malını mülkünü yığdığı el arabalarını iteklerken bir kısmı da bu el arabalarında hasta akrabalarını taşıyordu. Küçük tüccarlar bütün ayakkabı veya başka bir mal stokunu pazar arabasında peşi sıra sürüklüyordu. Üstü başı yırtık pırtık bir kalabalık, güneye ve güneydoğuya giden bütün yolları doldurmuştu. Düşman avcı uçakları kalabalık yolların üzerinden geçerken yere yaklaşıyor ve kaçışan kalabalığın üzerine makineli tüfeklerle ateş ediyorlardı.

Romanlar için toplu göçe katılmaktan başka bir çare yoktu. Bombalama devam ediyor ve ortalıkta Alman "beşinci kolordu" paraşütçülerinin her yere indiğine dair dedikodular dolaşıyordu. Takip ettiğimiz yol üzerindeki tarla sınırlarında sık sık insanlar avlanıyor ve muhtemelen masum olan insanlar hemen oracıkta linç ediliyordu. Hüsrandan yeşermiş şiddet ve cani bir histeri, her yeri sarmıştı. Yakıp kül edilmiş, top ateşine tutulmuş veya üzeri kurşun izleriyle kaplı ve terk edilmiş yerlerden geçiyorduk. Yol kenarında yatan ölüler vardı. Kalabalıklar ağlayıp dövünüyordu. Bazısı yüksek sesle dua ediyor, bazısı acı acı lanetler okuyordu. Diğerleri büyük bir üzüntü içinde sessizce duruyordu. Korku duygusuz bir kine dönüştüğünden sert itişip kakışmalar yaşandı ve kuralsızlık aldı başını gitti. Kaçınılmaz bir yiyecek kıtlığı yaşanıyor ve içme suyu zorlukla bulunabiliyordu. İlk birkaç günden sonra yol kenarında terk edilmiş arabalar, kamyonlar görmeye başladık. İçlerinde hâlâ eşyalar vardı. Benzin bitmişti ve mevcut kaos içinde bulmak da imkansızdı. Yol kenarında terk edilmiş bir cenaze arabası dahi vardı; yolu kapatmasın diye ters çevrilerek yol kenarındaki hendeğe atılmıştı. Birkaç acıklı durum dışında, kaçanlar giderek yorulduklarından ve mallarını değil de canlarını kurtarmakla daha fazla ilgilenmeye başladıklarından yol boyu terk edilmiş bavullara ve diğer özel eşyalara rastladık. Birkaç kişi de mallarını bırakmaktansa yorgunluktan tükenip yığılmayı tercih etmişti. Kurulmuş bir makine gibi hareket eden kalabalık amansızca ileri yürüyordu. Durumu düşünmeyen ve paniğe kapılmış insanlar, vahşi zamanlara geri dönmek üzereydi.

Günlük yaşamlarında hayatını devam ettirmek için benzer acil durumlar yaşamaya alışık olan Romanlar büyük bir vakarla, belli bir hedef duygusuyla hareket ettiler. Sayısız Gajonun yürümekten ayak tabanları su toplamıştı. Yıkanmamış, tıraş olmamış, saçlarını taramamışlardı. Bakışları donuk, yorgun, bitkin ve açtılar. Şu halleriyle Çingenelerin herhangi bir berbat koşul altında görünebileceğinden çok daha berbat görünüyorlardı. Bombardıman günlerce sürdü. Çoğu gece gökyüzü kıpkırmızı kesildi ve yanık kokusu hiç burnumuzdan gitmedi.

Almanlar Somme Nehri'nde bizi yakaladı ve toplu göç,

mecburen durmak zorunda kaldı. Ara sıra (bazı İngiliz ve Fas birlikleriyle desteklenen) Fransızlar ve Kaffen SS birimleri arasında çatışma oluyordu. İşgal edilmemiş Fransız sınırlarına ve özgürlüğe kavuşacağını umarak ilerlemekte ısrar eden küçük bir grup dışında, mültecilerin çoğu geldikleri yere geri dönmeye başlamıştı. Ülkede kaos vardı. Görevli memurlar yerlerini terk edip kaçtığından hükümet ve güvenlik altüst olmuştu.

Alman askerleri ilk başta Çingenelere karşı iyi davrandılar ve bir süre Romanlar, işgal altındaki topraklarda istedikleri gibi gezindiler. Alman işgaline kadar Gajolar ne zaman Çingenelerin suçlu olduğunu söyleyip şikâyet etseler Çingeneler onları "C'est la guerre" diye cevaplardı. Şimdi Romanlar basitçe Almanca konuşuyorlar ve bu yüzden kendilerini yerel halka sevdirmeleri iyice imkânsız hale geliyordu. Aynı zamanda Romanlara özgü bir tutarsızlıkla uçağı Alman işgali altındaki bölgelerde ateş edilip düşürülmüş İngiliz pilotlarını ve firar etmiş ve sonra kalanlara yardım etmek için geri gelmiş savaş mahkûmlarını da alıp sık sık saklıyorlardı. Bu, Çingenelerin av haline gelmiş olan bütün canlılara karşı köklü bir merhamet gösterme geleneklerinden kaynaklanıyordu. Bu durum, kaçınılmaz olarak müttefik güçlerinin "kaçış rotaları"nın örgütlenmesine katılmalarına yol açtı, ancak yerel direniş hareketlerine katılmalarına neden olan şey Almanların Çingeneler üzerinde giderek artan baskısıydı.

Blitzkrieg'ten önce, Fransız hükümeti, istenmeyen yabancılar ve siyasi mültecilerin yanı sıra çoğu göçebe Çingeneleri hapsetmeye devam etti. Alman işgalinden sonra bu mahkûmlar Gestapo'ya devredildi ve Doğu'daki imha kamplarına gönderilmek üzere sınır dışı edildiler. Yahudiler gibi Çingeneler de Rassenverfolgte (ırk olarak istenmeyen), Reich'ın düşmanları haline geldi ve yok edilmeleri için kanun çıkarıldı. Ancak Yahudilerin aksine, yakalanmaları zor olduğundan, geniş alana yayılmış küçük gruplar halinde yaşadıklarından ve hareket halinde olduklarından Çingeneleri ele geçirmek imkânsız gibiydi.

Çok geçmeden Çingenelerin Hırvat milliyetçileri tarafından toplu halde katledildiklerine dair dedikodular duyduk. Doğu Polonya'daki Wolyn ormanında Ukraynalılar Romanları katlediyorlardı. Gelişigüzel imhaların sonsuz sayıda başka örneği vardı. Ancak Çingeneleri tasfiye etmek için bütünlüklü bir çaba hiçbir zaman olmadı. Bu, kesintiler halinde ortaya çıkan katliam kampanyaları, nedeni açıklanamaz bir halde parladı, dindi ve sonra yine parladı. Aynı şekilde Romanların bugün hayatlarını borçlu oldukları açıklanamaz gözetimler ve uyuşmazlıklar da yaşandı. SS veya SD (Sicherheitdienst veya güvenlik güçleri) tarafından gerçekleştirilen ani baskınları uzun sakin dönemler izliyordu. 1939 ve 1945 arasında Alman işgali altındaki Avrupa boyunca her yere kurulmuş, sayısı iki bini geçen kamplarda yaklaşık yarım milyon Çingene öldü.

İlk başta yerel halk gibi Romanlar da kara veya Feldgrau üniformaları içinde ördek gibi yürüyen askerlere alışmışlardı. Paraşütçü psikozu ve histerik Alman korkusu yatıştıktan sonra halk "savaşın bittiği"ne inandı ve nefret ettikleri düşman, gözlerine beklediklerinden daha az yırtıcı görünmeye başladı. Naziktiler, temiz görünüyorlardı, orta sınıfa ve işçi sınıfına mensup ortalama insanlar gibiydiler ve yürüyüşe geçtiklerinde güzel şarkılar söylüyorlardı. Ancak bu uzun sürmedi. Talepler başladı. Her yerde işbirlikçiler türemişti. Yiyecek karneye bağlandı ve ciddi bir kıtlık vardı. Romanların bütün iyi atlarına el konulmuştu. Savaş başladığında da zorla karartma yaptırılıyordu ancak insanlar bu konuda savsaklayıcıydılar.

Şimdi karartma yapmak mecburiydi. Alman askerleri ne zaman yanan bir ışık görseler hemen ateş ediyorlardı.

Yenik devletlerin teslim olmuş askerlerinin çoğu, savaş esiri olarak kamplarda tutuluyorlardı. Çevrede yalnızca birkaç genç kalmıştı ve orduya katılmamış veya cepheden kaçmış olanlar yakalanıyor ve köle işçi olarak Almanya'ya gönderiliyorlardı. Yahudilere yapılan eziyeti solcu örgütlenmelere mensup kişilerin avlanması izledi. İnsanlar fısıldadı ve korkmayı öğrendi

Pulika ve kumpanyamızın diğer Romanları bir süre tereddüt ettikten sonra karne almak için kayıt oldular; çünkü o karneler olmadan yiyecek almak imkânsızdı. Sayısız çocuk için aldıkları karneler sayesinde Romanlar sağlıklı kalabildiler. Çok göze batmaktan kaçınarak yolculuklarına devam ederken ve sahip oldukları değişik nüfus kağıtlarıyla değişik yerlerde yine yiyecek karnesi için kayıt oldular. Bu hile tespit edilmeden sürüp gitti ve sonuçta görece bir refah içinde yaşamlarını sürdürebildiler. Yiyecek kıtlığı yüzünden kapsamlı bir karaborsa hızla gelişti. Devletin talep ettiği üründen arta kalanı koruyabilmiş olan çiftçiler, mal fazlasını karaborsada fahiş fiyatlara sattılar veya gümüş ve altınla değiştirdiler. Zenginliğin getirdiği lüks içinde yaşayabilmenin yanında, illegal olarak yaşayanları, askerlik çağı geldiğinden saklanmak zorunda kalanları beslemek de mümkün olmuştu. İlk başta ellerinde oldukça fazla miktarda bulunan ekmek kuponlarını et ve yağ ile takas eden Romanlar, daha fazla sayıda erzak karnesi almanın yollarını aradılar. Böyle şeylerle uğraşırken yolları çaylak direniş hareketleriyle kesişti. Çok geçmeden yasadışı tayın karneleri bir Çingene tekeli haline geldi. Zamanın getirdiği zorunluluklardan ötürü, silahla yol kesme ve karne dağıtım merkezlerini soyma gibi işleri üstlenmeye razı oldular.

Romanlar bütün hayatlarını "alacakaranlık kuşağı"nda yaşamak, hayatta kalma taktiklerinin sonuna kadar farkında olmak durumunda olduklarından, gizli savaşa gayet iyi hazırlanmışlar ve savaşın istekli öğretmenleri olmuşlardı. Suç dünyasının sınırlarında yaşamışlardı ve Romanların bazısının yeraltı örgütlerinin üyeleriyle belli bir teması vardı. Bu ilişkiler sahte nüfus kâğıtlarının üreticileriyle işbirliğine girmelerini sağlıyordu. Direniş hareketlerinde olmayan deneyimlere sahiptiler. Böylece Romanlar belli bir para karşılığında çalışan kasa hırsızları olarak işe alındılar ancak onlar da bir süre sonra ortak mücadele için belli bir karşılık almadan çalışmaya gönüllü olmuşlardı. Başlangıçta Romanlar silahlarını bu yeraltı dünyasından temin ediyorlardı, ancak daha sonra müttefik kuvvetlerinden aldılar.

Çingene kadın ve çocuklar genelde iyi saklanmış cennetlerde gözden uzak durdular. İhtiyaçları yeterince sağlanabildiğinden fal bakmalarına, dilenmelerine veya küçük hırsızlıklar yapmalarına gerek yoktu. Böylece yerlerinin tespit edilme olasılığı da oldukça azalmıştı.

Kumpaniamızdan Romanlar, çoğunun Geheime Feldpolizei tarafından yakalandığı tarihe, 1943'lerin ortalarına dek direniş hareketlerine aktif olarak katıldılar. Bazısı kaçtı. Yaşlı insanlar bunun bir Gajo hastalığı olduğunu ve yalnızca hastaların savaşı sevdiğini söylemesine rağmen, Lovaralı belli başlı genç erkeklerden ve birkaç Tşuraralıdan oluşan bir grup, kendilerine zulüm edenlere karşı silahlandı.

Bir gün savaş bitti ve hayatta kalanlar yeniden bir araya gelerek yeni bir hayata başladılar. Yojo, bütün ailesini kaybetti ve Tşuraralardan, kocasını ve çocuklarını kaybetmiş olan Tsura ile yeniden evlendi. Kore, toplama kamplarından sağ çıkmayı başardı ancak özgür olduktan birkaç hafta sonra ya kampta gördüğü kötü muameleden ya da çektiği açlığın sonradan neden olduğu hastalıklardan ötürü öldü; onun gibi birkaç kişi daha hayatını kaybetti.

Çok yakın bir tarihte, Keja'nın ve kocası Luluvo'nun en küçük oğlu olan Tşukurka'nın, hâlâ hayatta olduğunu öğrendim. Sekiz çocukları olmuştu. Şimdi yirmi üç yaşındaki en büyük oğullarına Pulika ismini koymuşlar. En küçüğüyse henüz beş yaşında. Tşaya, Djidjo ve Yayal ve Paprika da yaşıyor ve hepsi de hiç şüphesiz eski günlere dönmüş durumda; yeni bir kumpanya kurdular, dağılıp yeniden bir araya gelerek akıp gidiyorlar; tıpkı su gibi, bütün koşullara uyum sağlıyor, durmadan kendilerine yeni şekiller veriyorlar. Ancak esas özlerine, ebedi ve ezeli Roman ruhuna sadık kalarak...